주제별 DICTIONARY ②

덩어리 VOCA

― 일상생활 편 ―

다락원

덩어리 VOCA
- 일상생활편 -

지은이 다락원 VOCA클럽
펴낸이 정규도
펴낸곳 ㈜다락원

초판 1쇄 발행 2010년 7월 5일
초판 2쇄 발행 2011년 4월 7일

책임편집 박은석, 김수희, 김현, 오수민, 정소연
디자인 윤지은
전산편집 조영라
일러스트 오창문

 경기도 파주시 교하읍 문발리 509-1
내용문의: (02) 736-2031 내선 323, 324
구입문의: (02) 736-2031 내선 112~114
Fax: (02) 732-2037
출판등록 1977년 9월 16일 제300-1977-23호

Copyright ⓒ 2010, 다락원

저자 및 출판사의 허락 없이 이 책의 일부 또는
전부를 무단 복제·전재·발췌할 수 없습니다.
잘못된 책은 바꿔 드립니다.

값 22,000원

ISBN 978-89-277-0026-5 14740
978-89-5995-858-0 14740 (set)

http://www.darakwon.co.kr
다락원 홈페이지를 방문하시면 상세한 출판정보와
함께 동영상강좌, MP3자료 등 다양한 어학 정보를
얻으실 수 있습니다.

● 〈덩어리 VOCA〉 시리즈를 펴내며

천편일률적인 영어 어휘책은 이제 그만 사라져야 합니다.

영어 공부하는 사람치고 영어 단어장이나 어휘책 한두 권 안 사본 사람이 있을까요? Vocabulary 33000이니 22000이니, 우선순위를 매겼다느니, 그 책 한 권을 떼고 나면 어휘 실력이 부쩍 늘어날 것 같은 착각을 주지만 실제로 그런 학습 효과를 주는 어휘책은 많지 않습니다. 게다가 대부분의 어휘책은 그다지 친절하지도 않습니다. 영어 단어에 대한 한글 해석과 예문 한두 개를 나열한 것이 고작이고, 주제별로 분류를 했다는데 그 주제에 해당되지 않는 단어가 불쑥불쑥 등장하기 일 쑤고, 표제어 중에는 생전 처음 보는 어려운 단어도 많습니다. 하지만 TOEIC 시험에 자주 나온 단어라고 별이 세 개나 붙어있으니, 그 단어는 꼭 외워야만 할 것 같다는 무언의 압박을 받습니다. 텍스트만으로는 개념을 이해하기 어려운 단어에는 삽화나 사진을 주면 쉽게 이해를 도우련만, 대부분의 영어 어휘책은 시커먼 활자만으로 페이지를 채우고 있거나, 별 내용이 없는데도 신기하게 수백 페이지를 넘기는 여백의 미를 선보이고 있습니다.

그래서 〈덩어리 VOCA〉 시리즈가 탄생했습니다.

외국어 교육의 명가 다락원에서 야심차게 준비한 〈덩어리 VOCA〉 시리즈는 재미와 깊이를 동시에 만족시키는 신개념 어휘 사전입니다.

(1) **재미있는 사전, 흥미로운 사전**. 흥미로운 문화정보와 어원, 개념설명만 읽어도 여러분의 영어 실력이 몇 단계 향상될 것입니다. 〈덩어리 VOCA〉는 사전이나 어휘책은 고리타분하고 재미없다는 편견을 깼습니다.

(2) **검색이 쉬운 주제별 사전**. 목차와 한글색인을 통해 원하는 단어를 바로 찾아 바로 들어갈 수 있습니다. 본문에서는 주제별로 단어를 정리해 놓았기 때문에 해당 단어와 관련된 내용을 덩어리째 배울 수 있습니다.

(3) **Stylish한 사전**. '백문이 불여일견'이라고 했습니다. 풍부한 사진과 삽화 자료를 통해 말로는 아무리 설명해도 알 수 없는 정보를 단번에 알 수 있도록 했습니다.

(4) **정확한 사전**. 사전의 생명은 정확성입니다. 확인에 확인을 거친 영어 단어에는 `inf`, `AE`, `!` 등의 라벨을 붙여 어떤 상황에 어떤 영어 단어가 어울리는지를 표시했습니다. 필요한 경우 관련 정보를 부연 설명했습니다.

(5) **시원시원한 지면**. 깨알 같은 글씨가 적힌 영어사전 때문에 시력이 많이 저하된 분들께 권합니다.

(6) **한영사전과 영한사전을 동시에**. 한영사전이라는 교재 특성상 본문에서 발음기호를 제시하기 어려워 책 뒷면의 발음기호 index에 어려운 영어 단어의 발음을 자세히 표기해 놓았습니다.

● 본문의 구성

4.2 화폐, 통화 currency

종류

표제어 → 동전, 주화 coin
백 원짜리 동전 하나 있니? Do you have a 100-won coin?

'동전'의 하위 표제어 →
- 금화 gold coin
- 앞면 (얼굴이 그려진) heads; obverse ⇔ 뒷면 tails
- 엽전 brass coin (with a square hole in the middle)
- 은화 silver coin

지폐 bill; note; paper money; banknote
- 고액권 large-denomination[high-denomination] banknote
- 군표 military payment certificate (abb MPC)
- 소액권 small-denomination banknote

반의어 관계의 표제어 → 신권 new banknote ⇔ 구권 old banknote
- 위조지폐 counterfeit money[bill; banknote]; fake note[banknote]; inf funny money
- 전자화폐 e-money; e-cash; electronic[digital] money[cash]

표제어 관련 정보 →

외화

외화 foreign currency ❶
달러, 달러화 dollar (기호 $); (미화, 미국 달러) US dollar (abb USD) ❷

'달러'의 하위 표제어 →
- 1센트 cent (기호 ¢); penny
- 5센트 nickel
- 10센트 dime
- 25센트 quarter
- 50센트 half dollar
- 1달러 one dollar; single; inf buck
- 2달러 two-dollar bill[note]
- 5달러 five-dollar bill[note]; fiver
- 10달러 ten-dollar bill[note]
- 20달러 twenty-dollar bill[note]
- 50달러 fifty-dollar bill[note]

Unit 4 소비

---

❶ 화폐의 복수형

복수형에 s가 붙는 화폐
- dollar - dollars 달러
- euro - euros 유로
- pound - pounds 파운드

단수와 복수의 형태가 같은 화폐
- won - won 원
- yen - yen 엔
- yuan - yuan 위안

❷ 달러를 $로 표기하는 이유

1775년 미국은 영국을 상대로 독립전쟁을 벌였다. 전쟁에 필요한 비용을 마련하기 위해 국채를 발행해야 하는데, 전쟁 상대국인 영국의 화폐 단위를 사용할 수는 없는 일이었다. 그래서 Spanish dollar라고 불렸던 스페인의 은화 peso로 전쟁 비용을 갚기로 했다. 그리고 10년 후인 1785년, Spanish dollar에서 Spanish를 뺀 dollar를 미국의 정식 통화로 지정했다. 하지만 왜 달러를 $(dollar sign)라는 기호로 표기하기 시작했을까? 스페인 은화의 앞면에는 스페인 왕실의 문장coat of arms이 그려져 있는데, 헤라클레스의 기둥Pillars of Hercules이라고 불리는 두 개의 기둥이 양쪽에 세워져 있고 그 기둥을 리본 모양의 물체가 감싸고 있다. 이러한 그림에서 $가 비롯되었다는 설이 가장 유력하다.

❸ 달러는 미국에서만 쓴다?

16세기에 지금의 체코 지방에 살던 귀족이 St. Joachim's Valley라는 계곡에 있는 탄광에서 채굴한 은으로 동전을 만들었다. 그 동전을 Joachimstaler, 줄여서 taler라고 불렀는데, 계곡 이라는 뜻의 taler에서 dollar가 유래되었다. 달러는 미국을 비롯한 삼십 여 개국에서 쓰이는 화폐 명칭인데, 미국 달러United States Dollar는 USD, 홍콩 달러Hong Kong Dollar는 HKD와 같이 표기한다. 우리나라에서는 $(dollar sign)의 모양이 弗(아닐 불)이라는 한자와 모양이 비슷해서 달러를 '불'로 읽기도 한다.

1달러 지폐에 숨은 상징

현재 사용하는 1달러 지폐는 1935년에 만들어졌다. 그전에는 크기가 약간 크고 디자인이 다른 1달러 지폐를 사용하거나 silver dollar라고 하는 은화를 사용했다. 프랭클린 루즈벨트 대통령이 승인한 현재의 1달러 지폐 도안은 뒷면의 복잡한 기호와 상징으로 인해 끊임없이 논란의 대상이 되고 있다. 중앙의 ONE이라는 글자의 좌우측에 있는 피라미드와 독수리 그림은 미국의 외교문서에 사용되는 국새와 동일한 디자인이다.

— 흥미롭고 참신한 이야깃거리는 〈덩어리 VOCA〉만의 특징

① 13층으로 된 피라미드는 미국의 힘과 견고함을 상징한다. 13이라는 숫자는 미국 초기의 13개 주state를 상징하며, 피라미드가 완성되지 않은 이유는 미국이 아직 완성되지 않고 계속 성장하고 발전하는 나라라는 의미다. 피라미드 하단에 있는 로마숫자 MDCCVXXVI은 미국이 영국으로부터 독립한 1776년을 가리키는데 공교롭게도 비밀단체인 일루미나티Illuminati가 만들어진 해이기도 하다.
② 빛나는 삼각형 안의 눈은 all-seeing eye라고 하며, 신이 미국을 지켜주고 있다는 것을 상징한다. all-seeing eye는 유명한 비밀단체인 프리메이슨Free Mason의 상징으로도 쓰이기 때문에 음모론자들은 미국을 실질적으로 지배하는 것은 프리메이슨이라고 주장한다.
③ 피라미드 위에 있는 ANNUIT COEPTIS는 라틴어인데, 영어로 번역하면 'God has favored our undertakings', 즉 '신은 우리의 일을 지켜주신다'라는 뜻.
④ 피라미드 밑에 있는 NOVUS ORDO SECLORUM는 'a new order for the ages' (새로운 미국의 시대)라는 뜻인데, 미국이 영국으로부터 독립했음을 나타낸다. 좌측과 우측의 원에 이어지는 THE GREAT SEAL OF THE UNITED STATES는 미국의 국새라는 뜻이다.

① 미국의 국조(國鳥)인 흰머리수리의 중앙에 있는 방패는 미국 국기를 상징하는데, 받침대 없이 서 있는 방패는 미국이 자주국가라는 의미를 담고 있다.
② 독수리가 물고 있는 리본에 써 있는 E PLURIBUS UNUM은 'out of many, one'이라는 뜻인데 '여러 개의 주가 모여 하나의 국가를 형성했다'는 뜻.
③ 독수리 머리 위의 13개의 별은 피라미드와 마찬가지로 13개 주를 상징한다.
④ 독수리가 발톱에 쥐고 있는 올리브 가지olive branch와 화살arrow은 미국은 평화를 원하지만 평화를 지키기 위해서라면 전쟁도 불사한다는 뜻을 담고 있다. olive branch는 평화의 상징으로서 'extend an olive branch' (올리브 가지를 내밀다) 라는 표현은 '화해를 요청하다'라는 뜻으로 종종 쓰이는 표현이다.

● 이 책의 구성과 특징

구성

이 책은 일상생활과 밀접하게 관련된 **관계, 일과, 언어, 소비, 교통, 통신, 의료, 공공시설**이라는 8개의 Unit으로 구성되어 있습니다.

표제어

❶ 한글 표제어는 가나다순으로 배열했습니다.

❷ 표제어의 동의어를 최대 3개까지 나열하였고, 여러 개의 표제어가 나올 경우 가나다순으로 배열하고, 우리말/한자어 → 외래어 순으로 배열했습니다.

❸ 시간 순서나 개념별로 배열하는 것이 효과적인 경우에는 예외적으로 가나다순으로 배열하지 않았습니다.

> **ex** 아침(식사), 조식, 조찬 breakfast
> 영국식 아침식사 English breakfast; full breakfast
> 유럽식 아침식사 continental breakfast
> 아점, 브런치 brunch
> 오찬 luncheon, 점심(식사), 중식 lunch
> 점심시간 lunchtime; lunch break; lunch hour
> 저녁(식사), 만찬, 석식 dinner; supper
> 저녁시간 dinnertime; suppertime
> 간식, 새참, 참 snack, 군것질거리, 주전부리 munchies

❹ 표제어 간의 상하위 개념 관계를 파악하기 쉽도록 하위개념의 표제어는 한 칸을 들여쓰고 글자 크기를 줄였습니다.

❺ 동사 표제어는 '~하다' 꼴로, 형용사 표제어는 활용형으로 표기했습니다. 필요한 경우 형용사 표제어와 동사 표제어를 같은 줄에 배열했습니다.

> **ex** 굽다 (빵 등을) bake; (고기 등을) roast; barbecue; grill; broil; charbroil
>
> 끓이다, 삶다 boil; heat; (약한 불에) stew; simmer
>
> **ex** 깨끗한, 청결한 clean
>
> 더러운 dirty; filthy

기호

- **f** 문어체 표현
- **inf** 구어체 표현
- **!** 슬랭 표현, 비속어 표현
- **AE** 미국 영어
- **BE** 영국 영어
- **abb** 약어
- **sing** 단수형
- **pl** 복수형
- ⬌ 반의어
- ➡ 단계, 순서

이탤릭체

❶ one, one's, oneself, sb(somebody), sth(something)과 같은 불특정 대명사는 이탤릭체로 표기했습니다.

❷ noraebang(노래방), hangul(한글)처럼 영어에 없는 단어를 영어로 음역한 단어는 이탤릭체로 표기했습니다.

Contents

Unit 1 ● 관계

1	이름	14
2	가족	16
2.1	가족, 가정	16
2.2	부모	18
2.3	자손, 자식	20
2.4	형제, 오누이	23
2.5	부부	24
3	친척, 친족	25
3.1	친가, 혈족	25
3.2	외가, 외족	27
3.3	인척	28
4	친구와 적	30
5	만남과 이별	32
6	입맞춤, 성교	34
7	결혼과 이혼	36
7.1	약혼과 결혼	36
7.2	결혼 준비	38
7.3	결혼식, 혼례	39
7.4	이혼, 파경	42
7.5	미혼자와 기혼자	43

Unit 2 ● 일과

1	식사	46
2	세면, 목욕, 화장	49
2.1	세면, 목욕	49
2.2	화장, 화장품	52
2.3	머리손질	55
3	가사, 집안일	56
3.1	빨래	56
3.2	뜨개질, 바느질	58
3.3	청소	59
3.4	요리, 설거지	61
3.5	공구	63
4	잠, 침대, 침구	66
4.1	잠	66
4.2	침대	69
4.3	침구	71
5	용변, 화장실	72

Unit 3 ● 언어

1	언어의 종류	76
2	언어활동	80
2.1	말하기	80
2.2	듣기, 읽기, 쓰기, 통번역	85
3	언어의 구성	87
3.1	글자, 문자	87
3.2	단어, 어휘	89
3.3	구와 절	91
3.4	문장	92
4	글	94
5	말, 이야기	96
6	문서, 서류	100

Unit 4 ● 소비

1	시장	104
2	가게, 상점	105
2.1	상인, 시설	105
2.2	상점 일반	107
2.3	음식점	108
2.4	술집	114
2.5	식료품점	116
2.6	판매점	125
2.7	생활편의점	140
2.8	숙박업소	144
2.9	교육, 오락 관련 업소	146
2.10	상점 관련표현	148
3	쇼핑	149
3.1	쇼핑 일반	149
3.2	판매, 구매, 결제	150
3.3	상품, 제품	153
3.4	가격, 값	157
3.5	단위, 용기, 포장	159
4	돈	161
4.1	결제수단	161
4.2	화폐, 통화	164
5	은행	169
5.1	은행 일반	169
5.2	대출, 융자	170
5.3	예금, 저축	173
6	도량형	176
6.1	길이, 깊이, 면적, 높이	176
6.2	무게, 부피	177

Unit 5 ● 교통

1	**길, 도로, 운전**	**180**
1.1	길, 도로	180
1.2	도로 시설물	184
1.3	운전	190
1.4	교통사고, 교통법규 위반	195
2	**자동차**	**197**
2.1	차종	197
2.2	외부 명칭	203
2.3	내부 명칭	207
2.4	기계장치, 관련표현	209
3	**교통수단, 대중교통**	**212**
3.1	대중교통 일반	212
3.2	자전거, 오토바이	217
3.3	버스, 택시	219
3.4	기차, 열차	221
3.5	배, 선박	224
3.6	비행기, 항공기	231
3.7	기타 교통수단	237

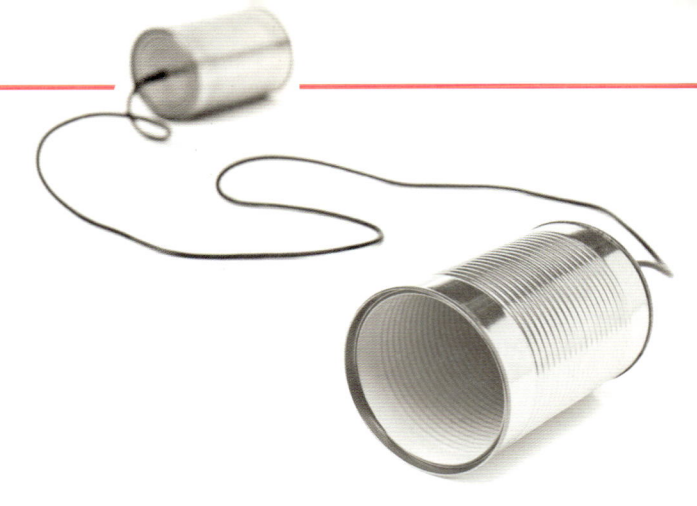

Unit 6 ● 통신

1	**통신 일반**	**240**
2	**컴퓨터**	**241**
2.1	컴퓨터의 종류	241
2.2	하드웨어	242
2.3	소프트웨어, 프로그램	245
2.4	파일	247
2.5	컴퓨터 관련표현	249
3	**인터넷**	**251**
3.1	관련자, 종류	251
3.2	네트워크	253
3.3	IT 용어	255
4	**전화, 전화기**	**258**
4.1	전화, 통화	258
4.2	전화번호	259
4.3	전화기	260
4.4	전화 관련표현	261
5	**우편, 편지**	**262**
5.1	우편	262
5.2	우편물	263
5.3	우편 관련표현	265
6	**통신 기타**	**266**

Unit 7 ● 의료

1	**의사와 환자**	**270**
2	**병원**	**272**
2.1	병원의 종류	272
2.2	병실, 입원실	275
2.3	의료기기, 의료시설	276
3	**진료과목**	**278**
3.1	외과	278
3.2	내과, 소아과, 안과	281
3.3	비뇨기과, 산부인과, 신경정신과, 피부과	286
3.4	치과	292
3.5	기타 진료과목	294
4	**검사, 치료**	**295**
4.1	검사	295
4.2	치료, 치료법	298
5	**약, 의약품**	**301**
5.1	의약품 일반	301
5.2	내복약	302
5.3	외용약	304
5.4	기타 의약품	305
5.5	의약품 관련표현	307

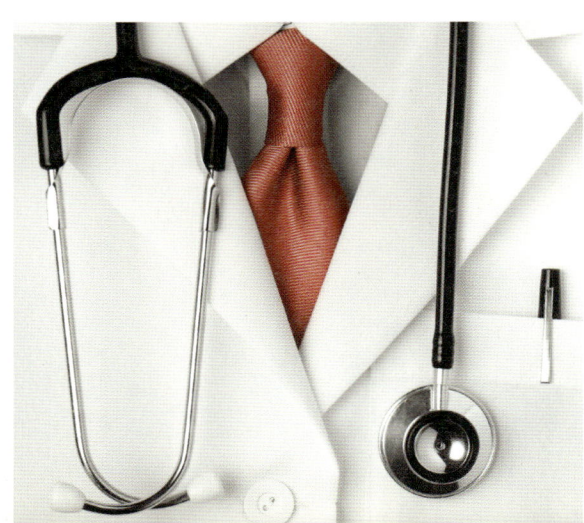

Unit 8 ● 공공시설

1	**관공서, 행정기관**	**310**
1.1	공무원	310
1.2	관공서	311
1.3	관련표현	315
2	**문화시설**	**317**
2.1	영화관	317
2.2	공연장, 박물관, 전시회	320
2.3	도서관	322
2.4	관련시설, 관련표현	325
3	**복지시설**	**327**
4	**위락시설, 편의시설**	**328**
4.1	놀이동산, 놀이터	328
4.2	기타 위락시설	329

부록 I 발음기호   332

부록 II 한글색인   364

Unit 1 관계

1 이름

2 가족
가족, 가정 / 부모 / 자손, 자식 / 형제, 오누이 / 부부

3 친척, 친족
친가, 혈족 / 외가, 외족 / 인척

4 친구와 적

5 만남과 이별

6 입맞춤, 성교

7 결혼과 이혼
약혼과 결혼 / 결혼 준비 / 결혼식, 혼례 / 이혼, 파경 / 미혼자와 기혼자

01 이름 name

본명과 가명

가명 alias; assumed name

　별명 nickname
　□ 그 여자의 별명은 '공주'다. Her nickname is 'Princess.'

　암호명 code name; cryptonym ◄──── 암호 cipher; code; cryptogram

　예명 stage name

　필명 pen name; pseudonym ◄──── pseudo (가짜의) + nym (이름)

본명, 실명 real name; autonym
□ 그는 본명을 숨기고 가명을 쓰고 다닌다.
　He is hiding his real name by using an alias.

애칭 pet name

익명 anonym
■ 익명의 anonymous; (신원 미상의) unidentified

이름의 구조

성, 성씨 family name; last name; surname; (여성의 결혼 전의) maiden name; (여성의 결혼 후의) married name

이름 first name; given name; **f** forename; (세례명) Christian name
□ 이름이 뭐라고 하셨죠? What did you say your name was?
□ 이름이 뭐예요? What is your first name? / Tell me your first name.
□ 나는 딸의 이름을 '소윤'이라고 지었다.
　I picked 'Soyoon' as my daughter's first name.

　돌림자, 항렬자 generation name

　미들네임 middle name

　외자 single syllable name

❶ 외국인에게 이름을 물을 때는

상대방의 이름을 알고 싶을 때는 보통 "What is your name?"이라고 물어보면 되고, 좀 더 격식을 차릴 때는 "Can I have your name?"이라고 하면 된다. 상대방의 이름을 물어보기 전에 먼저 "I'm XXX."라고 본인의 이름을 밝히는 것이 좋다. 본인의 이름을 말할 때에는 이름 앞에 Mr.나 Miss 등을 붙이지 말아야 하는데, 'I'm Mr. Gil-dong Hong.'이라고 자기 이름을 소개하는 것은 '나는 당신과 친해질 생각이 없으니 내 이름을 부를 때는 반드시 '홍길동 씨라고 부르세요'라는 의미나 다름없다. 영어권에서는 조금이라도 친한 사이끼리는 성이 아닌 이름을 부르는데, 'be on a first name basis[terms] with *sb*'라는 표현은 어떤 사람과 서로의 이름을 부를 정도로 친하다는 뜻이다.

ex 나의 상사와 나는 서로의 이름을 부른다. I am on a first name basis with my boss.

❶ 미국인들은 어떻게 이름을 지을까?

한국에서는 집안의 항렬, 돌림자 등을 따져 아기의 이름을 짓는 경우가 많지만, 미국인들은 가족, 친구, 유명 배우의 이름을 따서 짓거나, 어떤 이름이 그냥 마음에 들면 그 이름을 아기의 이름으로 사용한다. 그리고 때로는 baby names dictionary라는 사전에 나와 있는 이름과 뜻을 보고 마음에 드는 이름을 고르기도 하는데, 예를 들어 Bryan이라는 이름을 찾으면 noble(고귀한), strong(강한), virtuous(덕이 많은)라는 뜻풀이가 되어 있고, 뜻풀이가 마음에 들면 그 이름을 아기의 이름으로 선택하는 것이다.

아기 이름을 지을 때 한국과 미국이 두드러지게 다른 점은 이름을 짓는 시기라고 할 수 있다. 한국인은 아기가 태어나기 전에는 태명으로 부르다가 아기가 태어난 후에 정식 이름을 짓지만, 미국에서는 산모가 아기를 낳으러 병원에 갈 때 이미 이름을 정해 두어야 한다. 미국에서는 아기가 태어난 병원에서 출생증명서 birth certificate를 발급해 주는데, 출생증명서에 아기의 정식 이름이 들어가야 하기 때문에 미리 준비를 해 두어야 하는 것이다.

관련표현

동명이인 namesake; different person with the same name
- 체포된 사람은 범인과 동명이인이었다.
  The person arrested had the same name as the real criminal.

무명의 nameless; unknown; obscure ❶
- 무명의 선수가 올림픽 마라톤에서 우승하는 파란을 일으켰다.
  An unknown athlete winning the Olympic marathon was sensational.

아무개 so-and-so; (남성) whatsisname; (여성) whatsername
- 피해자는 김 아무개라는 사람으로 밝혀졌다.
  It is now revealed that Kim so-and-so was the victim.

이니셜 initial; initials ❷

영어 이름의 애칭

남자 이름
Alexander	→ Alex
Andrew	→ Andy
Benjamin	→ Ben
Christopher	→ Chris
Frederick	→ Fred/Freddy
James	→ Jim/Jimmy
Michael	→ Mike
Robert	→ Bob/Robbie
Samuel	→ Sam
Stephen	→ Steve
Theodore	→ Ted/Teddy
Thomas	→ Tom/Tommy
Timothy	→ Tim
William	→ Bill/Billy

여자 이름
Alexandra	→ Sandy
Amanda	→ Mandy
Angela	→ Angie
Catherine	→ Cathy/Kate
Deborah	→ Debbie
Elizabeth	→ Beth/Liz
Jane	→ Jenny
Jessica	→ Jess/Jessie
Katherine	→ Kitty
Kimberly	→ Kim/Kimmy
Margaret	→ Maggie
Samantha	→ Sam
Sophia	→ Sophie
Susan	→ Sue/Susie

❶ 한국에는 홍길동, 미국에는 John Doe

미국 드라마, 일명 미드를 즐겨 보는 사람이라면 한 번쯤 '존도'라는 이름을 들어 봤을 것이다. 존도John Doe는 실제 사람 이름이 아니라 법률 사건에서 원고의 실명을 밝히지 않고자 할 때 사용하거나, 신원이 밝혀지지 않은 시신이나 환자를 가리킬 때 사용하는 이름이다. 즉 우리나라에서 흔히 쓰이는 '아무개'나 '홍길동'이라는 이름이 영어에서는 John Doe인 셈이다. John Doe는 남성일 때 쓰이는 이름이고, 여성은 Jane Doe, 아기는 Baby Doe라고 하는데, John과 Jane은 우리나라의 '철수와 영희'만큼이나 흔한 영어 이름이다.

❷ initial과 initials의 차이

단수 initial은 이름first name의 앞 글자를 뜻하고, 복수 initials는 전체 이름full name의 앞 글자를 모두 합친 이름을 가리킨다.
- **ex** 내 이름의 이니셜은 H이다.
  H is the **initial** of my first name.
- **ex** MJ는 마이클 잭슨의 이니셜이다.
  MJ is Michael Jackson's **initials**.

미들네임이란?

미들네임은 이름과 성 사이에 있는 두 번째 이름이다. 미들네임은 천주교의 세례명에서 비롯되었고, 중세 시대의 영지를 표시하거나 조상의 이름이나 직업 등의 여러 정보를 담고 있다. 영어권에는 미들네임이 하나인 사람도 있고 두 개 이상을 사용하는 사람들도 있는데, 보통 George W. Bush처럼 미들네임을 하나의 대문자로 표기하는 경우가 많다. 하지만 F. Scott Fitzgerald처럼 미들네임은 그대로 쓰고 첫 번째 이름을 대문자로 표기하는 경우도 있고, 다코타 패닝Dakota Fanning (원래 이름은 Hannah Dakota Fanning)처럼 미들네임을 이름처럼 부르는 경우도 있고, 톰 크루즈Tom Cruise (원래 이름은 Thomas Cruise Mapother)처럼 미들네임을 성처럼 쓰는 경우도 있다.

02 가족 family

2.1 가족 family; household, 가정 home

구성원

가구주, 세대주, 호주 householder
가장 head of a family[household]; (생계를 꾸리는) breadwinner
　　가부장, 남자 가장 patriarch
　　여자 가장 matriarch
가정주부, 주부 homemaker; (여성) housewife; (남성) househusband
　　전업주부 full-time homemaker

> 가정주부 ❌ housekeeper
> ⭕ homemaker
> housekeeper는 가정부

종류

결손가정 broken home, 편부모가정 single-parent family
대가족 (가족 수가 많은) large family; (여러 세대가 함께 사는) extended family
- 우리 집은 삼대가 함께 사는 대가족이다.
  We have a large family of 3 generations living together.

독신가정 single household
맞벌이 가정 double-income family; dual-income family ❶
● 외벌이 가정 single-income family
부양가족 dependent
- 그는 먹여 살려야 할 부양가족이 많다. He has a lot of dependents to support.

유가족, 유족 the bereaved; family of the deceased
이산가족 separated families; dispersed families
입양가정 foster home ❷
재혼가족 stepfamily
직계가족 immediate family
핵가족 nuclear family

---

❶ DINK족

DINK는 Double Income, No Kids, 즉 자녀를 두지 않은 맞벌이 부부를 가리키는 말로서 1990년대 미국에서 쓰이기 시작했다. 딩크족은 사생활을 중시하고 일에서 보람을 찾으며 여유로운 생활과 노후를 즐기고자 하는 사람들이 많다. 우리나라에서는 딩크족 중에서 아이 대신 애완동물pet을 기르며 사는 부부를 딩펫족DINKPET이라고 부르기도 한다.

❷ 미국의 입양 절차

미국은 입양과 관련한 법과 절차가 주state마다 다르지만, 전반적인 절차는 그리 까다롭지 않다. 아이를 입양하기로 결정을 했다면 입양 기관에 연락하여 입양에 필요한 서류를 준비한다. 입양 기관에 소속된 입양 전문가는 부모들에게 입양에 관한 여러 사례 및 정보를 알려주고 입양 교육adoption home study을 시킨다. 해외가 아닌 자국 내에서 곧 태어날 신생아를 입양할 경우에는 아기의 생모birth mother가 입양을 희망하는 양부모들의 서류를 검토하거나 전화 통화나 면담을 통해 양부모를 선택한다. 해외 입양이나 태어난 아이를 입양할 경우에는 입양 기관의 담당자들이 사전에 입양 가정을 방문하여 가정 환경이나 소득 수준을 조사한다.

미국 정부는 입양 가정의 AGI (adjusted gross income: 조정 후 총소득)가 15만 달러 이하일 경우에는 1년에 $10,000의 세금 공제 혜택을 주고 있다. 하지만 오바마 대통령이 새롭게 통과시킨 건강 법안Health Care Bill이 발효되는 2010년 이후부터는 입양 가정의 연간 세금 공제액tax credit이 $12,170~13,170로 늘어날 예정이다. 이로 인해 평균적으로 $15,000 이상 소요되는 입양 비용에 대한 부담이 줄어들어 더 많은 가정이 입양을 희망할 것으로 기대하고 있다. 뿐만 아니라 신체장애나 정신장애가 있는 아이를 입양할 경우에는 아이가 성인이 될 때까지 adoption subsidy 또는 adoption assistance라고 하는 보조금을 신청해 받을 수 있다.

관련표현

가계도 family tree, **족보** genealogy

가문 family ❶
- 저 아이는 우리 가문의 대를 이을 장손이다.
  As the eldest son he will carry on the family name.

가족제도 family system
- 모계제도 matriarchy
- 부계제도 patriarchy

가훈 family motto

핏줄, 혈통 blood; descent; pedigree
- 그 남자는 왕실의 혈통을 타고났다. He is descended from a royal blood line.

❶ 세계의 명문가

미국 정계에서 가장 유명한 가문은 어디일까? 아마도 미국의 35대 대통령인 존 F. 케네디를 비롯하여 3명의 상원의원과 4명의 하원의원을 배출한 케네디Kennedy 가문을 꼽을 수 있을 것이다. 26대 대통령인 테오도어 루즈벨트Theodore Roosevelt와 32대 프랭클린 루즈벨트Franklin Roosevelt 대통령을 배출한 루즈벨트Roosevelt 가문과 부자(父子) 대통령을 배출한 부시Bush 가문도 미국에서 손꼽는 정치 명문가이다. 언론계의 명문가로는 월스트리트 저널과 뉴욕포스트, 폭스TV, 20세기 폭스 등을 소유하고 있는 머독Murdoch가가 있으며, 유대계의 로스차일드Rothschild 가문은 전세계 금융시장에서 막강한 영향력을 행사하고 있다. 할리우드의 명문가로는 영화〈대부〉를 연출한 프랜시스 포드 코폴라Francis Ford Coppola와 그의 딸 소피아 코폴라Sophia Coppola가 주축인 코폴라Coppola 가문이 있다. 영화배우 니콜라스 케이지의 본명은 Nicholas Kim Coppola인데, 삼촌인 프랜시스 포드 코폴라의 후광을 입지 않으려고 가명을 사용하고 있다.

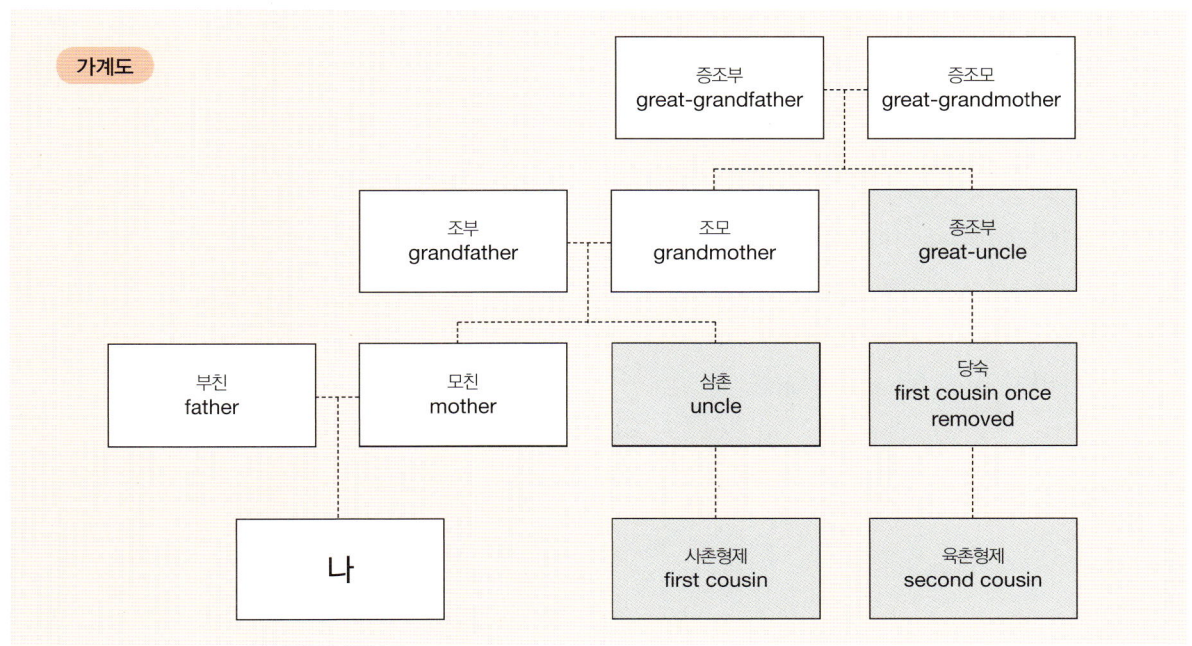

2.2 부모 parents

부모

부모, 어버이 parents; father and mother; *inf* one's folks ❶
- 부모님이 살아 계실 때 효도해라. Respect your parents while they are alive.

노부모 aged parents; elderly parents

생부모, 친부모 biological parents; real parents; birth parents
- 그 사람은 자신의 친부모가 누구인지 모른다. He doesn't know his biological parents.

시부모 parents-in-law; husband's parents

● **처부모** parents-in-law; wife's parents
- 그녀는 시부모와 사이가 좋지 않다. She doesn't get along with her husband's parents.

양부모 adoptive parents; foster parents

편친, 홀어버이 single parent; lone parent

❶ **두 번째 부모**

천주교와 성공회 그리고 러시아 정교회 등에는 대부godparent라는 개념이 있다. 대부모란 세례baptism를 받는 아이의 후원자 역할을 하는 사람인데, 남성은 대부godfather, 여성은 대모godmother, 세례를 받는 아이는 대부모의 대자녀godchild라고 부른다. 대부모의 역할은 대자녀가 영적인 측면에서 잘 성장할 수 있도록 돌봐주고 관심을 기울이는 것인데, 그런 면에서 대부모는 아이의 또 다른 부모라고 볼 수 있다. 대부모는 직계 가족이 아니어야 하고, 아이의 친부모나 세례 받는 당사자, 혹은 성직자에 의해 지명된 사람이어야 하고, 세례를 받은 신자여야 한다. 요즘은 종교적인 관점이 아니더라도 친부모가 아이의 성장에 도움이 될 수 있는 누군가를 정해 대부모로 삼기도 한다.

아버지

아버지, 부친 father, **아빠** papa; *inf* dad; daddy
- 나는 커서 우리 아빠 같은 사람이 되고 싶다. I would like to grow up to be like my father.

계부, 새아버지 stepfather

기러기 아빠 father goose ❷
- 그는 아내와 아들을 미국으로 보내고 기러기 아빠 생활을 하고 있다. He is a father goose for his wife and son living in the U.S.

생부, 친아버지 biological father; real father; birth father

선친 deceased father; late father

양부, 양아버지 adoptive father; foster father

편부, 홀아버지 single father; lone father

❷ **기러기 아빠와 낙하산 아이**

자녀 교육을 위해 아내와 아이들을 외국으로 보낸 아빠가 기러기 아빠라면, 부모와 떨어져 외국에 혼자 나가서 공부하는 아이는 parachute kid, 즉 '낙하산 아이'라고 한다. 낙하산 아이 중에는 아시아 지역의 부유한 집안 출신이 많은데, 이들은 학군이 좋고 안전한 교외지역에서 친척이나 돌봐주는 사람과 함께 거주하는 경우가 많다.

어머니

어머니, 모친 mother, **엄마** `inf` mama; `AE` `inf` mom; mommy; `BE` `inf` mum; mummy ❶

계모, 새어머니 stepmother

노모 aged mother; elderly mother
- 그는 홀로 노모를 모시고 살고 있다. He and his elderly mother live alone.

대리모 surrogate mother
- 그 여자는 대리모를 통해 쌍둥이 딸을 얻었다. She had twin daughters through a surrogate mother.

미혼모 single mother; unmarried mother
- 요즘은 십 대 미혼모들이 증가하고 있다. The number of teenage single mothers increased recently.

생모, 친어머니 biological mother; real mother; birth mother
- 우리 어머니는 친어머니가 아니라 새어머니다. My mom is not my biological mother. She is my stepmother.

양모, 양어머니 adoptive mother; foster mother

편모, 홀어머니 single mother; lone mother
- 그는 어렸을 때 아버지를 여의고 편모 슬하에서 자랐다. He lost his father when he was young and was raised by his single mother.

❶ 축구 엄마, 하키 엄마

흔히 한국 어머니들이 자녀 교육 문제에 극성스럽다고 하지만, 미국의 어머니들도 한국 어머니들 못지않다. 미국에서는 일류 대학에 진학하기 위해서는 학교 성적뿐만 아니라 스포츠, 봉사활동 등 다양한 분야까지 세세하게 신경을 써야 하기 때문에 어머니들이 하루 종일 아이들을 차에 태워 이곳 저곳으로 데리고 다니며 교육을 시키기 일쑤다. 그래서 등장한 단어가 soccer mom과 hockey mom, 즉 '축구 엄마'와 '하키 엄마'다. 이들은 주로 교외에 사는 중산층 백인 여성들인데, 미국에서는 soccer mom이 일반적이고, 하키가 국민 스포츠인 캐나다에서는 hockey mom이라는 말이 일반적으로 쓰인다.

❶ 미국에는 헬리콥터 부모가 있다.

최근 미국에서는 헬리콥터 부모 helicopter parent에 대한 논란이 뜨겁다. helicopter parent란 헬리콥터처럼 자식들의 머리 위를 날아다니며 자녀의 인생에 지나치게 간섭하는 부모를 가리킨다. 흔히 미국은 아이가 성인이 되면 모두 부모에게서 독립한다고 알려져 있는데, 실제로는 자녀가 다 자란 후에도 과잉 보호를 하는 부모가 상당수에 이른다. 미국에는 집을 떠나 기숙사 생활을 하는 자녀가 걱정된 나머지 대학 기숙사에 웹 카메라를 설치해서 집에서 자녀의 모습을 24시간 확인하는 부모도 있다고 한다. 뿐만 아니라 기숙사에 들어간 자녀가 룸메이트와 문제가 있으면 직접 와서 해결해 주는 부모도 있고, 심지어 대신 수강 신청을 해주는 부모도 있다. 이런 여러 가지 문제로 대학 측에서는 신입생 오리엔테이션 때 학부모 오리엔테이션을 함께 실시하기도 하고, 아예 학부모과 Office of Parents and Development를 따로 신설할 정도라고 한다. 한편 성인이 되어서도 부모 품을 벗어나지 못하는 사람들은 캥거루족 kangaroo이라고 한다.

2.3 자손, 자식 child (pl children)

자녀

자녀 children; sons and daughters ❶
그는 아직 자녀가 없다. He doesn't have any children yet.

늦둥이 late child
그 남자는 나이 마흔에 늦둥이를 얻었다. He had a late child at age 40.

사생아 love child; illegitimate child
그는 사생아로 태어나서 아버지가 누군지 모른다.
He is a love child and does not know who his father is.

쌍둥이, 쌍생아 twins ❷
　샴쌍둥이 conjoined twins; Siamese twins ❸
　이란성 쌍둥이 fraternal twins; non-identical twins
　일란성 쌍둥이 identical twins

외자식 only child

유복자 posthumous child ← posthumous work 유고, 유작

의붓자식 stepchild

입양아 adopted child; adoptee
그녀는 입양한 아이를 친자식보다 더 극진히 길렀다.
She raised her adopted child more loving than her real child.

친자식 biological child; real child ← paternity suit 친자확인소송 / paternity test 친자확인검사

첫째, 맏이 firstborn; [inf] the eldest
이 아이가 우리 집 첫째입니다. This kid is my eldest.

둘째 middle child; second child

막내 the youngest
나는 5남매 중의 막내다. I am the youngest of 5 children.

---

❶ **자식을 뜻하는 단어**
- descendant 핏줄을 이어받을 자손, 후손
- offspring 사람의 자식이나 동물의 새끼
- posterity 핏줄과 상관 없이 미래의 모든 후세 및 후대

❷ **쌍둥이처럼 꼭 닮은 사람들에게는?**
- mirror image 거울을 들여다보는 것처럼 꼭 닮은 사람
- like two peas in a pod 한 꼬투리 안에 들어 있는 완두콩처럼 똑같이 생긴
  ex 우리 언니와 나는 쌍둥이처럼 꼭 닮았다.
  My sister and I are **like two peas in a pod**.

❷ **최다 쌍둥이 기록**
- 세 쌍둥이 triplets
- 네 쌍둥이 quadruplets; [inf] quad
- 다섯 쌍둥이 quintuplets; [inf] quint
- 여섯 쌍둥이 sextuplets
- 일곱 쌍둥이 septuplets
- 여덟 쌍둥이 octuplets
- 아홉 쌍둥이 nonuplets

기네스북에 오른 최다 쌍둥이 기록은 1971년 호주 시드니에서 태어난 아홉 쌍둥이다. 하지만 여섯 쌍둥이 이상이 태어날 경우 아이들의 생존율은 극히 낮아진다. 자연 상태에서 쌍둥이가 태어날 확률은 약 1%이고 세 쌍둥이가 태어날 확률은 0.013%인데, 숫자가 커질수록 확률은 점점 작아진다. 요즘은 배란촉진제와 시험관 시술, 체외수정 등의 불임치료가 쌍둥이 임신 확률을 높이고 있다.

---

❸ **샴쌍둥이의 어원**
샴쌍둥이는 머리나 가슴, 척추 등이 하나로 붙어 태어나는 쌍둥이다. 수정란이 2개로 완전히 분리되어 성장하면 일란성 쌍둥이가 되지만, 수정란이 완전히 분리되기 전에 분리가 중단되어 신체의 일부가 결합되면 샴쌍둥이가 태어난다고 알려져 있다. 샴쌍둥이의 어원은 시암Siam, 즉 지금의 태국에서 태어난 Chang Bunker와 Eng Bunker(1811-1874)라는 샴쌍둥이에서 비롯되었다. 이들은 서커스 단원으로 유명세를 얻었는데, 이들의 예명인 Siamese Twins가 샴쌍둥이를 뜻하는 단어가 된 것이다. 샴쌍둥이들은 분리 수술을 받기도 하지만, 심장이나 간, 혈관 등 중요한 장기들을 공유하기 때문에 수술 성공률은 매우 낮은 편이다.

아들

아들 son; boy ❶

장남, 큰아들 oldest son; eldest son
- 나는 우리 집의 장남이다. I am the eldest son in my family.

작은아들, 차남 second son

막내아들 youngest son

독자, 외아들 only son
- 그는 3대 독자다. Again for 3 generations, he is the only son.

수양아들, 양자 adopted son; foster son

의붓아들 stepson

적자 legitimate son; son by *one's* legal wife ⬌ 서자 son of a concubine

친아들 biological son; real son

효자 devoted son; dutiful son ⬌ 불효자, 패륜아 undutiful child[son]

딸

딸 daughter
- 그 집은 아들 없이 딸만 셋이다. There are three daughters but no sons in that family.

장녀, 큰딸 oldest daughter; eldest daughter

작은딸, 차녀 second daughter

막내딸 youngest daughter

무남독녀, 외동딸 only daughter

수양딸, 양녀 adopted daughter; foster daughter

의붓딸 stepdaughter

친딸 biological daughter; real daughter

효녀 devoted daughter; dutiful daughter

---

❶ **아버지와 아들 이름이 같을 때는**

미국은 아버지와 아들 이름이 같은 경우가 많다. 그래서 특별한 방법으로 아버지와 아들의 관계를 구분하기도 한다.

먼저 아버지와 아들을 뜻하는 Senior와 Junior (약자로는 Sr.와 Jr.)는 몇 가지 조건이 맞아떨어질 때만 쓸 수 있다. 첫째, Junior라는 호칭은 아버지와 아들의 관계에서만 쓸 수 있다. 할아버지와 손자 사이에서는 쓸 수 없다. 둘째, 아버지와 아들의 이름은 철자 하나 틀리지 않고 똑같아야 하며, first name 뿐만 아니라 middle name도 같아야 한다. 셋째, 아버지가 생존해 있어야 한다. 사망한 아버지와 아들 사이에서는 쓸 수 없다.

같은 이름을 쓰는 아버지와 아들을 구분하기 위해 로마 숫자 I(the first), II(the second) 등을 사용하기도 한다. Senior-Junior와 달리 로마 숫자는 할아버지와 손자의 관계에도 쓸 수 있어 손자를 III(the third)로 표기한다. 하지만 로마 숫자 II(the second)는 이름만 같다면 할아버지와 손자 또는 삼촌과 조카지간에도 사용할 수 있다. 예를 들어 할아버지와 손자의 이름이 둘 다 John Smith라면 할아버지는 John Smith I, 손자는 John Smith II라고 할 수 있다.

아들의 이름을 표기할 때는 last name 뒤에 콤마 comma없이 Junior를 줄인 Jr.나 로마 숫자 II를 붙이면 된다. 예를 들어 아들의 이름이 John Smith라면 Mr. John Smith Jr. 혹은 Mr. John Smith II와 같이 표기하면 된다. 예전에는 Jr. 앞에 콤마를 넣어 John Smith, Jr.처럼 표기했는데, 1990년대 이후 콤마를 붙이지 않는 방식으로 통일되었다.

손자 • 손녀

손자 손녀 grandchild (pl grandchildren)

손녀 granddaughter
- 외손녀 daughter's daughter
- 친손녀 son's daughter

손자 grandson
- 외손자 daughter's son
- 장손, 큰손자 the eldest son of the eldest son
- 종손 the eldest grandson of the head family
- 친손자 son's son

증손 great-grandchild
- 증손녀 great-granddaughter
- 증손자 great-grandson

자녀의 나이를 묻는 방법

한국은 저조한 출산율이 사회 문제가 되고 있지만, 미국에서는 3명 이상의 자녀를 둔 가정을 어렵지 않게 찾을 수 있다. 다자녀 가정에서 아이들의 나이 차이를 물어볼 때는 "What is the age difference between your kids?"라고 하면 된다. 같은 표현으로는 "What age gap is between your children?" 또는 "How many years apart are your children?" 등이 있다. 대부분의 미국인들은 아이들의 나이를 직접 묻기보다는 몇 학년인지, 아이들이 좋아하는 관심사가 무엇인지를 묻는다.

A: 자녀가 몇 명이에요?
How many children do you have?

B: 셋 있어요.
I have three kids.

A: 몇 학년인가요?
What grade are they in?

B: 첫째는 8학년, 둘째는 5학년, 셋째는 1학년이에요.
The first is in 8th grade, the second is in 5th grade and the third is in 1st grade.

A: 아이들이 뭘 좋아하지요?
What do they like to do?

B: 큰 아이는 운동을 좋아하고, 둘째는 기타 치는 것을 좋아하고, 막내는 게임을 좋아해요.
The oldest likes to play sports, the middle one likes to play the guitar, and the youngest likes to play video games.

2.4 형제, 오누이 siblings; brothers and sisters

누나, 언니 older[elder; big] sister; `inf` sis
　친누나, 친언니 biological[real] older sister
　큰누나, 큰언니 big sister

동생, 아우 little brother[sister]; younger brother[sister]
　계수, 제수 sister-in-law; younger brother's wife
　남동생 younger brother
　누이동생, 여동생 younger sister
　친동생 biological[real] younger brother[sister]

오빠, 형 older brother; elder brother
　친오빠, 친형 biological[real] older brother
　큰오빠, 큰형 big brother
　형수 sister-in-law; older brother's wife

이복형제 half brother, **의붓형제** stepbrother
　이복누나, 이복언니 older half sister
　이복동생 younger half brother[sister]
　이복오빠, 이복형 older half brother

카인과 아벨
구약성서 〈창세기〉에 등장하는 카인Cain과 아벨Abel은 아담과 이브가 낳은 두 아들이다. 카인은 신이 자신이 바친 제물 대신 아벨의 제물을 받자 질투심에 사로잡혀 동생을 죽이게 되는데, 형제간의 이러한 반목과 적의를 심리학적으로 카인 콤플렉스Cain complex라고 한다. 첫째는 둘째가 태어나기 전까지 부모의 사랑을 독차지하다가 동생이 태어나면 잃어버린 부모의 관심을 끌기 위해 어리광을 부리거나 동생을 못살게 굴기도 하는데, 부모의 사랑을 받기 위해 형제끼리 경쟁하는 것을 sibling rivalry라고 한다.

형제자매 간의 호칭
영어에서는 자기보다 나이가 많은 형제를 가리킬 때 older 또는 elder라는 표현을 쓴다. "He is my older brother." 또는 "He is my elder brother."라는 문장은 의미 차이는 없지만, 비교급 문장을 쓸 때에는 elder를 쓸 수 없으므로 주의해야 한다.
- ✅ Sam is older than me.
- ❌ Sam is elder than me.

미국에서는 형제자매 간에 애칭이나 별명을 부르는 경우가 많다. 애칭은 Alexander를 Alex로 부르거나 Christopher를 Chris로 부르는 것을 가리키고, 별명으로 부를 때는 그 사람의 성격이나 특징을 따서 Todo (스페인어로 'everything'), Diggy (누구나 다 좋아한다는 의미), Sillypants ('멍청이'와 비슷한 뉘앙스의 애칭) 등으로 부르는 것을 말한다. 간혹 brother와 sister 대신 bro, sis 등으로 부르기도 하지만 흔하지는 않다. 형제자매끼리는 서로의 이름을 부르기 때문에 나이 차이가 얼마 나지 않는 형제끼리는 친구처럼 지내는 경우가 많다.

A: 이쪽은 우리 형 알렉스야.
　This is my older brother, Alex.
B: 반가워, 알렉스. 그런데 너희 형제는 정말 많이 닮았구나!
　Nice to see you, Alex. By the way, you two look like each other a lot!
A: 그래, 우린 일란성 쌍둥이야. 내가 형보다 6시간 어리지.
　Yes, we are identical twins. I'm 6 hours younger than him.

2.5 부부 couple; husband and wife

부부

노부부 elderly couple
맞벌이 부부 working couple
신혼부부 newlyweds; newly married couple
□ 우리는 결혼한 지 1년이 안 된 신혼부부다. We are still newlyweds as we have been married less than one year.

잉꼬부부 happily-married couple; `inf` lovebirds ❶
□ 그들은 소문난 잉꼬부부다. They are well known to be a happily-married couple.

주말부부 weekend couple; long-distance couple
□ 남편이 지방으로 발령을 받는 바람에 주말부부가 되고 말았다. Because my husband works out of town, we are now a long-distance couple.

> 부부싸움은 칼로 물 베기.
> Lovers' quarrels are soon mended.

❶ 우리는 잉꼬부부예요
영어로 잉꼬부부를 뜻하는 lovebird는 '모란앵무'라는 앵무새의 일종이다. 잉꼬라는 말은 앵무새의 일본식 발음으로서, 잉꼬=앵무새라고 보면 된다. 모란앵무는 일부일처를 지키는 동물인데, 자신의 짝을 만나면 평생 외도를 하지 않고 그 배우자에게만 충실하다고 알려져 있으며, 암수가 항상 붙어 다닌다고 한다.

배우자

반려자, 배우자 partner; `f` spouse
□ 그녀는 아직 인생의 반려자를 만나지 못했다. She hasn't found her life time partner.

남편 husband; `inf` hubby
　공처가 henpecked husband; *one's* wife's man
　애처가 devoted husband; loving husband
　　□ 그 남자는 소문난 애처가다. He is well known as a loving husband.
　전남편 ex-husband; former husband; `inf` ex

아내, 처 wife
　본처 (lawful; legal) wife
　소실, 첩 mistress; concubine
　전부인, 전처 ex-wife; former wife; `inf` ex
　현모양처 good wife and wise mother ⬌ 악처 Xanthippe ❷

❷ 누가 크산티페를 악처로 만들었나?
크산티페Xanthippe는 그리스의 철학자 소크라테스의 아내로, 악처의 대명사로 불리는 인물이다. 소크라테스보다 40살 가까이 연하인 것으로 알려진 크산티페는 실제로는 그다지 악독한 아내가 아니었다고 한다. 하지만 소크라테스가 학문에만 관심이 있고 집안 살림에는 도통 관심이 없는 빵점 가장이었기 때문에 크산티페 혼자서 집안 살림을 도맡아야만 했고, 스승에게 잔소리를 하는 크산티페를 못마땅하게 여긴 소크라테스의 제자들이 그녀를 나쁘게 묘사하기 시작하면서 크산티페는 천하의 악녀가 되고 말았다.

03 친척, 친족 relative; kin

3.1 친가, 혈족 blood relatives

조상

선조, 조상 ancestors; [f] forebears; forefathers

고조부모 great-great-grandparents
    고조모, 고조할머니 great-great-grandmother
    고조부, 고조할아버지 great-great-grandfather

증조부모 great-grandparents
    증조모, 증조할머니 great-grandmother
    증조부, 증조할아버지 great-grandfather

조부모 grandparents
    조모, 할머니 grandmother; [inf] grandma; granny; (유아어) [inf] nana
    조부, 할아버지 grandfather; [inf] grandpa; granddad; granddaddy

손위 친척

고모할머니, 대고모 great-aunt; grandaunt; *one's* grandfather's sister
    작은할머니 great-aunt; grandaunt; *one's* grandfather's younger sister
    큰할머니 great-aunt; grandaunt; *one's* grandfather's older sister

백조부, 큰할아버지 great-uncle; granduncle; *one's* grandfather's elder brother

숙조부, 작은할아버지 great-uncle; granduncle; *one's* grandfather's younger brother

고모 aunt; [inf] auntie; aunty; *one's* father's sister
    고모부 uncle; the husband of *one's* father's sister

삼촌 uncle ❶
　백부, 큰아버지 uncle; *one's* father's older brother
　백모, 큰어머니 aunt; **inf** auntie; aunty; the wife of *one's* father's older brother
　숙부, 작은아버지 uncle; *one's* father's younger brother
　숙모, 작은어머니 aunt; **inf** auntie; aunty; the wife of *one's* father's younger brother
당숙, 종숙 male cousin of *one's* father; paternal first cousin once removed
　당숙모 the wife of *one's* father's cousin; the wife of *one's* paternal first cousin once removed

같은 항렬의 친척

고종사촌, 친사촌 cousin; first cousin; full cousin
육촌형제, 재종형제 second cousin

손아래 친척

당질, 종질 son of a male cousin
　당질부 the wife of the son of a male cousin
생질, 조카 nephew
　조카며느리, 질부 niece-in-law; nephew's wife
조카딸, 질녀 niece
　조카사위, 질서 nephew-in-law; niece's husband

---

❶ **미국을 Uncle Sam이라고 부르는 이유**

영국으로부터 독립한 미국은 1812년 영국을 상대로 다시 한 번 전쟁을 벌인다. 당시 뉴욕에서는 Elbert Anderson이라는 정부 조달관의 책임 하에 군수품을 구입했는데, 이렇게 구입한 군수품에는 Elbert Anderson의 이니셜인 E.A와 미국의 약자인 U.S가 찍혀 있었다. 한편 Uncle Sam, 즉 '샘 아저씨'라는 별명으로 통하던 Samuel Wilson이라는 사업가가 미국 정부에 군수품을 납품했는데, 어떤 사람이 E.A-U.S가 무슨 뜻인지 묻자 Samuel Wilson의 직원 중 한 명이 장난 삼아 Elbert Anderson과 Uncle Sam의 약자라고 대답했다. 그때부터 Uncle Sam은 미국을 상징하는 단어로 쓰이게 되었고, 1차 세계대전이 발발할 무렵에는 Uncle Sam을 형상화한 징병 포스터가 탄생했다. 포스터에 나오는 인물은 염소수염을 기른 고집스런 표정의 백인인데, 미국 국기 디자인이 들어간 실크해트와 재킷을 입고 있다. 한편 Uncle Tom은 백인에게 지나치게 굽실거리는 흑인을 뜻하고, Dutch Uncle, 즉 '네덜란드인 삼촌'은 젊은 사람을 지나치게 야단치는 사람을 의미한다.

3.2 외가, 외족 maternal relatives

외조부모 (maternal) grandparents; grandparents on *one's* mother's side

   외조모, 외할머니 (maternal) grandmother; grandmother on *one's* mother's side

      ☐ 그는 외할머니 밑에서 자랐다. His maternal grandmother raised him.

   외조부, 외할아버지 (maternal) grandfather; grandfather on *one's* mother's side

외삼촌, 외숙 uncle; *one's* mother's brother

   외숙모 aunt; `inf` auntie; aunty; the wife of *one's* mother's brother

이모 aunt; `inf` auntie; aunty; *one's* mother's sister ❶

   이모부 uncle; the husband of *one's* mother's sister

외사촌, 이종사촌 cousin (on *one's* mother's side); first cousin (on *one's* mother's side)

---

❶ **이모와 삼촌은 조카를 사랑해!**
미국 신문이나 잡지에는 고민 상담란agony column이라는 칼럼이 있는데, 이 칼럼을 쓰는 여성 상담가를 agony aunt, 남성 상담가를 agony uncle이라고 한다. 말하자면 조카의 고민거리agony를 상담해 주는 이모나 삼촌이라는 뜻인데, 부모에게는 차마 말할 수 없는 고민거리라도 그들에게는 스스럼없이 털어놓을 수 있기 때문이다. 미국에서 유명한 agony column으로는 Ask Ann Landers와 Dear Abby 등이 있는데, Ann Landers와 Abby는 칼럼니스트의 본명이 아니라 Eppie Lederer라는 여성과 그녀의 쌍둥이 여동생인 Pauline Phillips의 필명이다.

3.3 인척 in-laws; relatives by marriage

동서 (남성) brother-in-law; husband of *one's* wife's sister; (여성) sister-in-law; wife of *one's* husband's brother

며느리 daughter-in-law; son's wife
- 그 여자는 며느리와 사이가 좋지 않다.
  She doesn't get along with her daughter-in-law.

손자며느리 granddaughter-in-law

사돈 in-laws; parents of *one's* son-in-law[daughter-in-law]
- 그들은 서로 사돈을 맺었다.
  They became parents-in-law by getting their children to marry.

바깥사돈, 사장 (사위의 아버지) son-in-law's father; (며느리의 아버지) daughter-in-law's father

사부인, 안사돈 (사위의 어머니) son-in-law's mother; (며느리의 어머니) daughter-in-law's mother

사위 son-in-law; daughter's husband ❶
- 그녀는 듬직한 청년을 사위로 맞았다. She took a masculine guy as a son-in-law.

데릴사위 son-in-law who lives with his wife's family

손녀사위 grandson-in-law

시댁

시댁, 시집 in-laws; husband's family
- 그 여자는 시댁 식구들에게 잘 한다. She is nice to her in-laws.
- 그녀는 고된 시집살이를 했다. Her life with her husband's family was difficult.

도련님, 시동생 brother-in-law; husband's younger brother

시누이 sister-in-law; husband's sister

🔊 **올케** sister-in-law; the wife of *one's* brother

시부모 parents-in-law; parents of *one's* husband
- **시아버지** father-in-law; husband's father
- **시어머니** mother-in-law; husband's mother

시아주버니, 아주버니 brother-in-law; husband's older brother

결혼하면 바뀌는 한 가지

미국에서는 여성이 결혼하면 남편의 성(姓)을 따르는 것이 일반적이지만, 간혹 자신의 처녀적 성 maiden name을 그대로 사용하기도 하고, 미들네임으로 사용하는 여성들도 있다. 전 미국 대통령인 빌 클린턴Bill Clinton의 부인인 힐러리 로드햄 클린턴Hillary Rodham Clinton은 자신의 처녀적 성인 로드햄Rodham을 미들네임으로 사용하고 있다. 미국뿐만 아니라 유럽과 일본에서도 여성이 결혼을 하게 되면 남편의 성을 따르는데, 간혹 사회적 지위가 높고 부유한 여성과 결혼하는 남성이 여성의 성을 따르는 경우도 있다.

처가

처가 in-laws; wife's family, **친정** (married woman's) parents' home

- 그는 결혼 초부터 처가살이를 하고 있다.
  Since they got married, they live with wife's family.
- 아내는 부부싸움을 하고 친정으로 가 버렸다.
  After the argument my wife left for her parents' home.

빙부, 장인 father-in-law; wife's father

빙모, 장모 mother-in-law; wife's mother ❶

처남 brother-in-law; wife's brother

매부 brother-in-law; sister's husband

처제 sister-in-law; wife's younger sister

형부 brother-in-law; older sister's husband

처조카 wife's nephew[niece]

처형 sister-in-law; wife's older sister

제부 brother-in-law; younger sister's husband

❶ 사위 사랑은 장모?

우리나라에서는 사위와 장모는 사이가 돈독한 반면 시어머니와 며느리 간의 고부갈등이 심각한 문제로 대두되지만, 미국에서는 고부갈등보다는 장모와 사위 간의 갈등이 많은 편이다. 미국의 일부 사위들은 장모 mother-in-law의 영어 철자를 바꿔서 Woman Hitler, 즉 '히틀러 같은 여자'라고 부른다고 한다. 여권 women's rights이 강한 나라일수록 장모와 사위 간의 갈등이 심한 편인데, 미국은 아이들을 일찍 독립시킨 부모들이 아들보다는 딸과 친밀한 관계를 유지하는 경우가 많고, 일반적으로 아들보다 딸이 부모를 모시기 때문이다. 미국의 몇몇 주에서는 장모와 사위의 관계 개선을 도모하는 장모의 날 Mother-in-law's Day을 제정하기도 했다.

결혼으로 맺은 법적인 관계 in-law

결혼으로 맺어진 가족 관계는 in-law라는 말을 뒤에 붙인다. 복수형인 in-laws는 배우자의 가족 모두를 가리키는 말로서, 만약 남자가 "They are my in-laws."라고 하면 "내 처가 식구들이야."라는 뜻이 된다. 때로는 배우자의 부모 parents-in-law를 가리킬 때 그냥 in-laws라고 하기도 하므로, in-laws는 배우자의 식구들, 시부모, 장인장모, 사돈 등의 여러 의미로 쓰인다. in-law 앞에 복수명사가 온다고 하더라도 in-laws와 같이 복수형태로 쓰지 않으므로 주의해야 한다.

- ❌ They are my brothers-in-laws.
- ⭕ They are my brothers-in-law.

미국인은 '부부와 자녀'만을 가족이라고 여기며 법적으로도 그렇다. 회사에서 의료보험을 들 때 부모를 가족으로 포함시키지 못한다. 그래서인지 미국인들은 in-laws에 대해 우리처럼 큰 부담을 갖지 않는다. 결혼 후에도 배우자의 가족과 가까이 살면서 친하게 지내는 이들도 있고, 1년에 한 번 정도 추수감사절 Thanksgiving이나 크리스마스 Christmas에 만나거나 아예 만날 필요를 느끼지 못하는 이들도 있다. 그러나 이들도 배우자의 가족을 만날 때 조심스러워하기는 한국과 마찬가지다.

A: 브라이언! 이번 주말에 뭐해?
  Hey, Bryan! What are you doing this weekend?

B: 바쁠 것 같아. 장인 장모님이 주말에 오시거든.
  It's going to be busy. My parents-in-law are visiting this weekend.

B: 너랑 생각이 달라도 네 의견을 말하지 않는 것 잊지 말고, 말 너무 많이 하지 마!
  Don't forget to keep your opinions to yourself though you don't agree with them. And don't talk too much!

04 친구와 적

친구

> 힘들 때 의지할 수 있는 친구
> a shoulder to cry on
> 믿지 못할 친구
> fair-weather friend

친구 friend; companion; [inf] buddy; amigo ❶
- 우리 친구 하자. Let's be friends.
- 그게 친구 좋다는 거지. That's what friends are for.

false friend는 나쁜 친구?
false friend는 나쁜 친구라는 뜻이 아니라 철자와 발음이 그럴 듯하지만 의미는 '전혀 다른 단어'를 가리키는 언어학 용어이다. 예를 들어 과락을 좌우하는 시험 성적을 커트라인cutline이라고 한다거나, 응원의 구호로 쓰이는 파이팅fighting과 같은 단어는 모두 false friend인데, 겉보기에는 그럴듯해 보이지만 이 말을 이해하는 원어민은 없다고 해도 과언이 아니다. 커트라인의 제대로 된 영어 표현은 cut-off point 또는 cut-off score이며, 파이팅은 Go for it!이나 Go! 등으로 바꿔 말해야 한다.

급우 classmate, **학우** school friend; fellow student

길동무, 길벗 traveling companion; fellow traveler

단짝, 친한 친구 best[close; good; great] friend; alter ego; (속마음을 털어놓을 수 있는) bosom friend ❶

동료 colleague; co-worker, **동지** comrade
　동료애, 동지애 camaraderie; [f] comradeship

동문, 동창생 (남성) [f] alumni ([sing] alumnus); [BE] old boy; (여성) [f] alumnae ([sing] alumna); [BE] old girl
- 그는 나의 대학교 동창이다. I went to university with him.

> 동문회 (school) reunion

동반자, 파트너 companion; partner
- 그는 사소한 문제로 사업 파트너와 갈라섰다.
  Due to some problems he separated with his business partner.

룸메이트 roommate; [inf] roomie

소꿉동무, 죽마고우 old friend; childhood friend

소울메이트 soulmate

술친구 drinking buddy; drinking pal

의형제 blood brother; sworn brother
- 나는 그와 의형제를 맺었다. I swear to be blood brother with him.

이웃 neighbor

❶ 친구란?
- A friend is one who knows you and loves you just the same. 친구란 나의 모든 것을 알면서 동시에 나를 사랑해 주는 사람이다. –엘버트 허버드 Elbert Hubbard–
- Friendship is a single soul dwelling in two bodies. 우정은 두 개의 육체에 깃든 하나의 영혼이다. –아리스토텔레스 Aristotle–
- The most I can do for my friend is simply be his friend. 내 친구를 위해서 할 수 있는 최선은 그의 친구가 되어 주는 것이다. –헨리 데이비드 소로 Henry David Thoreau–
- Walking with a friend in the dark is better than walking alone in the light. 어둠 속에서 친구와 걷는 것이 밝은 곳에서 혼자 걷는 것보다 낫다. –헬렌 켈러 Helen Keller–
- It is easier to forgive an enemy than to forgive a friend. 친구를 용서하는 것보다 적을 용서하는 것이 더 쉽다. –윌리엄 블레이크 William Blake–
- Nothing but heaven itself is better than a friend who is really a friend. 진실된 친구보다 좋은 것은 천국밖에 없다. –플라우투스 Plautus–

전우 comrade in arms; fellow soldier
- 전우애 **f** comradeship

지인 acquaintance

펜팔 pen pal; pen friend; (이메일 펜팔) keypal

연인

애인, 연인 (남자 친구) boyfriend; (여자 친구) girlfriend; (성 관계를 맺고 있는) lover; **inf** baby
- 저 여자는 애인이 아니라 그냥 아는 여자다.
  She is not my girlfriend. She is just someone I know.
- 옛 애인 old flame

여보, 당신 (호칭) **inf** darling; honey; sweetheart; dear
- 여보, 오늘 별일 없었어요? Honey, how are you today?

커플 couple
- 동성 커플 same-sex couples ❶
- 캠퍼스 커플 college sweethearts

캠퍼스 커플 ✗ campus couple ◉ college sweethearts

- 그들은 캠퍼스 커플로 만나 작년에 결혼했다.
  The college sweethearts got married last year.

적

적 enemy; opponent; **f** adversary; foe ❷
- 그 남자는 주위에 적이 많다. He has enemies everywhere.

강적, 맞수 archrival; main rival; arch-enemy; powerful enemy
- 한국 축구팀은 결승에서 맞수 일본과 승부를 벌일 예정이다.
  Korean soccer team is going to play their archrival Japan in the final.

경쟁자, 라이벌 rival; competitor; contestant; contender

원수, 철천지원수 mortal enemy; deadly enemy

정적 political enemy
- 그들은 그 일로 인해 철천지원수가 되었다.
  Because of that incident they are now mortal enemies.

미국 학생들은 어떻게 '절친'을 사귈까?

종일 한 반에서 수업을 받는 한국과 달리 미국의 중고등 학생들은 교실을 찾아 다니며 수업을 듣는다. 물론 하루의 첫 수업인 1교시first period는 담임교사에 해당하는 core class teacher의 교실에서 시작한다. core class란 한국의 '국영수'에 해당하는 영어English, 수학Math, 사회과학Social Science, 자연과학Science 등의 주요 필수 이수과목을 말한다. 대부분의 필수과목은 수업 시간표에 배정되어 나오며 그 외는 선택과목elective이기 때문에 학생이 원하는 과목을 선택하여 수강할 수 있다. 미국은 이처럼 6, 7교시까지 다른 교실을 찾아 다니며 수업을 받기 때문에 '같은 반 친구'라는 개념이 없고, 선택과목을 같이 수강하다가 친해지는 경우가 많다. 요즘 우리나라에서는 절친한 친구라는 뜻의 '절친'이라는 말이 유행인데, 미국에서는 평생을 함께 할 친한 친구라는 뜻의 BFFL (best friend for life의 약자) 혹은 BFF (best friend forever)라는 말이 유행이다. "She is my BFF."라고 하면 "저 애는 나의 절친이야."라는 뜻이 된다. 한편 여학생이 남학생을 가리켜 "He is my boyfriend."라고 하면 그 남학생과 사귀는 사이라는 의미고, "He is my guy friend."라고 하면 그냥 아는 남학생 친구라는 뜻이다. male friend라는 말은 잘 쓰지 않는다.

❶ **동성커플 관련표현**
- 동성결혼 same-sex marriage
- 동성애 homosexuality; homoeroticism
- 동성애자 homosexual; queer; **!** homo
- 남성 동성애자 gay (man); **!** fag; faggot
- 여성 동성애자 lesbian; **!** dyke

❷ **적 관련표현**
- 적국 enemy (power); enemy[hostile] nation[country]
- 적군 enemy troops[forces]
- 적기 enemy plane[aircraft]
- 적병 enemy (soldier); (집합적) the enemy
- 적장 enemy general[commander]
- 적지 enemy territory[land]
- 적진 enemy camp[position]
- 적함 enemy[hostile] (war)ship; (집합적) hostile craft

05 만남과 이별

만남

데이트 date
- 데이트하다, 만나다, 사귀다 date; go out with; have a date (with); go (out) on a date (with); see *sb*
- 요즘 만나는 사람 있어요? Are you seeing anyone these days?
- 나는 용기를 내어 그녀에게 데이트를 신청했다.
  I found the courage to ask her for a date.

더블데이트 double date

맞선, 선 meeting with a perspective marriage partner
- 그녀는 백 번도 넘게 선을 보았다.
  She has met her perspective marriage partners over 100 times.

미팅 group blind date; group dating, 소개팅 blind date ❶
- 우리는 미팅으로 처음 만났다. We met through a group blind date.

연애

연애, 이성 교제 (romantic) relationship
- 연애하다 have[be in] a relationship with *sb*

  사내 연애 office romance
  - 그 여자는 동료 직원과 몰래 사내 연애를 하고 있다.
    She is having a secret office romance with her co-worker.

구애하다 try to win *sb's* love[heart]

꼬리치다, 추근거리다 flirt (with); make a pass at *sb*; **inf** hit on *sb*
- 그 여자는 아무 남자에게나 꼬리를 친다. She flirts with any guy.

삼각관계 love triangle; eternal triangle

연적 rival in love

자유연애 free love

---

❶ 눈 먼 만남

소개팅은 영어로 blind date라고 한다. blind date의 blind는 '눈이 먼'이라는 뜻으로, 상대방에 대해 아무것도 모른 채 처음 만나는 것을 의미하는데, 어느 정도 상대방에 대한 기본적인 정보를 미리 듣고 소개팅 자리에 나가는 우리나라와는 달리 영어권에서는 상대방에 대한 지식이 전혀 없는 상태로 만나게 된다. '소개팅에 나가다'라고 하고 싶다면 go on a blind date라는 표현을 쓰고, 누군가를 소개시켜 준다고 할 때는 set up이나 fix up, hook up과 같은 표현을 쓰면 된다.

ex 너한테 내 친구를 소개시켜 줄게. I will fix you up with one of my friends.

다툼

다툼, 싸움 fight; fighting ❶

- 다투다, 싸우다 fight; quarrel; argue; have a quarrel; have an argument
- 그는 우연히 싸움에 휘말리게 되었다. He got into a fight unintentionally.
- 그 아이들은 툭하면 싸운다. Those kids fight for no reason all the time.

말다툼, 말싸움 fight; quarrel; argument; wrangle; dispute; war of words

- 말다툼하다 argue; quarrel; have an argument; (티격태격하다) bicker; squabble
- 우리는 아직 말다툼 한번 해본 적이 없다. We (have) never had an argument.

이별

바람맞히다 inf stand sb up

- 내 여자친구는 툭하면 나를 바람맞힌다. My girlfriend often stands me up.

불화 f discord; disharmony

이별 parting

- 이별하다, 헤어지다 part; (절교하다) break up; split up; go one's separate ways; be through (with)
- 오늘 여자친구에게 이별을 통보했다. I notified my girlfriend of our parting today.

차다 inf dump; ditch; drop

- 그는 오늘 3년 사귄 여자친구에게 차였다.
  Today he was dumped by his girlfriend of 3 years.

화해

재결합 reunion

- 재결합하다 reunite (with)
- 그녀는 전남편과 재결합하기로 했다. She decided to reunite with her ex-husband.

화해 reconciliation

- 화해하다 reconcile; make up (with); make (one's) peace (with)
- 우리 이제 그만 화해하자. Let's reconcile.

따귀를 때리다 slap sb on the cheek
멱살을 잡다 grab sb's collar
주먹을 날리다 punch sb
할퀴다 scratch sb

❶ 싸움의 종류
- 격투 hand-to-hand fighting[combat]
- 결투 duel; single combat
- 난투극 f melee; inf free-for-all
- 몸싸움 scuffle; (여성들의) catfight
- 주먹다짐 fistfight; fist fighting
- 칼싸움 sword fighting; sword fight
- 패싸움 gang fight

미국 청춘 남녀의 연애법

미국의 젊은이들은 pub이나 bar와 같은 술집에서 이성을 만나거나 생일 파티나 결혼식 피로연 등에서 새로운 이성을 사귄다. 친구가 아는 사람을 소개시켜 주기도 하고 이성 교제 사이트 Matchmaking Website를 통해 이성을 소개받기도 한다. 그리고 부모들이 서로의 자녀를 소개하거나, 학창 시절부터 알고 지내던 교회나 학교 친구들과 사귀기도 한다. 데이트의 종류에는 별다른 감정 없이 만나는 casual dating, 서로 호감을 가지고 교제를 목적으로 만나는 special dating, 친구의 친구들 혹은 여러 명의 사람들이 함께 만나는 미팅 group dating, 그리고 두 사람이 만나는 소개팅 blind date 등이 있다. 영어에서는 남녀가 눈이 맞아 눈에서 불꽃이 튀는 것을 spark of infatuation이라고 표현하는데, 보통은 결혼을 하지 않고 동거를 시작하는 것이 아주 일반적이다. 결혼을 전제로 동거를 하는 것도 아닌데, 이렇게 남녀가 결혼하지 않고 함께 사는 관계를 long-term relationship이라고 한다. 미국의 젊은 세대들은 번거로운 결혼식을 치르지 않고 동거하는 것을 전혀 이상하게 생각하지 않으며, 부모들도 이런 관계를 인정한다. 어떤 시부모는 아들과 동거하는 여자를 며느리처럼 daughter-in-law라고 부르기도 한다.

06 입맞춤, 성교

입맞춤

입맞춤, 키스 kiss; (쪽 소리를 내며 하는) inf smack; smacker; (짧고 가벼운) peck ❶

- 입맞춤하다. 키스하다 kiss; give *sb* a kiss; (쪽 소리가 나게) smack
- 나는 기습적으로 그녀의 입술을 훔쳤다. I stole a kiss from her.
- 그는 나에게 열정적인 키스를 퍼부었다. He flooded me with passionate kisses.

키스마크 AE hickey; BE love bite

프렌치 키스 French kiss; deep kiss; soul kiss

❶ 키스를 부르는 식물

참나무, 자작나무 등에 기생해서 자라는 겨우살이 mistletoe는 영어권에서 크리스마스 장식으로 쓰이는 식물이다. 크리스마스 시즌이 되면 겨우살이 묶음을 출입구에 가까운 천장에 달아 놓는데, 겨우살이 아래에서 만나는 두 사람은 키스를 해야 하는 관습이 있다. 겨우살이 아래서 키스를 하는 것은 고대 그리스의 결혼 예식 중 일부분이었으며, 북유럽의 사랑과 출산의 여신인 프리갸Frigga의 전설에 따르면 겨우살이에는 마법의 힘이 있어 겨우살이 아래에서는 아무도 다치지 않는다고 믿었다.

성교

성 관계, 성교, 섹스 sex; (sexual) intercourse; f sexual relations; (사랑하는 사람과의) lovemaking; (피임도구를 사용하는) safe sex

- 성교하다 have sex (with); have sexual intercourse (with); make love (to)
- 그녀는 아직 섹스를 해본 적이 없다. She has never had sex.
- 그는 어제 처음 만난 여자와 성 관계를 가졌다.
  He just met her yesterday and still had sex with her.

동침하다 (미혼 남녀가) sleep together; (배우자가 아닌 사람과) sleep with

구강성교, 오랄섹스 oral sex; (남성에 대한) f fellatio; inf blow job; (여성에 대한) cunnilingus

근친상간 incest

원나잇스탠드 one-night stand
- 그는 원나잇스탠드에 대해 부정적인 생각을 가지고 있다.
  He thinks one-night stand is degrading.

혼전 성 관계 premarital sex
- 혼전 성 관계를 갖다 have premarital sex

| 34 | Unit 1 관계

기타

스킨십 ⊗ skinship → ⊙ physical contact

스킨십 physical contact
- 내 여자친구는 스킨십을 싫어한다. My girlfriend doesn't like physical contact.

애무 caress; (heavy) petting, 전희 foreplay
- 애무하다 caress; fondle

오르가슴 orgasm; sexual climax
- 오르가슴을 느끼다 have an orgasm

정조대 chastity belt

체위 position (of the body); sex position

여성 상위 woman on top; cowgirl position
정상위 the missionary position
후배위 doggy position; doggy style

키스는 입에만 하는 것이 아니다

air kiss 서로 떨어져 있는 상태에서 입술을 내미는 동작. 손바닥을 위로 한 상태에서 턱 밑에 대고 키스를 날리는 듯한 동작을 취할 수도 있다. 뺨을 맞댄 상태에서 입술을 내미는 것도 air kiss인데, 뺨을 맞댄 상태에서는 실제로 키스를 하는 것처럼 '음~마'라는 소리를 내기도 한다.

angel kiss 상대의 오른쪽 눈 위 또는 눈가에 하는 달콤한 키스.

butterfly kiss 얼굴을 아주 가까이 대고 눈을 깜박거려서 눈썹이 상대의 볼에 닿도록 하는 키스. 볼에 눈썹이 닿는 느낌이 나비가 펄럭거리는 것과 비슷하다고 해서 붙은 이름.

cheek kiss 사랑의 감정보다는 반가움과 우정, 존경 등의 감정을 표시하는 키스. 뺨과 뺨 또는 뺨과 입술을 살짝 스치듯이 맞대며, 한쪽 뺨에만 하기도 하고 양쪽 뺨에 모두 할 수도 있다.

earlobe kiss 귓불을 혀로 핥으며 살짝 깨무는 관능적인 키스.

Eskimo kiss 서로 얼굴을 맞대고 코를 가볍게 비비는 키스.

eye kiss 양손으로 상대의 머리를 잡고 키스하려는 방향으로 천천히 머리를 기울여 눈 위에 부드럽게 하는 키스.

freeze kiss 작은 얼음 조각을 입 안에 넣고 부드럽게 상대를 안고 키스하면서 혀로 얼음을 전하는 육감적인 키스.

hand kiss 남성이 자신과 동등하거나 사회적 지위가 높은 여성을 소개받을 때 하는 키스. 여성이 먼저 손을 내밀었을 때만 가능하고, 처음 만나는 여성일 경우에는 키스하는 시늉만 내고 입술을 손등에 대지 않도록 주의한다. 경우에 따라 한쪽 무릎을 꿇을 수도 있다.

neck kiss 상대방의 뒤에서 부드럽게 끌어안으며 목 뒤에 하는 키스.

shoulder kiss 뒤에서 상대방의 어깨에 두세 번 하는 키스.

sip kiss 좋아하는 술이나 음료를 한 모금 마신 후 입술에 흘리듯 남긴 상태에서 하는 키스.

07 결혼과 이혼

7.1 약혼과 결혼

약혼

약혼 engagement
- 약혼하다 be[get] engaged
- 그들은 지난달에 약혼을 발표했다. They announced their engagement last month.

약혼반지 engagement ring

약혼식 engagement ceremony ❶
- 약혼식을 올리다 have an engagement ceremony

약혼자 (남성) fiancé; (여성) fiancée

파혼하다 break off *one's* engagement
- 그녀는 아무 이유 없이 파혼을 당했다. Her engagement was broken off for no reason.

결혼의 종류

결혼 marriage; [f] matrimony
- 결혼하다 marry ❷; be[get] married; wed; [inf] tie the knot; go down the aisle
- 그 여자의 결혼 생활은 그다지 행복하지 못했다. She didn't have a happy marriage.
- 그녀는 꽉 찬 나이에 결혼을 했다. By the time she got married she was close to being an old maid.

계약결혼, 정략결혼 marriage of convenience
- 그녀는 아버지의 뜻에 따라 부잣집 아들과 정략결혼을 했다. As a marriage of convenience she married a wealthy guy to please her father.

❷ **marry with 아니죠, marry 맞습니다**
'~와 결혼하다'라고 말할 때 marry 뒤에 '~와 함께'라는 뜻의 with를 붙이면 틀린 표현이 된다. marry 다음에 바로 목적어인 결혼할 사람을 써야 한다. get married도 '결혼하다'라는 뜻이지만 marry와 달리 목적어를 동반하지 않는다. 이미 결혼한 상태일 때는 be married를 쓰고, '누구와 결혼한 상태이다'라면 be married to 다음에 결혼한 사람을 가리키는 명사나 대명사를 쓰면 된다.

ex 나랑 결혼해 줄래?
 ✗ Will you marry with me?
 ○ Will you marry me?
ex 난 작년에 결혼했어.
 I got married last year.
ex 그 남자는 유부남이야.
 He is married.
ex 난 John과 결혼했어.
 I am married to John.

go down the aisle은 예식장으로 쓰이는 교회의 신도석 사이 통로aisle를 지나간다는 의미

❶ **미국의 약혼식 문화**
예전에 미국에서는 신부의 아버지가 친한 친구들과 친척들을 모아 놓고 딸의 결혼을 알리는 깜짝 발표를 하는 경우가 많았다. 그것이 약혼식의 시초인데, 손님들은 약혼식 당일까지 그런 사실을 전혀 눈치채지 못하곤 했다. 요즘은 점점 늘어나는 결혼식 비용에 대한 부담 때문에 약혼식을 하지 않는 커플도 많지만, 여전히 결혼을 준비하는 커플의 반 정도가 약혼식을 하고 있다. 약혼식 비용은 신부측에서 부담하는 것이 일반적이지만, 상황에 따라 양가가 반씩 부담하기도 하고 주변의 친한 친구들이 부담해 주기도 한다. 장소와 규모 또한 경제적인 면을 고려하여 호텔에서부터 BBQ party에 이르기까지 다양하며, 신부나 신랑의 집 또는 가까운 친척 집에서 하는 것이 일반적이다. 약혼식은 신부 아버지가 결혼을 발표하고 커플의 행복한 미래를 위한 축배 제의를 시작으로 양가 식구들과 친구들이 서로 교제할 수 있는 시간을 갖는다. 약혼식은 결혼식과 달리 선물을 준비하지 않아도 되지만 간혹 들어온 선물은 나중에 따로 풀어보는 것이 예의다. 남자가 프로포즈를 할 때 준비하는 것으로는 약혼반지engagement ring가 있는데, 약혼반지가 곧 결혼반지가 된다. 결혼식 당일에 교환하는 결혼반지wedding ring은 wedding band라고 하여 값싼 커플링이지만, 약혼반지는 다이아몬드 반지처럼 비싼 반지인 경우가 많다.

국제결혼 intermarriage; (다른 인종과의) interracial marriage; (다른 인종, 다른 종교인과의) mixed marriage
- 국제결혼을 하다 marry *sb* with a different nationality

근친혼 intermarriage

동성결혼 same-sex marriage

사기결혼 fraudulent marriage

연애결혼 love marriage
- 연애결혼을 하다 have a love marriage / marry for love

족내혼 endogamy ⇔ 족외혼 exogamy

중매결혼 arranged marriage
- 중매결혼을 하다 have an arranged marriage

　결혼정보업체 dating service (company)

　중매 matchmaking
- 그들은 중매로 만났다. They met through a marriage broker.

　중매쟁이 matchmaker; marriage broker

결혼제도
- 단혼, 일부일처제 monogamy
- 중혼, 이중결혼 bigamy
- 복혼 polygamy
  일부다처제 polygyny
  일처다부제 polyandry

일부다처제는 한 남편이 여러 명의 아내를 두는 제도를 말한다. 중동의 이슬람 국가와 아프리카와 아시아의 일부 이슬람 문화권에서는 아직까지 일부다처제가 허용되고 있다. 이슬람 성전인 코란은 1부 4처까지 허용하고 있지만, 이슬람 국가에서도 일부일처가 일반적이며, 남편을 잃어 경제적 능력이 없는 과부와 결혼하는 것처럼 특수한 상황에서만 복혼이 허용되고 있다.

결혼의 시기

조혼 early marriage ⇔ 만혼 late marriage

초혼 first marriage ⇔ 재혼 second marriage; remarriage
- 나는 초혼이었고 남편은 재혼이었다. This is my first marriage but the second marriage for my husband.

결혼기념일

결혼기념일 wedding anniversary
- 오늘은 우리 부모님의 스무 번째 결혼기념일이다.
  Today is my parents' 20th wedding anniversary.

은혼식: 결혼 25주년
금혼식: 결혼 50주년
금강혼식: 결혼 60주년

은혼식 AE silver anniversary; BE silver wedding

금혼식 AE golden anniversary; BE golden wedding

금강혼식 AE diamond anniversary; BE diamond wedding

7.2 결혼 준비

결혼 전후의 과정

결혼사진, 웨딩촬영 wedding picture; wedding photo
- 웨딩촬영을 하다 take wedding photos

신혼여행 honeymoon
- 신혼여행은 어디로 갈 생각이에요? Where are you going for your honeymoon?
  - 신혼여행객 honeymooner
  - 신혼여행지 honeymoon destination

처녀파티 bridal shower; bachelorette party; hen's night ❶

청혼, 프러포즈 (marriage) proposal; proposal of marriage ❷
- 청혼하다, 프러포즈하다 propose (to); ask *sb* to marry; ask for *sb*'s hand in marriage; **inf** pop the question
- 그녀는 아직 남자친구로부터 프러포즈를 받지 못했다. There has been no marriage proposal from her boyfriend.

총각파티 **AE** bachelor party; **BE** stag night ❶

혼인신고 marriage registration; registration of marriage
- 혼인신고를 하다 register *one's* marriage

결혼 준비물

예단 wedding presents[gifts] given by the bride to the groom's family

예물 wedding presents[gifts] (exchanged between the bride and groom)

지참금 (신부가 신랑 집에 주는) dowry; (신랑이 신부 집에 주는) bride price

청첩장 wedding invitation
- 친구들에게 청첩장을 돌리다 send wedding invitations to *one's* friends

함 *ham*; a box of wedding gifts sent by a bridegroom to his bride before wedding
- 사주단자 letter to the house of the fiancée (in which the Four Pillars of the bridegroom-to-be are written)
- 함진아비 *ham* carrier

혼수 articles and furnishings essential to a marriage life
- 혼수를 하는 데 이천만 원이 넘게 들었다. To set up our marriage home cost more than twenty million won.

---

❶ **안녕 솔로!**

영어권에서는 결혼 전에 친구들과 마지막으로 신나게 놀면서 얼마 남지 않은 미혼의 자유를 즐기곤 한다. 총각파티 bachelor party는 결혼을 앞둔 남성의 파티인데, 동성 친구들과 진탕 술을 마시거나 스트립바에 가는 등, 결혼하면 하지 못할 놀이를 하면서 보낸다. 총각파티는 영국에서는 stag night, 즉 숫사슴 stag들의 밤이라고 불린다.

여성의 처녀 파티에는 두 가지 종류가 있는데, bridal shower는 결혼 한 달 전쯤에 신부의 여자친구들이 모여 신부에게 선물을 주는 파티이다. 보통은 신부의 가족이 파티를 주최하며, 초대를 받은 친구들은 신혼 살림에 필요한 물품이나 신혼여행지에서 입을 란제리 등을 선물로 가져간다. 그리고 bachelorette party는 남성들의 총각파티와 비슷한 개념인데, 암탉 hen들의 밤이라는 뜻의 hen's night라고도 한다.

❷ **훈남과 결혼하려면 아일랜드로**

전세계 어디서나 남성이 여성에게 먼저 청혼하는 것이 일반적이다. 하지만 아일랜드에서는 4년에 한 번 돌아오는 윤일 leap day인 2월 29일에는 여성이 남성에게 청혼할 수 있고, 청혼을 받은 남성은 무조건 그 청혼을 받아들여야 한다는 전통이 있다. 남성에게 먼저 청혼한 여성 중에는 영국의 빅토리아 여왕 Queen Victoria이 있는데, 빅토리아 여왕은 동갑내기 사촌인 알버트공에게 청혼해서 20살에 결혼에 골인했다.

7.3 결혼식, 혼례 wedding

종류 ❶

도둑결혼식 sneak wedding

야외 결혼식 outdoor wedding
- 야외에서 결혼식을 하다 have an outdoor wedding

전통 혼례 (Korean) traditional wedding

합동결혼식 (두 쌍의) double wedding; (여러 쌍의) joint wedding

관련자

들러리 (신부의) bridesmaid; maid of honor; (신랑의) groomsman; best man ❷

신랑 bridegroom; groom
- 그는 결혼한 지 한 달도 안 된 새신랑이다.
  It has been less than a month since he was the bridegroom.

신부 bride
- 그녀는 5월의 신부가 되었다. She became a bride of May.

주례 (marriage) officiant; wedding minister
- 신부님께 주례를 부탁했다.
  I asked the priest to be my wedding minister.

화동 flower girl

❶ 이런 결혼식도 있다

- **military wedding** 사관생도나 군인들의 결혼식. 동료나 후배들이 예도식을 해준다.

- **shotgun wedding** 혼전 임신으로 급하게 치르는 결혼식. 여성의 아버지가 남성에게 산탄총 shotgun을 겨누고 결혼을 종용하는 모습에서 명칭이 유래되었다.

- **white wedding** 화이트웨딩. 신부가 하얀 드레스를 입는 서양의 일반적인 결혼식. 화이트웨딩일 때에만 면사포를 쓴다.

❷ 결혼식의 든든한 조연출자들

우리나라는 예식장 직원들이 예식 전반에 걸친 업무를 처리하지만 서양에서는 들러리들이 그러한 일을 한다. 신랑측의 들러리를 groomsman, 신부측의 들러리를 bridesmaid라고 하는데, groomsman과 bridesmaid 모두 신랑 신부의 가까운 친척과 친구들이 맡는다. 들러리는 한 명이 아니라 여러 명인데, groomsman의 대표를 best man, bridesmaid의 대표를 maid of honor라고 부른다. 남성들이 신랑의 들러리를 서고 여성들이 신부의 들러리를 서는 것이 일반적이지만, 요즘은 남성이 신부의 들러리로 서기도 한다. Groomsman은 결혼식의 전반적인 행사를 돕고 결혼반지를 보관하며, bridesmaid는 결혼 전의 bridal shower를 비롯한 결혼식 준비를 돕고, 결혼 당일에는 신부 곁에서 신부가 필요한 것들을 해결해 준다. 한편 서양의 결혼식에는 어린 소년이 결혼 반지가 든 작은 쿠션을 들고 신랑 신부의 뒤를 따라 입장하는데, 이 소년을 ring bearer라고 한다. Ring bearer가 운반하는 반지는 가짜인 경우가 많으며 진짜 반지는 best man이 보관한다.

관련표현

결혼반지 wedding ring; wedding band

결혼식장, 예식장 wedding hall
- 요즘은 여자친구와 함께 예식장을 알아보러 다니고 있다. These days I have been checking out wedding halls with my girlfriend.

결혼행진곡 wedding march

면사포 wedding veil; bridal veil
- 신부의 면사포를 벗기다 remove *one's* bride's veil

부케 bouquet

웨딩드레스 wedding dress; wedding gown

웨딩케이크 wedding cake

축가 nuptial song
- 그 여자의 결혼식에는 유명한 가수가 축가를 불렀다. At her wedding, a famous singer sang the nuptial song.

축의금 money gift (for happy occasions); congratulatory money ❶
- 친구의 결혼식에 축의금으로 십만 원을 냈다. I gave one hundred thousand won as congratulatory money at my friend's wedding.

폐백 *pyebaek*; traditional Korean ceremony to pay respect to the bridegroom's family by the newly-wedded couple right after their wedding

피로연 wedding reception
- 결혼식 피로연을 열다 begin the wedding reception

혼인 서약 marriage vows; wedding vows ❷
- 혼인 서약을 하다 exchange marriage vows

화촉 unity candle

신부에게 꼭 필요한 4가지

영국에는 결혼식 당일 신부가 다음과 같은 물건을 입거나 소지해야 행복하게 잘 살 수 있다는 미신이 있다.

Something old 오래된 것. 신부가 결혼하더라도 신부측 집안과의 인연은 계속된다는 것을 뜻한다. 신부의 어머니나 할머니 혹은 그 윗대에서 쓰던 웨딩드레스나 액세서리, 손수건, 레이스 등을 착용한다.

Something new 새로운 것. 신부의 앞날에 펼쳐질 새로운 희망을 상징하는데, 웨딩드레스, 반지, 구두 등 새로 구입한 것이라면 뭐든 Something new가 될 수 있다.

Something borrowed 빌린 것. 행복한 결혼생활을 하고 있는 친구나 친척으로부터 빌린 물건을 가지고 있으면 그 행복한 기운이 신부에게 전해진다는 뜻으로서, 어려울 때면 언제든지 그들에게 도움을 부탁할 수 있다는 의미도 있다.

Something blue 파란 것. 파란색은 신뢰와 정절, 순결 등을 상징한다. 19세기 이전에는 파란색의 웨딩드레스가 일반적이었다.

---

❶ **미국인들도 결혼식에 축의금을 낼까?**

미국인은 현금으로 축의금을 내기보다는 선물 wedding gift을 주는 편이다. 결혼을 앞둔 커플은 청첩장을 만들기 전에 결혼 후 필요한 생활용품을 판매하는 상점이나 백화점 매장에 가서 혼수용품 목록 wedding registry을 신청한다. 상점에서는 예비 커플이 지정한 물품을 목록에 포함시키는 작업을 해 둔다. 결혼식 하객은 청첩장에 적혀 있는 상점을 방문하여 신랑 신부의 이름을 밝히면 목록을 볼 수 있는데, 자신의 예산에 맞는 선물을 구입한 후 예쁘게 포장하여 결혼식장으로 가져가면 된다. 결혼 선물을 위한 예산은 친구인 경우 $50~200, 가족인 경우 $100~10,000 정도가 일반적인데, 가족들은 선물 대신 결혼 비용으로 쓸 돈을 주기도 한다.

---

❷ **혼인 서약 문구**

혼인 서약이 하나의 형식으로 정해져 있는 것은 아니다. 요즘은 신랑, 신부가 직접 혼인 서약서를 작성하기도 한다. 다음은 천주교 결혼식에서 사용되는 일반적인 혼인 서약서이다. 대답은 I do.라고 하면 된다.

Do you take 신랑/신부 이름 as your lawful wife/husband,	당신은 ○○를 당신의 법적 아내/남편으로 맞아,
to have and to hold, from this day forward,	이제부터 영원히,
for better or for worse,	좋을 때나 나쁠 때나,
for richer or for poorer,	부유해지거나 가난해지거나,
in sickness and in health,	아플 때나 건강할 때나,
to love and cherish until death do you part?	죽음이 갈라놓을 때까지 서로 사랑하고 소중히 여기겠습니까?

미국식 결혼식의 이모저모

예식장 준비

미국인들이 결혼 준비를 할 때 제일 신경 쓰는 것은 결혼식 장소다. 결혼식은 주로 호텔, 교회, 시청 건물city hall 등에서 거행하는데, 경제적으로 여유가 있는 사람들은 destination wedding을 떠나기도 한다. Destination wedding은 하와이와 같은 휴양지로 가까운 친지 및 친구와 함께 여행을 떠나 휴가를 즐기며 결혼식을 올리는 것을 가리킨다. 결혼식은 신랑과 신랑 들러리가 입장하면서 시작되는데, 혼인 서약을 한 후에는 가까운 친구와 가족들이 준비해 온 축하 메시지를 읽는 순서로 이어진다. 결혼식이 끝나면 피로연이 이어지는데, 음식을 먹으면서 양가 친척들을 소개하는 시간을 갖고, 신랑 친구들이 신부에게 짓궂은 요구를 하기도 하고, 서로 어울려 춤도 춘다.

결혼식보다 중요한 피로연

피로연은 정식으로 부부가 된 신랑, 신부의 모습을 처음으로 선보이는 자리이기도 하다. 피로연의 하이라이트는 신랑 신부가 춤을 추는 것인데, 신랑 신부가 춤을 출 때 연주되는 음악을 bridal waltz라고 한다. 신랑과 신부가 춤을 춘 후에는 신부와 아버지, 신부와 시아버지, 그리고 신랑과 어머니, 신랑과 장모가 춤을 추게 된다. 그 후에는 모든 하객들이 함께 춤을 추며, 춤이 끝난 후에는 웨딩케이크 커팅식과 부케 던지기 등의 행사가 이어진다. 피로연은 몇 시간에서 며칠씩 계속되는 경우도 있으며, 결혼식 비용보다 피로연 비용이 몇 배나 많이 나오기도 한다.

하객과 신혼여행

결혼식의 하객은 신랑 신부의 양가 가족과 친구가 대부분이며, 부모의 친구는 거의 초대되지 않는다. 미국인들은 평균적으로 1년에 1~2장, 많아야 3~4장 정도의 청첩장을 받는데, 그만큼 아주 가까운 사람들만 결혼식에 초대된다. 호텔에서 결혼식을 하는 신혼부부는 대부분 같은 호텔에서 첫날밤을 보내고 다음 날 아침 신혼여행을 떠나는데, 미국인들에게 인기 있는 신혼여행지는 하와이Hawaii, 유럽Europe, 타히티Tahiti, 피지Fiji, 그리고 멕시코의 휴양지 칸쿤Cancun 등이다. 신혼여행 기간은 5~7일 사이이며, 비용은 가족들에게서 받은 축의금으로 충당한다.

주례와 혼인증명서

미국은 일정한 자격이 있는 사람만이 결혼식 주례를 볼 수 있다. 일정 교육을 이수해야 주례 자격증을 받을 수 있는데, 자격증이 있는 목사pastor와 신부priest, 유대교 사제인 랍비Rabbi, 그리고 시청 직원들만이 주례를 볼 수 있다. 미국에서 혼인 신고를 하려면 우선 시청에서 양식을 받아 작성한 후 결혼식 당일 주례의 서명을 받아 둔다. 그리고 신혼여행에서 돌아온 후 시청에 가서 담당 직원이 보는 앞에서 직접 혼인 서약을 하면 된다. 즉, 정식으로 결혼식을 올렸다 하더라도 담당 공무원이 보는 앞에서 다시 한 번 혼인 서약을 해야만 공식적으로 혼인 관계가 인정이 되는 것이다. 혼인 증명서marriage license; marriage certificate는 일정 비용을 지불해야 하는데, 발급되는데 2~3주의 기간이 걸리며, 직접 가서 받을 수도 있고 우편으로 받을 수도 있다. 혼인 신고에 관한 조건은 각 주마다 조금씩 다르지만 대부분 남녀 모두 18세 이상의 미혼이어야 하며, 성병venereal disease이나 풍진rubella 등과 같은 전염병의 여부를 확인하기 위해 신랑 신부 양측 모두에게 의사의 확인을 받은 혈액 검사 서류를 받아 올 것을 요구하기도 한다. 결혼 경험이 있는 사람은 이혼 증명서proof of divorce나 전 배우자의 사망 서류, 혹은 이전 결혼이 무효라는 것을 입증하는 서류를 준비해야 한다.

7.4 이혼, 파경 divorce; breakup

간통, 외도 adultery; (extramarital) affair; infidelity; liaison
- 간통하다, 바람피우다, 외도하다 commit adultery; have an affair; cheat on *sb*; be unfaithful (to); (남편이) womanize; (아내가) cuckold ❶

간통죄 adultery

권태기 [inf] the seven-year itch
- 그 부부는 권태기에 들어섰다. Their relationship is starting the seven-year itch.

양육권 (child) custody ❷

양육비 maintenance; child support

위자료 alimony ← 결혼하지 않은 동거인에게 지급하는 위자료는 palimony
- 그는 아내에게 위자료로 1억 원을 지급했다. He paid his ex-wife 100 million won in alimony.

이혼소송 divorce suit
- 그 여자는 이혼소송 중이다. She is in the middle of divorce suit.

재산 분할 division of property; equitable distribution

친권 parental right; parental authority

협의이혼 collaborative divorce
- 그 부부는 협의이혼을 했다. The couple agreed on a collaborative divorce.

---

❶ **뻐꾸기의 외도**
cuckold는 동사로 쓰면 '바람을 피우다'라는 뜻이고, 명사로 쓰면 '외도하는 아내를 둔 남편'이라는 뜻이다. 이 말은 뻐꾸기cuckoo에서 유래되었는데, 뻐꾸기 암컷은 다른 새의 둥지에 자신의 알을 몰래 낳고 가는 습성이 있다. 다른 새는 뻐꾸기의 알이 자기 알인 줄 알고 대신 알을 품고 새끼를 키우게 된다.

❷ **양육권과 친권**
양육권은 자녀를 키우는 권리를 말하며, 친권은 자녀의 양육권을 포함한 자녀의 신분이나 재산에 관해 결정할 수 있는 좀 더 포괄적인 권리를 뜻한다. 양육권자가 별도로 지정되지 않았다면 친권자가 양육권을 가지게 되고, 양육권자와 친권자가 다른 경우에는 친권의 효력에서 양육권이 배제된다. 양육권과 친권은 이혼한 부부 중 어느 한 쪽이 행사하거나 공동으로 행사할 수 있다.

이혼에 대한 미국인의 생각

OECD 국가 중에서 이혼율이 가장 높은 나라는 어디일까? 바로 한국이다. 하지만 미국은 여전히 이혼 천국이라는 불명예스러운 이름으로 불리고 있으며 주변에서도 이혼한 사람들을 쉽게 찾아볼 수 있다. 이혼 사실을 숨기려고 하는 한국인과는 달리 미국인들은 굳이 이혼 사실을 숨기지 않는다. 학교의 교사들도 본인의 이혼 사실을 학생들에게 거리낌없이 말하며, 학생들도 이혼한 교사에 대해 부정적인 반응을 보이지 않는다. 학기 초에 학생이 학교에 제출하는 서류에는 이혼 가정의 아이들을 위해 보호자guardian의 인적 사항을 적는 칸에 이혼한 아버지와 어머니의 정보를 따로 기록할 수 있게 되어 있다. 미국의 부부들이 이혼을 하는 이유는 크게 경제적인 문제financial problems, 대화의 부족lack of communication, 결혼생활의 기여도 부족lack of commitment, 성격과 직업의 갑작스러운 변화dramatic changes in personality and career, 성적인 부조화sexual incompatibility, 중독addictions, 배우자의 부정infidelity 등을 들 수 있다. 미국은 한국과 달리 대부분의 주에서 간통adultery을 법적인 이혼 사유로 인정하지 않기 때문에 협의이혼이 아니고서는 배우자의 부정이라는 이유만으로 일방적으로 이혼을 요구할 수는 없다.

재미있는 것은 이혼 절차가 끝나고 모든 결혼 생활이 정리되면 이혼 파티divorce party를 하는 사람들도 있다는 것이다. 이혼을 한 사람은 친구들 앞에서 '돌싱', 즉 다시 독신이 되었음을 선언하며 이혼 케이크divorce cake를 자르고, 이제는 더 이상 필요하지 않은 결혼 반지를 관 모양의 반지함wedding ring coffin에 넣기도 한다. 연예인과 같은 유명한 부부가 이혼을 했을 때는 누가 wedding ring coffin을 가져야 할까라는 문제로 팬들끼리 투표를 하기도 한다. 2006년 모델 겸 배우인 샤나 모클러Shanna Moakler는 라스베가스Las Vegas에서 열린 이혼 파티에서 이혼한 전남편의 시체 모양을 이혼 케이크에 장식해서 화제가 되기도 했다. 그 후로 라스베가스는 미국 내에서 가장 인기 있는 이혼 파티 장소가 되었다.

7.5 미혼자와 기혼자

미혼자

독신, 미혼자 unmarried person; single person; (집합적) singles
- 독신의, 미혼의 unmarried; single; unattached; footloose
- 그녀는 평생 독신으로 살았다. All her life she was single.

　독신주의 celibacy
　독신주의자 (남성) confirmed bachelor; (종교적인 이유의) celibate

미혼 남성, 총각 bachelor; unmarried man ❶
　노총각 old bachelor
　숫총각 (male) virgin

미혼 여성, 처녀 bachelorette; unmarried woman
　노처녀 ⚠ old maid; spinster
　숫처녀 virgin ❷

순결, 동정 virginity
- 그 여자는 스무 살 때 순결을 잃었다. She lost her virginity when she was 20.

> 노처녀 ❌ old miss → ⭕ old maid
> old maid와 spinster는 '앞으로도 결혼을 못 할 것 같은 여자'라는 부정적인 뉘앙스가 있다.

기혼자

기혼 남성, 유부남 married man
　새신랑, 신랑 bridegroom; groom
　이혼남 divorcé
　홀아비 widower
- 그는 나이 마흔에 홀아비가 되었다. He was widowed at the age of 40.

기혼 여성, 유부녀 married woman
　과부, 미망인 widow
　새색시, 신부 bride ❸
　이혼녀 divorcée

기혼의 married; wedded
- 기혼이세요, 미혼이세요? Are you married or single?

기혼자 married person; (집합적) the married

> 과부 심정은 홀아비가 안다.
> Love understands love.

black widow 검은독거미
war widow 전쟁과부
young widow 청상과부

---

❶ **일등 신랑감**
eligible bachelor는 '여성들이 결혼하고 싶은 미혼 남성'이라는 뜻으로 우리말의 일등 신랑감에 해당한다. 앞에 most를 붙여 most eligible bachelor라고 하면 '꼭 결혼하고 싶은 남성'으로 의미가 강화되는데, 외국에는 해마다 자국 내 혹은 전 세계의 most eligible bachelor의 명단을 발표하는 언론사도 있다. 영국의 윌리엄 왕자 Prince William of Wales처럼 왕실 소속의 왕자들이 일등 신랑감으로 인기가 높다. 반대로 모든 남성들이 결혼하고 싶어하는 여성은 (most) eligible bachelorette이라고 한다.

❷ **virgin 관련표현**
- maiden flight 처녀비행
- virgin forest 원시림, 처녀림
- Virgin Mary 성모마리아
- virgin soil 미개척지
- Virgo 처녀자리 (황도십이궁 중 하나)

❸ **bride-to-be는 기혼일까, 미혼일까?**
to-be는 '장래의', '미래의', '머지않아 ~가 될'이라는 뜻으로, 주로 명사 뒤에 붙는다. bride-to-be라고 하면 곧 결혼할 예비 신부를 뜻한다.
- groom-to-be 예비 신랑
- mother-to-be 임신부
- graduate-to-be 예비 졸업생

Unit 2 일과

1. 식사
2. 세면, 목욕, 화장
   세면, 목욕 / 화장, 화장품 / 머리손질
3. 가사, 집안일
   빨래 / 뜨개질, 바느질 / 청소 / 요리, 설거지 / 공구
4. 잠, 침대, 침구
   잠 / 침대 / 침구
5. 용변, 화장실

01 식사 meal ❶

식사의 종류

아침(식사), 조식, 조찬 breakfast ❷
    영국식 아침식사 English breakfast; full breakfast
    유럽식 아침식사 continental breakfast
아점, 브런치 brunch
오찬 luncheon, 점심(식사), 중식 lunch
    점심시간 lunchtime; lunch break; lunch hour
저녁(식사), 만찬, 석식 dinner; supper
    저녁시간 dinnertime; suppertime
간식, 새참, 참 snack, 군것질거리, 주전부리 munchies
    ☐ 출출한데 간식이나 먹을까? I am peckish. Should we have some munchies?
    밤참, 야식, 야참 night snack; late-night snack

❶ **meal, dish, food의 차이**
• meal 아침, 점심, 저녁처럼 매 끼니에 먹는 식사
• dish 접시에 담겨 나오는 요리
• food 사람들이 먹는 음식

❷ **가벼운 유럽식 VS 푸짐한 영국식**
continental breakfast 지중해 연안의 유럽 지역에서 유래한 비교적 간단한 아침 식단. 보통 크루아상croissant과 같은 빵에 커피, 우유, 주스 등을 곁들인다. 살라미salami나 햄, 요구르트, 시리얼이 포함될 때도 있다.

English breakfast 푸짐하게 나오는 영국식 아침 식단. continental breakfast에는 조리된 음식이 나오지 않는 반면, English breakfast에는 볶거나 구운 음식이 대부분이다. 베이컨과 달걀 요리가 나오고 구운 토마토, 볶은 버섯, 토스트, 소시지 등이 나온다. 보통 홍차와 함께 먹는다.

식기, 식탁

그릇 bowl
밥상, 식탁 dining table; kitchen table
숟가락, 스푼 spoon
잔, 컵 cup
접시 dish; plate; platter
젓가락 (a pair of) chopsticks
    ☐ 그 남자는 젓가락질이 서툴다. He has difficulty using chopsticks.
포크 fork; carving fork

dish와 plate는 납작하고 둥근 접시
platter는 dish보다 큰 접시

음식을 집을 때 쓰는 fork
고기를 자를 때 쓰는 carving fork

식습관

거르다, 굶다 skip (a meal); starve; go hungry
- 꼬박 하루를 굶었더니 하늘이 노랗다.
  I skipped all meals today and now I feel like I am starving.

금식, 단식 fast; fasting ❶
- 금식하다, 단식하다 fast; observe a fast

다이어트 diet; dieting; starvation diet; (속성의) crash diet
- 다이어트하다 go[be] on a diet; diet
- 그 여자는 3개월간 다이어트를 해서 몸무게를 10kg 뺐다.
  She went on a diet for 3 months and lost 10kg.

생식 raw foodism; raw food diet
- 생식하다 eat raw food
  생식주의자 raw foodist

육식 meat diet
- 육식을 하다 eat meat
  육식주의자 meat-eater

채식 vegetarian diet, 채식주의 vegetarianism ❷
- 채식하다 be[go] on a vegetarian diet
- 나는 채식보다 육식을 즐긴다.
  I would rather have a meat diet than a vegetarian diet.
  채식주의자 vegetarian

---

❶ 배고픈 이슬람의 축제, 라마단

전세계의 이슬람교도들은 1년에 한 달간 자발적인 금식에 들어간다. 이슬람 달력으로 9번째 달을 라마단 Ramadan이라고 하는데, 이 기간에는 해가 뜬 후 질 때까지 식사와 물은 물론 성행위와 흡연 등의 불경한 행위가 일체 중단된다. 하지만 해가 진 후에는 음식을 먹을 수 있으며, 환자와 임산부, 여행자 등은 금식에서 제외된다. 라마단 기간 동안에는 음식점과 호텔도 해가 진 후에야 문을 열며, 이슬람교도들은 금식을 통해 신의 계율을 지켰다는 자부심을 느끼게 된다. 라마단 중에 금식을 하지 못했더라도 법적인 처벌은 받지 않으며, 그 기간에 해당하는 만큼 자발적으로 금식을 하거나 가난한 사람들에게 자신의 음식을 나눠주면 라마단을 지킨 것으로 간주한다.

---

❷ 어떤 타입의 채식주의자세요?

채식주의자vegetarian라고 하면 단순히 고기를 먹지 않고 채소를 먹는 사람이라고 치부하기 쉽지만, 같은 채식주의자라고 해도 약간씩 차이가 있다. 서양의 채식주의자들은 대부분이 육류와 어류는 먹지 않지만 유제품과 달걀은 먹는 락토 오보 베지테리언이다. 비건은 육류, 어류뿐만 아니라 동물로부터 얻은 꿀이나 가죽 등도 거부하며, 애완동물의 사료도 채소를 고집하는 순수한 의미의 채식주의자이다.

	육류, 가금류	생선	달걀	유제품	꿀
비건 vegan	×	×	×	×	×
락토 오보 베지테리언 lacto-ovo-vegetarian	×	×	○	○	○
락토 베지테리언 lacto-vegetarian	×	×	×	○	○
오보 베지테리언 ovo-vegetarian	×	×	○	×	○
페스커테리언 pescetarian	×	○	○	○	○

먹다, 마시다

먹다 eat; have; take; (먹어 치우다) finish; `inf` polish off
- 그 빵 한입 먹어도 되니? Can I have a bite of your bun?
- 먹고 싶은 만큼 마음껏 먹어. Have[Eat] as much as you want.

과식 overeating; `f` gluttony
- **과식하다** overeat; eat too much; eat like a horse; `inf` make a pig of *oneself*
- 저녁을 너무 많이 먹었더니 속이 더부룩하다.
  I feel sick because I overate at suppertime.

마시다 drink; have; (한 모금 마시다) take a sip
- 시원한 물 한 잔을 마시고 싶다. I would like to have a glass of cold water.

> 소식가 light eater
> 대식가 big eater; glutton

소식하다 do not eat much; eat little; eat lightly; eat like a bird

외식하다 dine out; eat out ❶
- 그는 집에서 밥을 해먹지 않고 항상 외식을 한다.
  He doesn't cook, and eats out all the time.

편식하다 eat only what *one* wants; be a picky eater
- 편식하지 말고 아무거나 골고루 다 먹어라.
  Stop being a picky eater and eat everything.

포식하다 gorge; eat to *one's* heart's content; eat *one's* fill; stuff oneself
- 오랜만에 포식을 했더니 배가 터질 것 같다.
  For once, I gorged so much my stomach feels ready to burst.

폭식 binge; binge eating
- **폭식하다** binge; go on an eating binge

> binge eating 폭식
> spending binge 과소비
> binge drinking 폭음

❶ 미국의 외식 문화
미국에서는 식당에서 식사를 마친 손님이 하얀 박스나 비닐봉지plastic bag를 들고 나가는 것을 쉽게 볼 수 있다. 본인이 먹고 남은 음식leftover food을 싸 가지고 가는 것인데, 일부 알뜰한 미국인들은 아예 주문할 때 음식의 반을 싸 달라고 요구하는 사람도 있다. 이럴 때 "지금 음식의 반만 주시고, 나머지는 집에 가져가게 싸 주시겠어요?"라는 말은 "Could you just serve me half of it now and bag up the rest for me to take home?"이라고 하면 된다. 또한 먹고 남은 음식을 싸 가지고 가려면 종업원에게 "Can I have a box for this, please?"라고 하고, 수프와 같이 국물이 있는 음식이면 'container'를 달라고 하면 된다. 한국인이 흔히 알고 있는 'doggie bag' 혹은 'doggy bag'이라는 표현은 잘 쓰지 않는다.

관련표현

식성 appetite
- 그 여자는 식성이 까다롭다. She is picky. / She has a picky appetite.

식욕 appetite
- 요즘은 식욕이 없어서 아무것도 먹고 싶지 않다.
  These days I have no appetite, so I don't want to eat anything.

식탐, 탐식 gluttony

입맛 taste
- 이 음식은 내 입맛에 안 맞는다. This food is not for my taste.

02 세면, 목욕, 화장

2.1 세면, 목욕

세수 • 샤워

감다 wash
- 머리를 감다 wash *one's* hair

닦다, 씻다 wash; cleanse; (헹구다) rinse
- 밥 먹기 전에 손을 깨끗이 씻어라. Wash your hands before you eat.

샤워 shower
- 샤워하다 shower; have[take] a shower
- 어제는 너무 더워서 세 번이나 샤워를 했다. Yesterday it was so hot I took a shower three times.

세수하다 wash *one's* face; wash up
- 아침에 늦잠을 자서 세수도 못 하고 회사에 출근했다. I slept in this morning and went to work without washing my face.

양치질

구강청결제 gargle; mouthwash

양치질하다 brush *one's* teeth
- 너, 양치질 했니? 입에서 냄새 난다. Did you brush your teeth? You have bad breath.

이쑤시개 toothpick ❶
- 이쑤시개로 이를 쑤시다 pick *one's* teeth with a toothpick

치실 floss; dental floss

치약 toothpaste
- 미백치약 whitening toothpaste

칫솔 toothbrush ❷
- 칫솔에 치약을 듬뿍 짜서 이를 닦았다. I put a lot of toothpaste on my toothbrush and brushed my teeth.
- 전동칫솔 electric toothbrush

❶ **미국 사람들도 이를 쑤실까?**

미국의 식당에서도 이쑤시개를 구할 수는 있다. 우리나라처럼 계산대 위의 캔디 박스 옆에 놓여 있거나 간혹 식탁에 있기도 하지만 대부분 없는 경우가 많다. 음식이 이 사이에 껴서 불편을 느꼈을 때 식탁에 이쑤시개가 없다면 종업원에게 "Can I have a toothpick?"이라고 요청하면 된다. 그렇다고 한국에서처럼 식탁에서 대놓고 이를 쑤시는 것은 상당히 혐오스러운 행동으로 여겨진다. 흔히 미국은 개인주의가 발달한 곳이라 자기 멋대로 행동할 것 같지만, 사실은 그렇지 않다. 미국에서 이 쑤실 때는 화장실 같은 곳으로 가서 해결해야 한다. 미국인들은 이쑤시개 대신 주로 치실floss를 사용하는데, 미국인들은 이쑤시개를 이 쑤시기 위한 것이 아니라 음식을 만들 때 음식물을 고정시키기 위한 도구로 여긴다.

❷ **칫솔의 역사**

고대 이집트인들은 나뭇가지를 잘라 끝을 비벼 갈라지게 한 다음 그것을 칫솔로 사용했다. 하지만 현대적인 형태의 칫솔을 발명한 사람들은 중국인이다. 중세시대의 중국인들은 대나무로 만든 손잡이에 멧돼지의 목에 난 억센 털을 붙인 칫솔을 사용했다. 그러나 털이 너무 억세 치아와 잇몸이 상하기 쉬웠다. 중국식 칫솔은 유럽으로 전파되었고, 일부 유럽인들은 멧돼지의 털 대신 말의 등에 난 부드러운 털로 만든 칫솔을 사용하기도 했다. 1900년대 중반 나일론이 개발되어 지금 우리가 쓰고 있는 형태의 칫솔이 탄생했지만, 이때까지도 식사 후 이를 닦는 문화는 미국에 뿌리를 내리지 못했다. 2차 세계대전에 참전한 미군들이 전쟁터에서 이를 닦는 습관을 들였고, 이들이 귀국한 후에야 비로소 미국인들이 식사 후에 이를 닦기 시작했다.

면도

면도 shave; shaving
- 면도하다 shave
- 며칠 동안 면도를 못 했더니 얼굴에 수염이 덥수룩하다.
  I haven't shaved for a few days and my beard is now tough.

면도기, 면도칼 razor
  면도날 razor blade
  안전면도기 safety razor
  일자형 면도기 straight razor
  전기면도기 shaver; electric razor

면도솔 shaving brush

면도 크림 shaving cream; shaving foam

혁지 strop

 ▲ safety razor  ▲ straight razor  ▲ shaver

혁지는 면도칼의 날을 세울 때 사용하는 가죽띠

목욕

목욕, 찜질 bath ❶
- 목욕하다 bathe; bath; have[take] a bath
- 목욕탕 가서 목욕하고 오자.
  Let's go to the public bathhouse together and get refreshed.

목욕탕 (public) bathhouse; baths

거품목욕 bubble bath

모래찜질 sand bath

반신욕 half-body bathing[bath]
- 나는 평소 반신욕을 즐긴다. I frequently enjoy half-body bathing.

온천욕 hot spring bath

족욕 foot bath

좌욕 sitz bath

진흙목욕 mud bath

온천 hot spring

❶ 미국의 목욕 문화

미국은 한국만큼 대중적인 목욕 문화가 발달하지 않았다. 물론 동네마다 spa라고 하는 곳이 있어 사우나를 즐길 수 있지만, 한국인들이 찜질방을 찾는 만큼은 아니다. spa 시설을 이용할 때 주의할 것은, 한국 여성들이 사우나에 들어갈 때 무의식 중에 알몸으로 들어가는 경우가 간혹 있는데 이럴 경우 큰 낭패를 볼 수 있다. 미국인들은 낯선 사람들 앞에서 자신의 알몸을 드러내는 것을 극도로 꺼리기 때문에 사우나에 들어갈 때도 반드시 큰 수건으로 몸을 감싸고, 수영장에 들어가기 전 샤워를 할 때에도 수영복을 입은 채 그 위에 비누칠을 한다. 그래서인지 미국에는 다양한 목욕 용품들이 있다. 목욕을 좋아하는 이들은 대중목욕탕에 가는 대신 마사지 기능을 갖춘 욕조인 자쿠지 Jacuzzi를 집안에 설치하고 목욕을 즐기는 편이다.

세면도구 toiletries

각질제거기 foot file, 경석 pumice stone
각질제거제 exfoliant, 바디스크럽 body scrub
대야, 세숫대야 plastic basin
목욕가운 bathrobe
비누, 세숫비누 soap; bar soap ❶
  비누 거품 lather; soapsuds
  비눗물 soapy water
  비눗방울 bubbles; soap bubbles
  액체비누, 폼클렌저 liquid soap; cleanser
  종이비누 paper soap
샤워젤 shower gel
샤워캡 shower cap
샴푸 shampoo, 린스 conditioner
세면기, 세면대 basin; (bathroom) sink
수건, 타월 towel; (손을 닦는 작은) hand towel
  때수건 facecloth; [AE] washcloth; [BE] flannel; face flannel ❷
  목욕수건 bath towel
  물수건 wet towel; (뜨겁게 데운) hot towel
스펀지 sponge
욕조, 탕 bathtub; tub; bath
  반신욕조 [BE] hip bath
  월풀욕조 whirlpool bathtub; (상표명) Jacuzzi
입욕제 (소금) bath salts; (오일) bath oil
족욕기, 족탕기 footbath

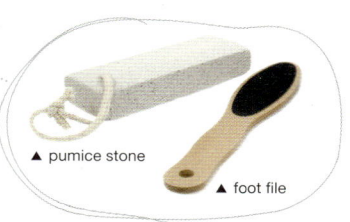
▲ pumice stone
▲ foot file

폼클렌저
❌ foam cleanser
⭕ liquid soap

린스 ❌ rinse → ⭕ conditioner
rinse는 '헹구다'라는 뜻

❶ soap opera는 비누 오페라?

1930년대 미국 주부들은 낮 시간에 방송되는 라디오 연속극에 푹 빠져 있었다. 연속극의 주요 광고주는 P&G와 같은 비누 제조업체였기 때문에 연속극을 soap opera라고 부르기 시작했다. 한편 서부영화를 horse opera, 우주를 배경으로 이야기가 전개되는 공상과학 드라마를 space opera라고 부르기도 하는데, 뒤에 opera가 붙은 연속극이나 드라마는 내용이 신선하지 못하고 신파적이며 판에 박혔다는 뉘앙스를 담고 있다.

❷ 이태리타월은 이태리 출신?

1960년대 국내의 한 수건 제조업체에서 이태리, 즉 이탈리아에서 수입한 원사로 수건을 만들었다. 하지만 '비스코스 레이온'이라는 이름의 이 원사는 표면이 거칠어서 수건으로 적합하지 않았고 이 업체는 부도 위기에 몰렸다. 그런데 회사의 직원 중 한 명이 우연히 그 수건으로 때를 밀어보다가 때가 잘 밀리는 것을 깨달았고, 회사 측에서는 그 수건을 가공해서 때수건으로 판매하기 시작했다. 때를 미는 목욕 문화를 즐기는 한국인들이었지만, 그전에는 변변한 목욕 도구가 없었기 때문에 이 수건은 날개 돋친 듯 팔렸고, 지금은 세계 여러 나라 사람들이 한국의 때밀이 문화를 즐기고 있다. 이태리타월은 이태리에서 수입한 원사로 만들었기 때문에 붙은 이름이다.

2.2 화장, 화장품

화장

화장, 메이크업 makeup; make-up ❶
- 화장하다 wear[put on] makeup; make *oneself* up
- 화장을 지우다 remove *one's* makeup
- 화장을 고치다 touch up *one's* makeup
- 오늘은 화장이 잘 먹었다. Today my makeup applied well.
- 그 여자는 화장을 떡칠을 하고 다닌다. Her makeup is baked on.

　메이크업 아티스트 makeup artist

눈화장 eye makeup

반영구화장 permanent makeup

발 관리, 발톱 손질 pedicure
　발톱 관리사 pedicurist

손 관리, 손톱 손질 manicure
　손톱 관리사 manicurist

신부화장 bridal makeup

화장품의 종류 – 1

화장품 cosmetics
기능성 화장품 functional cosmetics
기초 화장품 skincare products
미백 화장품 whitening cosmetics
색조 화장품 make-up; makeup
저자극성 화장품 hypoallergenic makeup
천연 화장품 natural cosmetics

 **미국에서는 너무 화장을 안 해도 문제**

대부분의 미국 여학생들은 중학교에서부터 화장을 시작하는데, 화장이 지나치게 요란한 경우를 제외하고는 화장 단속을 하지 않는다. 일부 여학생들은 수업 전후에 교실에서 화장을 고치기도 하지만 대부분은 공공장소가 아닌 화장실이나 자동차 안에서 화장을 고친다. 한국에서는 화장이 요란한 여학생들을 소위 날라리로 여기지만, 미국에서는 외모에 신경을 쓰지 않고 공부만 하는 아이들을 nerd, 즉 '범생이'라고 놀리는 편이다. 십 대의 상징이라 할 수 있는 여드름 acne에 대한 고민은 미국 청소년에게도 마찬가지인데, 여드름이 심한 경우를 빼놓고는 식이요법과 치료제를 통해 여드름을 관리한다. 여드름의 종류에는 작은 뾰루지인 pimple, 이 뾰루지가 커져 곪은 cyst와 comedo, 뾰루지 끝이 희거나 노르스름하게 곪은 whitehead 등이 있으며, 이것들을 통틀어 acne라고 부른다.

하얀 얼굴을 향한 여성들의 욕망

중세시대에는 귀신처럼 창백한 얼굴을 아름다운 얼굴로 여겼다. 당시 귀족들은 blue blood라고 불렸는데, 육체 노동을 하지 않고 주로 실내에서 살았기 때문에 파란 정맥이 다 보일 정도로 피부가 창백하다는 뜻이다. 귀족처럼 하얀 얼굴을 원했던 여성들은 눈썹과 코털 등을 밀고 백묵, 즉 분필 가루를 얼굴에 칠하거나, 자신의 피를 뽑거나 일부러 피부 위에 파란 정맥을 그려 넣기도 했다. 그리고 이렇게 하얀 얼굴에 새빨간 입술을 그려 넣는 것이 공식 화장법이었다. 여성들이 백지장처럼 하얀 얼굴에 대한 집착에서 벗어난 것은 100년이 채 되지 않는다.

화장품의 종류 — 2

눈썹연필 eyebrow pencil

로션 lotion

립글로스 lip gloss, 립밤 lip balm, 립스틱 lipstick
- 립스틱을 바르다 wear[apply; put on] lipstick

마스카라 mascara, 아이라이너 eyeliner, 아이섀도 eye shadow
- 마스카라를 하다 apply mascara / put on mascara

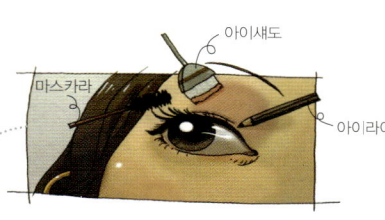

매니큐어 nail polish; nail varnish
- 매니큐어를 지우다 remove[take off] nail polish
- 매니큐어를 칠하다 do[paint] *one's* nails / paint *one's* fingernails

매니큐어 ✗ manicure → ◯ nail polish
manicure는 손 관리, 손톱 손질이라는 뜻

매니큐어 제거제, 아세톤 nail polish remover

아세톤 ✗ acetone → ◯ nail polish remover
아세톤은 매니큐어 제거제의 주요 성분인 유기화합물의 명칭

메이크업베이스 makeup base

베이비오일 baby oil

보습제 moisturizer

볼터치 rouge; **AE** blush; **BE** blusher

분, 파우더 powder; face powder, 콤팩트 compact; compact powder
- 분첩 powder puff; puff

에센스 essence; nourishing serum

선탠로션 ✗ suntan lotion ◯ sunscreen

자외선 차단제, 선탠로션 sunscreen; sunblock; sun cream

선탠 tan; suntan; tanning
일광욕 sunbath; sunbathing

제모제 depilatory ❶ ⇌ 발모제 hair loss solution

컨실러 concealer

크림 cream; face cream
- 아이크림 eye lotion; eye cream
- 콜드크림 cold cream
- 핸드크림 hand cream

파운데이션 foundation
- 콤팩트 파운데이션 compact foundation
- 파우더 파운데이션 powder foundation

❶ 매끈한 피부를 바라는 여성들의 욕망
hair는 머리카락뿐만 아니라 몸에 난 모든 털을 가리키며, 이 털을 제거하는 제모는 hair removal이라고 한다. 제모의 종류로는 레이저 시술을 통한 laser hair removal, 족집게tweezers로 털을 뽑는 plucking, 접착테이프를 사용하는 waxing, 실을 사용하여 얼굴의 털을 다듬는 threading, 면도기를 이용하는 shaving 등이 있으며, 제모 크림hair removal cream을 발라 제모를 하기도 한다. 대부분의 미국 여성들도 주기적으로 겨드랑이털이나 다리털을 제모하는데, 비키니 수영복을 입었을 때 팬티 위로 드러나는 음모, 즉 bikini (line) hair를 제모하는 것은 필수 중의 필수다.

팩 face pack
- 팩을 하다 apply[do] a face pack
  - 마스크팩 mask
  - 머드팩 mudpack; mud pack

하이라이터 highlighter

헤나 henna

향수 perfume; scent; fragrance; (향이 옅은) cologne ❶
- 향수를 뿌리다 wear perfume / put on perfume
- 어떤 향수를 쓰세요? What kind of perfume do you wear?

화장수, 스킨 toner; (면도 후에 바르는) aftershave

화장도구

고데기 curling iron; BE curling tongs

귀이개, 면봉 cotton swab; cotton bud; (상표명) Q-tip

기름종이 oil (absorbing) sheets; oil control film

뷰러 eyelash curler

브러시 blusher brush

손톱가위 nail scissors

손톱깎이 nail clippers
- 손톱깎이로 손톱을 깎다 trim nails with a nail clipper

손톱줄 nail file; emery board

족집게 tweezers

코털 제거기 nose hair trimmer

화장대 vanity (table)

화장품 가방 vanity case

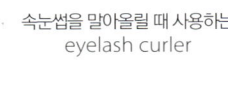

속눈썹을 말아올릴 때 사용하는
eyelash curler

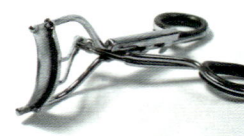

❶ 생각보다 복잡한 향수의 세계

향수의 역사는 기원전 이집트로 거슬러 올라간다. 이집트의 파라오와 세기의 미녀로 불렸던 클레오파트라가 향수를 애용했고, 중세로 와서는 자주 씻지 못해 몸에서 나는 악취를 감추기 위해 향수를 사용했다. 향수는 원액의 농도에 따라 명칭이 세분화되는데, 우리가 일반적으로 사용하는 향수perfume은 원액 농도가 15~40%이고 향기가 6~7시간 지속되는 것이 특징이다.

- eau de parfum 오드 퍼퓸. 원액 농도는 10~20% 사이이며, 향기가 4~5시간 지속된다.
- eau de toilette 오드 뚜왈렛. 원액 농도는 5~15% 사이이며, 향기가 3~4시간 지속된다.
- eau de cologne 오드 콜로뉴. 원액 농도는 3~8% 사이이며, 향기가 1~2시간 지속된다.

향수는 다른 향수와 겹쳐서 뿌리지 말아야 하고, 비단이나 가죽 등에 직접 뿌리지 말아야 한다. 원액의 농도가 높은 perfume이나 eau de parfum은 맥박이 뛰는 곳에 점을 찍듯이 바르고, eau de cologne처럼 농도가 낮은 제품은 스프레이처럼 몸 전체에 뿌리는 것이 좋다. 한편 영어권에서는 여성용 향수는 perfume, 남성용 향수는 cologne, 그리고 남녀 공용의 향수를 fragrance라고 부른다.

2.3 머리손질

헤어용품

드라이어, 헤어드라이어 (blow) dryer; hairdryer
  □ 드라이어로 머리를 말리다 dry one's hair with a blow dryer
무스 mousse
빗 comb; hairbrush
  참빗 fine-tooth comb; fine-toothed comb
스프레이, 헤어스프레이 hair spray
왁스 (hair) wax
젤, 헤어젤 (hair) gel

액세서리

가발 wig; (중세 시대의) periwig; (부분 가발) toupee; hairpiece ❶
곱창밴드 scrunchie
머리끈 hair tie
머리띠, 헤어밴드 headband; hairband
머리핀 hairpin; (실핀) bobby pin; (똑딱핀) barrette; hair slide; (집게핀) hair clip
티아라 tiara
헤어네트 hairnet

▲ bobby pin   ▲ barrette   ▲ hair clip

관련 동작

가르마를 타다 part one's hair
말리다 dry one's hair
넘기다 comb one's hair back
빗다 comb one's hair; brush one's hair
묶다 tie one's hair
땋다 [AE] braid one's hair; [BE] plait one's hair

❶ 가발은 권위의 상징?

중세 시대 유럽 국왕들의 초상화를 보면 하나같이 치렁치렁한 헤어스타일을 뽐내고 있다. 베토벤과 모차르트와 같은 음악가들도 공식 석상에서는 웨이브가 진 풍성한 은발을 뽐냈는데, 이것은 그들의 진짜 머리가 아니라 가발에 불과하다. 프랑스의 국왕이던 루이 13세는 20대 때부터 머리가 벗겨지기 시작했는데, 자신의 대머리를 감추기 위해 1624년부터 가발을 쓰기 시작했다. 왕이 가발을 쓰자 불편해진 신하들도 가발을 쓰기 시작했고, 권력자들 사이에서 가발이 유행하자 가발은 점차 권위의 상징처럼 변해갔다. 중세 시대에는 머릿니가 들끓었기 때문에 실제 머리는 삭발에 가깝게 바짝 깎고 가발을 애용하는 사람도 많았다. 요즘도 호주, 싱가포르처럼 영연방국가의 일원이거나 영국의 지배를 받은 경험이 있는 나라의 판사들은 치렁치렁한 은빛 가발을 쓰고 재판을 진행한다.

03 가사, 집안일 housework

3.1 빨래

빨래

빨래, 세탁 wash; laundry ❶
- 빨래하다, 세탁하다 wash clothes; do the laundry; do the wash[washing]

빨랫감, 세탁물 laundry; (the) wash; BE washing
- 세탁물을 세탁기에 넣었다. I put my laundry into the washing machine.

빨래도구

건조기 dryer; drier
건조대, 빨래건조대 clotheshorse; drying rack
빨래바구니 laundry basket; hamper
빨래집게 clothespin; peg; clothes peg
빨래판 washboard
빨랫방망이 laundry bat
빨랫줄 clothesline; washing line
- 빨랫줄에 빨래를 널다 hang washed laundry on a clothesline

세탁기 washing machine; inf washer; (건조기 겸용 세탁기) washer-dryer
- 세탁기를 한 번 돌려라. Start the washing machine.
  드럼세탁기 front-loading washing machine

세탁망 laundry net
옷걸이 hanger; clothes hanger
탈수기 spin-dryer; wringer

hamper는 미국영어로는 빨래바구니, 영국영어로는 식료품을 보관하는 바구니

❶ **빨래만 하는 카스트, 도비**
인도는 아직도 카스트제도가 국민을 지배하고 있는 나라다. 4개의 계층으로 구성된 카스트에도 속하지 못하는 사람들을 하리잔, 즉 불가촉천민이라고 하는데, 불가촉천민 중에서도 평생 빨래만 해야 하는 운명을 타고 난 사람들을 도비dhobi라고 한다. 도비들은 사람들로부터 빨랫감을 수거해서 집단 빨래터에서 빨래를 하고 말려서 다시 돌려주어 생계를 유지하는데, 싱가포르의 지하철역 중 하나인 도비곳Dhoby Ghaut은 예전에 인도 출신의 도비들이 빨래를 했던 곳이다.

세제

세제, 세척제 detergent; laundry detergent
가루비누 soap powder; washing powder
빨랫비누 laundry soap; washing soap
섬유유연제 (fabric) softener; fabric conditioner
액체세제, 울샴푸 liquid detergent
표백제 bleach; bleaching agent; whitener
합성세제 synthetic detergent

다림질

다림질 ironing
- 다리다, 다림질하다 iron

다리미 iron
- 스팀다리미 steam iron
- 다리미판 ironing board

관련표현

개다 fold (up)
걷다 bring in[take in; gather up] the laundry
널다 hang (up); (야외에) put the laundry[wash] out
말리다 dry
빨다 wash
삶다 boil
손빨래하다 handwash
털다 dust (off); brush
표백하다 bleach
헹구다 rinse; give *sth* a rinse

미국에서는 이렇게 세탁하세요

미국의 단독 주택 거주자는 대부분 세탁기 washing machine와 건조기 dryer를 갖추고 있다. 집안에 세탁장이 있기도 하고, 차고와 창고로 쓰이는 garage에 세탁기를 놓기도 한다. 한국처럼 빨래 건조대에 빨래를 말리는 일은 드물고 대부분 건조기를 돌려 빨래를 말리는데, 집 밖에 빨래를 널었다가는 미관을 해친다는 이유로 민원이 들어오기도 한다. 건조기를 돌릴 때는 dryer sheet이라는 얇은 천을 함께 넣어야 옷에서 정전기가 생기는 것을 예방할 수 있다. 한편 단독 주택이 아닌 아파트는 개인 소유인 경우를 제외하고는 대부분 건물 지하나 1층에 공동 세탁장이 마련되어 있다. 이곳에는 동전으로 작동하는 세탁기와 건조기들이 있는데, 세탁하는 동안 집에 갔다 오기도 하고, 세탁이 끝날 때까지 기다리기도 한다. 기계와 빨랫감의 종류에 따라 다르지만 일반적으로 세탁과 건조 소요 시간은 각각 45분-60분 정도가 걸린다. 대학가나 임대 주택이 많은 동네에는 빨래방 coin laundromat에서 세탁을 하는 편이다.

돈세탁은 세탁기로 해라?

돈세탁 money laundering은 더러워진 돈을 세탁기에 넣고 돌려 깨끗하게 만드는 것이 아니라, 범죄행위 등을 통해 얻은 더러운 돈 dirty money의 출처를 조작하고 은폐하여 수사기관의 조사를 피하는 행위를 가리킨다. 보통은 돈을 여러 개의 차명 계좌로 분산 입금하고 해외로 송금했다가 다시 받는 방식으로 돈세탁을 하는데, 미국의 전설적인 마피아 두목인 알카포네 Al Capone가 체포되었을 때 돈세탁이라는 용어가 처음 사용되었다.

3.2 뜨개질, 바느질

뜨개질 • 바느질

뜨개질 knitting; (코바늘을 이용한) crochet; crocheting ❶
- 뜨개질하다, 뜨다, 짜다 weave; knit; (코바늘로) crochet

바느질 sewing; needlework ❷
- 꿰매다, 바느질하다 sew (up); stitch; (수선하다) darn; mend
- 셔츠의 단추가 떨어져서 꿰맸다.
  I sewed on a button that was missing from the shirt.

발음주의 sewing [suːɪŋ] → [soʊɪŋ]

수, 자수 embroidery; needlework; needlepoint
- 수를 놓다 embroider
- 십자수 cross-stitch
  - 십자수를 놓다 cross-stitch

❶ 뜨개질의 종류
- 겉뜨기 knit stitch
- 가터뜨기 garter stitch
- 고무뜨기 ribbing
- 메리야스 뜨기 stockinette stitch
- 사슬뜨기 chain stitch
- 안뜨기 purl stitch

❷ 바느질의 종류
- 감치기, 감침질 blanket stitch
- 공그르기 blind stitch
- 박음질 backstitch; lock stitch
- 사뜨기 buttonhole stitch
- 시침질 tacking; basting
- 홈질 tacking

도구

골무 thimble
뜨개바늘 knitting needle, 코바늘 crochet needle
  줄바늘 circular knitting needles
바늘 needle; sewing needle ❸
바늘꽂이 pincushion
반짇고리 workbasket; sewing basket
수틀 embroidery frame
실 thread
  수실 embroidery thread
  실타래 hank; bobbin; skein, 실패 spool; reel
  털실 wool; yarn
재봉틀, 미싱 sewing machine

bobbin   spool

미싱 ✗ mishing → ✓ sewing machine
미싱은 머신machine의 일본식 발음

❸ 바늘 관련 이디엄
- be like looking for a needle in a haystack
  건초더미haystack에서 바늘을 찾는 것과 같이 무척 찾기가 힘들다는 뜻으로, 우리말로는 '짚더미에서 바늘 찾기'와 비슷한 표현.
  ex 괜찮은 자동차를 찾기란 짚더미에서 바늘을 찾는 것만큼 힘들다.
  Finding a suitable car **is like looking for a needle in a haystack.**
- be on pins and needles
  핀pin과 바늘needle이 촘촘하게 박힌 바늘방석 위에 앉아 있는 것처럼 마음이 불안하다는 뜻으로, 우리말로는 '좌불안석'으로 표현할 수 있다.
  ex 결과를 기다리기가 너무 초조하다.
  Waiting for the results is like **being on pins and needles.**
- have pins and needles
  바늘로 콕콕 찌르듯 저린 것을 나타내는 표현.
  ex 팔에 피가 안 통해서 이젠 손이 저린다.
  I lost circulation in my arm and now I **have pins and needles** in my hand.

3.3 청소

청소

청소 cleaning ❶
- 청소하다 clean (up); do the cleaning
- 집안 구석구석을 깨끗이 청소했다. I cleaned my place very thoroughly.

대청소 general house cleaning; cleanup; (봄맞이 대청소) spring cleaning
- 대청소하다 clean the whole house; (봄에) spring-clean

광내다 polish; shine

닦다, 훔치다 rub; wipe (off); clean; (대걸레로) mop

문지르다 scrub; scour
- 바닥에 묻은 얼룩을 걸레로 박박 문질러 닦았다. I scrubbed the floor to remove the stain.

솔질하다 brush

쓸다 sweep; (빗자루로) broom
- 빗자루로 마당에 쌓인 눈을 깨끗이 쓸었다. I swept snow away from the yard using a broom.

정돈하다, 정리하다, 치우다 tidy (up); arrange; straighten up; (원래 자리로) put away
- 네 방 좀 치우고 살아라. Please tidy up your room.

청소 도구 cleaning equipment

걸레 rag

고무장갑 rubber gloves

대걸레 mop

먼지떨이, 총채 duster; feather duster

비, 빗자루 broom; broomstick; (나뭇가지로 만든) besom ❷
- 싸리비 broom made of dried bush clover

솔 scrub brush; scrubbing brush

쓰레기통, 휴지통 AE wastebasket; garbage can; trash can[bin]; BE dustbin; wastepaper basket; bin; rubbish bin; (거리의) litter bin; (컨테이너 모양의) AE Dumpster; BE skip

Dumpster

❶ 청소부
- chimney sweep 굴뚝 청소부
- cleaner 건물을 청소하는 사람
- cleaning woman[lady] 건물을 청소하는 여성
- garbage collector, garbageman 쓰레기를 수거하는 사람
- street cleaner, sweeper 거리를 청소하는 사람, 환경미화원
- window cleaner 건물의 창문을 닦는 사람

❷ 마녀가 빗자루를 타고 다니는 이유는?
중세시대 유럽의 마녀witch들은 종종 빗자루를 타고 하늘을 날아다니는 모습으로 묘사된다. 그런데 왜 하필 빗자루일까? 일단 청소 도구인 빗자루는 여성의 집안일을 상징한다. 그리고 마녀는 평소에 마법의 지팡이를 들고 다니는데, 지팡이를 빗자루로 분장하면 자신이 마녀라는 사실을 숨기기도 쉽다. 그리고 결정적으로 빗자루의 막대는 남성의 성기를 상징하는데, 가랑이 사이에 빗자루를 낀 여자는 악마와 은밀한 관계를 갖는 마녀의 이미지와 맞아떨어지기 때문이다.

쓰레기 관련 표현
- 생활쓰레기 domestic waste; household waste
- 쓰레기 AE garbage; trash; BE rubbish; (길거리에 버려진) litter
- 쓰레기봉투 garbage bag; trash bag; bin liner
- 쓰레기 소각장 incineration plant
- 쓰레기매립지 landfill (site)
- 쓰레기장 (garbage; rubbish) dump; dumping ground
- 음식물 쓰레기 food waste
- 재활용쓰레기 recyclable waste
- 폐기물 waste
- 휴지 waste paper

재활용품 수거함 recycling trash can

쓰레받기 dustpan

유리창 청소기 squeegee ❶

진공청소기, 청소기 vacuum cleaner; vacuum; (상표명) Hoover
- 청소기를 돌리다 vacuum; vacuum-clean

　로봇청소기 vacuum cleaning robot

　스팀청소기 steam cleaner

　카펫청소기 carpet sweeper

❶ 외국에서는 스퀴지맨을 조심하세요

외국에서 운전을 할 경우 종종 만나는 사람들 중에 squeegee men이 있다. 이들은 자동차가 교차로나 신호에 걸려 정지하면 다짜고짜 와서 유리창 청소기squeegee로 자동차 앞유리를 몇 번 닦은 후 수고비를 요구하는데, 만약 돈을 주지 않으면 행패를 부리기도 한다. 이 일은 원래 가난한 나라 아이들의 생계 수단이었지만 요즘은 뉴욕과 같은 대도시에서도 squeegee를 들고 다니는 사람들을 흔히 볼 수 있게 되었다.

관련표현

깨끗한, 청결한 clean

더러운 dirty; filthy

때 dirt; grime

먼지 dust
- 먼지를 털다 dust
- 이불의 먼지를 털다 dust comforters

얼룩 stain; smear; spot; smudge
- 옷에 얼룩이 져서 잘 지워지지 않는다. I cannot remove the stain from my dress.

얼룩덜룩한 mottled

미국에서는 어떻게 쓰레기를 버릴까?

미국에서 쓰레기를 버리려면 본인이 거주하는 지역의 쓰레기 관리부Waste Management Department에서 쓰레기통을 사야 한다. 가정에서 나오는 쓰레기의 양에 따라 작은 통, 큰 통 중 하나를 선택하여 구입하면 담당 직원이 쓰레기통을 가정으로 배달해 주는데, 이때 재활용 쓰레기통과 식물이나 음식물을 버리는 쓰레기통도 함께 준다. 쓰레기는 일주일에 한 번 치우기 때문에 쓰레기 수거 전날이면 집 앞에 쓰레기통이 즐비하게 놓인다. 미국은 한국만큼 쓰레기 분리 수거가 발달하지 않았는데, 지역마다 플라스틱병과 캔, 유리병 그리고 종이류를 구분하는 박스를 각각 따로 사용하도록 하는 곳도 있고, 구분 없이 하나의 재활용 쓰레기통을 사용하는 곳도 있다. 이마저도 본인이 원치 않으면 재활용 쓰레기와 일반 쓰레기를 섞어서 버려도 무방하다. 부피가 큰 가구나 전자제품을 버려야 한다면 관공서의 홈페이지에서 무료로 버릴 수 있는 크기나 재질에 해당하는지를 살펴본 후 규정에 어긋나면 추가비용extra charge을 지불해야 한다. 미국에서는 종종 Free E-waste Recycling Event라는 것을 하는데, e-waste란 electronic waste의 약자로서, 이때는 못 쓰는 텔레비전, 컴퓨터, 전화기, DVD플레이어 등을 공짜로 버릴 수 있다.

3.4 요리, 설거지

요리법 — 재료 준비 ❶

갈다 grind; mill; (강판에) grate

개다 mix *sth* with[and] water

까다 (껍질을) shell

깎다 peel; pare
- 사과 껍질을 깎다 peel apples

다듬다 (채소 등을) prepare

다지다 mince; finely chop
- 돼지고기를 잘게 다져라. Mince the pork.

반죽하다 knead ← 밀가루 반죽 dough

발효시키다 ferment

버무리다, 섞다 mix (*sth* with *sth*)
- 채를 친 무를 고춧가루에 버무렸다.
  I mixed red pepper powder with julienned radishes.

불리다 (물에) soak; macerate

썰다, 자르다 cut; chop (up); (얇게) slice; (네모나게) dice (up); cube; (채를 썰다) julienne; shred

옷을 입히다 coat; (설탕옷 등을) glaze
- 떡에 콩가루를 입히다 coat rice cakes with soy flour

우리다 (육수 등을) steep

으깨다, 짓이기다 mash
- 으깬 감자 mashed potatoes

재다 (양념에) marinate

절이다 (소금에) salt (down); (소금·식초 등에) pickle

젓다, 휘젓다 (스푼으로) stir; (계란·크림 등을) beat; whisk; whip; churn

짜다 (물기를) squeeze; press

해동시키다 defrost

❶ 조리도구의 종류
- 강판 grater
- 거품기, 휘핑기 whisk
- 국자 ladle; dipper
- 도마 cutting board; chopping board
- 뒤집개 spatula
- 맷돌 millstone
- 밀대 rolling pin
- 바가지 large (plastic) bowl
- 밥주걱, 주걱 rice paddle
- 요리스푼 slotted spoon
- 절구 (stone; wooden) mortar
- 절굿공이 (wooden) pestle
- 조리, 체 sieve; strainer; colander
- 집게 tongs
- 칼, 나이프 knife; kitchen knife

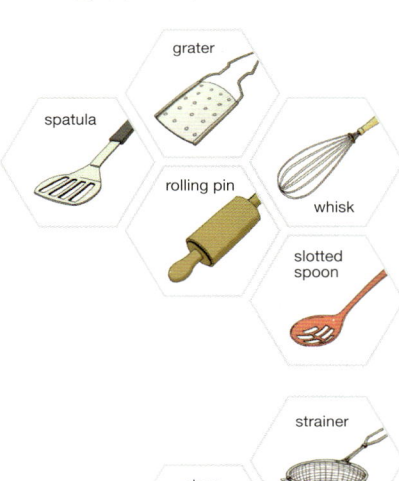

요리법 — 가열 ❶

굽다 (빵 등을) bake; (고기 등을) roast; barbecue; grill; broil; charbroil
끓이다, 삶다 boil; heat; (약한 불에) stew; simmer
데우다 warm (up); heat (up); reheat; (전자레인지로) microwave
데치다 blanch; parboil
뜸 들이다 let *sth* settle in its own steam
볶다 stir-fry; sauté
익히다 cook
졸이다 boil down; (기름에 볶은 후에) braise
찌다 steam
튀기다 (프라이팬에) fry; griddle; (튀김기에) deep-fry
훈제하다 smoke

설거지

설거지 dishwashing; BE washing-up ❷
- 설거지하다 do[wash] the dishes; wash up; do the washing-up
  설거지거리 (the) dishes; BE washing-up
세제 detergent; dishwashing liquid; BE washing-up liquid
수세미 scouring pad; scrubber; scourer
  스펀지 수세미 sponge
  철수세미 copper scrubber; AE steel wool; BE wire wool

❶ 취사도구의 종류
- 가마솥 caldron; cauldron
- 냄비, 솥 pot; saucepan
  돌솥 stone pot
  뚝배기 (unglazed) earthen bowl[pot]
  시루, 찜통 steamer; double boiler
  압력솥 pressure cooker
  전골냄비 stockpot
  캐서롤 casserole
  코펠 portable pots and pans for camping
- 바비큐 그릴 barbecue grill; BBQ grill
- 번철, 불판 griddle
- 석쇠 gridiron
- 주전자 kettle
  차주전자 teakettle; teapot
- 프라이팬 pan; frying pan; skillet; sauté pan; (중국식) wok

❷ 우리와는 조금 다른 미국의 설거지 방식
미국 가정의 필수 주방가전 중에는 오븐oven과 식기세척기dishwasher가 있다. 식기세척기로 설거지할 때에는 우선 설거지할 그릇에 남은 음식물 찌꺼기를 제거하고 그릇을 차곡차곡 넣은 후 식기세척기 전용 세제dish washer detergent를 넣어야 한다. 식기세척기가 처음 나왔을 때에는 일반 설거지용 세제를 사용했다가 엄청난 양의 거품이 식기세척기 밖으로 흘러나와 낭패를 본 사람들이 종종 있었다. 물론 식기세척기를 사용하면 손 설거지를 할 때보다 몇 배의 물과 전기가 소요되므로 알뜰한 주부는 손 설거지hand wash dishes를 선호한다. 우리는 물을 틀어놓고 흐르는 물에 설거지를 하지만 미국 주부들은 싱크대나 플라스틱 그릇에 뜨거운 물을 담고 설거지용 세제dishwashing liquid를 풀어 설거지할 그릇을 담갔다가 설거지를 하는 편이다. 미국의 싱크대에는 밑부분에 sink-erator 또는 food waste disposer라고 하는 음식물 처리기가 설치되어 있어 싱크대로 들어간 음식물 찌꺼기를 간편하게 처리할 수 있다.

3.5 공구 tool

공구상자, 연장통 toolbox
만능공구 all-purpose tool; multipurpose tool
전동공구 power tool

곡괭이 pick; pickax(e)
끌, 정 chisel; (둥근 끌) gouge; (페인트 등을 벗기는) (paint) scraper; stripper
나사 screw
    수나사, 볼트 bolt; male screw
    암나사, 너트 nut; female screw; wing nut

십자나사 phillips(-head) screw
일자나사 standard screw; slot-head screw

니퍼 wire cutters; nippers
다용도칼, 맥가이버칼 Swiss Army knife
대패 plane
    ☐ 대패로 나무를 깎다 plane the lumber

대팻날 plane iron[blade]
대팻밥 (wood) shavings

도끼 ax; axe
    ☐ 도끼로 나무를 자르다 cut the tree using an axe
    손도끼 hatchet
드라이버 screwdriver
    십자 드라이버 phillips screwdriver
    일자 드라이버 flathead[flat-bladed] screwdriver

드라이버 ✗ driver → ✓ screwdriver
driver는 운전자, 컴퓨터 소프트웨어, 골프채 등을 의미

drill

jackhammer

드릴 drill; (건축 공사용의) jackhammer; pneumatic drill
    ☐ 드릴로 벽에 구멍을 뚫다 drill a hole in the wall
    전동 드릴 electric drill
렌치, 스패너 wrench; spanner; monkey wrench; adjustable wrench; box end wrench; Allen wrench[key]

망치 hammer
- 망치로 벽에 못을 박다 hammer a nail into the wall
  - 고무망치, 나무망치 mallet
  - 장도리 claw hammer
  - 헤머 sledgehammer

mallet

claw hammer

sledge hammer

못 nail
- 대못 large nail; big nail; spike

사다리 ladder; (A자 형의) stepladder
- 사다리를 타고 지붕에 올라가다 use a ladder to get up onto the roof
- 줄사다리 rope ladder

사포 sandpaper

삽 shovel; spade; (네모난) square point shovel
- 삽으로 땅을 파다 dig the ground using a shovel

손수레, 수레, 리어카 wagon; cart; handcart; (바퀴가 하나인) wheelbarrow; barrow

송곳 awl; bradawl; (얼음송곳) ice pick

수준기, 수평기 level

자 ruler
- T자 T-square
- 삼각자 AE triangle; BE set square
- 줄자 tape measure; tapeline

작업대 workbench

절단기 cutter

죔쇠 clamp; cramp; AE vise; BE vice

줄 file; rasp

지레, 지렛대 lever; (쇠지렛대) crowbar
- 지렛목 fulcrum

wheelbarrow

clamp

vise

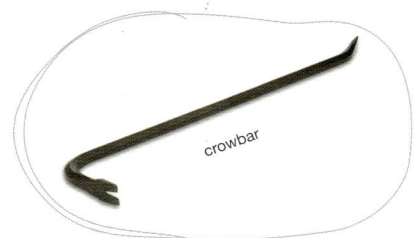
crowbar

64 | Unit 2 일과

톱 saw ❶ — 톱밥 sawdust
　손톱 handsaw
　쇠톱 hacksaw
　실톱 fretsaw
　양날톱 double-edged saw
　전기톱 chain saw; jigsaw; (둥근) circular saw; buzz saw
　톱날, 톱니 sawtooth
펜치 pliers; pincers; (끝이 가느다란) needle nose pliers

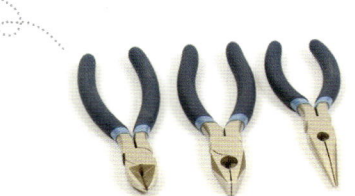

nippers　pliers　needle nose pliers

맥가이버 뺨치는 미국의 아버지들

일반적인 미국 가정의 차고garage에는 집주인의 직업이 목수가 아닌가 의심될 정도로 갖가지 공구가 갖춰져 있다. 미국의 아버지들 중에는 아이들의 침대를 만들기도 하고 자동차 수리도 직접 하는 사람들이 많은데, 미국은 어떤 분야건 간에 서비스 관련 인건비labor service charge가 상당히 비싸기 때문에 웬만한 것은 가정에서 직접 해결한다. 미국은 모든 건축자재를 규격품을 사용하기 때문에 100년 전에 지어진 집의 창문을 교체하고 싶으면 벽을 허물 필요 없이 동일한 규격의 창문만 사다 교체하면 된다. 건축 관련 용품을 판매하는 홈 디포Home Depot나 로우즈Lowes 같은 상점에는 온갖 종류의 공구와 건축자재들이 규격별로 갖춰져 있어서 초보자도 공구를 사서 DIY에 도전해 보고 싶은 충동을 느끼게 된다.

❶ 톱의 종류

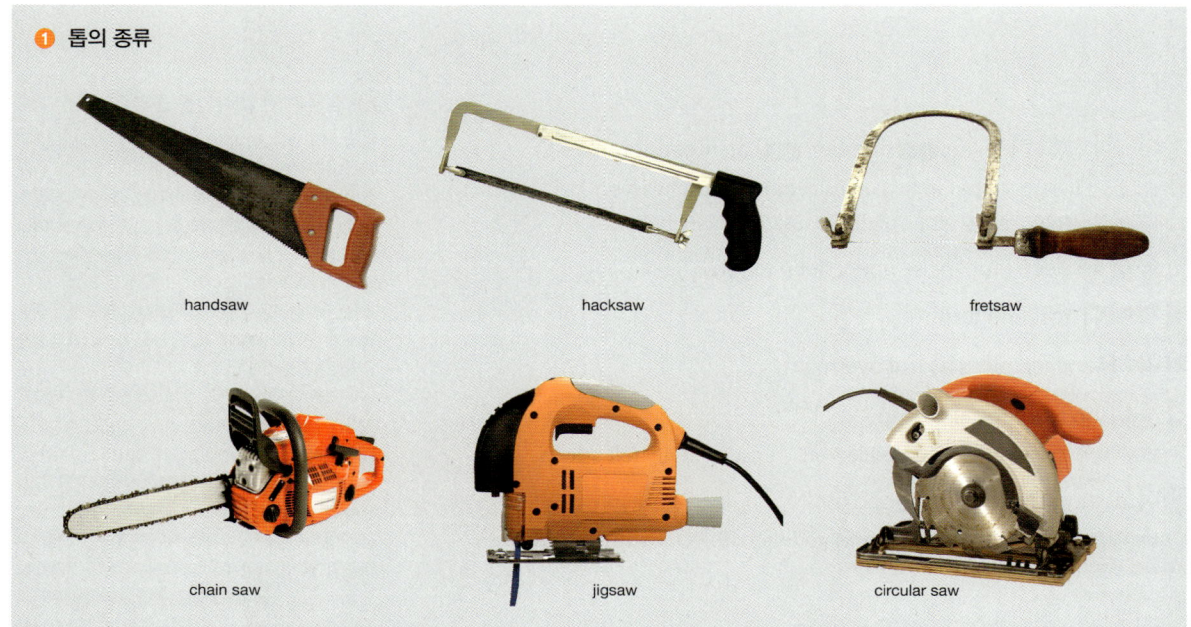

handsaw　　hacksaw　　fretsaw

chain saw　　jigsaw　　circular saw

jigsaw는 합판 등을 자유자재로 자를 수 있는 전동톱이다. 1760년에 John Spilsbury라는 사람이 합판에 페인트를 칠하고 그것을 jigsaw로 여러 조각으로 잘라 퍼즐게임을 만들었는데, 그것이 jigsaw puzzle의 시초이다.

가사, 집안일 | **65**

04 잠, 침대, 침구

4.1 잠 sleep

잠의 종류

낮잠, 오침 nap; doze; catnap; `inf` snooze; (짧은) forty winks; (스페인과 라틴아메리카 국가의) siesta
- 낮잠을 자다 have[take] a nap; nap; `inf` snooze

늦잠 ❶
- 늦잠을 자다 oversleep; sleep in; sleep late

단잠, 숙면 sound sleep; deep sleep
- 단잠을 자다 sleep like a log[baby] / have a deep sleep

새우잠
- 새우잠을 자다 sleep all curled up

선잠 light sleep; broken sleep
- 선잠을 자다 have a light sleep / have a broken sleep

자다

자다, 취침하다 sleep; `f` slumber; `inf` catch[get] some Z's ❷
- 피곤할 텐데 어서 자라. Go to bed and sleep, you must be tired.
- 어젯밤에는 한숨도 못 잤다. Last night I couldn't sleep at all.

노숙하다 sleep (out) in the open; sleep rough

뒤척이다 toss and turn

외박하다 sleep out; stay out overnight

잠들다 go to sleep; fall asleep
- 나도 모르게 깜빡 잠이 들었다. I nodded off. / I accidentally fell asleep.

졸다 doze (off); drowse; `inf` nod off
- 그는 아침부터 꾸벅꾸벅 졸고 있다. He is nodding off, yet it's still morning.

---

❶ **늦잠의 뉘앙스 차이**

oversleep 자기도 모르게 늦잠을 자다
`ex` 오늘 아침에는 늦잠을 자는 바람에 회사에 늦었다. I overslept this morning and was late for work.

sleep in; sleep late 작정하고 늦잠을 자다
`ex` 내일은 일요일이라 늦잠을 잘 생각이다. Tomorrow is Sunday, so I am going to sleep in.

❷ **잠들기 전 이야기를 들려주세요**

미국 부모들은 아이가 어렸을 때부터 잠들기 전에 30분 정도 이야기책을 읽어준다. 이런 이야기를 bedtime story, 이야기를 해 주는 사람을 storyteller, 이야기를 들려주는 것을 storytelling이라고 한다. 미국의 소아과 협회에서는 생후 6개월부터 아이가 독서에 흥미를 느낀다는 연구 결과를 발표했는데, 아기들은 부모의 목소리를 들으면 안정감을 느껴 편안히 잠들 수 있고, 부모 자식간의 감성적 유대감을 키울 수 있을 뿐만 아니라, 이야기를 들려 주는 부모의 다양한 어조와 감성에서 창의력을 키우게 된다고 믿는다. bedtime story의 습관은 자연스럽게 유아원preschool, 유치원kindergarten, 초등학교elementary 저학년까지 이어진다. 교사는 수업 시간 중에 rug time 또는 story time이라 하여 아이들을 양탄자rug 위에 옹기종기 앉히고 책을 읽어주며, 책을 읽고 난 후에는 질문을 하기도 하고 서로 느낀 점을 발표하기도 한다. 교사뿐만 아니라 학부모가 storyteller가 되기도 하는데, 미국 대통령이나 영부인도 종종 초등학교를 방문해서 학생들에게 책을 읽어준다.

꿈

꿈 dream
- 꿈을 꾸다 dream / have a dream
- 간밤에 이상한 꿈을 꾸었다. I had a strange dream last night.
- 어제는 꿈에서 돌아가신 아버지를 보았다. Last night I dreamed of my late father.

개꿈 silly dream; wild dream

길몽, 돼지꿈 auspicious dream

단꿈 sweet dream

악몽 nightmare; bad dream

태몽 dream that foretells pregnancy; dream of conception

해몽 dream interpretation; dream reading
- 해몽하다 interpret a dream; read a dream

> 해몽학 oneirology

수면장애

수면장애 sleep disorder

가위눌림, 수면마비 sleep paralysis
- 가위눌리다 have a sleep paralysis

> 낮 시간에 과도하게 잠이 쏟아지거나 자신의 의지와는 상관없이 잠이 드는 현상

기면증 narcolepsy

몽유병 sleepwalking; somnambulism
- 몽유병 환자 sleepwalker; somnambulist

불면증 insomnia
- 일주일째 불면증에 시달리고 있다. I have been suffering from insomnia for a week.
- 불면증 환자 insomniac

수면무호흡증, 코골이 sleep apnea syndrome
- 코를 골다 snore; saw logs

이갈이 bruxism
- 이를 갈다 grind *one's* teeth

미국 노숙자들은 어디에서 잘까?

한국의 노숙자는 주로 지하철 역사에서 잠을 자지만, 미국은 공원 깊숙한 곳이나 동네 상가의 후미지고 찬바람을 피하기 좋은 곳이면 어디든 노숙자들의 잠자리가 된다. 특히 동부 뉴욕의 하이드파크Hyde Park와 서부 샌프란시스코의 금문공원Golden Gate Park이 노숙자 문제로 골머리를 앓고 있는데, 이들이 단순히 노숙만 하는 것이 아니라 공원에서 마약을 하기 때문이다. 미국 노숙자들은 낮에는 옷이나 담요가 하나 가득 담긴 쇼핑카트shopping cart를 밀고 사거리intersection 한가운데로 가서 구걸을 하는데, 도로에서 신호 대기 중인 운전자들이 이들에게 쉽게 지갑을 여는 때문이다.

❶ 왜 가위에 눌리는 걸까?

사람은 평생 30년 가까운 시간을 잠을 자며 보낸다. 잠의 종류에는 선잠light sleep, 낮잠nap, 단잠deep sleep뿐만 아니라 역설수면paradoxical sleep과 정상수면orthodox sleep이라는 것도 있다. 역설수면이란 몸은 자고 있지만 뇌는 계속해서 활동을 하는 역설적인 상태의 잠을 뜻하는데, 역설수면에 빠져 있을 때는 눈동자가 빠르게 움직이기 때문에 렘수면REM sleep이라고도 한다. REM은 rapid eye movement, 즉 '급속 안구 운동'의 약자. 반면 정상수면은 역설수면과는 반대로 뇌는 잠을 자고 있지만 몸은 깨어 있는 상태의 잠을 가리킨다. 한편 자면서 가위에 눌리는 것을 의학용어로는 수면마비라고 하는데, 수면마비란 역설수면 도중 몸이 잠에서 깨지 않은 상태에서 의식만 잠에서 깨는 것을 뜻한다. 수면마비 상태에서는 종종 귀신과 같은 환영을 보기도 하는데, 몸을 움직일 수 없기 때문에 극도의 공포를 느끼게 된다. 잠을 자는 도중 외계인에게 납치되었다고 주장하는 사람들의 상당수가 수면마비를 겪은 것으로 확인되었으며, 영혼이 육체에서 분리되는 유체이탈out-of-body experience 현상도 수면마비와 관련이 있다. 수면마비의 주요 원인으로는 불규칙한 수면과 스트레스, 갑작스런 환경의 변화 등이 있다. 옛날 사람들은 악마가 사람의 몸 위에 올라타 있을 때 가위에 눌린다고 생각했다.

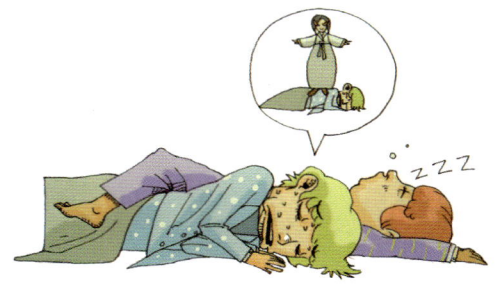

잠 관련표현

눕다 lie (down); (등을 대고) lie on *one's* back; lie straight; (옆으로) lie on *one's* side; (큰대 자로) sprawl
- 요즘은 너무 피곤해서 누웠다 하면 바로 잠이 든다.
  I am so tired I will fall asleep if I lie down.

수면안대 sleep mask
- 수면안대를 착용하다 wear a sleep mask

수면제 sleeping pill; sleeping tablet
- 요즘은 수면제 없이는 잠을 잘 수 없다.
  These days I cannot sleep without sleeping pills.

잠꼬대 sleep talking; somniloquy
- 잠꼬대하다 talk in *one's* sleep
- 그는 잠꼬대가 심하다. He talks in his sleep severely.

잠꾸러기 sleepyhead; late riser

잠버릇 sleeping habits
- 그 남자는 잠버릇이 고약하다. He has bad sleeping habits.

졸린 sleepy; dozy
- 시험 공부하느라 밤을 새웠더니 졸려 죽겠다.
  I studied all night and now I am dead sleepy.

하품 yawn
- 하품하다 yawn

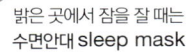 밝은 곳에서 잠을 잘 때는 수면안대 sleep mask
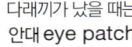 다래끼가 났을 때는 안대 eye patch
인질의 눈을 가릴 때는 눈가리개 blindfold

기상

깨다, 깨어나다 wake (up)
- 시끄러운 소리에 잠을 깼다. Some loud noise woke me up.

깨우다 wake *sb* (up)
- 한 시간 후에 저를 깨워 주세요. Please wake me up after an hour.
- 그는 아무리 깨워도 일어나지 않았다. No matter what, I couldn't wake him up.

일어나다 get up; get out of bed; *inf* rise; (벌떡 일어나다) jump out of bed

잠의 신 Hypnos

힙노스Hypnos는 그리스신화에 등장하는 잠의 신이다. 로마신화에는 솜누스Somnus라는 이름으로 소개되고 있기도 하다. Hypnos로부터 최면술hypnotism이라는 단어가 비롯되었고, Somnus로부터 몽유병somnambulism이라는 단어가 나왔다. 불면증insomnia은 Somnus에 부정의 의미를 뜻하는 접두사 in을 붙인 단어이다. 한편 꿈의 신 Morpheus는 Hypnos의 아들인데, 마취제나 진통제로 쓰이는 모르핀morphine은 이 Morpheus로부터 나온 말이다.

4.2 침대 bed

종류 • 모양

2단 침대 trundle bed; truckle bed
그물침대, 해먹 hammock
머피침대 Murphy bed
야전침대 cot; camp bed
유아침대 baby bed; AE crib; BE cot; (바구니처럼 생긴) bassinet
이층침대 bunk bed(s); (1층은 책상, 2층은 침대인) loft bed
접이식 침대, 소파베드 sofa bed; futon; daybed
캐노피 침대 canopy bed; four-poster bed
   캐노피 canopy

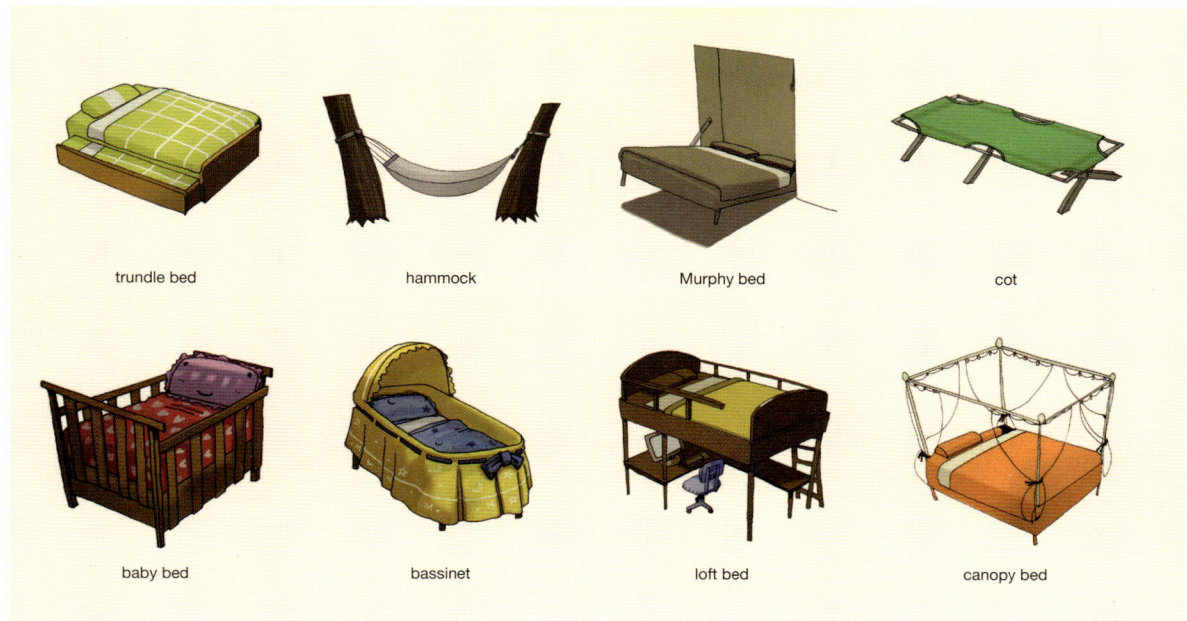

종류 • 재료

돌침대 stone bed
물침대 water bed
흙침대 mud bed

종류 • 구조

머리판, 헤드보드 headboard; **BE** bedhead
발판, 풋보드 footboard
프레임 bedstead

매트리스

매트리스 mattress
   매트리스 커버 mattress pad
라텍스 매트리스 memory foam mattress
스프링 매트리스 spring mattress
에어 매트리스 air mattress

크기

싱글 single bed
슈퍼싱글 super single
더블 double bed
퀸 queen-size bed
킹 king-size bed
트윈침대 twin beds

좁게 사는 미국인

온돌 방식의 한국과 달리 미국은 천장이나 벽에 설치된 히터heater나 라디에이터radiator로 난방을 하기 때문에 방바닥의 온도가 제일 낮다. 그래서 한국처럼 침대 없이 방바닥에서 자는 사람은 찾아보기 힘들다. 아이들이 친구네 집에서 하룻밤을 보내는 sleepover party와 같은 특별한 경우에만 각자 가져 온 침낭sleeping bag을 바닥에 깔고 잔다. 추운 겨울에는 한국에서 전기장판을 사용하듯 미국인들도 전기요electric blanket를 쓴다. 겨울에 집안에서 반팔을 입고 다닐 정도로 따뜻하게 난방을 하는 한국과 달리 미국 가정은 아주 춥게 지낸다. 스웨터를 입고 털실내화를 신고, 소파에는 텔레비전을 시청할 때 덮을 담요throw가 준비되어 있다. throw의 재료로는 밍크담요를 만드는 fleece가 단연 인기다.

침대 사이즈

단위: cm

종류/국가	미국	영국, 호주	유럽, 남미
싱글	99 X 191	91 X 191	90 X 200
슈퍼싱글	122 X 213	107 X 191	100 X 200
더블	137 X 191		140 X 200
퀸	152 X 203	152 X 198	160 X 200
킹	193 X 203	183 X 198	180 X 200

4.3 침구 bedding; bedclothes

담요, 이불 blanket; `inf` comforter; `inf` duvet ❶
- 그 여자는 담요로 무릎을 덮었다. She covered her knees with a blanket.

누비이불, 솜이불 cotton-wool comforter

전기담요, 전기장판 electric blanket; electric mat
- 요즘은 전기장판을 틀고 잔다. These days I sleep on an electric mat.

퀼트 quilt; crazy quilt; patchwork quilt ❷

홑이불 sheet; bed sheet
- 그는 한겨울에도 홑이불만 덮고 잔다.
  He only covers up with a sheet even in the middle of winter.

모기장 mosquito net; mosquito bar
- 모기장을 치다 put up a mosquito net

베개 pillow; (긴 원통형의) bolster
- 베개를 베다 use a pillow / sleep with a pillow

목침 wooden pillow

베갯잇 pillowcase; pillow sham; pillow slip

요 Korean-style mattress used as a bed on the floor

죽부인 Dutch wife

침낭 sleeping bag
- 침낭에 들어가서 잠을 자다 sleep in a sleeping bag

침대보, 시트 sheet; bedspread; bed cover; coverlet

❶ 산통 깨는 일인자

불이 났을 때 그 위에 모래를 뿌리거나 두꺼운 담요 등을 덮으면 쉽게 불을 끌 수 있다. 여기서 유래된 wet blanket, 즉 '젖은 담요'라는 표현은 유쾌하고 흥겨운 분위기를 싸하게 만드는 사람, 즉 산통을 깨는 사람, 훼방꾼이라는 뜻으로 쓰인다.

ex 그는 산통 깨는 데 일가견이 있다.
He is a total **wet blanket**.

❷ 퀼트란?

퀼트는 위로 올라오는 겉천과 뒷판인 뒷감천, 그리고 그 사이의 솜으로 이루어진다. 퀼트에 문양을 넣는 방법으로는 여러 조각을 연결하는 패치워크 patchwork와 천 위에 다른 천을 덧대는 아플리케 appliqué 등이 있다. 처음에는 방한용으로 만들어졌지만, 요즘은 이불, 커튼, 가방 등의 생활용품부터 장식품까지 다양하게 활용되고 있다.

05 용변, 화장실

용변

대변, 똥 (행위) bowel movement; `f` defecation; (배설물) stool; `AE` feces; `BE` faeces; `f` excrement; `!` shit; (유아어) number two; `inf` poop; poo
- 대변을 보다 have a bowel movement / defecate / `!` shit / take a dump
- 똥이 마렵다. I have to use the toilet. / Nature calls. / `!` I have to take a dump. / I have to shit. / (유아어) I have to go number two.

소변, 오줌 (행위) urination; (배설물) urine; (유아어) number one; pee; piss
- 소변을 보다 urinate / pee / relieve *oneself* / pass water / `!` take a piss
- 오줌이 마렵다. I have to use the toilet. / Nature calls. / I have to pee. / `!` I have to piss. / (유아어) I have to go number one. / I have to pee-pee.

화장실

화장실 bathroom; toilet
- 화장실 좀 갔다 올게요. I have to use the restroom.

간이 화장실 portable toilet

공중 화장실 restroom; public toilet; washroom; `f` lavatory

남자 화장실 men's room; the gents

여자 화장실 ladies room; the ladies; women's room

수세식 화장실 (걸터 앉는) flush toilet; (쪼그려 앉는) squat toilet

유료 화장실 pay toilet

재래식 화장실 (건물 밖의) outhouse; `!` shithouse ❶

중세 유럽의 배설 문화

하수시설이 발달하지 않은 중세 유럽에서는 각 가정마다 땅을 파거나 통을 마련해두고 그곳에 인분을 모았다. 통이 꽉 차면 밤에 분뇨수거인들이 와서 인분을 수거해 갔는데, 그래서 거름으로 쓰이는 인분을 night soil이라고 부른다. 전쟁이 잦았던 16세기 유럽에서는 인분에서 화약의 원료가 되는 질산염을 추출하기도 했는데, 왕의 허가를 받은 saltpetre man이라는 사람들은 언제든지 허락 없이 남의 집에 들어가서 인분을 수거해서 질산염을 추출하는 일을 했다. 중세 유럽은 놀라울 정도로 하수시설이 발달하지 않아서 사람들은 아무데서나 용변을 보았으며, 아무렇지도 않게 길거리에 요강을 비웠다. 여성들의 하이힐이 거리에 널린 인분이 옷에 묻는 것을 막기 위해 만들어졌다는 설도 있다.

❶ 미국 스타일 재래식 화장실

일명 '푸세식 화장실'이라고 불리는 재래식 화장실은 집 밖에 있다고 해서 outhouse라고 하고, 속어로는 shithouse라고 한다. 미국의 초기 재래식 화장실은 글을 모르는 사람을 위해 그림에서 보이는 것처럼 여성용 화장실은 문에 초승달 무늬를, 남성용은 별무늬를 새겨 넣었다. 남녀 구분도 되고 환기와 채광의 역할도 하는 셈이다. 우리나라는 재래식 화장실에서 쪼그려 앉아 용변을 보지만, 미국에서는 의자처럼 엉덩이를 붙이고 용변을 보는 것이 차이점이다.

변기

변기 toilet
- 용변을 본 후에는 변기의 물을 내리세요. Please flush after using the toilet.

  물탱크 cistern

비데 bidet ❶
- 비데를 하다 use a bidet

소변기 urinal

양변기, 좌변기 toilet; toilet bowl

  변기 시트 toilet seat

요강 chamber pot

유아 변기 potty; potty-chair ❷

환자용 변기 bedpan

관련표현

뚫어뻥 plunger

변기솔 toilet brush

티슈 tissue; (상표명) Kleenex

화장지, 휴지 toilet paper; toilet tissue; toilet roll

❶ 비데에 관한 진실

17세기 초반 프랑스에서 발명된 비데bidet는 프랑스어로 조랑말pony이라는 뜻. 비데에 앉아 있는 자세가 조랑말을 타고 있는 자세와 비슷하기 때문이다. 우리나라에는 변기 시트를 겸한 전자식 비데가 보편적이지만, 외국에는 세면대와 모양이 비슷한 수동식 비데가 많다. 용변을 본 후 휴지를 쓰지 않고 물과 왼손을 써서 뒤처리를 해야 하는 아랍권 국가의 대부분의 가정에는 비데가 설치되어 있다.

❷ 나 응가하고 올게

유아용 변기를 potty 또는 potty-chair라고 하고, 용변 훈련을 potty training 또는 toilet training이라고 한다. 미국에서는 보통 만 2살 무렵에 용변 훈련을 시작해서 만 3살 정도에는 용변 훈련을 끝낸다. 3살부터 다닐 수 있는 유아원의 입학 조건에 "Your child must be potty-trained."라는 문구를 볼 수 있는데, 대소변을 가릴 줄 알아야 입학이 가능하다는 뜻이다. pee와 poo는 우리말의 '쉬야'와 '응가'에 해당하는 유아어로서 각각 소변과 대변을 가리키는데, 성인들끼리도 친한 사이에는 소변을 보러 갈 때 "I have to go pee.", 대변을 보러 갈 때 "I have to go poo."라는 표현을 쓰기도 한다. 물론 친하지 않은 사이거나 체면을 차려야 하는 상황에서는 "May I go to the restroom?" 또는 "I have to use the restroom."이라는 표현을 쓴다.

ex 가서 응가하고 오렴. (아이에게)
  Please go and use the potty. /
  You can go potty.

Unit 3 언어

1 언어의 종류
2 언어활동
   말하기 / 듣기, 읽기, 쓰기, 통번역
3 언어의 구성
   글자, 문자 / 단어, 어휘 / 구와 절 / 문장
4 글
5 말, 이야기
6 문서, 서류

01 언어의 종류

언어 — 일반

고어, 옛말 archaic language ↔ 현대어 modern language

공용어 official language ❶

구어 spoken language; colloquialism ↔ 문어 written language

국어, 모국어 native language; mother tongue; first language; national language
- 모국어 사용자, 원어민 native speaker

국제어, 세계어 lingua franca; world language
- 국제 사회에서 영어는 국제어로 쓰이고 있다.
  English is globally used as an international language.

방언, 사투리 accent; (regional) dialect; patois
- 그 남자는 경상도 사투리가 심하다. He has a strong Kyungsangdo accent.

보디랭귀지 body language, 사인 signal, 제스처 gesture
- 그들은 보디랭귀지를 섞어 가며 대화를 나누고 있다.
  They are using body language to enhance their conversation.

사어 dead language ↔ 현존 언어 living language
- 라틴어는 사어가 되었다. Latin is a dead language.

성조언어 tone language
- 성조 tone; intonation

수화 sign language
- 나는 수화를 할 줄 안다. I can communicate using sign language. / I can sign.

자연어, 자연언어 natural language ↔ 인공어 artificial language

표준어 standard language ↔ 비표준어 non-standard language

❶ 유엔 공용어 UN official language
- 러시아어 Russian
- 스페인어 Spanish
- 아랍어 Arabic
- 영어 English
- 중국어 Chinese
- 프랑스어 French

손으로 이야기합시다

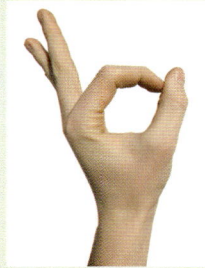

오케이 Okay

영어권에서는 OK를 뜻하고, 우리나라에서는 금전을 상징하기도 한다. 중남미에서는 외설스런 의미로 쓰인다.

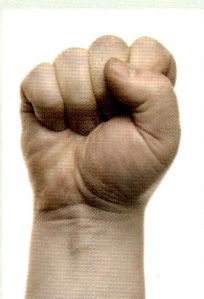

꽉 쥔 주먹 clenched fist

꽉 쥔 주먹은 단결과 저항을 상징.

행운을 빌어요 crossed fingers

중지와 인지를 포개놓은 crossed fingers는 십자가를 상징하며 행운을 기원한다는 뜻으로 쓰인다. 자신이 한 약속이 무효라는 의미로도 사용된다.

아이러브유 ILY sign

I love you.의 앞 글자인 I, L, Y의 모양을 형상화한 제스처.

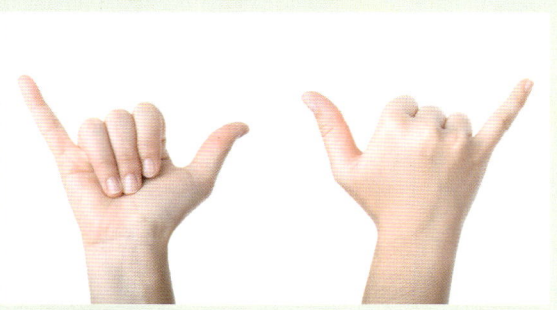

샤카사인 Shaka sign

하와이에서 흔히 쓰는 인사 표현으로, 엄지와 새끼손가락을 펴고 손을 올려 손등을 상대방에게 보여주거나 앞뒤로 흔들기도 한다.

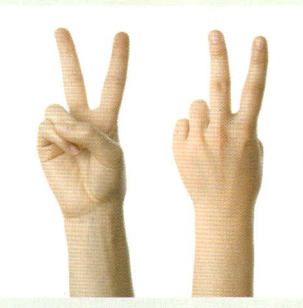

승리의 브이 V sign

손바닥을 상대방에게 향하면 승리victory를 상징하지만 손등을 향하면 "Fuck you!"라는 뜻으로 쓰인다.

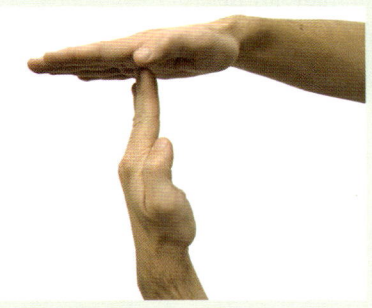

타임아웃 time out

한 손을 세우고 그 위에 다른 손을 얹어서 T자를 만들면 time out, 즉 중간 휴식 시간이라는 뜻이 된다.

언어의 종류 | 77

언어 — 한국어와 외국어

한국어 Korean
외국어 foreign language
- 할 줄 아는 외국어가 있으세요? Do you speak any foreign languages?

제2외국어 second language
그리스어 Greek
노르웨이어 Norwegian
독어, 독일어 German
라틴어 Latin
러시아어 Russian
말레이어 Malay
몽골어 Mongolian
베트남어 Vietnamese
불어, 프랑스어 French
서반아어, 스페인어 Spanish
산스크리트어 Sanskrit
스와힐리어 Swahili
아랍어 Arabic
에스페란토 Esperanto ❶
영어 English ❷
- 10년 넘게 영어를 배웠는데도 아직 영어가 서툴다.
  After 10 years of study, my English is still poor.

이탈리아어 Italian
일본어, 일어 Japanese
- 내 여동생은 일본어를 자유자재로 구사한다. My sister is fluent in Japanese.

중국어 Chinese
태국어 Thai
티베트어 Tibetan
페르시아어 Persian
포르투갈어 Portuguese
폴란드어 Polish
헝가리어 Hungarian; Magyar
히브리어 Hebrew
힌디어 Hindi

Chinglish 중국식 영어
Japlish 일본식 영어
Konglish 한국식 영어
Singlish 싱가포르식 영어
Spanglish 중남미식 영어

광동어 Cantonese
북경어 Pekingese, 표준 중국어 Mandarin

❶ 언어는 평등하다

'희망하는 사람'이라는 뜻의 에스페란토는 폴란드인 자멘호프Zamenhof가 1887년에 만든 인공어이다. 에스페란토의 취지는 어느 한 민족의 언어가 아닌 누구나 배우기 쉬운 공통어를 사용함으로써 각국의 고유 언어를 보호하고, 다른 민족과 의사소통을 원활히 하는 것이다. 에스페란토는 아a, 에e, 이i, 오o, 우u의 5개 모음과 23개의 자음으로 구성되며, 철자 그대로 발음되기 때문에 발음기호가 따로 없고, 발음이 되지 않는 무음도 없으며 강세는 항상 뒤에서 두 번째 음절에 있다. 에스페란토는 철자뿐만 아니라 문법과 조어법에서도 불규칙성을 배제하여 배우기가 쉬운 편인데, 영어와 비슷한 단어들이 많아 우리에게도 낯설지 않다. 세계 에스페란토 협회 본부는 네덜란드 로테르담에 있으며, 우리나라에도 지부를 두고 있다. 에스페란토 사용자들은 에스페란티스토Esperantisto라고 한다.

에스페란토를 상징하는 초록별

❷ 영어의 종류

- 고대영어 Old English
- 미국영어 American English; (단어) Americanism
- 세계영어 World English; International English
- 영국영어 British English; (단어) Anglicism
- 중세영어 Middle English
- 표준영어 Standard English
- 현대영어 Modern English
- 흑인영어 Black English

틀리기 쉬운 콩글리시

단어	Konglish	English
OX 퀴즈	OX quiz	true or false quiz
경적	klaxon	horn
골 세레모니	goal ceremony	goal celebration
골인	goal in	goal
글래머	glamour	voluptuous woman
깁스	gybbs	(plaster) cast
내레이터 모델	narrator model	promotional model
노트	note	notebook
더치페이	Dutch pay	Dutch treat
데모	demo	demonstration
등산	mountain climbing	hiking
디스크	disk	slipped disk
런닝머신	running machine	treadmill
레미콘	remicon	ready mixed concrete
리모컨	remocon	remote control
린스	rinse	(hair) conditioner
매니큐어	manicure	nail polish
메스	mess	scalpel
모닝콜	morning call	wake-up call
믹서	mixer	blender
백넘버	back number	uniform number
백미러	back mirror	side-view mirror
본드	bond	glue
볼펜	ball pen	ballpoint pen
비닐봉지	vinyl bag	plastic bag
비디오	VTR	VCR
비밀번호	secret number	PIN
사랑니	love tooth	wisdom tooth
사이다	cider	lemon-lime soda
사인펜	sign pen	felt tip (pen)
샤프	sharp (pencil)	mechanical pencil
스킨십	skinship	physical contact
스탠드	stand	desk lamp
아르바이트	arbeit	part-time job
아이쇼핑	eye shopping	window shopping
아이스티	ice tea	iced tea
애프터서비스	after service	after-sales service
액셀	accel	accelerator
에어컨	aircon	air conditioner
엠티	MT	trip; retreat
오디오	audio	stereo (system)
오바이트	overeat	vomit
오토바이	autobi	motorcycle
오픈카	open car	convertible
원샷	one shot	bottoms up
인터폰	interphone	intercom
전자레인지	electronic range	microwave
카레라이스	curry rice	curry and rice
카스텔라	castella	sponge cake
커닝	cunning	cheating
커닝 페이퍼	cunning paper	crib sheet
커트라인	cutline	cut-off point
콤플렉스	complex	inferiority complex
크레파스	crepas	crayon
탤런트	talent	TV actor; TV star
트럼프	trump	(playing) card
파마	pama	perm
파이팅!	Fighting!	Go!
펑크	punk	puncture
펜치	pench	pliers
포켓볼	pocket ball	pool
포크레인	poclain	excavator
프림	frim	cream
플래카드	placard	banner
핸드폰	handphone	cell phone
핸들	handle	steering wheel
호치키스	hotchikiss	stapler
호프집	hof	bar
홍차	red tea	black tea
히스테리	histerie	hysteria

02 언어활동

2.1 말하기 speaking

말하다

말하다 speak; say; tell; talk; utter; (이야기하다) narrate; relate
- 아무한테도 말하면 안 돼. Do not tell anyone.
- 다시 한 번만 말해 줄래요? Could you please say that again?
  - 화자 speaker

간청, 애원, 호소 appeal; plea; entreaty
- 간청하다, 애원하다, 호소하다 beg; appeal; plead; entreat; implore

강조 emphasis; stress
- 강조하다 emphasize; stress
- 정직의 중요성은 아무리 강조해도 지나침이 없다.
  I cannot emphasize enough the importance of honesty.

격려, 독려 encouragement
- 격려하다, 독려하다, 북돋우다 encourage; boost; buoy (up); cheer up; spur
- 그의 격려가 큰 힘이 되었다. His encouragement was inspirational.

고백, 자백 confession
- 고백하다, 자백하다, 털어놓다 confess; confide; tell the truth; come clean; make a confession
- 너한테 한 가지 고백할 게 있어. I have something to confess to you.

권유 advice; suggestion; recommendation
- 권유하다, 권하다 advise; suggest; recommend

귀띔 hint; tip
- 귀띔하다 hint; intimate; give a tip; have[drop] a word in *one's* ear
- 그녀는 내게 귀띔조차 하지 않고 회사를 그만두었다.
  She quit the company without giving me a hint she was going.

내뱉다 spit (out); blurt out
- 그 녀석은 툭하면 욕지거리를 내뱉는다. He constantly blurts out swearwords.

논평 comment; remark ❶
- 논평하다 comment; remark; make a comment[remark]

단언, 확언 assertion; assurance; affirmation
- 단언하다, 확언하다 assert; assure; affirm; say definitely[positively]

말을 잘해야 인정 받는 미국 사회

한국에는 '침묵은 금이다'라는 속담이 있다. 하지만 미국에서는 자기 의사를 표현하지 않고 침묵하다가는 손해를 보기 십상이다. 미국은 자기 표현을 중시하고, 조리 있고 설득력 있게 말을 하는 사람을 신뢰하는 곳이다. 그래서 대다수의 미국인들은 말이 많고 자기 표현이 뚜렷한 편이다. 미국은 초등학교에서부터 말하기 교육을 중점적으로 시키는데, 어떤 주제를 정해 놓고 그 주제에 대해 준비하게 한 후 수업 중 발표를 시키며, 중고등학교와 대학에서는 토론수업을 중요하게 여긴다. 말하기의 중요성은 사회로 이어지는데, 취업 면접을 볼 때도 그렇고 입사 후 회의 시간에도 자신의 업무 성과를 자신 있게 말하지 못하는 사람은 제대로 평가 받지 못한다.

---

❶ 평론과 평론가
- 평론, 비평 comment; critique; criticism; (신문, 잡지 등에 게재되는) review
  호평 favorable comment[review]; (열광적인) rave review
  혹평 harsh[severe; bitter] criticism[review]; hypercriticism
- 평론가, 비평가 critic; reviewer
  문학 평론가 literary critic
  시사 평론가 commentator (on current events)
  영화 평론가 film[movie] critic[reviewer]
  음악 평론가 music critic

답변, 대답 answer; reply; response
- 답변하다, 대답하다 answer; reply (to); respond (to)
- 내가 묻는 말에 바른대로 대답해라. I want an honest answer.

대화, 회화 talk; conversation; dialogue
- 대화하다 talk; communicate; have a talk; have a conversation
- 너랑은 도무지 대화가 안 돼. I cannot have a conversation with you.
  영어 회화 English conversation

더듬다 stutter; stammer; stumble; falter; have a stutter; speak with a stutter ❶

떠들다, 지껄이다 talk; chat (away); chatter; [inf] yak; (시끄럽게) make noise; [f] clamor
- 떠들지 말고 조용히 해! Stop yakking and be quiet.

말대꾸 back talk; (통명스러운) retort
- 말대꾸하다 talk back (to); (통명스럽게) retort; (건방지게) sass
- 어른한테 꼬박꼬박 말대꾸하지 마라. Do not talk back to your elders.

맹세, 서약 vow; pledge; oath
- 맹세하다, 서약하다 swear; vow; pledge
- 그에게 비밀을 지킬 것을 맹세했다. I swore to him I would keep the secret.

명령, 지시 order; command; instructions
- 명령하다, 지시하다 order; command; direct; instruct; give orders[commands]; [inf] boss sb around
- 나한테 이래라 저래라 명령하지 마.
  Don't order me around. / Don't boss me around.

묘사 description
- 묘사하다 describe

반박 [f] refutation; rebuttal
- 반박하다 [f] refute; rebut
- 그의 주장을 반박할 수 없었다. I could not refute his claims.

끄나풀, 프락치 [inf] mole
내부고발자 whistle-blower; deep throat
밀고자 [inf] snitch; sneak; fink; stool pigeon
제보자 informer; informant

발설하다, 폭로하다 reveal; disclose; expose; lay bare; let the cat out of the bag ❷; [f] divulge; [inf] spill the beans
- 신문에서 그의 정체를 만천하에 폭로했다. The newspaper revealed his true identity.

발언 comment; remark; statement; [f] utterance
- 발언하다 make a comment[remark]; express one's opinion

발음 pronunciation
- 발음하다 pronounce
- 이 단어는 발음하기가 어렵다. It is hard to pronounce this word.

❶ **말을 더듬는 웅변가**
역사상 위대한 웅변가들 중에는 의외로 말더듬이 stammerer들이 많았다. '아테네 시민들이여, 일어나라'는 유명한 말을 남긴 그리스의 웅변가 데모스테네스Demosthenes도 말을 더듬었는데, 그는 자신의 단점을 극복하기 위해 입 안에 자갈을 물고 큰소리로 말하는 연습을 하고, 연설 하나를 위해 1년을 준비하는 노력파였다고 한다. 영국의 수상 윈스턴 처칠Winston Churchill도 말을 더듬었는데, 그는 연설을 할 때 말 한 마디, 손 동작 하나하나에도 주의를 기울이고 신경을 쓰는 세심함으로 자신의 단점을 고쳐나갔다. 이 밖에도 찰스 다윈Charles Darwin, 이솝Aesop, 서머셋 모옴Somerset Maugham, 마릴린 몬로Marilyn Monroe 등이 말을 더듬었던 사람들이다.

❷ **누가 이렇게 입이 가벼운 거야?**
옛날에는 시장에서 닭, 돼지 등의 살아 있는 동물을 거래하곤 했다. 먼저 손님이 동물을 고르면 장사꾼이 그 동물을 자루에 넣어서 주는데, 간혹 양심 불량인 장사꾼들이 그 과정에서 값비싼 돼지 대신 고양이를 넣는 경우가 있었다. 하지만 손님이 시장을 빠져나가기도 전에 자루 안의 고양이가 밖으로 나오는 경우가 종종 생겼고, 그래서 let the cat out of the bag, 즉 '고양이를 자루 밖으로 내보내다'라는 말은 '비밀을 누설하다'라는 뜻이 되었다.

변명 excuse; justification; pretext
- 변명하다 explain *oneself*; justify (*oneself*); make[give] an excuse (for)
- 변명하려고 하지 말고 잘못했으면 잘못했다고 해.
  If you are in error, do not try to make an excuse.

보고 report; (요약한 설명) briefing
- 보고하다 report; inform; brief
- 무슨 일 생기면 지체 없이 나한테 보고하도록 해.
  If there is any problem, report to me without delay.

부르다 call (out)
- 지금 나 불렀니? Did you just call me?
- 이름을 부르면 대답하세요. Please answer when your name is called.

부탁 request, 요구, 요청 request; demand
- 부탁하다 ask; request
- 요구하다, 요청하다 demand; ask; request; call for
- 부탁이 하나 있어요. I have a request.
- 그 부탁은 들어줄 수 없습니다. I cannot follow the request.

비난, 지탄 criticism; attack; blame; reproach; denunciation; **f** censure; (공식적인) condemnation
- 비난하다, 지탄하다 criticize; attack; blame; reproach; condemn; denounce; censure; lash; speak ill of; **f** deprecate; **inf** knock; crucify
- 모든 사람이 그의 행동을 비난했다. Everyone criticized his behavior.
- 그 정치인은 사회적 지탄을 받고 있다. The politician is being blamed by society.

설득 persuasion
설득 ❌ persuation → ⭕ persuasion
- 설득하다 persuade; reason
- 그는 범인을 설득해서 자수하도록 했다.
  He persuaded the criminal to turn himself in.

설명 explanation; account
- 설명하다 explain; give[offer] an explanation; (이유를) account for; give an account of
- 내가 알아들을 수 있게 설명해 봐. I want an explanation that makes sense.

소리치다, 외치다 shout (out); cry (out); yell (out); scream (out); shriek; exclaim; give[let out] a yell; **inf** holler
- 그 여자는 사람들이 보는 앞에서 나에게 소리쳤다. She yelled at me in front of others.

속삭이다, 수군거리다 whisper; talk in whispers; talk under *one's* breath ❶
- 수군거리지 말고 조용히 해. Stop whispering and be quiet.
- 그는 우리에게 조용히 하라고 속삭였다. He whispered to us to be quiet.

시시덕거리다, 히히덕거리다 laugh and talk; chat and giggle

영어에도 표준 발음이 있을까?

한국어에도 표준 발음이 있듯이 영국영어 British English에는 RP라는 표준 발음이 있다. RP는 Received Pronunciation의 줄임말로서, 영국의 공영방송인 BBC의 아나운서들이 RP를 사용하기 때문에 BBC English라고도 하고, 영국 왕실에서 RP를 사용하기 때문에 Queen's English라고도 한다. 일반적으로 표준어는 특정 지역을 기준으로 정하는 편인데, RP는 특이하게도 지역과 상관 없이 '교육을 받은 사람들의 발음' 정도로 해석하는 것이 적당하다. 하지만 실생활에서 RP 발음을 사용하는 영국인은 드문 편이며, 각 지역마다 다양한 발음을 사용하고 있다. 한편 미국영어 American English의 표준어는 General American이라고 하는데, 미국 북부와 중부, 그리고 서부 지역에서 폭넓게 사용되고 있다.

❶ **중국어는 이해하기 어려워**

Chinese whispers 또는 telephone은 우리말로는 '말 전달하기 게임'이다. 어떤 문장이나 단어를 보고 옆에 있는 사람에게 작은 소리로 속삭여 그 문장을 전달하면 맨 끝에 있는 사람이 정답을 맞추는 것이 게임의 방식인데, 서양인들은 중국어를 이해할 수 없는 어려운 언어라고 생각했기 때문에 이와 같은 이름이 붙었다. 텔레비전 오락 프로그램에서 출연자들이 시끄러운 음악이 나오는 헤드폰을 끼고 문제를 맞추는 것도 Chinese whispers의 일종이다.

약속 promise; (만남의) appointment; engagement
- 약속하다 promise; make a(n) promise[appointment]
- 확약하다 commit *oneself* (to); confirm
- 나는 한번 한 약속은 반드시 지킨다. I always keep promises I make.

언급 reference; mention
- 언급하다 refer (to); mention; make reference (to); make mention of
- 다시는 그 문제를 언급하지 않겠다고 그에게 약속했다.
  I promised him that I will never mention it again.

예언 prophecy
- 예언하다 prophesy; predict
- 그의 예언은 빗나가고 말았다. His prophecy did not come true.

선지자, 예언자 soothsayer; (남성) prophet; (여성) prophetess ❶

왈가왈부하다 argue; dispute (with)
- 사람들은 누가 잘못했는지를 놓고 왈가왈부하고 있다.
  People are arguing to decide whose fault it is.

우기다, 주장하다 maintain; insist; persist; argue; [f] contend; claim
- 그 여자는 끝까지 자기 잘못이 아니라고 우겼다.
  She insisted to the end that it was not her fault.

위로 consolation
- 위로하다 console; comfort; cheer up
- 뭐라고 위로의 말씀을 드려야 할지 모르겠습니다.
  I don't know what to say to console you.

consolation match 패자부활전
consolation prize 감투상

재잘거리다, 조잘거리다 chatter; [inf] gab; rattle on
- 여자 아이들이 재잘거리며 이야기하고 있다.
  The young girls are chattering to each other.

주절거리다 ramble (on); babble; [inf] gabble; [BE] [inf] rabbit on
- 그 녀석은 혼자서 주절거리는 버릇이 있다. He has a habit of rambling on.

중언부언하다 repeat; say *sth* over and over again; say *sth* repeatedly

중얼거리다 mutter (under *one's* breath); murmur; mumble
- 중얼거리지 말고 똑바로 말해 봐. Stop mumbling and speak clearly.

진술 statement; testimony; (증인의) deposition
- 진술하다 make[issue; give] a statement; state; testify; set forth; (법정에서) depose
- 그는 자신이 뇌물을 받은 적이 없다고 진술했다.
  He stated that he has never accepted a bribe.

질문 question; inquiry; enquiry; query
- 묻다, 질문하다 ask; inquire; question

❶ 노스트라다무스의 예언
세계적인 예언가 노스트라다무스 Nostradamus는 프랑스의 왕 앙리 2세의 죽음을 예언함으로써 유명해졌다. 그는 1555년 발간한 자신의 예언집 <Les Propheties>에서 젊은 사자와 늙은 사자가 싸우다 늙은 사자가 투구 안의 눈을 찔려 죽을 것이라고 예언했는데, 4년 후인 1559년에 앙리 2세가 마상시합 도중 눈을 찔려 사망한 것이다. 노스트라다무스는 그의 사후 수백 년에 걸쳐 일어날 사건들에 관해 예언을 했는데, 그 중 가장 유명한 1999년 지구 멸망설은 많은 사람들을 공포에 떨게 만들기도 했다. 그는 시poem의 형태로 예언을 했는데, 그의 예언은 모호하고 아리송한 구절들로 이루어져 있어 사람에 따라 각기 다른 해석이 가능하며, 3,000개가 넘는 예언 중에서 실제로 적중한 예언은 몇 개 되지 않는다고 한다.

쉿! 비밀이야~
"이건 비밀이니까 다른 사람들한테 절대 얘기하면 안돼."라고 말하고 싶다면 "Mum's the word."라고 하면 된다. 여기서 Mum은 어머니 mother라는 뜻이 아니라 입을 다물고 내는 음 mmmmm 소리를 말한다. 이 표현은 셰익스피어의 작품인 <헨리 5세>에서 처음 사용되었다.
*Seal up your lips and give **no words but mum**.*
입술을 봉하고 아무한테도 얘기하면 안돼.
비슷한 표현으로는 "It's just between you and me."가 있다.

타이르다 talk to; (타일러서 설득하다) persuade; (잘못을) reason with sb on sth
- 걔는 내가 잘 알아듣도록 타이를게. I will talk to him.

표현하다, 형언하다 describe; express; verbalize; articulate
- 그곳은 형언할 수 없을 만큼 아름다웠다.
  I cannot describe how beautiful that place was.

항의 protest; complaint

고소 complaint
고소인 complainant

- 항의하다 protest; complain
- 선수들은 심판의 판정에 강력히 항의했다.
  The players strongly protested the umpire's decision.

횡설수설하다 talk nonsense[gibberish]; gibber

관련표현

말버릇 one's (particular) way of speaking
- 넌 말버릇을 고칠 필요가 있어. You need to correct your way of speaking.
- 선생님한테 그게 무슨 말버릇이야! That is no way to speak to your teacher.

말솜씨, 언변 gift of gab
- 그는 말솜씨가 뛰어난 편이다. He has the gift of gab.

말장난 wordplay; word games; play on words; pun ❶

말투, 어투 one's way of speaking[talking]; parlance

어눌한 inarticulate
- 그 남자는 말투가 어눌하다. He is inarticulate with his speech.

유창한 fluent; eloquent; (지나치게 유창한) glib; smooth-talking
- 그는 영어를 유창하게 구사한다. He speaks fluent English.

❶ 영어로 말장난하는 법
루이스 캐롤의 소설 〈이상한 나라의 앨리스Alice in Wonderland〉에는 발음이 같거나 비슷하지만 뜻이 다른 말들을 사용한 말장난pun이 많이 나온다. 그 중 앨리스와 가짜 거북이Mock Turtle의 대화를 살펴보자.

"And how many hours a day did you do lessons?" asked Alice, in a hurry to change the subject.
"Ten hours the first day," said the Mock Turtle: "nine the next, and so on."
"What a curious plan!" exclaimed Alice.
"That's the reason they're called lessons," the Gryphon remarked: "because they lessen from day to day."

"그럼 하루에 몇 시간씩 lesson을 했어?" 급하게 주제를 바꾸며 앨리스가 물었다.
"첫째 날은 10시간," 가짜 거북이가 말했다: "다음 날은 9시간, 그리고 계속 그런 식으로."
"참 특이한 계획이네!" 앨리스가 소리쳤다.
"그래서 lesson이라고 부르는 거야," 그리펀이 말했다: "왜냐면 매일매일 lessen하니까."

* lesson[lésn] 수업, lessen[lésn] 줄다

❷ 영어의 tongue twisters
- She sells seashells by the seashore.
- How many berries could a bare berry carry, if a bare berry could carry berries?
- Peter Piper picked a peck of pickled peppers.
- How can a clam cram in a clean cream can?
- If Stu chews shoes, should Stu choose the shoes he chews?
- Wayne went to Wales to watch walruses.
- A big black bug bit a big black dog on his big black nose!
- Santa's Short Suit Shrunk.
- Betty Botter bought a bit of butter to put into her batter.
- How much wood could a woodchuck chuck if a woodchuck could chuck wood?

2.2 듣기, 읽기, 쓰기, 통번역

듣기

듣기, 청취 listening
- 듣다, 청취하다 hear; listen (to) ❶
  청자 listener

경청하다, 귀담아듣다 listen carefully; be all ears; prick *one's* ears

얻어듣다, 주워듣다 happen to hear; pick up ❷

엿듣다 (일부러) eavesdrop; listen in (on); (우연히) overhear

흘려 듣다 let *sth* go in one ear and out the other
- 나는 그의 말을 한 귀로 듣고 한 귀로 흘렸다.
  I let his story go in one ear and out the other.

읽기

읽기, 독해 reading
- 읽다 read (out) ❸
- 그는 한자를 읽을 줄 모른다. He cannot read Chinese letters.

낭독하다, 읊다 read (aloud); recite; give a reading

다독 extensive reading
- 다독하다 read extensively[widely]

독파하다 read through
- 나는 그 책을 한 시간 만에 독파했다. I read through the book within an hour.

묵독하다 read *sth* silently (to *oneself*)

속독 speed reading
- 속독하다 read *sth* fast[rapidly]; run *one's* eyes over *sth*

숙독, 정독 careful[close; intensive] reading; **f** perusal
- 숙독하다 read intensively[carefully; with care]; **f** peruse

열람하다 read; (빠르게) run through; browse (through)

탐독하다 pore over; devour

판독하다, 해독하다 decipher; decode; make out; decrypt

> 암호 cipher → 해독하다 decipher
> 암호 code → 해독하다 decode

---

❶ **hear와 listen의 차이**

hear는 들으려고 노력하지 않아도 들리는 것이고 listen은 귀를 쫑긋 세우고 들으려고 노력하는 것. 그렇기 때문에 '영어 청취'는 English hearing이 아니라 English listening이다. hear는 바로 뒤에 목적어가 나오거나 hear of, hear about의 형태로 쓰이고, listen은 주로 listen to의 형태로 쓰인다. 한편 어떤 사람의 말을 귀담아들을 때에는 be all ears라는 표현을 쓸 수 있는데, 직역하면 '몸 전체가 귀로 덮여 있다'라는 다소 과장된 표현이다.

ex 듣기 평가
  ✗ hearing test → ○ listening test

ex 잘 안 들려.
  ✗ I don't hear you.
  ○ I can't hear you.

ex 나는 음악 듣는 것을 좋아한다.
  ✗ I like to hear music.
  ○ I like to listen to music.

❷ **낮말은 새가 듣고 밤말은 쥐가 듣는다.**
- Fields have eyes, and woods have ears. 들판에는 보는 눈이 있고 숲에는 듣는 귀가 있다.
- Walls have ears. 벽에도 귀가 있다.

❸ **읽는 사람, reader**
- dream reader 꿈을 읽는 해몽가
- fast reader 빨리 읽는 속독가
- gas-meter reader 가스 계량기를 읽는 가스 검침원
- lip reader 입술을 읽는 독순술사
- mind reader 마음을 읽는 독심술사
- newspaper reader 신문을 읽는 구독자
- palm reader 손금을 읽는 수상가

쓰기

쓰기 writing
- 쓰다, 적다 write (down); note (down); put (down); take down[notes]

갈겨쓰다, 휘갈기다 scribble (down); scrawl

기입하다, 기재하다 write; put; enter; fill in; fill out

대필하다 ghostwrite; write sth for sb
  대필자, 대필작가 ghostwriter

받아쓰기 dictation
- 받아쓰다 take dictation
- 내가 하는 말을 받아 써라. Take dictation of what I say.

통번역

번역 translation; rendering
- 번역하다 translate; render
- 한글을 영어로 번역하다 translate Korean into English

  번역본 translation

  기계번역 machine translation

  번역가 translator

  오역 mistranslation; incorrect translation; (엉성한 번역) loose translation
- 오역하다 mistranslate; translate incorrectly
- 이 책은 오역과 의역이 많다. This book contains a lot of mistranslations and loose translations.

  의역 liberal translation
- 의역하다 translate liberally

  직역 literal translation; word-for-word translation
- 직역하다 translate literally; translate word for word

통역 interpretation; translation
- 통역하다 interpret; translate

  동시통역 simultaneous interpretation[translation]

  동시통역사 simultaneous interpreter[translator]

  순차통역 consecutive interpretation

  통역사 interpreter; translator

정보를 읽는 장치, reader

판독기|reader란 기계적으로나 전산적으로 저장된 정보를 식별해서 읽고 컴퓨터로 바로 입력해서 사용할 수 있는 형태로 바꿔주는 장치를 말한다. 실생활에서 흔히 볼 수 있는 reader로는 계산대에서 상품 바코드를 찍는 바코드 판독기 bar-code reader와 신용카드 등의 정보를 읽는 카드 판독기|card reader가 있다. 시험 답안지를 읽는 기계는 OMR, 즉 답안지 판독기 optical mark reader라고 한다.

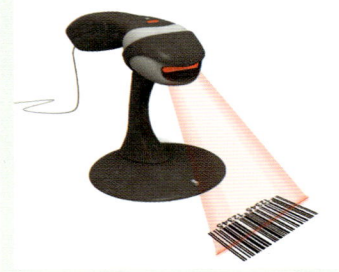

bar-code reader

card reader

03 언어의 구성

3.1 글자, 문자 letter; character

종류 1

상형문자 hieroglyph; hieroglyphics
표음문자 phonogram
표의문자 ideogram; ideograph

종류 2

대문자 capital letter; capital; upper case; block letter[capital]
소문자 small letter; lower case (letter)

종류 3

암호 cipher; code; cryptogram; secret code
오자 misspelling; (인쇄물의) misprint; typo; erratum; typographical error
이모티콘 emoticon ❶
점자 braille
탈자 omitted word[letter]; missing word[letter]; omission

종류 4

로마 숫자 Roman numeral ❷
로마자 Roman alphabet; Latin alphabet
아라비아 숫자 Arabic numeral
한글 Hangul; Korean alphabet

---

❶ 전자시대의 감정 표현법

:-) 행복해. / 좋아.
;-) 윙크.
:-(슬퍼.
:-D 하하하.
:-o 놀랐어.
:-P 메롱.
=8O 헉!
:-| 기분 나쁜데.
>:-< 나 화났어.

이모티콘은 감정을 뜻하는 emotion과 아이콘icon의 합성어로, 컴퓨터 자판의 문자와 기호를 사용해 얼굴 모양의 이미지를 만들어서 감정이나 의사를 전달한다. 카네기멜론 대학의 스콧 팔먼 교수가 1982년 최초로 :-)와 :-(이모티콘을 사용했는데, 가장 많이 쓰이는 이모티콘인 :-)는 smiley라고도 부른다.

❷ 로마 숫자 쓰는 법

1	I	20	XX
2	II	21	XXI
3	III	22	XXII
4	IV	23	XXIII
5	V	30	XXX
6	VI	40	XL
7	VII	50	L
8	VIII	60	LX
9	IX	70	LXX
10	X	80	LXXX
11	XI	90	XC
12	XII	100	C
13	XIII		

한자 Chinese character; Han character; (일본어의) Kanji
  간체자 simplified Chinese characters
  부수 radical
  획수 number of strokes
히라가나 hiragana, 가타가나 katakana

천자문 the Thousand-Character Classic[Text]

필체

필적, 필체 handwriting; penmanship
달필, 명필 excellent handwriting; (superb; skilled; masterful) calligraphy
악필 cacography; bad[poor] handwriting
자필, 친필 *one's* own handwriting
- 그녀는 미국 대통령의 친필 편지를 받았다. The letter she received from the U.S. president was in his own handwriting.

서체

글씨체, 서체 type; (컴퓨터의) font; (인쇄체) typeface; print
고딕체 Gothic type[font]
명조체 Ming-style printing type; Ming-style font[typeface]
볼드체 bold print
이탤릭체 italics; italic font
정자체 letters[characters] in printed form; block letters[characters]
필기체 (cursive) script

관련표현

철자, 스펠링 spelling ❶
- 이 단어의 철자가 어떻게 되지? How do you spell this word? / What is the spelling of this word?
맞춤법, 철자법 spelling; (언어학) orthography

알파벳 수프

영어 단어 중에는 유독 두문자어acronym와 약어abbreviation가 많다. 예를 들어 FBI (Federal Bureau of Investigation: 연방수사국), CIA (Central Intelligence Agency: 중앙정보국), DoD (Department of Defense: 국방부)와 같은 정부 기관명은 거의 예외 없이 두문자어나 약어로 되어 있다. 이렇게 복잡한 단어들은 프랭클린 루즈벨트 Franklin Roosevelt 대통령 재임 시절에 생겨났는데, 그는 뉴딜정책을 실시하면서 100개가 넘는 정부 기관을 설립했고, 대부분 두문자어로 되어 있던 이 정부 기관들은 미국인들조차 무슨 업무를 하는 곳인지 단번에 알기 어려웠다고 한다. 이렇게 이해하기 어려운 영어 단어를 alphabet soup이라고 하는데, alphabet soup은 알파벳 모양의 파스타가 든 수프를 뜻하기도 한다.

❶ 스포츠보다 흥미진진한 철자 맞추기

우리나라 아이들이 받아쓰기 공부를 할 때 영어권 아이들은 스펠링 비spelling bee를 한다. 스펠링 비 spelling bee는 영어 철자 맞추기 경시대회인데, 출제자가 단어를 말하면 참가자가 그 단어의 철자를 하나하나 대답하는 방식으로 이루어진다. 스펠링 비는 단순한 어린이용 단어 맞추기 게임이 아니라 미국인들이 큰 관심을 갖는 게임인데, 미국 최대의 스펠링 비 대회인 Scripps National Spelling Bee 대회에는 미국 뿐 아니라 세계 각국에서 예선을 거쳐 선발된 학생들이 참가하며, 미국의 3대 방송사가 생중계를 한다.

3.2 단어, 어휘 word

종류

1음절어, 단음절어 monosyllable
➡ 2음절어 disyllable
➡ 다음절어 polysyllable
경멸어 pejoratives; pejorative word
고어 archaism; archaic word
고사성어 idiom originated in[derived from] an ancient event
고유어 native tongue ➡ 외래어, 차용어 loanword; borrowing
긍정어 affirmative ➡ 부정어 negative
단일어 simplex ➡ 복합어, 합성어 compound (word)
단의어 monosemy; monosemous word
➡ 다의어 polysemy; polysemous word
동음이의어 homonym
동의어, 유의어 synonym ➡ 반대말, 반의어 antonym
동형이의어 homograph
사어 obsolete word
상용어 common[everyday] words; words in everyday use
속어, 슬랭 slang
신어, 신조어 (new) coinage; newly-coined word; neologism
약어, 약자, 준말 abbreviation ➡ 본딧말 the original word
   단축어 clipped word
     두문자어 acronym; initialism ❶
유행어 buzzword; in-word
은어 argot
의성어 onomatopoeia

---

❶ 두문자어 읽는 법

두문자어는 여러 단어들의 맨 첫 글자만을 따서 만든 단어를 뜻한다. 두문자어를 뜻하는 영어 단어에는 acronym과 initialism이 있는데, acronym은 에이즈AIDS와 같이 한 단어처럼 발음되는 단어를 뜻하고, initialism은 USA처럼 각각의 철자를 발음해야 하는 단어를 가리킨다. '가능한 한 빨리'라는 뜻의 ASAP는 '에이에스에이피'와 '에이샙'이라는 두 가지 발음을 가지고 있다.

acronym
- AIDS [eidz] acquired immune deficiency syndrome, 에이즈, 후천성면역결핍증
- NASA [nǽsə] National Aeronautics and Space Administration 나사 미항공우주국
- NASDAQ [nǽzdæk] National Association of Securities Dealers Automated Quotations 나스닥
- RAM [ræm] random-access memory 램
- ROM [rɑm] read-only memory 롬, 읽기 전용 기억 장치
- SARS [sɑːz] severe acute respiratory syndrome 사스, 중증급성호흡기증후군

initialism
- ATM automated teller machine 현금자동지급기
- ELT English Language Teaching 영어교육
- HTML hypertext markup language 하이퍼텍스트 마크업 언어
- NGO nongovernmental organization 비정부기구
- UFO unidentified flying object 유에프오, 미확인비행물체

의태어 mimetic word
전문용어 terminology; jargon; technical term
축약어 contraction
파생어 derivative
혼성어 hybrid; blend; portmanteau word

word와 vocabulary의 차이
word 하나하나의 단어
ex How do you spell that word?
그 단어는 철자가 어떻게 되나요?
vocabulary 단어, 숙어, 구동사 등을 포함한 어휘력
ex If you want to succeed in English, you need to expand your English vocabulary. 영어를 잘하고 싶다면 영어 어휘력을 늘려야 한다.

관련표현

강세, 악센트 intonation; accent; stress
- 이 단어는 1음절에 강세가 있다.
  This word has stress on its first syllable.

1강세 primary stress
2강세 secondary stress
강세기호 stress mark

묵음 silent syllable
- 'comb'이라는 단어에서 b는 묵음이다. The letter b is silent in the word 'comb.'

어감, 뉘앙스 nuance; connotation
- 그 단어는 어감이 좋지 않아 더 이상 쓰이지 않는다.
  The word is no longer used due to poor nuance.

어순 word order

어원 origin of a word; derivation; (어원학) etymology

어조, 억양, 톤 tone (of voice)
- 그는 강한 어조로 나의 실수를 비난했다. He criticized my mistake in a very strong tone.

어휘력 vocabulary

엎어치나 메치나 마찬가지
앞에서부터 읽거나 뒤에서부터 읽거나 똑같은 단어나 문장이 있다. 이것을 영어로는 palindrome이라고 한다.

palindrome 단어
- Hannah (여자 이름) 한나
- kayak 카약
- level 정도, 수준
- refer 언급하다
- rotator 회전하는 것
- solos 솔로들
- civic 시민의
- madam (여성의 호칭) 부인

palindrome 문장
- Step on no pets. 애완동물을 밟지 마라.
- Don't nod. 끄덕거리지 마라.
- Never odd or even. 홀수도 짝수도 아닌.
- So many dynamos! 너무 많은 발전기들!
- Too bad I hid a boot. 미안하지만 내가 부츠를 숨겼어.

이메일 용어
이메일을 보내거나 인터넷으로 대화를 나눌 때는 편의를 위해 말이 짧아지기 마련인데, 영어의 이메일 용어emailese는 두문자어나 약자를 사용하거나 모음을 생략해 단어를 짧게 만드는 것이 특징이다.

@ at
B4 before ~전에
BBL be back later 금방 다시 올게
BTW by the way 그런데
CU see you 안녕, 또 보자
DOC document 서류
FAQ frequently asked questions 많이 묻는 질문
FWD forward 전송하다
GR8 great 대단한, 멋진
HAND have a nice day 좋은 하루 보내
ILUVU I love you 사랑해
INFO information 정보
JK just kidding 농담이야
KIT keep in touch 연락하고 지내자
MYOB mind your own business 참견하지 마
NE1 anyone 누구나
OIC oh, I see 아, 그렇구나
PCM please call me 전화해

3.3 구와 절 phrase & clause

구 phrase ❶
- 동사구 verb phrase
- 명사구 noun phrase
- 부사구 adverb phrase; adverbial phrase
- 분사구 participial phrase
- 인용구 quotation; quote
- 전치사구 prepositional phrase
- 형용사구 adjective phrase; adjectival phrase

절 clause ❷
- 관계사절, 관계절 relative clause
- 명사절 noun clause
- 부사절 adverb clause; adverbial clause
- 종속절 subordinate clause; dependent clause
- 주절 main clause; independent clause
- 형용사절 adjective clause; adjectival clause

❷ 영어의 '절' 탐구
절이란 주어와 술부로 구성되어 있으며, 그 자체로 한 문장이 되거나 혹은 문장 안에 들어가기도 한다. 그 자체로 혼자 쓰일 수 있는 주절과 이 주절에 의존해야만 의미가 있는 종속절로 나눌 수 있다. 종속절은 문장 안에서 명사 혹은 형용사, 부사의 역할을 한다.

명사절
What Tom says is very funny. Tom이 말하는 내용은 정말 재미있다.
Jane noticed **that the window was broken.** Jane은 창문이 깨졌다는 것을 알아차렸다.

부사절
Before he answered the phone, he grabbed a pen. 그는 전화를 받기 전에 펜을 쥐었다.
Julie can't walk **until the cast is off her foot.** Julie는 다리에서 깁스를 풀기 전까지는 걸을 수 없다.

형용사절
I finally found someone **who knew the answer.** 나는 마침내 해답을 알고 있는 사람을 찾았다.
The books **that are on the piano** belong to Anthony. 피아노 위에 있는 책은 Anthony 것이다.

❶ 영어의 '구' 탐구
구란 두 개 이상의 단어가 모여 문장 내에서 동사, 명사, 형용사, 부사, 전치사 등의 품사 역할을 한다.

동사구
She **runs quickly**.
그 여자는 빨리 달린다.
He **stands on** the table.
그는 탁자 위에 서 있다.

명사구
Beating a child will do more harm than good.
아이를 때리는 것은 장점보다 단점이 더 많다.

부사구
She grew **to be a writer.**
그 여자는 커서 작가가 되었다.

분사구
Having finished all my homework, I went home.
나는 숙제를 다 했기 때문에 집에 갔다.
Rejected by his girlfriend, he decided to leave.
그는 여자친구에게 퇴짜를 맞은 후 떠나기로 결심했다.

인용구
"The question is," said Alice, "to go or not to go."
'문제는 가느냐 마느냐'라고 앨리스가 말했다.

전치사구
The woman who lives **next door** is a teacher.
옆집에 사는 여자는 선생님이다.
We must finish our projects **before the holidays.**
우리는 휴일이 오기 전에 프로젝트를 끝내야 한다.

형용사구
We have lots of furniture **to move.**
우리는 옮겨야 할 가구들이 많다.

3.4 문장 sentence

종류 1

감탄문 exclamatory sentence
긍정문 affirmative sentence
명령문 imperative sentence
부정문 negative sentence
의문문 interrogative sentence ❶
인용문 quotation; quote
평서문 declarative sentence

❶ 의문문의 종류
- 간접의문문 indirect question
- 부가의문문 question tag; tag question
- 수사의문문 rhetorical question
- 직접의문문 direct question

종류 2

단문 short sentence
복문 complex sentence
중문 compound sentence

사칙연산 기호

곱셈표 multiplication sign
나눗셈표 division sign
더하기표, 덧셈표 plus (sign)
빼기표, 뺄셈표 minus (sign)

문장부호

구두점, 문장부호 punctuation mark
가운뎃점 interpunct ·
괄호 parenthesis (pl parentheses); round brackets
    각괄호, 대괄호 (square) brackets [ ]
    꺾음 괄호 angle brackets ⟨ ⟩
    중괄호 curly brackets; braces { }
느낌표 exclamation mark; exclamation point !
따옴표, 인용부호 quotation marks; quotes; inverted commas; [BE] speech marks
    작은따옴표 single quotation marks ' '
    큰따옴표 double quotation marks " "
마침표 period; full stop .
말줄임표, 줄임표 ellipsis …

> 한국에서는 말줄임표를 표시할 때 6개의 점을 중간에 찍지만, 영어권에서는 점 3개를 바닥에 찍는다.

물결표 swung dash ~
물음표, 의문부호 question mark; interrogation mark ?
밑줄 underscore; underline _
별표 star; asterisk *
붙임표, 하이픈 hyphen ❶ -
빗금, 슬래시 (forward) slash; virgule; [BE] stroke /
    역슬래시 backslash \
쉼표 comma ,
쌍점, 콜론 colon ❷ :
    반쌍점, 세미콜론 semicolon ;
아포스트로피 apostrophe '
줄표, 대시 dash ❶ —
화살표 arrow →

❶ 하이픈과 대시 구별하기

하이픈(-)은 대시(—)보다 길이가 짧다. 하이픈은 기호 앞뒤로 띄어쓰기를 하지 않지만 대시는 한 칸씩 띄어쓰기를 한다. 하이픈은 10 year-old girl, well-known writer와 같이 한 단어처럼 쓰이는 수식어에 사용되고, 줄이 바뀌면서 단어가 잘릴 때도 사용된다. twenty-two와 같은 두 자리 수와 two-thirds와 같이 형용사 역할을 하는 분수에도 하이픈이 사용된다. 대시는 문장에서 화자의 생각이 갑자기 전환되거나, 이미 말한 내용에 대한 부연 설명을 할 때 사용한다.

생각이 갑자기 전환될 때
My son – where has he gone?
우리 아들, 얘가 어디 갔지?

이미 말한 내용을 부연 설명할 때
We had a great time in Hawaii – the kids really enjoyed it.
우리는 하와이에서 정말 멋진 시간을 보냈어. 아이들도 정말 좋아하더라구.

❷ 콜론과 세미콜론 구별하기

콜론colon과 세미콜론semicolon은 얼핏 보기에는 비슷해 보이지만, 콜론은 앞에 나온 문장에 대한 부연설명을 하거나 열거를 할 때 사용되고, 세미콜론은 문장 중간에 접속사처럼 사용된다.

앞선 문장에 대한 부연 설명을 하는 콜론
I'll tell you what I'm going to do: I'm going to quit! 내가 뭘 할지를 알려 줄게. 나는 회사를 그만둘 거야!

열거를 하는 콜론
You will need to bring three things to the party: some food, something to drink, and a small gift. 파티에 올 때 세 가지 물건을 가져와야 해. 약간의 음식과 마실 것, 그리고 조그마한 선물 말이야.

because의 의미를 가진 세미콜론
Bryan is a good student; he is never absent from school. 브라이언은 훌륭한 학생이다. 왜냐하면 그는 절대 결석을 하지 않기 때문이다.

so의 의미를 가진 세미콜론
Yesterday, we went to the Golden Gate Park; Jackie was exhausted when we got home. 어제 우리는 금문공원에 갔었다. 그래서 집에 돌아왔을 때 재키는 완전히 지쳐 있었다

04 글 writing; text

종류 1

국문 writings in Korean
영문 writings in English; English writing
중문, 한문 Chinese writing

종류 2

감상문, 독후감 (book) report
▫ 내일까지 이 책을 읽고 독후감을 써야 한다.
　I have to finish reading this book by tomorrow and write a book report.

결의문 (written) resolution

경고문 warning (notices; signs)

기도문 prayer; (주기도문) the Lord's Prayer

> prayer [prɛ́ər] 기도, 기도문
> prayer [préiər] 기도하는 사람

기사문 description

논설문 editorial; leading article

단문 short piece of writing ⟷ 장문 lengthy piece of writing

담화문, 성명 statement; communiqué; manifesto
▫ 대통령이 대국민 담화문을 발표했다.
　The president issued a statement to the country.

반성문, 사과문 written apology; letter of apology ❶
▫ 학교에 지각해서 반성문을 써야 했다.
　I had to write a letter of apology at the school due to lateness.

법조문 provision(s) (of the law); legal provisions

선언문 declaration; proclamation

> 선언 declaration; proclamation
> 양심선언 whistle-blowing
> 폭탄선언 bombshell

설명문 explanation; explanatory note; descriptive writing

안내문 sign

연설문 text of a speech

전문(全文) full text; complete text

❶ 사과를 받아주세요
• I'm sorry. 죄송합니다.
• I'm extremely sorry. 정말 죄송합니다.
• Please accept my apology. 제 사과를 받아주세요.
• Please forgive me. 절 용서해 주세요.
• I didn't mean to. 일부러 그런 것이 아니에요.
• I beg your pardon. 죄송합니다.
• I owe you an apology. 사과 드립니다.

주문 spell; incantation ①
축문 written prayer (at memorial service)
통신문 correspondence; communication
호소문 letter of plea

① 영어로 주문을 외워 보자

한글로 주문을 외울 때는 '수리수리마수리'라고 하는데, 영어로는 어떻게 주문을 외울까? 영어권의 대표적인 주문으로는 아브라카다브라 Abracadabra가 있는데, '말하는 대로 이루어져라'라는 뜻을 담고 있다. 호커스포커스 Hocus Pocus는 고대 마법사들이 자주 쓰던 주문인데 지금은 속임수라는 뜻으로도 쓰인다. CF광고에 사용되어 유명해진 비비디바비디부 Bibbidi-bobbidi-boo는 디즈니의 애니메이션 〈신데렐라〉에서 요정이 파티에 가지 못해 실망에 빠져 있는 신데렐라를 변신시키면서 부르는 주문이다.

관련표현

구문 construction; sentence structure
　분사구문 participial construction
글짓기, 작문 composition; (essay) writing
　영작, 영작문 English composition
단락, 문단 paragraph
띄어쓰기 (word) spacing
□ 이 글은 띄어쓰기가 엉망으로 되어 있다.
　The word spacing in this document is incorrect.
소재 material; subject matter
주제 subject; topic

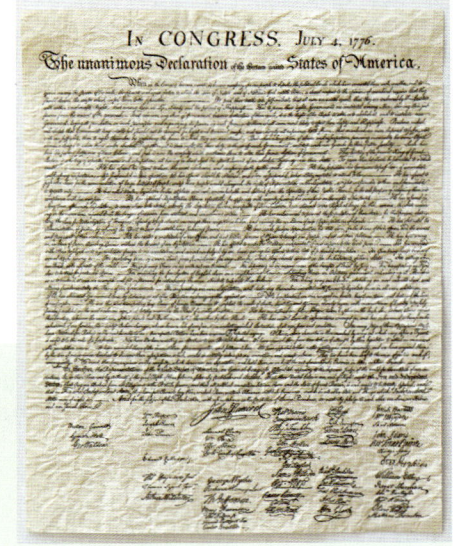

미국의 독립선언문

미국의 독립선언문 Declaration of Independence은 1776년 7월 4일 선포되었으며, 7월 4일은 the Fourth of July 또는 Independence Day라고 불리는 미국 최대의 국경일이다. 훗날 미국의 3대 대통령이 되는 토머스 제퍼슨 Thomas Jefferson이 선언문의 초안을 잡은 것으로 알려져 있는데, 미국의 13개 식민주가 대영제국으로부터의 독립을 선언한다는 내용을 담고 있다.

〈독립선언문 중 일부 발췌〉
We hold these truths to be self-evident,
that all men are created equal,
that they are endowed by their Creator with certain unalienable Rights,
that among these are Life, Liberty and the pursuit of Happiness.
That to secure these rights, Governments are instituted among Men,
deriving their just powers from the consent of the governed,
That whenever any Form of Government becomes destructive of these ends,
it is the Right of the People to alter or to abolish it, and to institute new
Government, laying its foundation on such principles and organizing its
powers in such form, as to them shall seem most likely to effect their Safety
and Happiness.

우리는 다음과 같은 진실들을 확신한다.
즉 모든 사람은 평등하게 태어나고
조물주에 의해 불가양의 권리들을 부여 받았고,
그 권리들 중에는 생명과 자유, 행복추구권이 있다.
이런 권리의 확보를 위해 사람들 사이에서 정부가 조직되며
정부의 정당한 권력은 피지자의 동의에서 유래한다.
어떤 형태의 정부든 이런 목적들을 파괴할 때는
정부를 바꾸거나 철폐하고, 그런 원리에 기초하여 그들의 안전과 행복을 가져올 수 있는 권력을 조직할 수 있는 새로운 정부를 세우는 것이 인민의 권리이다.

05 말, 이야기 story; tale

가십 gossip

감언이설 sweet talk; honeyed words
- 그 남자의 감언이설에 속으면 안 된다. Don't be fooled by his sweet talk.

거짓말 lie; **f** untruth; falsehood; (사소한) **inf** fib
- 거짓말하다 lie; tell a lie; **inf** fib
- 너, 그거 거짓말이지? You lied to me, right? / You told me a lie, right?
- 그 여자는 입에 침도 안 바르고 거짓말을 한다. That woman lies straight faced.
  - **선의의 거짓말** white lie
  - **새빨간 거짓말** big lie; complete[blatant; downright] lie; bald-faced lie

격언, 금언 maxim; aphorism, **경구** epigram, **속담** proverb; (old) saying; adage

경어, 높임말, 존댓말 honorifics ❶
- 그 부부는 서로 존댓말을 쓴다. The couple use honorifics to each other.

경험담, 체험담 story of *one's* (personal) experiences
- 그는 군대 시절의 자신의 경험담을 들려 주었다. He told me stories of his military experiences.

괴담 (무서운 이야기) ghost story; (이상한 이야기) strange story ❷

궤변 sophistry; sophism
- 그는 궤변을 늘어놓으며 자신의 주장을 정당화하려 했다. He was trying to justify his claims using sophistry.
  - **궤변가** sophist

---

❶ **영어에는 존댓말이 있다, 없다?**

경어 체계가 발달한 우리나라와 달리 영어에는 딱히 경어라고 할 수 있는 것이 없다. 하지만 영어에도 상황에 따라 상대방을 배려하고 예의를 갖추어 공손하게 말하는 방법이 많으니 알아 두자.

(1) **please**: 주로 말머리나 말끝에 붙는 please만으로도 공손한 표현을 만들 수 있다.
- Open the door. 문 열어. ➡ Please open the door. 문 좀 열어 주세요.

(2) **조동사**: could, would, can 등의 조동사를 사용하면 공손한 뉘앙스로 바뀐다.
- Give me a glass of water. 물 한 잔 줘. ➡ Could you get me a glass of water? 물 한 잔만 갖다 주시겠습니까?
- Be quiet! 조용히 해. ➡ Would you please be quiet? 조용히 해 주시겠어요?

(3) **특정 구문**: want 대신 would like to를 쓰는 등의 방법으로 공손한 표현을 만들 수 있다.
- I want to get a refund. 환불을 원합니다. ➡ I would like to get a refund. 환불을 받고 싶은데요.
- Can you give me a hand? 날 좀 도와줄래? ➡ I was wondering if you could give me a hand. 혹시나 해서 말인데요, 절 좀 도와주실 수 있으세요?

---

❷ **괴담에 등장하는 귀신과 괴물**
- 귀신, 유령 ghost; spirit; phantom; **f** specter; **inf** spook
  마귀, 악령, 악마 devil; demon; evil spirit; (기독교의) Satan; the Devil; Beelzebub; Lucifer
  아귀 hungry ghost; starving ghost[demon]
  원혼 revengeful spirit[ghost]
  잡귀 mischievous spirit
  흡혈귀, 뱀파이어 vampire, 드라큘라 Dracula
  폴터가이스트 poltergeist (※소란스러운 현상을 일으키는 영혼)
- 괴물 monster; (동화책에 나오는) ogre; boogeyman; bogeyman
- 도깨비, 요괴 goblin; hobgoblin
  네시 the Loch Ness Monster; Nessie (스코틀랜드 Ness호에 출몰한다는 괴물)
  도깨비 방망이 magic wand
  도깨비불 will o'the wisp; ignis fatuus; friar's lantern
- 설인, 빅풋 Yeti; the Abominable Snowman; Bigfoot; Sasquatch
- 그리핀 griffin (사자의 몸에 독수리의 머리와 날개를 가진 동물)
- 바다뱀 sea serpent
- 트롤 troll (스칸디나비아 신화에 나오는 심술쟁이 거인)

귀엣말, 귓속말 whisper
- 둘이서만 귓속말하지 말고 뭔지 말해 봐. Tell me what you are whispering about.

농담, 우스갯소리 joke; `inf` gag; (성에 관한 상스러운 농담) ribaldry ❶
- 농담하다 joke; tell a joke; crack[break; make] a joke; kid
- 난 지금 농담할 기분 아니야. I am not in the mood to joke.
- 지금 그걸 농담이라고 하는 거니?
  Do you think that is a joke? / Do you think that is funny?

담소, 정담 friendly conversation[talk]; banter; (부부가 잠자리에서 나누는) pillow talk
- 담소를 나누다 have a friendly conversation (with)

덕담 words of blessing; well-wishing remarks

독백, 혼잣말 monologue ❷
- 혼잣말하다 say[speak; talk] to *oneself*

독설 biting[spiteful] remarks; `f` invective; vituperation, **악담** curse; `f` malediction
- 여자는 화가 나서 나에게 독설을 퍼부었다.
  The woman hounded me with biting remarks out of anger.

동화 children's story; (마법사가 등장하는) fairy tale[story]

뒷담화, 험담 slander; backbiting; backstabbing
- 나 없는 데서 내 험담하지 마. Don't slander me behind my back.

막말 rough words
- 그는 앞뒤 가리지 않고 막말을 쏟아 부었다.
  He swamped me with rough words without considering consequences.

만담 comic talk; gag
- 만담가 comic storyteller; comedian

말실수, 실언 slip of the tongue; (본심이 들어간) Freudian slip ❸
- 말실수를 하다 slip *one's* tongue. / make a slip of the tongue

망발, 망언 thoughtless words[remarks]
- 한 일본 정치인이 독도가 일본땅이라는 망언을 했다. A Japanese politician made a thoughtless remark claiming that Dokdo is Japanese territory.

명언 (유명한 말) famous[well-known] saying; (지혜로운 말) wise saying

모험담 adventure story; saga

목격담 eyewitness account
　목격자 witness; eyewitness
　용의자, 피의자 suspect
　피해자, 희생자 victim; (사상자) casualty

무용담, 영웅담 heroic episode; tale[account] of *one's* heroic exploits
- 그는 툭하면 월남전 당시의 자신의 무용담을 늘어놓는다.
  He often tells stories of his heroic episodes during the Vietnam War.

---

❶ **썰렁해!**
누군가 썰렁한 유머를 던졌을 때, 영어로는 뭐라고 할까? 썰렁하다고 해서 cold joke와 같은 표현을 썼다간 그야말로 분위기가 얼어붙을 수 있다. 농담이 썰렁할 때는 '진부한'이라는 뜻의 corny나, '참패하다'라는 뜻의 fall flat, 또는 '변변치 않은'이라는 뜻의 lame을 써서 표현할 수 있다.
- `ex` 썰렁해!
  That is so corny! / How corny!
- `ex` 네 농담은 완전히 실패야.
  Your joke fell flat.
- `ex` 정말 썰렁한 농담이군.
  That's a lame joke.

❷ **독백과 방백**
- 독백 monologue 배우가 무대 위에서 관객을 향해 하는 대사. 독백은 무대에 다른 배우가 없는 상태에서 하는데, 자신의 심정을 설명하거나 자기 반성적인 내용이 많다.
- 방백 aside 다른 배우들이 무대 위에 있는 상태에서 하는 혼잣말. 다른 배우들은 자신이 하는 말을 못 듣는다는 설정 하에 하는 대사로서, 주로 극중 인물들에 대한 욕이나 자신이 저지른 행동에 대한 고백 등 심리적인 내용이 많다.

❸ **말실수 대마왕**
영국의 뉴칼리지의 학장이었던 스푸너Spooner (1844-1930)는 첫 소리를 바꿔 말하는 말실수를 자주 했다. 예를 들면, "for our dear old queen" (우리의 친애하는 여왕님을 위해)라고 말하려고 했는데 "for our queer old dean" (우리의 괴상한 학장님을 위해)라고 말하는 식이다. 그리고 한번은 "The conquering kings their titles take." (정복하는 왕은 명성을 얻는다)라는 멋진 말을 하려다가 "The kings-kering congs their titles take."라는 괴상한 말을 해서 좌중을 웃기기도 했다. 훗날 언어학자들은 이렇게 두 단어 이상의 첫 소리를 바꾸어 말하는 실수를 스푸너리즘spoonerism이라고 부르기 시작했는데, 우리말로는 두음전환이라고 한다. 한편 말실수를 하는 것을 put *one's* foot in *one's* mouth라는 표현으로 나타내기도 한다.
- `ex` 나는 그녀가 뚱뚱하다는 말실수를 했다.
  I put my foot in my mouth by calling her fat.

미담 moving story; impressive story
- 어머니에게 자신의 신장을 기증한 소녀의 미담이 신문에 보도되었다. A moving story of a girl who donated a kidney to her mother was in the newspaper.

민담, 설화, 옛날 이야기 folktale

밀담 secret talks[conversation]; private conversation, **밀어** lovers' whispers; sweet nothings
- 두 정상들이 밀담을 나누고 있다. The two leaders are having secret talks.

반말하다 talk down (to)
- 그 녀석은 처음 보는 사람한테 반말을 한다. He talks down to strangers.

비화 secret story; behind-the-scenes story

빈말 empty talk; empty word
- 내 말을 빈말로 여기지 마라. What I say is not just empty words.

상소리 vulgar word[language; expression]; coarse[strong] language

성공담 success story

속설 popular belief; common[popular] saying
- 축구에서는 공이 골대를 맞추면 경기에 진다는 속설이 있다. To hit the goal post in soccer will lose the game is a popular belief in soccer.

신화 myth; (집합적) mythology

실화 true story; real(-life) story
- 그 영화는 실화를 바탕으로 하고 있다. The movie is based on a true story.

욕, 욕설 curse; swearword; abusive[foul] language; four-letter word; `f` expletive; `inf` the f-word
- **욕하다** swear; curse
- 그 남자는 욕을 입에 달고 산다. Swearwords live on his lips.
- 그는 나에게 입에 담지 못할 욕을 했다. He swore at me using severe curse words.

우화 fable; allegory

유언비어 groundless rumor; wild rumor
- 마이클 잭슨이 죽지 않고 살아 있다는 유언비어가 나돌고 있다. There is a groundless rumor that Michael Jackson is still alive.

음담패설 dirty[obscene; indecent; smutty] jokes; indecent talk; smut

인사말 greetings; (감사의 말) words of thanks[appreciation] ❶
- 그는 나에게 인사말을 건넸다. He gave me his words of greetings.

일화, 에피소드 anecdote; interesting memory

잔소리 nitpicking; (꾸중) lecture
- **잔소리하다** nag; nitpick; (꾸중하다) lecture
- 나한테 잔소리 좀 하지 마. Stop nagging at me.

❶ **Season's Greetings**

영어권의 연하장에는 'Season's Greetings'라는 문구가 적혀 있다. 이 말은 '즐거운 크리스마스를 보내세요', '좋은 연말 보내세요', 혹은 '새해 복 많이 받으세요' 등으로 다양하게 해석될 수 있는데, 종교가 다른 사람들끼리 연말연시를 축하하는 말로 많이 쓰인다. '근하신년'이라는 말이 구어체로 쓰이지 않듯이, 'Season's Greetings'도 카드의 문구로만 쓰일 뿐 사람들끼리 나누는 인사말로는 쓰이지 않는다.

잡담 chat; chatter; idle talk; small talk; `inf` chitchat
- 잡담하다 chat; chatter; have a chat; `AE` `inf` shoot[fan] the breeze
- 잡담하지 말고 조용히 해라. Stop chatting and be quiet.

장광설 long[lengthy] talk[speech]
- 장광설을 늘어놓다 give a lengthy talk

전언, 메시지 (verbal) message; word

좌우명 motto
- 가훈 family motto
- 급훈 class motto
- 사훈 company motto

진담, 참말 the truth
- 그는 내가 농담으로 한 말을 진담으로 받아들였다.
  He took my joke as the truth. / He took my joke seriously.

찬사, 칭찬 praise; compliment; credit
- 칭찬하다 compliment; praise; commend; applaud; speak highly of; `f` extol
- 그는 둘도 없는 효자라고 칭찬이 자자하다. He is praised as 'the good son.'
  - 공치사, 아부, 아첨 flattery; empty compliments
    - 아부하지 마. Don't butter me up. / Don't give me empty compliments.

조언, 충고 advice; recommendation; counsel
- 조언하다, 충고하다 advise; recommend; counsel
- 나는 그에게 나쁜 친구들을 멀리하라고 충고했다.
  I advised him to stay away from his bad friends.
  - 조언자 adviser; counselor, 멘토 mentor ❶

필담 conversation by writing
- 필담을 나누다 have a conversation by writing

허튼소리, 헛소리 nonsense; `inf` gibberish; garbage; rubbish; baloney; cock-and-bull story; `!` crap; bullshit
- 헛소리 하지 마! Stop talking nonsense.

호언장담 boast; big talk
- 호언장담하다 boast; talk big[boastfully]

혼담 marriage talks
- 두 집안 사이에 혼담이 오가고 있다. The two families are having marriage talks.

회고담, 후일담 reminiscences

❶ **멘토가 있으세요?**

호머의 서사시 〈오디세이Odyssey〉의 주인공인 오디세우스Odysseus는 트로이로 떠나면서 친구인 멘토Mentor에게 아들 텔레마쿠스Telemachus를 잘 보살펴 달라고 부탁한다. 그리고 오랜 세월이 지나고 오디세우스가 전쟁에서 돌아왔을 때, 텔레마쿠스는 멘토의 도움으로 훌륭하게 성장해 있었다고 한다. 그래서 멘토는 어떤 사람에게 도움과 조언을 주며 그 사람을 좋은 방향으로 이끌어 주는 사람을 뜻하게 되었다. 상대방보다 경험과 연륜이 있는 사람이 멘토가 되며, 멘토가 이끌어주는 사람은 멘티mentee, 그리고 멘토의 활동을 멘토링mentoring이라고 한다.

06 문서, 서류 document; papers

각서 memo; **f** memorandum, 서약서 written promise[oath; pledge]
　양해각서 memorandum of understanding (**abb** MOU)
　합의각서 memorandum of agreement (**abb** MOA)
감사장 letter of appreciation ◀┈┈
　　　　　　　　　　　　　　　감사편지 thank-you note[letter];
견적서 (written) estimate ◀┈┈　letter of thanks
　　　　　　　　　　　견적 estimate; quotation
계약서, 약정서 (written) contract
　□ 계약서에 사인하기 전에 약관을 꼼꼼히 읽어 보세요.
　　Read the terms and conditions before signing a contract.
　근로계약서 employment contract[agreement]
　면책조항 escape clause
　약관 clause; provision; terms and conditions
　특약 special contract
고지서, 청구서 bill; (상점의) account ❶
공문서 official document[paper] ⇔ 사문서 private document[paper]
　□ 그는 공문서 위조죄로 체포되었다.
　　He was arrested for forging an official document.
기밀문서 confidential[secret; classified] document
　극비문서 top-secret documents; strictly confidential document
도전장 challenge ◀┈┈
　　　　　　　　　　도전자 challenger
독촉장 reminder, 최고장, 최후통첩 ultimatum
　　　　　　　　　　도전정신 can-do attitude
　　　　　　　　　　도전하다 challenge; (해보다) try
　□ 밀린 세금을 납부하라는 최고장을 받았다.
　　I received an ultimatum to pay my overdue taxes.
동의서, 합의서 (written) consent; (written) agreement
땅문서 title deed
리스트, 명단, 목록 list
　대기자 명단 waiting list; **AE** waitlist
　블랙리스트 blacklist ❷
　□ 그는 보석을 밀수한 혐의로 블랙리스트에 올랐다.
　　He was blacklisted for smuggling jewels.

❶ 고지서의 종류
• 난방비 고지서 heating bill
• 가스요금 고지서 gas bill
• 수도세 고지서 water bill
• 전기세 고지서 electric bill; electricity bill
• 전화요금 고지서 phone[telephone] bill;
　(휴대전화의) cellphone bill

❷ black VS white
영국의 청교도 혁명 당시 왕위에서 쫓겨났던 찰스 2세Charles II는 왕정복고를 통해 다시 왕위에 오른 후 그의 아버지인 찰스 1세를 처형시킨 사람들을 찾아내 처형하거나 감옥에 보냈다. 찰스 2세의 보복 명단에 올라 있던 사람들을 블랙리스트blacklist라고 하는데, 그때부터 블랙리스트라는 단어는 위험하다고 판단되어 주의와 감시가 필요한 사람들의 명단을 뜻하게 되었다. 화이트리스트white list는 이와는 반대로 채용하기 적합한 사람의 명단이나 근로조건을 준수하는 모범 사업장의 명단을 가리키는 뜻으로 쓰인다. 영어에서는 검정색은 주로 좋지 못한 뜻을 나타낼 때 쓰이고 흰색은 좋은 뜻을 나타낼 때 쓰인다.

보고서, 리포트 paper; report
  백서 white paper ❶
  중간보고서 progress report
설명서 instructions; (매뉴얼) manual; instruction manual ❷
성명서 statement; (정당 등의) position paper
소개장 letter of introduction
사말서 (written) apology
신고서 statement; declaration; report
  소득 신고서 (tax) return
신청서, 원서, 지원서 application (form); letter of application
위임장 letter[warrant; power] of attorney; letter of proxy; proxy letter
임명장 certificate of appointment; appointment certificate
유서 will; testament; ▫f▫ last will and testament; (자살자의) suicide note
  □ 그는 유서를 남기지 않고 자살했다.
    He killed himself without leaving a suicide note.
의정서 protocol
인증서 (authentication) certificate
자술서, 진술서 (written) statement; (법) affidavit
주문서 (written) order; (양식) order form
청원서, 탄원서 (written) petition
초대장, 초청장 invitation (card); letter of invitation
  청첩장 wedding invitation
  초대권 invitation ticket
초본 abstract; extract
추천서 (letter of) reference; (letter of) recommendation
항의서 (written) protest; letter of complaint
혈서 writing in blood; writing written in blood
  □ 혈서를 쓰다 write in (*one's*) own) blood

❶ 백서의 유래
영국 정부를 비롯한 영연방국가에서는 정부 정책이 담긴 보고서를 만들 때 흰색 표지를 사용하는 관습이 있다. 다른 나라에서도 이러한 관행을 모방하여 정부 보고서를 백서white paper라고 부르는데, 행정부가 아닌 영국 의회의 보고서는 청색 표지를 사용하기 때문에 청서blue book이라고 부른다.

❷ 그 사람은 에프엠이야
우리말에 '어떤 사람이 에프엠이다', '에프엠대로 하다'라는 표현이 있다. 여기서 에프엠FM은 field manual의 약자로, 미군에서 병사들을 훈련시킬 때 사용하는 야전교범을 가리킨다. 그래서 'FM대로 하다'는 군인이 야전교범을 충실하게 따르듯 원리 원칙대로 행동한다는 뜻이 된다. 영어로 "그 사람은 FM이야."라고 말하고 싶다면 "He goes strictly by the book."이라고 말하면 된다.

Unit 4 소비

1. **시장**
2. **가게, 상점**
   상인, 시설 / 상점 일반 / 음식점 / 술집 / 식료품점 / 판매점 / 생활편의점 / 숙박업소 / 교육, 오락 관련 업소 / 상점 관련표현
3. **쇼핑**
   쇼핑 일반 / 판매, 구매, 결제 / 상품, 제품 / 가격, 값 / 단위, 용기, 포장
4. **돈**
   결제수단 / 화폐, 통화
5. **은행**
   은행 일반 / 대출, 융자 / 예금, 저축
6. **도량형**
   길이, 깊이, 면적, 높이 / 무게, 부피

01 시장 market

종류 — 기간

3일장 market that opens every three days
5일장 market that opens every five days
7일장 market that opens every seven days

종류 — 성격

공동판매장, 공판장 joint market
꽃시장 flower market
농산물시장 farmers' market; agricultural market
도매시장 wholesale market
바자회, 자선장터 bazaar; AE rummage sale; BE jumble sale
벼룩시장 flea market; garage sale; yard sale; inf swap meet ❶
소매시장 retail market
수산시장, 어시장 fish market
　파시 seasonal fish market
암시장 black market ❷
야시장 night market
우시장 cattle market
재래시장 traditional market; bazaar; street market

관련표현

장날 market day
장터 marketplace

❶ garage sale VS flea market

garage sale과 flea market 모두 우리말로는 벼룩시장이라고 한다. garage sale은 yard sale이라고도 하는데, 필요 없는 물건들을 자기 집 마당이나 차고, 현관 앞 등에서 판매하는 벼룩시장을 가리킨다. 주로 봄맞이 대청소spring cleaning를 하거나 이사를 갈 때 garage sale을 하는데, garage sale을 할 때는 집 주변에 안내판을 붙여 사람들을 끌어모으기도 한다. 한편 flea market은 여러 명의 상인들이 한곳에 모인 벼룩시장을 뜻한다. flea market은 17세기 후반 프랑스에서 처음 시작되었는데, 실제로 벼룩이 들끓는 더러운 옷을 내다 파는 사람들이 많아서 이런 이름이 붙었다.

❷ 암시장 관련표현
• 암거래 black-market dealings; illegal trade[trafficking]
　암거래상 black marketeer
• 암달러 black-market dollar
　암달러상 illegal dollar trader
• 지하경제 underground economy

02 가게, 상점 shop; store

2.1 상인, 시설

상인

상인, 장사꾼 merchant; dealer

거상 wealthy merchant

노점상 street vendor
- 노점상을 단속하다 police street vendors
- 그 남자는 취업을 포기하고 노점상을 시작했다.
  He stopped job hunting and became a street vendor.

도매상 wholesaler *(도매 wholesale)*

무역상 international trader
    수입상 importer
    수출상 exporter

보따리장수, 행상 peddler; pedlar

소매상 retailer *(소매 retail)*

수집상 collector

약장수 drug peddler; medicine peddler

업주 shopkeeper; business owner; (business) proprietor

오퍼상, 중간상인, 중개인 middleman

유통업자 distributor
    총판 sole[exclusive] distributor

잡상인 solicitor
- 잡상인 출입금지 (게시) No solicitors. / No soliciting.

점원

경비원 store detective
계산원, 출납원, 캐셔 cashier; checker
기도, 문지기 bouncer; security guard
바람잡이 shill; decoy
삐끼, 호객꾼 tout; solicitor
점원 clerk; **AE** sales clerk; **BE** shop[sales] assistant
- 그 여자는 편의점에서 점원으로 일한다.
  She works as a sales clerk at a convenience store.

지배인, 매니저 manager
판매원 salesperson; seller; (남성) salesman; (여성) saleswoman

시설

간판 sign; **BE** signboard
- 가게의 간판을 달다 put up a sign
- 그 음식점은 간판조차 없지만 언제나 문전성시를 이룬다.
  The restaurant has line ups out the door even though they have no sign.

네온사인 neon sign
계산대, 카운터 counter; checkout
- 슈퍼마켓의 카운터에 줄이 길게 늘어서 있었다. There was a long line up at the supermarket counter.

금전등록기 cash register
광고판 **AE** billboard; **BE** hoarding ❶
마네킹 mannequin; mannikin; dummy; lay figure
쇼윈도 show[display] window; shopwindow
자동판매기, 자판기 vending machine; **BE** slot machine
- 자판기에서 커피 한 잔 뽑아다 줄래?
  Can you get me a cup of coffee from the vending machine?

커피 자판기 coffee vending machine
진열대 display stand[counter], 진열장 showcase; display case
- 전시물, 진열품 exhibit; display; (집합적) exhibition

발음주의 mannequin
❌ [manekin]
⭕ [mænikin]

❶ 광고 advertisement의 종류
- 간접광고 (영화·드라마 등의) product placement (**abb** PPL)
- 공익광고 public service announcement
- 구인광고 help-wanted advertisement; job ad
- 기업광고 corporate advertisement
- 배너광고 banner ad
- 상업광고 (TV·라디오 등의) commercial
- 신문광고 classified ad[advertisement]
- 옥외광고 outdoor advertisement
- 인포머셜 infomercial
- 인터넷 광고 online advertisement
- 팝업광고 pop-up ad
- 허위과장광고 hype; false and exaggerated advertisement

❶ 광고판과 빌보드차트의 관계
세계적으로 권위 있는 팝송 순위표인 빌보드차트 Billboard Charts는 미국의 주간지 빌보드 Billboard에서 집계한 음악 순위를 가리킨다. 빌보드는 매주 방송 횟수와 앨범 판매량을 집계해 음악 순위를 매기는데, 1위부터 100위까지의 싱글 차트 순위인 Hot 100과, 200위까지의 앨범 순위를 매긴 Top 200이 특히 유명하다. 1894년 창간된 빌보드의 원래 이름은 Billboard Advertising으로 옥외 광고판과 관련된 기사와 광고를 주로 싣던 잡지였다. 그러다가 1936년에 처음으로 음악 관련 기사를 실었고, 그 후로 음악 관련 전문지의 대명사로 불리게 되었다.

2.2 상점 일반

가맹점, 대리점, 체인점 franchisee; chain store; franchised store

거대상점 superstore; hypermarket; megastore; big-box store

구멍가게 small store[shop]; `AE` mom-and-pop store; `BE` corner shop; `inf` hole-in-the-wall
- 그는 동네에서 작은 구멍가게를 운영하고 있다. He's running a small corner store.

단골가게 *one's* favorite store

도매점 wholesale store[shop]

만물상, 잡화점 general store; `AE` variety store

매점 (신문·잡지 등을 파는) kiosk

면세점 duty-free (shop)
- 출국하기 전에 면세점에서 쇼핑을 했다. I shopped at the duty-free before the departure.

무인판매대 self-service stand

무허가 업소 unlicensed store[shop]

본점 franchiser; the head[main] shop[store]

분점, 지점 branch

소매점 retail store[shop]

재활용품점 thrift store

직영점, 직판장 outlet (store); factory outlet

할인점 discount store[shop]; discounter; cut-price store[shop]

미국은 좀도둑과 전쟁 중

미국 내 상점 절도 shoplifting 사건의 50% 이상은 18세 미만의 청소년들이 저지른다. 이를 막기 위해 상점마다 입구에 탐지기가 설치되어 있고, 몰캅 mall cop이라고 부르는 경비원이 쇼핑몰을 수시로 순찰한다. 청소년들이 물건을 훔치다 걸리면, 상점 측에서는 이들을 상점 뒤편의 매니저 사무실로 데리고 간 후 경찰을 부르고, 경찰은 이들을 따로 격리하여 심문을 한다. 주마다 처벌의 정도는 차이가 있지만, 대체로 300~500달러 미만의 물건을 훔쳤을 경우에는 단순 절도 petty theft로, 그보다 비싼 물건을 훔쳤거나 전과가 있는 재범일 경우 중범죄 felony로 처리된다. 몇 십 달러의 소액 절도일 경우는 상점 주인에 따라 경찰과 부모에게 알린 후 물건값을 변상하고 사회봉사를 하는 것으로 끝나기도 한다.

---

open shop은 '가게 문을 열다'?

shop은 가게, 상점이라는 뜻 외에 소규모의 공장 workshop을 가리키기도 한다. 노동조합이 만들어지기 시작한 산업혁명 시대에는 많은 노동자들이 공장에서 일했기 때문에 shop은 회사와 같은 뜻이었고, 따라서 노동조합 관련 용어 중에는 shop이 들어간 단어가 많다.

- **open shop** 오픈숍. 노조 가입 여부와 관계없이 직원을 고용하는 회사
- **closed shop** 클로즈드숍. 직원 모두가 노조에 가입해야 하는 회사
- **union shop** 유니온숍. 비조합원도 채용하지만 입사 후에는 일정 기간 내에 노조에 가입해야만 하는 회사
- **agency shop** 에이전시숍. 사내에 비조합원들도 있지만, 노사협상을 할 때 노조는 비조합원들의 권익을 대변하며 비노조원은 노조에 회비를 납부해야 하는 회사

2.3 음식점 restaurant

관련자

식당 주인 restaurant owner; [f] restaurateur
요리사, 조리사 cook, 주방장 chef
웨이터 server; (남성) waiter; (여성) waitress; (집합적) waiting staff ❶
　서빙하다 wait (on) table; wait tables
　수석 웨이터 head waiter; [f] maître d'; maître d'hôtel
접시닦이 dishwasher

> maître d'hôtel은 프랑스어로 master of the hotel의 뜻

❶ sell과 serve의 차이

식당에서 음식을 팔 때는 sell, serve 등의 동사를 쓴다. sell은 이미 만들어져 있는 음식을 파는 것이고, serve는 고급 음식점에서 웨이터가 손님의 시중을 든다는 뜻까지 포함된 단어.

ex 저 분식점에서는 맛있는 김밥을 판다.
They **sell** good *gimbap* at that Korean snack bar.

ex 이 음식점은 정말 맛있는 스파게티를 판다.
This restaurant **serves** really tasty spaghetti.

종류

간이식당 snack bar; [AE] diner
고깃집 BBQ restaurant
구내식당, 카페테리아 cafeteria; canteen; (학교의) lunchroom; dining hall; refectory; (군대의) mess hall
다방, 찻집 teahouse
무료식당 soup kitchen
분식집 (Korean) snack bar

> 분식 flour-based food

뷔페 buffet restaurant; all-you-can-eat restaurant

> 뷔페식 buffet; smorgasbord

양식집 western restaurant ☞ 110p.
요정 high-class Korean-style restaurant
일식집 Japanese restaurant ☞ 111p.
　회전초밥집 conveyor-belt sushi restaurant
　횟집 sushi restaurant

미식가의 바이블, 미슐랭 가이드

자동차 타이어 회사로 유명한 미쉐린 Michelin은 매년 「미슐랭 가이드 Michelin Guide」라는 안내책자를 발간한다. 미슐랭은 미쉐린의 프랑스어 발음이다. 미슐랭 가이드에는 호텔과 레스토랑을 소개한 Red Guides와 여행 안내책자인 Green Guides 등이 있는데, 흔히 붉은 표지의 Red Guides를 미슐랭 가이드라고 부른다. 고급 음식점과 호텔 등에서 수년간 근무한 전문가들이 손님으로 위장해 식당의 분위기와 음식맛 등을 평가해 별점을 매기는데, 이 별점을 미슐랭 스타 Michelin Star라고 한다. 별점은 1~3개까지인데, 별점 3개를 받는 음식점은 자타 공히 최고의 음식점이라는 평가를 얻게 되고, 그곳에서 일하는 요리사 역시 세계적인 명성을 얻게 된다. 조만간 미슐랭 가이드 한국판이 발간될 예정이다.

김초밥 makizushi; rolled sushi
김말이초밥 temaki; hand roll
생선초밥 nigirizushi

중식집 Chinese restaurant ☞ 112p.
채식 전문점 vegetarian restaurant
카페, 커피숍 café; coffee bar; bistro; [AE] coffee shop ☞ 113p.
　노천카페 outdoor café; open-air café
　바리스타 barista

비스트로bistro는 프랑스풍의 작은 식당이나 바

패스트푸드점 fast-food restaurant ❶
피자 가게 pizzeria; pizza parlor
한식집 Korean restaurant
테이크아웃 음식점 [AE] takeout; carryout; [BE] takeaway, 드라이브인 식당 drive-in; drive-thru; drive-through ❷

발음주의 café ✗ [káfe] → ✓ [kǽfei]

관련표현

금연석 no smoking seat; non-smoking seat ↔ 흡연석 smoking seat
  □ 금연석으로 주세요. I want a non-smoking seat.

리필 refill
  ■ 리필하다 refill
  □ 리필해 주세요. Can I have a refill? / I'd like to have a refill.

메뉴, 차림표 menu

> **메뉴의 종류**
> **table d'hôte** 정해진 가격에 파는 코스 메뉴.
> **a la carte** 음식마다 가격이 다른 단일 메뉴. 전체적으로 계산을 하면 table d'hôte보다 비싸다.

세트메뉴 combo
  □ 2번 세트 메뉴로 주세요.
    I'll have the number 2 combo, please.

세트메뉴 ✗ set menu → ✓ combo

샐러드바 salad bar
식당가, 푸드코트 food court
요리, 조리 (과정·기술) cooking; cookery; (음식) dish; cooking
  ■ 요리하다 cook; do cooking

❶ 패스트푸드 fast food
• 감자튀김, 프렌치프라이 fried potato; (길쭉한) French fries; fries; (둥글고 납작한) chips; crisp
• 버거, 햄버거 hamburger; burger; beefburger
  베지버거 veggie burger; (상표명) Gardenburger
  치즈버거 cheeseburger
  치킨버거 chicken sandwich
  패티 patty; burger
• 치킨 chicken
  양념치킨 seasoned spicy fried chicken
  프라이드치킨 fried chicken
• 핫도그 (소시지를 막대에 꽂은) corn dog; (소시지를 빵에 넣은) hot dog

❷ 차 안에서 식사를 해결한다
자동차의 왕국으로 불리는 미국은 대부분의 패스트푸드점에서 음식점에 들어가지 않고도 음식을 주문할 수 있다. 자동차를 타고 패스트푸드점에 들어가면 drive-thru라고 적힌 팻말을 볼 수 있는데, 팻말의 화살표를 따라 들어가면 메뉴가 적혀 있는 간판과 주문을 할 수 있는 스피커가 보인다. 패스트푸드점의 메뉴는 대개 음식마다 번호가 매겨져 있는데, 따로따로 주문할 수도 있고, 햄버거hamburger와 감자칩French fries, 탄산음료soda가 함께 나오는 세트메뉴meal를 주문할 수도 있다. 매장 안에서 CCTV 카메라로 지켜보고 있던 점원이 스피커를 통해 "What kind of food do you want?" (어떤 음식을 원하시나요?)라고 말하면 "I'd like two number 3 meals." (3번 세트로 2개 주세요)와 같이 주문한다. "What kind of soda do you want?"(음료수는 무엇으로 하시겠어요?)라고 물으면 자신이 원하는 음료의 이름을 말해야 한다. 코카콜라를 원하면 Coke, 펩시를 원하면 Pepsi라고 확실히 구별해서 주문한다. 코카콜라 두 잔을 원하면 간단히 "Two Cokes, please."라고 하면 된다.

양식 메뉴

튀김요리 fried dish
- 고로케, 크로켓 croquette
- 돈가스, 포크커틀릿 pork cutlet
- 비프가스, 비프커틀릿 beef cutlet
- 생선가스 fish cutlet
- 피시앤드칩스 fish and chips

고기요리 meat dish
- 미트볼 meatball
- 바비큐 barbecue; BBQ
- 사테 satay
- 스테이크 steak; beefsteak
  티본 스테이크 T-bone steak

  햄버거스테이크 hamburger steak; Salisbury steak
- 케밥 kebab; kabob

파스타 pasta
- 라비올리 ravioli
- 라자냐 lasagna; lasagne
- 마카로니 macaroni
- 스파게티 spaghetti

기타 요리
- 나초 nachos, 타코 taco
- 리조또 risotto
- 샌드위치 sandwich
- 샐러드 salad
- 수프 soup, 콩소메 consommé
- 쌀국수 (beef) noodle soup; (베트남의) pho
- 오믈렛 omelet; omelette
  오므라이스 fried rice wrapped in a thin omelet; omelet over rice
- 오트밀 oatmeal; <BE> porridge
- 카레 curry
  카레라이스 curried rice; curry and[with] rice
- 토스트 toast
- 파이 pie
  고기파이 mince pie
  애플파이 apple pie

110 | Unit 4 소비

일식 메뉴

- 낫토 natto; Japanese fermented soybeans
- 단무지 pickled radish
- 데리야끼 teriyaki; dish of grilled slices of beef, chicken, or fish that have been marinated in soy sauce seasoned with sake, ginger, and sugar (육류, 생선 등을 간장 소스에 절여 구운 음식)
- 돈부리 donburi; Japanese rice bowl dish
- 락교 rakkyo; vinegared wild chives
- 모찌 mochi; Japanese glutinous rice cake
- 미소시루 miso soup
- 생선회, 회 sashimi; thinly sliced raw fish
- 샤브샤브 shabu-shabu
- 소바 soba
- 어묵, 오뎅 oden; fish cake
  꼬치 오뎅 oden boiled on a skewer in broth
- 오코노미야끼 okonomiyaki; pancake with various meat and vegetable ingredients (가다랑어포를 우린 물에 밀가루를 개어 양배추, 오징어, 돼지고기, 파 등을 넣고 부친 음식)
- 우동 udon; thick, white Japanese noodles made from wheat flour
- 우메보시 umeboshi; salty and tart Japanese condiment made from unripened Japanese apricot plums pickled in brine (매실을 소금에 절인 음식)
- 타코야끼 takoyaki; spherical, fried dumpling of batter with a piece of octopus inside (밀가루 반죽에 문어와 파를 넣고 동글동글하게 구운 음식)

중식 메뉴

- 고추잡채 stir-fried pimento with vegetables
- 깐쇼새우 sweet and sour shrimp
- 깐풍기 fried chicken with garlic sauce; sweet and sour chicken
- 꽃빵 Mandarin roll
- 마파두부 mapo tofu
- 만두 dumpling; (소를 넣은)wonton, 딤섬 dim sum
- 춘권 spring roll
- 군만두 fried dumpling
- 만둣국 dumpling soup; wonton soup
- 물만두 boiled dumpling
- 찐만두 steamed dumpling
- 볶음국수, 쇼면 chow mein
- 북경오리 Peking duck
- 불도장 Buddha jumps over the wall

- 샥스핀 shark fin soup; shark's fin soup
- 송화단, 피단 century egg
- 양장피 cold vegetable dish
- 오향장육 braised beef shank; steamed sliced pork with five flavors
- 울면 noodle soup with seafood
- 유산슬 braised sea cucumber with shrimp and beef; stir-fried mixed seafood and vegetables
- 자장면 black bean sauce noodles
- 잡탕밥 chop suey; stir-fried mixed seafood
- 제비집 요리 bird's nest soup
- 짬뽕 spicy seafood noodle soup
- 탕수육 sweet and sour pork; fried pork with sweet and sour sauce
- 팔보채 braised assorted seafood and vegetables

커피와 차

커피 coffee

- 냉커피 ice coffee; iced coffee
- 디카프커피 decaffeinated coffee; <inf> decaf
- 라떼, 카페라떼 latte; caffé latte
- 마끼아또 macchiato
- 밀크커피 coffee with cream[milk]
- 블랙커피 black coffee
- 아메리카노 (caffè) Americano
- 에스프레소 espresso
- 원두커피, 드립커피 brewed coffee; drip coffee
- 인스턴트커피, 즉석커피 instant coffee
- 카페모카 café mocha
- 카페오레 café au lait
- 카푸치노 cappuccino

차 tea

- 결명자차 sicklepod tea
- 구기자차 wolfberry tea
- 국화차 chrysanthemum tea
- 녹차 green tea
- 대추차 jujube tea
- 레몬차 lemon tea, 레모네이드 lemonade
- 루이보스티 rooibos tea
- 모과차 quince tea
- 보리차 barley tea
- 보이차 Pu-erh tea; Pu'er tea
- 생강차 ginger tea
- 쌍화차 medicinal tea
- 오미자차 Chinese magnolia vine tea
- 옥수수차 corn tea, 옥수수염차 corn silk tea
- 우롱차 oolong (tea)
- 유자차 citron tea
- 율무차 Job's tear's tea
- 인삼차 Korean ginseng tea
- 칡차 kudzu extract[tea]
- 허브차 herb tea; herbal tea
- 현미차 roasted brown rice tea
- 홍차 black tea; (스리랑카산) Ceylon tea

  밀크티 milk tea
  얼그레이 Earl Grey Tea

2.4 술집 drinking establishment

관련자

마담 bar manager; bar hostess
바텐더 bartender; barkeeper; (남성) barman; (여성) barmaid
소믈리에 sommelier; wine steward
접대부, 호스티스 hostess

종류

단란주점 karaoke bar
룸살롱 hostess club[bar]
  호스트바 host club[bar]
맥줏집, 호프집 pub; f public house; (하우스맥주를 제조하는) brewpub ❶
☐ 저녁에 호프집에서 맥주 한잔 어때?
  Would you like to have a glass of beer at the pub tonight?
바 bar; saloon; barroom
  와인바 wine bar
  칵테일바 cocktail bar; cocktail lounge
  해피아워 happy hour
포장마차 drinking tent

❶ 호프집은 영어로 hof?

흔히 맥주를 파는 술집을 호프집이라고 하고, 그곳에서 판매하는 생맥주를 호프라고 부른다. 하지만 호프는 맥줏집이 아니다. hops는 맥주의 원료가 되는 식물을 가리키고, hof는 독일어로 마당이나 정원을 뜻하는데, 원래는 독일 바이에른주(州)의 호프브로이하우스Hofbräuhaus라는 궁정양조장에서 유래된 말이다. 그런데 국내의 한 맥주업체가 맥줏집 이름에 hof라는 명칭을 사용하면서 'hof=맥줏집'이라는 잘못된 등식이 성립되었다. 맥줏집은 영어로 pub이다.

술과 안주

술 alcohol; drink; alcoholic drink[beverage]; inf booze
안주 snack[munchies; appetizer] (served with alcoholic beverages)
☐ 안주는 뭘로 시킬까? What appetizer should we order?
  마른안주 dry snack; bar snack

술의 종류

양조주 brewage
- 동동주, 막걸리, 탁주 raw[unrefined] rice wine
- 맥주 beer
  - 라거 lager
  - 병맥주 bottled beer
  - 생맥주 draft beer; draught beer
  - 에일 ale
  - 캔맥주 canned beer
  - 하우스맥주 home brew
  - 흑맥주, 스타우트 stout; dark beer
- 벌꿀술 mead
- 정종, 청주 sake; clear, refined rice wine
- 포도주, 와인 wine
  - 레드 와인 red wine
  - 로제 와인 rosé (wine)
  - 보졸레누보 Beaujolais Nouveau
  - 샴페인 champagne; <inf>bubbly
  - 화이트 와인 white wine; <inf>white

증류주 distilled liquor
- 고량주 kaoliang (liquor)
- 럼주 rum
- 보드카 vodka
- 브랜디 brandy
  - 코냑 cognac
- 소주 soju; Korean distilled spirits
- 압생트 absinthe
- 위스키 whiskey; whisky
  - 몰트위스키 malt whiskey; malt
  - 버번 bourbon
  - 스카치위스키 Scotch (whisky)
- 진 gin
- 테킬라 tequila

혼성주 mixed drink
- 과일주 fruit liquor
  - 매실주 Japanese apricot wine; plum wine
  - 복분자주 raspberry wine
  - 사과주 <AE>hard cider; <BE>cider
  - 인삼주 ginseng liquor
- 칵테일 cocktail
  - 마가리타 margarita
  - 마티니 martini
  - 블러디메리 Bloody Mary
  - 스크류드라이버 screwdriver
  - 진토닉 gin and tonic; <inf>G & T

2.5 식료품점

식료품점, 식품점 grocery store; grocer's; (조리된 육류나 치즈 등을 파는) delicatessen; `inf` deli
   식료품 상인 grocer

과일가게 fruit shop[store]
   과일 fruit ☞ 117p.

과자점 sweet shop; candy store; confectionery store
   과자 confectionery; `inf` sweets ☞ 118p.

떡집 tteok shop; rice-cake shop
   떡 tteok; rice cake ❶

빵집, 제과점 bakery; bakeshop; bakehouse; baker's (shop); (케이크 전문점) patisserie
   빵 bread; pastry ☞ 119p.
   제빵사 baker, 파티쉐 patissier; pastry chef ❷
   케이크 cake ☞ 119p.

생선가게, 어물전 fish shop
   건어물상 dried fish shop ← 건어물 stockfish; dried fish
   물고기, 생선 fish ☞ 120p.
   생선장수 fishmonger

쌀가게 rice store[shop]
   쌀 rice ☞ 121p.

아이스크림 가게 ice cream parlor
   빙과류 frozen desserts
   아이스크림 ice cream ❸

야채가게 vegetable store; greengrocer's
   야채, 채소 vegetable; `inf` veggie, 청과물 fruits and vegetables ☞ 122~123p.
   청과물 상인 greengrocer

정육점 butcher's (shop)
   고기, 육류 meat, 축산물 livestock products ☞ 124p.
   정육점 주인 butcher

주류판매점 liquor store; `BE` off-licence

---

❶ **떡의 종류**
- 가래떡 *garaetteok*; cylindrical rice cake
- 경단 *gyeongdan*; sweet rice ball (covered with soybean flakes)
- 백설기 *baekseolgi*; steamed white rice cake
- 송편 *songpyeon*; half-moon-shaped rice cake (served at Chuseok decorated with pine needle)
- 시루떡 *sirutteok*; steamed rice cake (garnished with adzuki beans)
- 쑥떡 *ssuktteok*; rice cake flavored with mugwort
- 인절미 *injeolmi*; glutinous rice cake coated with bean flour
- 절편 *jeolpyeon*; patterned rice cake
- 찰떡, 찹쌀떡 *chaltteok*; *chapssaltteok*; pounded glutinous rice cake

❷ **제빵사는 13을 한 다스라고 한다?**
13세기 영국에서는 제빵사들이 빵의 무게를 정량보다 적게 파는 경우가 많았다. 시민들의 원성이 높아지자, 영국 국왕은 빵 무게를 속여 팔다가 걸리면 손을 자르거나 심지어 사형에 처하도록 했다. 겁이 난 제빵사들은 혹시라도 12개짜리 빵의 무게가 정량보다 모자랄 경우를 대비해 빵 1개를 더 구워 덤으로 끼워 주기 시작했는데, 숫자 13은 불길한 숫자여서 함부로 입에 올리면 안 됐기 때문에 숫자 13을 baker's dozen으로 부르기 시작했다.

❸ **아이스크림의 종류**
- 막대 아이스크림, 하드 ice-cream bar; ice lolly; Popsicle
- 샤베트, 셔벗 sorbet; sherbet
- 아이스크림 케이크 ice-cream cake
- 아이스크림 콘 ice-cream cone
- 요구르트 아이스크림 frozen yogurt; `inf` froyo
- 파르페 parfait
- 팥빙수 adzuki-bean ice dessert

과일 fruit

- 감 persimmon
- 감귤, 귤 mandarin (orange); tangerine
- 구기자 wolfberry
- 구아바 guava
- 금귤, 낑깡 kumquat
- 다래 hardy kiwi
- 대추 jujube
- 대추야자 date
- 두리안 durian
- 딸기 strawberry
- 라임 lime
- 람부탄 rambutan
- 레몬 lemon
- 리치 lychee; litchi
- 망고 mango
- 망고스틴 mangosteen
- 매실 Japanese apricot
- 머루 (Korean) wild grapes
- 멜론 melon; honeydew melon
  머스크멜론 cantaloupe; muskmelon
- 모과 (Japanese) quince
- 무화과 fig
- 바나나 banana
- 배 (Asian) pear
- 버찌, 앵두, 체리 cherry
- 복분자, 산딸기 raspberry
- 복숭아 peach
  천도복숭아 nectarine
- 블랙베리 blackberry
- 블루베리 blueberry
- 사과 apple
- 살구 apricot
- 석류 pomegranate
- 수박 watermelon
- 아보카도 avocado (pear); alligator pear
- 오디 mulberry
- 오렌지 orange
- 올리브 olive
- 용과 pitahaya; dragon fruit
- 유자 yuzu
- 자두 plum
- 자몽 grapefruit
- 참다래, 키위 kiwi (fruit); Chinese gooseberry
- 참외 (oriental) melon
- 카카오 cacao
- 코코넛 coconut
- 파파야 papaya; pawpaw
- 포도 grape
  건포도 raisin; currant
  청포도 green grape

과자 confectionery

과자 confectionery
- 건빵 hardtack
- 껌 chewing gum; gum
  풍선껌 bubble gum
- 마시멜로 marshmallow
- 무스 mousse
- 비스킷, 크래커 cracker; (짭짤한) saltine
- 생강과자 (사람 모양의) gingerbread man
- 슈크림 cream puff
- 와플 waffle
- 월병 mooncake
- 웨이퍼, 웨하스 wafer
- 젤리 jelly; jello; (상표명) Jell-O
- 커스터드 custard
- 쿠키 〈AE〉cookie; 〈BE〉biscuit
- 팝콘 popcorn
- 푸딩 pudding
- 프레첼 pretzel

사탕 candy
- 눈깔사탕, 알사탕 jawbreaker; gobstopper
- 막대사탕 lollipop; lolly; 〈inf〉sucker
- 목캔디 cough drops; throat lozenge
- 박하사탕 mint (candy); peppermint (candy)
- 솜사탕 cotton candy; candyfloss
- 스카치캔디 butterscotch
- 지팡이사탕 candy cane
- 캐러멜 caramel

초콜릿 chocolate
- 다크초콜릿 〈AE〉dark chocolate; 〈BE〉plain chocolate
- 밀크초콜릿 milk chocolate
- 화이트초콜릿 white chocolate

한과 Korean traditional confectionery
- 강정, 유과 gangjeong; yugwa; deep-fried sweet rice puffs
- 뻥튀기 (쌀로 만든) puffed rice; rice puffs; (옥수수로 만든) puffed maize
- 약과 yakgwa; deep-fried cookies made with flour, sesame oil, honey, rice wine, cinnamon and ginger juice
- 엿 yeot; (Korean) taffy
  호박엿 pumpkin taffy
- 호두과자 small walnut-flavored cake in the size and shape of a walnut

빵과 케이크

빵 bread
- 데니시 페이스트리 Danish pastry; ⟨inf⟩Danish
- 도넛 doughnut; donut; (꽈배기 모양의) cruller; twister
- 또띠아 tortilla
- 롤빵 roll
- 마늘빵 garlic bread
- 머핀 muffin
- 바게트 baguette; French bread; French stick; French loaf
- 베이글 bagel
- 식빵 sliced bread
- 옥수수빵 corn bread; pone
- 찐빵 steamed bun (with sweet bean paste)
- 크루아상 croissant
- 크림빵 cream bun; cream puff
- 통밀빵 whole wheat bread
- 피타빵 pita bread
- 호밀빵 rye bread
- 흰빵 white bread

케이크 cake
- 브라우니 brownie
- 생일케이크 birthday cake
- 생크림케이크 whipped-cream cake
- 스펀지케이크, 카스텔라 sponge cake
- 시폰케이크 chiffon cake
- 웨딩케이크 wedding cake
- 초콜릿케이크 chocolate cake
- 치즈케이크 cheesecake
- 컵케이크 cupcake; ⟨BE⟩fairy cake
- 크리스마스케이크 Christmas cake
- 파운드케이크 pound cake

생선 fish

- 가다랑어 bonito
- 가물치 (northern) snakehead
- 가오리 ray; stingray
- 가자미, 광어, 넙치 sole; halibut; plaice
- 갈치 hairtail; cutlassfish
- 고등어 mackerel
- 고래 whale
- 곰장어, 먹장어 sea eel
- 꽁치 Pacific saury; mackerel pike
- 농어 sea bass; perch
- 다랑어, 참치 tuna; 〈BE〉tuny
- 대구 cod; codfish
- 도루묵 sailfin sandfish
- 도미, 돔 (red) snapper; sea bream; porgy
- 망둑어, 망둥이 goby
- 메기 catfish
- 멸치 anchovy
- 명태, 생태 pollack
  - 노가리 little pollack; young pollack
  - 동태 frozen pollack
  - 북어, 황태 dried pollack
  - 코다리 half-dried pollack
- 미꾸라지, 추어 loach; mudfish; weatherfish
- 민어 croaker
- 방어 yellowtail; amberjack
- 밴댕이 big-eye herring
- 뱀장어, 장어 eel
- 뱅어 whitebait
- 병어 (silver) pomfret
- 복, 복어 blowfish; globefish; fugu
- 붕어 crucian carp
- 붕장어 conger (eel)
- 빙어 (pond) smelt
- 삼치 Japanese Spanish mackerel
- 상어 shark
- 송어 trout
- 숭어 gray mullet
- 쏘가리 freshwater mandarin fish
- 아귀 anglerfish; monkfish
- 연어 salmon
- 우럭 black rockfish
- 은어 sweetfish; ayu (fish)
- 잉어 carp
- 전갱이 horse mackerel
- 전어 gizzard shad
- 정어리 sardine
- 조기 yellow croaker
  - 굴비 salt-dried yellow croaker
- 준치 Chinese herring
- 쥐치 filefish
- 청어 herring
- 홍어 (thornback) skate

쌀과 곡물

쌀 rice
- 멥쌀 nonglutinous rice
- 묵은쌀 old rice
- 백미 white rice; polished rice
- 찹쌀 glutinous rice; sticky rice; sweet rice
- 햅쌀 newly[freshly] harvested rice
- 현미 brown rice
- 흑미 black rice

기타 곡물
- 귀리 oat
- 기장 millet
- 메밀 buckwheat
- 밀 wheat
  밀가루 (wheat) flour
- 보리 barley
- 사탕수수 sugar cane; (sweet) sorghum
- 수수 sorghum
- 옥수수 corn; maize; sweet corn
- 율무 Job's tears
- 잡곡 mixed grain
- 조 foxtail millet
- 호밀 rye

채소 vegetable

- 가지 ⟨AE⟩eggplant; ⟨BE⟩aubergine
- 감자 potato
- 갓 leaf mustard
- 고구마 sweet potato; ⟨AE⟩yam
- 고추 pepper; chili pepper; hot pepper
  서양고추, 피망 pimento; bell pepper
  파프리카 paprika
  풋고추 unripe green pepper
  홍고추 red pepper
- 고추냉이 horseradish
- 근대 (Swiss) chard
- 깨 (참깨) sesame (seed); (들깨) perilla
  깻잎 perilla leaf
- 당근, 홍당무 carrot
- 마늘 garlic
  마늘종 garlic stems
- 무 daikon; white radish
  알타리무, 열무, 총각무 young radish
- 미나리 water celery
- 박 gourd
- 배추 Chinese cabbage; napa cabbage
- 부추 chives
- 브로콜리 broccoli
- 비트 beet; beetroot
- 사탕무 sugar beet
- 상추 lettuce
- 생강 ginger
- 셀러리 celery
- 순무 radish; turnip

- 시금치 spinach
- 쑥갓 crown daisy
- 아스파라거스 asparagus
- 아욱 (curled) mallow
- 아티초크 artichoke
- 양배추 cabbage
- 양파 onion
- 연근 lotus root
- 오이 cucumber
- 우엉 burdock
- 참마, 얌 yam
- 청경채 bok choy
- 치커리 chicory
- 카사바 cassava
- 케일 kale; kail
- 콜리플라워 cauliflower
- 콩 bean; soybean; soy; soya bean
  강낭콩 kidney bean
  검은콩 black bean
  녹두 mung bean
  완두콩 pea
  팥 adzuki bean
- 토란 taro
- 파 Welsh onion; scallion; leek
- 파슬리 parsley
- 호리병박 calabash; bottle gourd
- 호박 (늙은 호박) pumpkin; (애호박) zucchini

나물과 견과류

나물 wild vegetables
- 고사리 fiddlehead (fern)
- 냉이 shepherd's purse
- 달래 wild scallion
- 도라지 balloon flower root; bellflower root
- 두릅 edible shoots of a fatsia
- 버섯 mushroom
  - 느타리버섯 oyster mushroom
  - 동충하초 vegetable worms; caterpillar fungus
  - 새송이버섯 King trumpet[oyster] mushroom
  - 송로버섯 truffle
  - 송이버섯 pine mushroom; matsutake
  - 양송이버섯 button mushroom
  - 영지버섯 lingzhi
  - 팽이버섯 golden needle mushroom; winter mushroom
  - 표고버섯 shiitake (mushroom)
- 쑥 mugwort
- 죽순 bamboo shoots
- 칡, 칡뿌리 kudzu root

견과류 nut
- 개암, 헤이즐넛 hazelnut; filbert
- 도토리, 상수리 acorn
- 땅콩 peanut; groundnut
- 밤 chestnut
- 아몬드 almond
- 은행 gingko nut
- 잣 pine nut
- 캐슈넛 cashew (nut)
- 피스타치오 pistachio (nut)
- 해바라기씨 sunflower seed; sunflower kernel
- 호두 walnut
- 호박씨 pumpkin seed; pepita

닭고기, 돼지고기, 쇠고기

닭고기 chicken
- 닭가슴살 (chicken) breast
- 닭갈비 (chicken) ribs
- 닭껍질 (chicken) skin
- 닭날개 (chicken) wing
- 닭다리 drumstick; (chicken) thigh
- 닭똥집 (chicken) gizzards
- 닭발 (chicken) feet

돼지고기 pork
- 갈매기살 skirt meat
- 돼지갈비 (pork) ribs; spare ribs
- 돼지곱창 chitterlings; chitlins
- 돼지껍질 pork rinds
- 돼지머리 (pig) head
- 뒷다리살 (pork) leg; ham
- 등심 (pork) loin
- 막창 (pig) large intestine
- 목살 Boston shoulder; blade shoulder
- 삼겹살 (pork) belly
- 안심 (pork) tenderloin
- 앞다리살 arm shoulder
- 족발 trotters; pettitoes

쇠고기 beef
- 곱창 (cow) small intestines
- 대창 (cow) large intestine
- 등심 sirloin
- 목심 chuck
- 사태 shank
- 선지 clotted blood from slaughtered cows
- 설도 bottom round
- 쇠갈비 (beef) ribs
  LA갈비 short ribs
- 쇠꼬리 oxtail
- 쇠머리 (cow) head
- 쇠뼈 beef bone
- 도가니 knee cartilage of a cow; knee bone
- 사골 beef leg bone(s)
- 안심 tenderloin
- 안창살 skirt meat
- 앞다리 blade
- 양지머리 brisket
- 우둔 rump, 홍두깨살 rump round
- 우설 beef tongue
- 우족 beef feet
- 채끝 top loin
- 처녑, 천엽 tripe

2.6 판매점

가구점 furniture store[shop]
　가구 furniture ❶

가판대, 노점 street stall

건재상 building materials store
　건축자재, 자재 building material; construction material

고물상, 고철상 (상점) junkyard; scrapyard; (상인) junk dealer; scrap-metal dealer
　고물, 폐품 waste (articles); junk, 고철 scrap iron[metal]

골동품상 antique shop; curio shop
　골동품 antique; (진귀한 물건) curio

금은방, 보석상 (상점) jeweler's; jewelry store[shop]; (상인) AE jeweler; BE jeweller
　귀금속, 보석 jewel(s); (집합적) jewelry; jewellery ☞ 129p.

기념품점 souvenir shop
　기념품 souvenir; memento; keepsake

꽃가게, 화원 florist; florist's; flower shop, 원예용품점 gardening shop ❷
　꽃 flower ☞ 130p.
　플로리스트 florist

담배가게 tobacconist; tobacconist's
　담배 cigarette ❸

대장간, 철공소 smithy; blacksmith's shop
　대장장이 blacksmith
　모루 anvil
　풀무 bellows

smith는 망치로 금속을 다루는 사람
• goldsmith 금세공인
• locksmith 열쇠공

❶ 가구의 종류
• 선반 shelf
• 소파 sofa; couch; (2인용) love seat
• 수납장 cabinet
　서랍장 dresser; chest of drawers
　신발장 shoe rack; shoe shelf
　옷장, 장롱 wardrobe
　책꽂이, 책장 bookcase; bookshelf
• 의자 chair
• 책상 desk; writing desk
• 침대 bed
• 탁자, 테이블 table

❷ 꽃가게에서는 무엇을 살까?
• 꽃다발 bouquet
• 꽃바구니 flower basket
• 분재 bonsai (tree)
• 화분 flowerpot; pot
• 화환 (장식용의) wreath; garland; (목에 거는) lei

❸ 담배의 종류
• 물담배 hookah; shisha
• 시가, 여송연, 엽궐련 cigar
• 씹는 담배 chewing tobacco
• 코담배 snuff

모루는 망치질을 하는 받침대

문구점, 문방구 stationery store; BE stationer; stationer's, 사무용품점 office supplies store
　문구 stationery, 사무용품 office supplies ☞ 131p.

백화점 department store ❶, 쇼핑몰, 쇼핑센터 (shopping) mall; shopping center; strip mall; arcade

복권 판매점 lottery shop
　복권 lottery (ticket) ❷

서점, 책방 AE bookstore; BE bookshop
　대형서점 mega bookstore
　서적, 책 book ☞ 132p.
　온라인서점 Internet[online] bookstore
　중고서점, 헌책방 used bookstore; secondhand bookstore

선물가게, 팬시점 gift shop
　선물 gift; present

성인용품점 sex shop
　성인용품 sex toy

속옷 가게 underwear shop
　속옷 underwear; undergarment ☞ 133p.

슈퍼마켓 supermarket

스포츠용품점 sports shop
　스포츠용품 sporting goods ☞ 134p.

신문판매점 newsstand; BE bookstall; newsagent's
　신문 newspaper; paper ❸

넓은 야외주차장이 갖춰진 1~2층 짜리 쇼핑몰, strip mall

매장이 마주 보고 있으며 원형의 지붕이 덮인 arcade

❶ 미국 백화점의 구조
한국의 백화점과 미국 백화점은 구조가 다르다. 한국은 하나의 큰 건물 내에 여러 매장들이 입점해 있지만, 미국은 3~5개의 큰 백화점 건물들이 통로에 의해 연결되어 있다. 백화점을 연결하는 통로를 몰mall이라고 하는데, 유명 고급 상점들은 주로 몰에 입점해 있다. 백화점과 몰을 합쳐서 쇼핑몰shopping mall이라고 한다. 또한 한국의 백화점에는 지하층이나 맨 위층에 음식점들이 모여 있는데 비해 미국의 백화점 안에는 대부분 음식점이 없다. 대신 쇼핑몰 곳곳에 카페나 음식점이 있기도 하고, 쇼핑몰 외부에 대형 푸드코트food court가 마련되어 있다.

❷ 복권 관련 용어
- 꽝 losing ticket
- 당첨금 prize money; (거액의) jackpot
- 당첨자 (lottery) prizewinner; winner of a lottery
- 로또복권 lotto
- 즉석복권 instant lottery (ticket); (긁는 복권) scratch card

❸ 신문의 종류
- 경제신문 economic newspaper
- 무가지 free newspaper
- 석간신문 evening paper
- 스포츠신문 sports newspaper
- 영자신문, 영자지 English newspaper
- 일간지 daily
- 전국지 national newspaper
- 조간신문 morning paper
- 주간지 weekly
- 지방지 local newspaper
- 타블로이드 tabloid (newspaper); the popular press
- 호외 extra (edition)

❷ 미국의 복권
미국의 복권은 당첨번호를 맞추는 로또 방식과 가려진 번호를 긁는 방식이 있다. 로또복권의 종류로는 미국인들이 가장 좋아하는 Powerball과 Mega Millions 등이 있고, 캘리포니아주에서 단독으로 실시하는 California Super Lotto Plus가 있다. 번호를 긁어 맞추는 복권인 scratcher에는 Triple Payout, Fast 5's, CA Millionaire 등이 있다. 로또복권을 구입할 때에는 번호를 자동으로 선택하는 quick pick으로 할 수도 있고, 원하는 번호를 직접 선택하는 slip 방식을 선택할 수도 있다. Mega Millions를 자동번호로 10달러어치를 구입하고 싶다면 "I'd like quick picks of Mega Millions for 10 dollars."라고 하면 된다. 복권 당첨금은 jackpot이라고 하는데 우리와 마찬가지로 당첨자가 없을 경우 액수가 누적되기 때문에 어마어마한 jackpot이 모이게 되면 전 국민의 관심이 쏠리게 된다. 또한 매년 11월 중순부터 12월 30일까지 판매하고 12월 31일 당첨자를 발표하는 Raffle이라는 복권이 있는데, 1등 당첨금은 백만 달러이고 무조건 5명의 당첨자를 뽑기 때문에 당첨 확률이 높아 인기가 있다. 당첨금 지불 방식은 주마다 차이가 있는데, 캘리포니아주의 경우 일시불로 받거나 26년 동안 연금으로 받을 수 있다. 일시불로 받을 경우 세금을 공제한 45% 정도를 받게 된다.

신발가게 shoe store[shop]
　신발 (pair of) shoes; (집합적) footwear; footgear ☞ 135p.

악기점 musical instrument store
　악기 (musical) instrument ☞ 136p.

안경점 optician's (shop)
　검안사, 안경상인 optician; optometrist
　안경 glasses; eyeglasses ❶

애완동물점 pet shop
　애완동물 pet, 반려동물 companion animal ❷

약국, 약방 pharmacy; [AE] drugstore; druggist's; [BE] chemist('s)
　☐ 약국 가서 감기약 좀 사 올래?
　Can you get me some cough medicine from the drugstore?
　약 medicine; drug; medication
　약사 pharmacist; [AE] druggist; [BE] chemist
　조제실 pharmacy; (병원의) dispensary
　한약방 herbal pharmacy

양품점 import shop
　수입품 imports; imported goods

옷가게, 의상실 clothing store; boutique; dressmaker's
　양복점, 양장점 tailor shop; tailor's shop
　옷, 의복 clothes; dress; wear; (제품으로서의) apparel; (집합적) clothing; wardrobe ☞ 137~138p.
　재단사 garment cutter
　재봉사 tailor; (특히 여성복의) dressmaker
　탈의실 fitting room; [BE] changing room

완구점, 장난감가게 toy store[shop]
　완구, 장난감 toy; [f] plaything ☞ 139p.

음반가게 record shop[store]
　앨범, 음반 record; album ❸

optician 검안사. 안경점을 운영하며 시력 검사를 할 수 있다.
ophthalmologist 안과 의사. 눈에 관련된 치료와 진단을 한다

❶ 안경의 종류
• 금테 안경 gold-rimmed glasses
• 누진다초점안경 bifocals
• 돋보기안경 reading glasses
• 렌즈, 콘택트렌즈 lens; contact lens; [inf] contacts
• 무테 안경 rimless glasses
• 뿔테 안경 horn-rimmed glasses
• 색안경, 선글라스 (a pair of) sunglasses; dark glasses; [inf] shades
• 외알 안경 monocle; eyeglass
• 코안경 pince-nez; nose glasses

❷ 애완동물을 사랑하는 미국인
미국인의 애완동물 사랑은 유별나다. 대부분의 식품점grocery에 애완동물용 사료가 갖춰져 있고, 개를 위한 전용 공원dog park이 있을 정도다. 미국 어디에서나 애완견을 데리고 산책하는 사람들을 볼 수 있는데, 마주쳐 인사하면서 수컷인지 암컷인지 묻고 싶다면 "Is it a he or a she?" 또는 "Is it male or female?"이라고 하면 된다. 만약 유기견stray dog을 보호하고 있다면 48시간 이내에 경찰에 신고해야 한다. 신고가 접수되면 해당 지역 담당자가 이들을 동물보호소animal shelter로 데려가는데, 미국에는 지역마다 animal shelter가 활성화되어 있어서 애완동물이 새로운 가정으로 입양되는 것을 돕는다. 이곳에서 애완동물을 입양하고 싶다면 먼저 입양할 동물을 정한 후에 일정한 액수의 입양 비용을 낸다. 그 다음엔 예방접종을 하고, 애완동물의 목에 인식표ID tag를 단 후 애완동물의 모든 정보가 담긴 쌀알 크기의 마이크로칩microchip을 몸속에 주사하게 된다.

❸ 음반의 종류
• 데뷔 앨범 debut album
• 솔로 앨범 solo album
• 싱글앨범 single
• 컴필레이션 앨범 compilation album
• 해적음반 bootleg
• 헌정앨범 tribute album

자전거포 bicycle shop
　자전거 bicycle; bike; cycle
전파사 electrical appliance store
주유소 garage; **AE** gas station; **BE** petrol station ❶
　가스충전소, 충전소 LPG filling station
　셀프 주유소 self-service gas station
　주유기 gasoline pump; gas pump
　주유원 gas station employee[attendant]
중고품점 secondhand shop[store]; (헌 옷 등을 파는) thrift shop
　중고품 used article[item]; secondhand goods
지물포 wallpaper and linoleum store
　벽지 wallpaper
　장판 linoleum; **BE** lino
철물점 hardware store; ironmonger's
　철물, 철재 hardware
　철물점 주인 hardwareman; ironmonger
총포상 gun store[shop]
　총, 총기 gun; **f** firearm; **inf** shooter
편의점 convenience store (**abb** CVS)
포목상 fabric store; dry goods store; drapery
　옷감, 천 cloth; fabric; material; textile
표구점 mounter's
　표구사 mounter
화장품가게 cosmetics store[shop]
　화장품 cosmetics; make-up; makeup

❶ 연료의 종류
- 경유, 디젤유 diesel; diesel oil[fuel]
- 등유 kerosene; lamp oil; **BE** paraffin
- 휘발유, 가솔린 **AE** gasoline; gas; **BE** petrol
  무연휘발유 unleaded gasoline[petrol]; lead-free gas

❶ 미국에서 주유소 이용하기
주유소 직원이 주유를 해주고 창문도 닦아 주고 쓰레기도 버려 주는 한국의 full-service gas station을 미국에선 거의 찾아볼 수 없다. 미국의 주유소는 셀프 주유소self-service gas station가 대부분인데, 주유원이 있는 곳은 요금이 더 비싸며, 규모가 큰 주유소에는 자동세차장automatic car wash과 자동차 내부를 청소할 수 있는 진공청소기vacuum cleaner가 있기도 하다. 주유소 뒤에는 주유소 사무실을 겸하는 편의점이 있다.

주유기gas pump에서 주유하는 방법은 다음과 같다. 먼저 차를 주유기에 맞춰 주차한 후 시동을 끄고 자동차의 주유구 뚜껑gas cap을 연다. 주유기에는 pay at the pump(주유기에서 결제)와 pay inside(내부에서 결제)라고 적혀 있는데, 주유기에서 직접 결제할 경우 신용카드나 직불카드로 결제할 수 있고, 곳에 따라 편의점 내부로 들어가서 점원에게 돈을 지불해야 하는 곳도 있다. 이때 본인이 주유하려는 주유기의 번호와 함께 금액을 말한다. 지불 방법을 택한 후에는 기름의 종류를 선택하는데, 대개는 보통 휘발유인 leaded, 한 단계 등급이 높은 unleaded plus 그리고 고급 휘발유인 unleaded premium gasoline으로 구분된다. 기름의 종류까지 선택한 후에는 직접 주유를 하면 된다.

ex 7번 주유기로 20달러어치의 기름을 넣고 싶습니다.
　Twenty dollars for number 7, please.
ex 기름을 가득 채워 주세요.
　Fill it up, please. / Fill her up, please.

보석 jewel

보석 일반

- 금 gold
- 다이아몬드 diamond
  인조 다이아몬드 rhinestone
- 루비 ruby
- 백금 platinum
- 비취, 옥 jade
- 사파이어 sapphire
- 석류석 garnet
- 수정 crystal
  자수정 amethyst
- 에메랄드 emerald
- 오팔 opal
- 은 silver
- 지르콘 zircon
- 터키석 turquoise
- 토파즈, 황옥 topaz
- 호박 amber

탄생석 birthstone

1월: 석류석 garnet
2월: 자수정 amethyst
3월: 남옥 aquamarine
4월: 다이아몬드 diamond
5월: 에메랄드 emerald
6월: 진주 pearl
   월장석 moonstone
7월: 루비 ruby
8월: 감람석 peridot
9월: 사파이어 sapphire
10월: 오팔 opal
   전기석 tourmaline
11월: 황옥 topaz
   황수정 citrine
12월: 터키석 turquoise
   블루 토파즈 blue topaz

꽃 flower

- 개나리꽃 forsythia
- 국화 chrysanthemum
- 글라디올러스 gladiolus
- 금잔화 marigold
- 나리꽃, 백합 lily
- 나팔꽃 morning glory
- 달리아 dahlia
- 달맞이꽃 evening primrose
- 데이지 daisy
- 동백꽃 camellia (flower)
- 들장미, 찔레꽃 wild rose
- 라벤더 lavender
- 라일락 lilac
- 매화 Japanese apricot flower
- 맨드라미 cockscomb
- 목련 magnolia (blossom)
- 무궁화 rose of Sharon
- 물망초 forget-me-not
- 미모사 mimosa
- 배꽃 pear blossom
- 백일홍 crape myrtle
- 벚꽃 cherry blossom
- 베고니아 begonia
- 복숭아꽃 peach blossom
- 봉선화, 봉숭아 garden balsam
- 붓꽃 iris; blue flag
- 사프란 saffron
- 살구꽃 apricot blossom
- 샐비어 sage
- 수국 hydrangea
- 수련 water lily
- 수선화 narcissus; daffodil
- 아네모네 anemone
- 아카시아꽃 acacia
- 안개꽃 baby's breath; gypsophila
- 앵초 primrose
- 양귀비 (opium) poppy
- 에델바이스 edelweiss
- 오랑캐꽃, 제비꽃 violet
- 유채꽃 (oilseed) rape; canola
- 은방울꽃 lily of the valley
- 장미 rose
- 재스민 jasmine
- 접시꽃 hollyhock; rose mellow
- 제라늄 geranium
- 진달래꽃 azalea
- 채송화 rose moss
- 철쭉꽃 royal azalea
- 카네이션 carnation; clove pink
- 칸나 canna
- 코스모스 cosmos; Mexican Aster
- 튤립 tulip
- 패랭이꽃 sweet william
- 팬지 pansy; heartsease; heart's ease
- 프리지어 freesia
- 할미꽃 pasqueflower
- 해당화 sweetbrier
- 히아신스 hyacinth

문구 stationery

- 가위 (a pair of) scissors
- 각도기 protractor
- 공책, 노트 notebook; exercise book
- 도서대, 북스탠드 bookrest; bookstand
- 메모장, 메모지 notepad; scratchpad
- 바인더 binder
- 다이어리, 수첩 organizer; ⟨AE⟩planner; ⟨BE⟩diary
- 샤프, 샤프펜슬 mechanical pencil; propelling pencil
  샤프심 pencil lead
- 수정액 correction fluid; whiteout
- 스테이플러, 호치키스 stapler
  철침, 호치키스알 staple
- 압정, 압핀 ⟨AE⟩tack; thumbtack; ⟨BE⟩drawing pin
- 연필 pencil
  색연필 colored pencil
  연필깎이 pencil sharpener
- 잉크 ink
- 자 ruler
  T자 T-square
  삼각자 triangle; (set) square
  줄자 tape measure; tapeline
- 접착제, 본드 glue; adhesive; rubber cement
  순간접착제 instant glue; epoxy
- 종이 paper; writing paper
  모눈종이, 방안지 graph[squared] paper
  모조지 vellum paper
  복사용지 copy paper

  색종이 colored paper
  셀로판지 cellophane
  습자지 tracing paper
  원고지 manuscript paper
- 주판 abacus
- 지우개 ⟨AE⟩eraser; ⟨BE⟩rubber
- 집게 binder (clip)
- 책받침 plastic sheet
- 칼 knife
  커터칼 utility knife
- 컴퍼스 compass; dividers
- 클립 clip; paperclip; paper clip
- 클립보드 clipboard
- 펀치 (hole) punch
- 테이프 tape; adhesive tape
  스카치테이프 transparent tape
  양면테이프 double-sided tape
- 펜 pen
  볼펜 ballpoint (pen)
  만년필 fountain pen
  매직 marker
  사인펜 felt-tip (pen)
  수성펜 water-based pen
  유성펜 permanent pen; oil-based pen
  형광펜 highlighter
- 포스트잇 self-stick reminder label; ⟨상표명⟩ Post-it
- 풀 glue stick
- 핀 pin
- 필통 pencil case

책 book

- 고서 old book; antique book
- 교과서 textbook
- 교본, 매뉴얼 manual; handbook
- 규칙서 rulebook
- 그림책, 도감 picture[pictorial] book
- 금서 banned[forbidden] book
- 기도서 prayer book
- 노래책 songbook
- 동화책 fairy tale book
- 만화책 comic (book)
- 무협지 martial arts book
- 번역본 translation
- 법전 law book
- 베스트셀러 bestseller
- 사전 dictionary
- 사진집, 화보 pictorial; art book; illustrated book
- 소설책 novel
- 시집 collection of poems; book of poetry[poems]
- 신간 new book; newly-published book
- 실용서 how-to (book)
- 양장본 hardcover; hardback
  ↔ 페이퍼백 paperback; softback
- 여행안내서, 가이드북 guide; (travel) guidebook
- 역사책 history book
- 연감 yearbook; almanac
- 오디오북 audio book; talking book
- 요리책 cookbook; cookery book; recipe book
- 이야기책 storybook
- 입문서 beginner's book; introductory work; primer
- 자기개발서 self-help book
- 전문서적 technical book; specialty publication
- 전자책 e-book; electronic book
- 점자책 braille book; book in braille
- 증정본 presentation copy
- 지도책 atlas
- 참고도서 reference (book)
- 팝업북 pop-up book
- 필독서 must-read; required reading
- 학습서 study material; home-school materials
- 문법책 grammar book
- 문제집 workbook
- 수험서 test-preparation book
- 어학서 (foreign) language book
- 자습서 self-teaching book; teach-yourself book
- 참고서 study-aid book
- 헌책 used[secondhand] book

속옷 underwear

남녀 공통 속옷
- 내복 long underwear; long johns; thermals
- 러닝셔츠 ⟨AE⟩undershirt; ⟨BE⟩vest; singlet
- 팬티 ⟨AE⟩underpants; ⟨BE⟩pants
  끈팬티 thong; G-string
  사각팬티, 트렁크팬티 (헐렁헐렁한) boxers; boxer shorts; (달라붙는) boxer briefs; tight boxers
  삼각팬티 (남성용) briefs; jockey shorts; (여성용) ⟨AE⟩panties; ⟨BE⟩knickers

여성 속옷
- 가터벨트 ⟨AE⟩garter belt; garters; ⟨BE⟩suspender belt
- 거들 girdle
- 브래지어, 브라 bra; ⟨f⟩brassiere
  누드 브라 nubra
  브래지어 패드 bra pad; ⟨inf⟩falsies
  와이어 브라 underwire (bra)
- 속치마, 페티코트 underskirt; half slip; petticoat
- 슈미즈 chemise
- 슬립 slip (dress)
- 올인원 all-in-one
- 캐미솔 camisole
- 코르셋 corset

스타킹, 양말
- 팔토시, 레그워머 leg warmer
- 스타킹 (a pair of) stockings
  망사스타킹 net stockings; mesh stockings; fishnet stockings
  밴드스타킹 (허벅지 높이의) thigh-highs
  판타롱스타킹 (무릎 높이의) knee-highs
  팬티스타킹 pantyhose; pantihose; tights
- 양말 socks
  무릎 양말 knee socks
  발가락 양말 toe socks
  발목 양말 ankle socks

스포츠용품 sporting goods

공 ball
- 골프공 golf ball
- 농구공 basketball
- 럭비공 football; rugby ball
- 배구공 volleyball
- 볼링공 bowling ball
- 야구공 baseball
- 축구공 soccer ball; football
- 탁구공 Ping-Pong ball
- 테니스공 tennis ball
- 핸드볼공 handball

운동복 sportswear
- 도복 (taekwondo; karate) uniform
- 등산복 hiking clothes[clothing]
- 수영복 swimwear; (여성의) swimsuit
  끈수영복 thong; G-string
  비키니 수영복 bikini; two-piece swimsuit
  삼각 수영복 speedo
  수영모 swimming cap; bathing cap
  원피스 수영복 one-piece swimsuit
  전신수영복 full body swimsuit
  트렁크 수영복 swimming trunks
- 스키복 ski wear
- 승마복 riding habit; equestrian uniform
- 체조복, 타이츠 leotard; body suit

운동 장비
- 골프가방 golf bag
  골프채, 클럽 (golf) club
- 글러브 gloves, 미트 (catcher's) mitt
- 라켓 racket; racquet
  탁구 라켓 ⟨AE⟩paddle; ⟨BE⟩bat
- 러닝머신 treadmill
- 롤러스케이트 (a pair of) roller skates
- 만보기 pedometer
- 물안경, 수경 swimming goggles
- 방망이, 배트 bat
- 셔틀콕 ⟨AE⟩birdie; ⟨BE⟩shuttlecock
- 스노보드 snowboard
- 스케이트보드 skateboard
- 스케이트 (a pair of) skates; ice skate
- 스키판 skis
- 스키 부츠, 스키화 (a pair of) ski boots
- 스키폴 ski pole
- 아령, 덤벨 dumbbell
- 역기, 바벨 weight(s); barbell
- 오리발 flippers
- 인라인스케이트 in-line skates
- 줄넘기 ⟨AE⟩jump rope; ⟨BE⟩skipping rope
- 짐볼 exercise ball
- 탁구대 table tennis table; ping-pong table
- 훌라후프 hoop; (상표명) Hula-Hoop

신발 shoes

모양
- 구두 shoes; dress shoes
  - 단화 flats
  - 로퍼 loafers
  - 모카신 moccasin
  - 옥스퍼드 oxfords; lace-ups
  - 윙팁 brogues; wingtips
  - 키높이 구두 elevator shoes; height increasing shoes
  - 통굽 구두 platform shoes
- 샌들 (a pair of) sandals
  - 조리샌들 flip-flops; thongs
- 슬리퍼 slippers
- 장화, 부츠 boots; (비가 올 때 신는) wellington (boots)
- 하이힐, 힐 heels; high heels; high-heeled shoes
  - 스틸레토힐, 킬힐 stiletto (heel)
  - 슬링백 slingbacks
  - 웨지힐 wedge heels
  - 키튼힐 kitten heels
  - 펌프스 pumps

기능
- 군화 military boots; combat boots
  - 사막화 desert boots
- 덧신 overshoes; galoshes
- 등산화 hiking boots
- 방수화 waterproof shoes
- 방한화 arctic boots; winter boots
- 설상화 snowshoes
- 스니커즈 (AE)sneakers; (BE)trainers
- 승마화 riding boots
- 실내화 indoor shoes
- 운동화 athletic shoes; gym shoes
  - 농구화 basketball shoes
  - 육상화, 스파이크화 spikes
  - 조깅화 running shoes
  - 축구화 soccer shoes
  - 테니스화 tennis shoes

재료, 제조법
- 가죽신 leather shoes
- 고무신 rubber shoes
- 기성화 ready-made shoes
- 나막신 wooden shoes
- 수제화 handmade shoes
- 짚신 straw shoes
- 캔버스화 canvas sneakers
- 털신 fur boots

악기 musical instrument

현악기 stringed instrument
- 기타 guitar
  - 베이스 기타 bass guitar
  - 전자기타 electric guitar
  - 클래식 기타 classical guitar
  - 통기타 acoustic guitar
- 만돌린 mandolin
- 바이올린 violin; ⟨inf⟩fiddle
- 밴조 banjo
- 비올라 viola
- 첼로 cello
- 콘트라베이스 double bass; contrabass
- 하프 harp

관악기 wind instrument
- 나팔 bugle
- 바순 bassoon
- 백파이프 bagpipes; pipes
- 색소폰 saxophone; ⟨inf⟩sax
- 오보에 oboe
- 클라리넷 clarinet
- 튜바 tuba
- 트럼펫 trumpet
- 트롬본 trombone
- 프렌치호른, 호른 (French) horn
- 플루트 flute
- 피콜로 piccolo
- 피리, 리코더 pipe; recorder
- 하모니카 harmonica; mouth organ

타악기 percussion instrument
- 드럼 drum (set)
- 봉고 bongos
- 심벌즈 cymbals
- 실로폰 xylophone; glockenspiel
- 캐스터네츠 castanets
- 탬버린 tambourine
- 팀파니 timpani
- 트라이앵글 triangle

건반악기 keyboard instrument
- 아코디언 accordion; ⟨inf⟩squeezebox
- 오르간 organ
  - 전자오르간 electronic organ
- 신시사이저 synthesizer
- 키보드 keyboards
- 파이프오르간 pipe organ
- 풍금 harmonium; reed organ
- 피아노 piano; ⟨f⟩pianoforte
  - 그랜드피아노 grand (piano)
  - 디지털피아노 digital piano
  - 자동피아노 player piano
- 하프시코드 harpsichord

옷 clothes

외투, 코트 coat
- 가죽코트 leather coat
- 더플코트 duffel coat; duffle coat
- 롱코트 overcoat
- 반코트 car coat
- 망토 cape; cloak
- 모피코트 fur coat; fur-lined overcoat
- 밍크코트 mink coat
- 양가죽 코트, 무스탕 sheepskin coat
- 트렌치코트 trench coat

점퍼, 재킷 jacket
- 방풍 점퍼 windbreaker; windcheater
- 사파리 점퍼 safari jacket; bush jacket
- 캐주얼 재킷 blazer; sports jacket; sports coat
- 파카, 후드 점퍼 parka; anorak; hooded jacket
- 항공 점퍼 bomber jacket

스웨터, 조끼, 카디건
- 스웨터 sweater; <BE>jumper
- 조끼 <AE>vest; <BE>waistcoat
- 카디건 cardigan (sweater)

블라우스, 셔츠, 티셔츠
- 블라우스 blouse
- 셔츠 shirt
  긴팔 셔츠 long-sleeved shirt
  남방셔츠 aloha shirt; Hawaiian shirt
  민소매 셔츠 sleeveless shirt
  반팔 셔츠 short-sleeved shirt

와이셔츠 dress shirt
폴로 셔츠 polo shirt; <inf>polo
- 티셔츠 T-shirt; tee shirt; <inf>tee

바지 pants; trousers
- 가죽바지 leather pants
- 건빵바지, 카고바지 cargo pants
- 골반바지 hip-hugger pants; hiphuggers
- 나팔바지 bell-bottoms; flares
- 레깅스 leggings; stretch pants
- 멜빵바지 <AE>overalls; <BE>dungarees
- 면바지 cotton pants
- 반바지 shorts; (긴 바지를 잘라 만든) cutoffs
  핫팬츠 hot pants
- 방수바지 waders
- 솜바지, 핫바지 padded pants
- 스키니팬츠 skinny pants; skin-tight pants
- 일자바지 straight pants
- 정장바지 dress pants; suit pants
- 청바지, 진 (blue) jeans; denims
- 체크바지 trews
- 치마바지 culottes
- 코듀로이 바지 corduroys; cords

치마 skirt
- 긴치마 long skirt; trailing skirt
- 드레스, 원피스 (one-piece) dress
- 미니스커트 miniskirt; mini
- 주름치마 pleated skirt
- 투피스 (two-piece) suit[dress]

정장, 모자, 액세서리

정장 formal wear
- 야회복 evening dress
  연미복 tailcoat; tails
  턱시도 tuxedo; dinner jacket; ⟨inf⟩tux
- 양복, 양장, 수트 suit
  신사복 business suit

모자 hat; cap
- 군모, 전투모 military cap
- 맥고모자, 밀짚모자 straw hat
- 방수모 sou'wester
- 방한모 trooper hat; Russian hat
- 벙거지모자 bucket hat
- 베레모 beret
- 보닛 bonnet
- 비니 beanie
- 사냥모 deerstalker
- 실크해트 silk hat; top hat
- 썬캡 sun visor
- 야구모자 baseball cap
- 중산모 bowler hat
- 중절모 fedora; homburg; trilby
- 카우보이모자 cowboy hat
- 털모자 woolen hat
- 헌팅캡 flat cap

액세서리 accessories
- 각반 gaiter(s)
- 귀마개 earmuffs
- 두건 do-rag
- 네커치프 neckerchief
- 넥타이, 타이 tie; necktie
  나비넥타이, 보타이 bow tie
  넥타이핀 tie tack; tie clip
  볼로타이 bolo tie
  크러뱃 cravat
- 멜빵 ⟨AE⟩suspenders; ⟨BE⟩braces
- 목도리 scarf; muffler
- 반다나 bandanna; bandana
- 베일 veil
- 벨트, 허리띠 belt
  버클 buckle
- 손수건 handkerchief; ⟨inf⟩hankie
- 숄 shawl
- 스카프 headscarf
- 장갑 gloves
  벙어리장갑 mittens

완구 toy

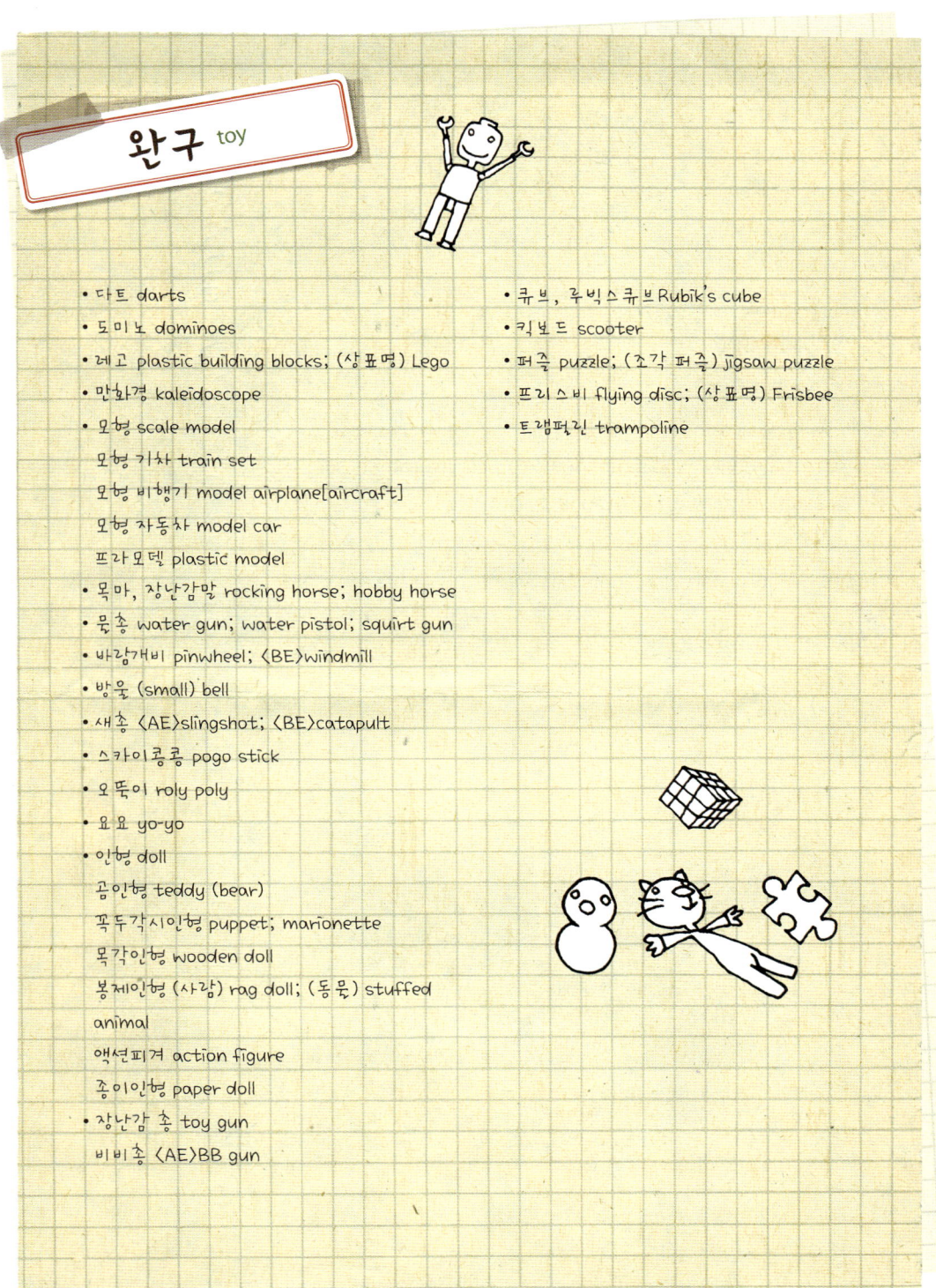

- 다트 darts
- 도미노 dominoes
- 레고 plastic building blocks; (상표명) Lego
- 만화경 kaleidoscope
- 모형 scale model
  모형 기차 train set
  모형 비행기 model airplane[aircraft]
  모형 자동차 model car
  프라모델 plastic model
- 목마, 장난감말 rocking horse; hobby horse
- 물총 water gun; water pistol; squirt gun
- 바람개비 pinwheel; 〈BE〉windmill
- 방울 (small) bell
- 새총 〈AE〉slingshot; 〈BE〉catapult
- 스카이콩콩 pogo stick
- 오뚝이 roly poly
- 요요 yo-yo
- 인형 doll
  곰인형 teddy (bear)
  꼭두각시인형 puppet; marionette
  목각인형 wooden doll
  봉제인형 (사람) rag doll; (동물) stuffed animal
  액션피겨 action figure
  종이인형 paper doll
- 장난감 총 toy gun
  비비총 〈AE〉BB gun
- 큐브, 루빅스큐브 Rubik's cube
- 킥보드 scooter
- 퍼즐 puzzle; (조각 퍼즐) jigsaw puzzle
- 프리스비 flying disc; (상표명) Frisbee
- 트램펄린 trampoline

2.7 생활편의점

구둣방 shoe repair shop
- 구두 shoes; dress shoes
- 구두수선업자 shoemaker
- 구두닦이 shoeblack
- 구두약 shoe polish
- 구둣솔 shoe brush

네일아트점 nail bar; nail salon

도서대여점 book rental shop

목욕탕 (public) bathhouse; baths, 스파 spa, 찜질방 Korean dry sauna
- 때밀이 professional scrubber (who scrubs down bathers in a bathhouse)
- 사우나, 한증막 sauna; steam bath; BE vapour bath
- 욕조, 탕 hot tub

미용실, 미장원 beauty parlor[salon; shop]; hairdresser's, 이발소 barber's; barbershop ❶
- 미용사 hairdresser; hairstylist; stylist
- 이발사 barber ❷

방앗간, 정미소, 제분소 (rice) mill
- 물레방아 waterwheel
- 물방앗간 water mill
- 연자방아 horse mill

> **❶ 미국 거주 한인 주부들의 헤어스타일은?**
>
> 아시아계 출신 이민자들이 별로 없는 미국 동부나 중남부에 거주하는 한인 주부들의 헤어스타일hairstyle은 대개 머리를 한 가닥으로 묶는 ponytail이 많다. 퍼머permanent 비용이 한국에 비해 비싸기도 하지만, 미국 미용실에 가서 자신이 원하는 헤어스타일을 영어로 설명하기 힘들고, 또 미국인 미용사의 솜씨를 믿을 수 없어 한 번 가보고 다시 가지 않는 경우가 많기 때문이다. 백인들의 머리카락은 얇고 푸석해서 가위질을 할 때 밀리지 않지만, 아시아인의 두꺼운 직모는 가위질을 할 때 잘 미끄러져 자르는 방식이 다른데, 이에 익숙하지 않은 미국인 미용사가 아시아인의 머리결을 가리켜 extreme texture라 부르며 난감해 하는 것을 볼 수 있다. 미국에서 미용실을 갈 때는 미리 예약하고 방문해야 기다리는 시간을 낭비하지 않을 수 있다.
>
> ex 미용실 예약을 하고 싶어요.
> I'd like to make an appointment for a haircut.
> ex 머리를 자르고 싶어요.
> I want my hair cut. / I'd like to have my hair cut.
> ex 퍼머를 하고 싶어요.
> I'd like to get a perm.

❷ 이발사는 원래 외과 의사였다

이발소를 가면 흰색, 파란색, 빨강색의 원통형 광고판을 볼 수 있다. 이것을 barber's pole 혹은 barber pole이라고 한다. 우리나라와 미국 등에서는 삼색의 barber's pole을 사용하고 유럽 국가의 barber's pole은 파란색 띠 없이 흰색과 빨강색으로만 이루어진 것이 특징이다. 그렇다면 이발사들은 왜 이런 광고판을 사용하게 됐을까? 중세 시대 유럽의 이발소는 이발만 하는 곳이 아니라 발치와 같은 간단한 외과 수술까지 받을 수 있는 곳이었다. 이발사는 수술을 마친 후 피에 젖은 붕대를 빨아 널어서 말렸는데, 붕대가 바람에 나부끼는 모습에서 barber's pole이 유래되었다. 또한 barber's pole의 윗부분에 달린 뚜껑은 외과 수술용 거머리를 담는 통을 상징하고, 밑부분에 달린 뚜껑은 환자가 흘린 피를 담는 그릇을 상징한다. 흔히 빨강색은 동맥, 파란색은 정맥, 흰색은 붕대를 상징한다고 알고 있지만, 빨강색은 피, 흰색은 붕대를 상징한다.

제분기 (flour) mill

풍차 windmill

복덕방 realtor's office, 부동산 중개인 (certified) real estate agent[broker]; land agent; **AE** (licensed) realtor; **BE** estate agent

부동산 (real) property; real estate; realty

미국에서 부동산을 거래하는 방법

미국에서 주거지primary residence를 마련하는 방법은 주택 임대와 주택 구입으로 구분할 수 있다. 주택 임대의 종류에는 단독주택 임대 single house rent, 연립주택 임대town house rent, 그리고 아파트 임대apartment rent가 있다. 신용이 생명인 미국에서는 셋방 하나를 구하려고 해도 필요한 서류들이 많다.
(1) 본인의 신용점수 보고서credit report
(2) 수입증명서income source
   - 최근 급여 명세서recent pay stub
   - 전분기 손익 계산서last quarter profit and loss statement
(3) 현 근무처의 직장 상사 또는 동료의 전화번호나 이메일 주소
(4) 전 거주지 주인landlord of previous residence의 연락처나 이메일 주소

이런 서류들을 준비한 후, 부동산 중개업자realtor에게 의뢰하거나 본인이 직접 부동산 광고를 보고 집주인landlord과 만난다. 주택 임대는 보통 1년 단위로 계약을 하고, 1개월 내지 2개월의 임대료를 보증금security deposit으로 내게 된다.

미국에서 주택을 구입하는 것은 임대하는 것보다 더 복잡하다. 한국에서는 한 명의 부동산 중개인을 끼고 주택을 구입하면 되지만, 미국에서는 주택 구입자home buyer와 판매자home seller 사이에 두 명의 부동산 중개인과, 구입자와 판매자를 중재하는 에스크로 담당자escrow officer, 그리고 주택 구입자의 주택 자금을 담당하는 융자 에이전트mortgage agent가 있어야 거래가 이루어진다. 먼저 주택 구입을 원하는 구매자는 자신의 부동산 중개인buyer real estate broker을 통해 판매자 측의 부동산 중개인seller real estate broker에게 주택 구입 계약서residential purchase agreement와 최초 계약금initial deposit을 제출한다. 통상적으로 계약서에는 주택 융자 조건financial mortgage loan contingency, 주택 감정가 조건appraisal contingency 등의 내용이 담겨 있다. 판매자가 주택 구입 계약서에 제시한 가격 및 조건을 받아들이면, 구매자가 제시한 계약금과 계약서는 중립적 위치에서 주택계약의 업무를 처리하는 에스크로 회사의 담당자에게 보내지고, 필요한 절차를 거쳐 30일~45일 후에 주택 구입 거래가 종료된다. 미국에서는 보통 주택 가격의 20% 정도를 계약 초기에 지불하고 나머지 80%는 은행에서 융자를 얻어 해결한다. 구매자는 은행에서 주택 융자를 얻기 위해 융자 에이전트에게 융자에 필요한 서류, 즉 수입증명서와 최근의 은행 거래내역서bank statements를 제출한 후 융자 이자율mortgage interest rate을 확정하고, 은행에서 빌린 융자액mortgage loan amount을 에스크로 회사의 담당자에게 보낸다. 에스크로 담당자는 양쪽에서 오가는 돈과 서류를 정리하여 계약이 성사되도록 한다. 즉, 주택 구입 절차는 에스크로 회사에서 최종적으로 마무리를 하는 셈이다.

참고로, 미국에서 주택을 구입할 때 발생하는 융자 이자mortgage interest와 재산세property tax 금액은 매년 연방정부 소득세Federal income tax 및 주정부 소득세State income tax에서 세금을 감세하여 주기 때문에 주택을 구입하게 되면 상당한 절세 효과를 볼 수 있다. 또한, 주택 판매에서 발생하는 이익금 중 25만 달러까지는 면세tax exemption 혜택이 있다.

비디오가게, 비디오대여점 video (rental) shop[store]

빨래방, 세탁소 laund(e)rette; (상표명) Laundromat; (드라이클리닝 전문점) dry cleaner's; the cleaner's
- 이 옷들을 세탁소에 맡기고 싶어요. I want to send these clothes to the laundry.

드라이클리닝 dry cleaning
- 드라이클리닝하다 dry-clean

사진관 photo studio

사진 picture; photo; photograph; [inf] pic; (책·잡지 등의) photography ❶

암실, 현상실 darkroom

즉석 사진관 photo booth, 스티커 사진관 photo sticker booth

세차장 car wash

세차 car wash
- 세차하다 wash a car

셀프세차(장) DIY car wash; self-serve car wash

손세차 hand car wash

자동세차장 automatic car wash

수리점, 수선점 repair shop ❷

수리비, 수선료 repair cost

수리업자 repairer

심부름센터, 흥신소 detective agency

사설탐정 (private) detective; private investigator ([abb] PI); private eye

해결사 fixer

안마시술소 massage parlor

❶ 사진의 종류
- 가족사진 family photo[picture]
- 결혼사진 wedding photo[picture]
- 기념사진 commemorative photo[picture]
- 나체사진, 누드사진 nude photo[picture]; naked photo[picture]
- 단체사진 group photo[picture]
- 명함판 사진 card-sized photo 반명함판 사진 3*4 photo
- 브로마이드사진 portrait; (수영복이나 속옷 차림의) [inf] pinup
- 스냅사진 snapshot, 즉석사진 instant photo; (상표명) Polaroid (photo; picture)
- 스티커 사진 photo sticker
- 스틸사진 (영화 등의) still
- 여권사진 passport photo
- 영정사진 portrait[picture] of the deceased
- 예술사진 artistic photograph
- 졸업사진 graduation photo
- 증명사진 ID photo[picture]; identification photo[picture]
- 컬러사진 color photo[picture]
- 흑백사진 black-and-white photo[picture]; monochrome photograph
- 합성사진 composite photo

---

❷ 미국에서 옷을 수선할 때는

우리나라의 옷은 허리 사이즈만 다르고 기장이 같기 때문에 옷을 수선해서 입어야 하지만, 미국은 청바지의 경우 동일한 허리 사이즈에 기장만 1인치씩 다른 제품이 많다. 하지만 모든 바지가 이렇게 다양한 기장으로 판매되는 것은 아니므로 옷을 수선해서 입어야 하는데, 한국과 달리 수선 비용이 만만치 않기 때문에 아예 재봉틀을 구입해 자기가 직접 수선을 하기도 한다. 한국에 비해 옷 사이즈가 다양하기는 하지만 체격 조건이 달라서 몸에 딱 맞는 옷을 사기가 쉽지 않은 편이다. 셔츠의 경우 여자는 XS~2XL 사이즈까지 있고, 남자는 S~4XL 사이즈까지 있다. 2XL는 특대XL 사이즈보다 두 단계 더 크다는 뜻이다. 여자 바지는 허리둘레 24인치에 해당하는 사이즈 0부터 44인치에 해당하는 사이즈 24까지 나오지만 실제 매장에서 볼 수 있는 큰 사이즈는 14, 16정도이다. 수선을 맡길 때 옷의 길이를 줄이고 싶으면 shorten, 늘이고 싶으면 lengthen을 쓰면 된다.

[ex] 바지 길이를 1인치 줄여 주세요. Can you shorten these pants by one inch? / I'd like to get these pants shortened an inch. / I need to get these pants shortened by one inch.

마사지, 안마 massage; rubdown, 지압 acupressure (treatment; therapy) ❶
- 마사지하다, 안마하다 massage; rub down; give sb a massage[rubdown]

마사지기, 안마기 massager

마사지사, 안마사 massager; (남성) masseur; (여성) masseuse

지압사, 척추지압사 chiropractor

역술원, 점집 fortune-teller's
- 무당, 무속인, 영매 shaman; medium; psychic
- 복채 fortune-teller's fee
- 역술가, 점술가, 점쟁이 fortune-teller; (손금을 보는) palm reader; palmist
- 점, 점술 fortune-telling
- 타로점, 타로카드 tarot

작명소 naming office
- 작명가 (professional) namer; name author

전당포 pawnshop
- 전당포 업자 pawnbroker

정비소, 카센터 garage; car[automobile] repair shop; body shop ❷
- 수리공, 정비사 mechanic; repairman; repairer
- 자동차 정비공 auto-mechanic; 속 grease monkey

직업소개소 employment agency; job placement bureau ❸

❶ 마사지의 종류
- 경락마사지 meridian massage; acupressure massage
- 발마사지 foot massage
- 스포츠 마사지 deep tissue massage
- 얼굴마사지 facial
- 지압 acupressure (treatment; therapy)
- 척추마사지 chiropractic

❷ 카센터

❌ car center → ⭕ garage

garage는 차고라는 뜻 외에 자동차 정비소라는 뜻도 있으며, 정비소 중에서도 주로 차체를 수리하는 곳을 body shop이라고 부른다. 자동차 정비공은 속어로는 윤활유의 일종인 그리스 grease를 만지는 사람이라는 뜻의 grease monkey라고도 하는데, 당사자에게는 큰 실례가 되므로 사용하지 말아야 한다. 직업별 속어는 다음과 같다.
- bean counter 회계사 (콩을 세는 사람)
- pig 경찰 (돼지)
- the suits 사업가 (양복쟁이)

❸ 미국에서 직장 구하기

한국의 기업은 매년 대규모 공채를 통해 직원을 구하지만, 미국의 기업은 결원이 발생할 때마다 수시로 채용을 한다. 그렇기 때문에 취업을 원하는 사람들은 자신이 가고 싶은 회사의 인터넷 홈페이지를 주기적으로 방문하거나 취업 전용 사이트를 통해 구인정보를 검색해야 한다. 자신의 학력과 경력에 적합한 일자리를 찾으면 필요한 구비사항을 상세히 파악하고 이를 바탕으로 이력서를 작성해서 해당 회사의 인사과 Human Resources에 이메일을 보내거나 온라인 접수를 통해 이력서를 보낸다. 인사과에서는 통상 수백 명의 지원자 중에서 10여 명 정도를 선별하여 채용 담당자 hiring manager에게 이력서를 보내고, 담당자 혹은 팀원은 선발된 10여 명의 지원자에게 전화를 걸어 20~30분 정도의 전화 면접 telephone interview을 실시하는데, 이때 면접자는 이력서에 적힌 내용의 진위 여부와 지원자들이 해당 업무를 어느 정도 파악하고 있는지에 대한 질문을 한다. 전화 면접을 거치면 지원자의 수는 3명 정도로 압축되는데, 이들은 회사를 직접 방문하여 채용 담당자를 포함한 5~10명의 부서 직원들과 일대일 직접 면접 on-site interview or face to face interview을 하게 된다. 직접 면접에서는 주로 이전 회사에서의 경력과 응시자의 전공 분야가 담당 업무와 얼마나 관련이 있는가에 대한 질문을 하게 된다. 이렇게 선별된 최종 합격자는 본인 동의 하에 신원조회 background check 및 마약 테스트 drug test를 받아야 한다. 이 모든 절차를 통과하면 인사과에서는 합격자에게 근무 조건, 연봉 annual salary 등이 적힌 고용계약서 job offer letter를 발송하는데, 합격자는 7일 이내에 수락 여부를 밝혀야 한다.

2.8 숙박업소 accommodations; lodging

종류

게스트하우스 guest house; guesthouse

모텔 motel ❶

민박 bed and breakfast (abb B&B); AE room and board; BE bed and board ❷

여관 inn; (유럽의) pension

유스호스텔 (youth) hostel

펜션 pension

호텔 hotel

호텔의 종류

관광호텔 tourist hotel

동굴호텔 (사막 지방의) cave hotel

리조트호텔 resort (hotel)

얼음호텔 ice hotel

콘도, 콘도미니엄 membership resort (hotel); timeshare condominium ❸

특급호텔 five-star hotel

해저호텔 underwater hotel

❶ 모텔의 역사

motel은 motor hotel, 또는 motorist's hotel의 약자로서 특히 자동차 운전자motorist를 대상으로 하는 숙박업소다. 20세기 초반에 미국 각지에 고속도로가 건설되면서 도로를 따라 모텔이 지어지기 시작했는데, 넓은 주차장과 1~2층짜리 건물이 마주보고 있는 형태가 많다. 호텔보다 저렴하고 프런트를 거치지 않고 주차장과 방을 오갈 수 있기 때문에 사생활을 보호할 수 있다는 장점이 있다. 미국의 대표적인 모텔 체인으로는 Motel 6, Travel Lodge, Best Western, EcoLodge 등이 있다.

❷ 미국의 민박집, B&B

미국의 숙박업소는 호텔hotel, 모텔motel, 그리고 B&B로 나눌 수 있다. 우리에게 낯선 B&B는 bed & breakfast의 줄임말로 한국의 민박과 비슷한 개념이다. 오래 전에 일반 가정집에서 몇 개의 방을 손님용으로 꾸며 숙박bed과 아침식사breakfast를 제공한 것이 B&B의 시초인데, 경치가 좋은 곳에 호텔 못지 않은 시설을 갖춘 고급 리조트 B&B에서부터 시골의 허름한 오두막까지 천차만별이다. 특히 휴가기간 중에 장기간 머무는 가족 단위 손님들이 많이 이용하는데, 한국에서는 여행을 갈 때 펜션을 예약하듯이 미국에서는 인기가 많은 B&B는 몇 달 전에 미리 예약을 해야 한다.

❸ 콘도

❌ condo; condominium → ⭕ membership resort hotel

우리나라에서는 condominium을 리조트 시설로 잘못 알고 있지만 이 말은 자기 소유의 (고급) 아파트를 뜻한다. 외국에서는 건설사가 아파트를 지어 일반인에게 분양을 하지 않고 통째로 임대하기 때문에 아파트를 소유한 사람이 드물다. 그렇기 때문에 우리나라 대부분의 아파트는 condominium이라고 할 수 있다. 리조트 시설을 뜻하는 콘도미니엄은 회원제로 운영된다고 해서 membership resort hotel이나 여러 사람이 공동으로 소유한다는 뜻으로 timeshare condominium이라고 한다.

호텔 종사자

객실 청소부 chambermaid
도어맨 doorman; BE commissionaire
벨보이 bellboy; AE bellhop, 짐꾼 porter
접수계, 프런트 receptionist; desk clerk
콘시어지 concierge ◀── 호텔에서 고객과 관련된 서비스 업무를 담당하는 사람
투숙객 (hotel) guest
호텔리어 hotelier; hotelkeeper

객실

객실 (guest) room
가족실 family room
싱글룸 single
더블룸 double
트윈룸 twin (room); twin beds
스위트룸, 특실 suite; VIP room ❶

관련표현

룸서비스 room service
모닝콜 wake-up call ◀── 모닝콜 ❌ morning call → ⊙ wake-up call
미니바 minibar
숙박부 guest register[book]
숙박비 (room) rate
체크인 check-in
■ 체크인하다 check in (at a hotel); check into (a hotel)
체크아웃 check-out
■ 체크아웃하다 check out (of a hotel)

호텔의 등급

우리나라는 무궁화의 개수로 호텔 등급을 구분하지만, 미국은 다이아몬드를 사용하고, 전세계적으로는 1~5개의 별로 호텔의 등급을 나눈다. 국제 기준으로는 별이 다섯 개인 5성급 호텔five-star hotel이 최고급 호텔이지만 요즘은 많은 나라에서 경쟁적으로 6성급과 7성급 호텔을 건설하고 있다. 6성급, 7성급은 해당 호텔에서 스스로 부여한 등급으로서, 그만큼 그 호텔이 시설과 서비스 면에서 기존의 5성급 호텔을 훨씬 뛰어넘는다는 것을 강조하기 위한 마케팅 전략이다. 잘 알려진 7성급 호텔로는 두바이의 버즈 알 아랍Burj Al Arab이 있으며, 현재 여러 개의 7성급 호텔들이 주로 중동과 아시아 지역을 중심으로 건설되고 있다.

❶ 스위트룸

❌ sweet room → ⊙ suite

형용사 en suite는 '연결되어 있는'이라는 뜻으로서, suite는 여러 개의 방과 거실, 욕실 등이 이어져 있는 구조의 객실을 뜻한다. 즉 최고급 객실이 스위트룸이 아니라 여러 개의 방을 사용하기 때문에 가격이 비싼 객실이 스위트룸인 셈이다. 흔히 최고급 스위트룸을 presidential suite 또는 royal suite 라고 하는데, 적도를 기준으로 북반구에 있는 호텔의 presidential suite는 남향, 남반구 호텔의 presidential suite는 북향이라는 특징이 있다. 이는 미국의 28대 대통령 우드로우 윌슨이 호텔에 투숙할 때마다 이러한 조건을 갖춘 스위트룸을 원했기 때문인데, presidential suite는 우드로우 윌슨에서 비롯된 말이다.

2.9 교육, 오락 관련 업소

교육 관련 업소

독서실 reading room
학원 private academy; private educational institute
  논술학원 writing academy
  미술학원 art academy
  보습학원 tutoring center; education center; test prep center ❶
  외국어학원 language institute
  요리학원 cooking school
  운전학원, 자동차학원 driving school
  입시학원 cram school; preparatory school for college entrance exam
  컴퓨터학원 computer school
  피아노학원 piano school[academy]

오락, 스포츠 관련 업소

골프 연습장 (indoor) driving range, 골프장 golf course
  골프 golf
기원 go club[house]
  바둑 (the game of) go
    바둑돌 go stone; go piece
    바둑판 go board
나이트클럽, 디스코 nightclub; club; BE disco; inf nightspot
  디스크자키 DJ; deejay; disc[disk] jockey
노래방, 가라오케 *noraebang*; Korean karaoke; singing room
  ☐ 노래방 가서 노래 한 곡 부르자.
    Let's go to the *noraebang* and sing a song together.
당구장 billiard hall; (포켓볼 당구장) pool hall[room]
  당구 billiards, 포켓볼 pool
    ☐ 포켓볼을 치다 play pool
    당구공 billiard ball
    당구대 billiard table; (포켓볼의) pool table
    당구채 (billiard) cue; cue stick
도장 (taekwondo) school[studio]; martial arts school
  사범 (martial arts) instructor; master
  무술, 무예 martial arts ❷
  호신술 self-defense techniques

---

❶ **미국 학생들도 보습학원을 다닐까?**

미국에도 한국의 수능시험에 해당하는 SAT(Scholastic Aptitude Test)나 ACT(American College Testing)를 준비하는 입시 전문학원 test preparation center이 있지만, 한국처럼 큰 학원을 찾아보기 힘들고 숫자도 훨씬 적다. 학원비는 시간당으로 계산하는데, 상당히 비싼 편이라 부유한 집안이 아니면 학원비를 감당하기 어렵다. 하지만 자녀가 학교 수업을 따라가지 못하거나 또래보다 학업이 뒤쳐질 경우 개인교습 private tutoring을 시키기도 한다. 미국에서는 고등학생이 중학생을 가르치는 것을 많이 볼 수 있는데, 고교 시절의 사회 경험이나 봉사활동이 대학 입시에 큰 영향을 미치기 때문이다. 미국의 고등학생들도 대학 입시 때문에 스트레스를 받지만, 한국처럼 학원에서 살지는 않는다. 우리나라로 치면 고등학교 1, 2학년인 10, 11학년이 되면 AP class (Advanced Placement Program의 약자로서 대학교 수준의 공부를 고등학교에서 선행하는 프로그램) 등을 신청하는데, AP class는 숙제도 많고 스스로 공부해야 할 분량이 많아 항상 시간이 부족한 편이다.

❷ **무술의 종류**

- 검도 kendo; Japanese fencing
- 공수도, 가라테 karate
- 권투, 복싱 boxing
- 레슬링 (amateur) wrestling
- 프로레슬링 professional wrestling
- 무에타이 Muay Thai
- 유도 judo
- 이종격투기 mixed martial arts
  abb MMA
- 카포에이라 capoeira
- 중국무술 Chinese martial arts
  쿵푸, 쿵후 kung fu
  우슈 wushu
- 킥복싱 kickboxing
- 태권도 taekwondo
- 태껸 *taekkyeon*; Korean traditional martial arts
- 합기도 aikido

만화방 comic book (rental) store
　만화 comic (book); (카툰) cartoon ❶

볼링장 bowling alley
　볼링 [AE] bowling; [BE] tenpin bowling ❷
　A: 볼링을 잘 치세요? Are you good at bowling?
　B: 애버리지 150 정도 쳐요. My bowling average is 150.

비디오방 video room, DVD방 DVD room

수영장, 풀장 (swimming) pool
　□ 요즘은 저녁에 수영장에 다니고 있다.
　These days I go to the swimming pool in the evening.
　수영 swimming ❸
　실내수영장 indoor swimming pool
　야외수영장 outdoor[open-air] swimming pool

오락실, 전자오락실 (video; amusement) arcade
　비디오게임, 전자오락 video game

인터넷카페, PC방 Internet café; cybercafé

카지노 casino ❹

탁구장 ping-pong[table tennis] room
　탁구 table tennis; Ping-Pong
　□ 그는 탁구를 잘 친다. He is a good table tennis player.

헬스클럽 health club; fitness center; gym; [f] gymnasium
　□ 그는 매일 헬스클럽을 다닌다. He goes to the gym every day.
　보디빌딩 bodybuilding, 웨이트 트레이닝 weight training

피시방 ✗PC room → ●Internet café

탁구공 Ping-Pong ball
탁구대 table tennis table; Ping-Pong table
탁구채 [AE] paddle; [BE] bat

❶ 만화의 종류
• 네컷만화 four-frame cartoon
• 만평 satirical cartoon
　시사만평 political[editorial] cartoon
• 순정만화 romance comics
• 연재만화 (newspaper) comic strip; comics
• 한컷만화 single-frame cartoon

❷ 볼링 관련 표현
• 볼링공 bowling ball
• 볼링선수 bowler
• 볼링장 bowling alley
• 볼링핀 (bowling) pin; tenpin
• 볼링화 bowling shoes

❸ 수영의 종류
• 배영 backstroke
• 자유형 freestyle; front crawl
• 접영 butterfly (stroke)
• 평영 breaststroke

❹ 카지노 게임의 종류
• 룰렛 roulette
• 마작 mahjong; mah-jongg
• 바카라 baccarat
• 슬롯머신 slot machine; [BE] fruit machine
• 파친코 pachinko

2.10 상점 관련표현

봉사료, 팁 tip; [f] gratuity ❶
- 웨이터에게 팁으로 2달러를 주었다. I gave a 2-dollar tip to the waiter.

상가 shopping district; shopping area

상호 shop name
- 상호를 무엇으로 지을까? What should we name the shop? / What would you like to use for a shop name?

영업, 장사 business; sales; commercial[business] activity
- 영업하다, 장사하다 run a business[store]; do business

  무허가 영업 business without a license
  - 무허가 영업을 해온 술집들이 경찰의 단속에 적발되었다.
    The police located pubs operating without a business license.

  영업시간 business hours; office hours
  - 영업시간은 오전 9시부터 밤 12시까지입니다.
    Business hours are from 9 am to 12 am.

  영업일 business day

출장(서비스) [BE] call-out
- 컴퓨터가 고장 나서 출장서비스를 불렀다.
  I placed a call-out to a repair person as my computer was broken.

출장료 call-out charge

개업하다, 개점하다 open (up)
- 개점 시간 opening time
  - A: 아침 몇 시에 상점 문을 열죠? What time does your store open in the morning?
  - B: 개점 시간은 오전 8시입니다. The store opens at 8 am.

폐업하다 go out of business; shut down (*one's* shop); close (down) (*one's*) business; [inf] shut up shop
- 그 가게는 경영난을 이기지 못하고 폐업했다.
  The store went out of business due to financial difficulty.

폐점하다 close (up); close[shut] up shop
- 폐점 시간 closing time

❶ 팁으로 얼마를 줘야 할까?

미국에서 생활하게 되면 은근히 신경 쓰이는 것이 바로 팁tip이다. 식당, 미용실, 호텔 등 거의 모든 서비스 업체에서 팁을 내야 하기 때문이다. 팁은 보통 전체 비용의 10~15% 정도를 주지만, 여러 명이 함께 왔을 때에는 20%를 주기도 한다. 물론 개인에 따라서는 햄버거 하나를 먹고도 몇 십 달러의 팁을 주기도 하고, 서비스가 별로였다면 적게 주기도 한다. 식당에서 식사를 하고 신용카드로 결제할 경우 종업원이 계산서를 가져다 주는데, 음식값 밑에 있는 팁의 액수를 적는 칸에 숫자를 적고 팁과 음식값을 합친 전체 금액을 손님이 기재한 후 서명한다. 물론 현금으로 계산할 때에는 팁을 테이블 위에 올려놓고 가면 된다. 손님이 카운터에 가서 직접 음식을 주문하는 self-service restaurant에서는 tip을 주지 않아도 되는데, 테이크아웃 전문점에서 음식을 주문할 때 팁을 줘야 하는가 말아야 하는가에 대해서는 미국인들 사이에서도 의견이 엇갈린다. 소액의 팁을 줘야 한다는 사람이 있고 주지 말아야 한다는 사람도 있다. 팁 문화에 익숙한 미국인들이 한국을 방문했을 때 가장 좋았던 것이 바로 팁에 대한 걱정을 하지 않아도 된다는 것이라고 하니 미국 사람들도 팁이 부담스럽긴 마찬가지인 모양이다.

03 쇼핑 shopping

3.1 쇼핑 일반

소비자와 판매자

고객, 손님 customer; patron; (호텔 등의) guest; (변호사·은행 등의) client; (집합적) clientele
- 손님이 왕이다. The customer is always right.
  - **단골** regular (customer); frequenter
    - 저 여자분은 우리 가게 단골 손님이다. She is a regular customer to our store.

구매자, 소비자 consumer; buyer; purchaser

쇼핑객 shopper

판매자 seller

쇼핑의 종류

아이쇼핑, 윈도우쇼핑 window shopping
- 윈도우쇼핑을 하다 go window shopping

온라인쇼핑, 인터넷쇼핑 online shopping
- 인터넷쇼핑으로 바지 한 벌을 샀다. I bought a pair of pants online.
  - **온라인쇼핑몰** online shopping mall; Internet shopping mall

홈쇼핑 home shopping; teleshopping

전자상거래 e-commerce; e-business

쇼핑 관련 서류·용품

가격표 price list; (상품에 부착된) price tag

계산서 check; bill; tab
- **세금 계산서** tax invoice; (부가가치세가 포함된) VAT invoice

구매확인서 proof of purchase, **영수증** receipt; sales slip

쇼핑리스트 shopping list

쇼핑카트 (shopping) cart[trolley]

미국에서는 뉴햄프셔로 쇼핑을 가라

한국은 상품의 소비자가격에 세금이 포함되어 있지만, 미국에서는 자신이 구입하는 모든 물품에 직접 소비세sales tax를 내야 한다. 소비세는 주마다 적게는 5%에서 많게는 9.75%까지 차이가 크데, 각 주마다 재정 형편과 예산에 따라 제각기 다른 세율을 적용하기 때문이다. 알뜰한 쇼핑객들은 자동차로 몇 시간이나 떨어진 주에 가서 쇼핑을 하기도 하는데, 미국에서 소비세를 부과하지 않는 주로는 알래스카Alaska, 델라웨어Delaware, 몬태나Montana, 뉴햄프셔New Hampshire 그리고 오리건Oregon 등이 있다. 하지만 이들 주에서도 일부 카운티county나 도시에서는 소비세를 부과하는 곳이 있기도 하다. 소득세income tax를 부과하지 않는 주로는 알래스카Alaska, 플로리다Florida, 네바다Nevada, 사우스다코타South Dakota, 텍사스Texas, 워싱턴Washington, 와이오밍Wyoming, 뉴햄프셔New Hampshire 그리고 테네시Tennessee가 있다. 이 중 미국 동북부에 위치한 뉴햄프셔는 소비세, 소득세뿐만 아니라 주정부세state tax도 내지 않는 쇼핑의 천국으로 유명하다.

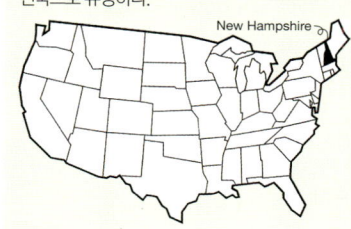

3.2 판매, 구매, 결제

판매

판매 sale
- 판매하다, 팔다 sell (off)

강매 high-pressure sales[selling]; hard sell
- 강매하다 force[press] *sb* to buy *sth*

땡처리, 재고처분 clearance (sale); fire sale; [AE] closeout ❶
- 땡처리로 옷을 팔고 있길래 몇 벌 사왔다.
  I bought several items of clothing at a clearance sale.

매진, 품절 sellout
- 10분 만에 모든 물건이 매진되었다. Everything was sold out within 10 minutes.

바가지 rip-off
- 이건 바가지야. This is a rip-off. / This is highway robbery. ❷

바겐세일, 세일, 할인판매 sale ❸
- 비싼 가방을 세일로 싸게 샀다.
  I bought this expensive bag very cheap when it was on sale.
- 요즘은 백화점 세일 기간이라 백화점 주변이 몹시 혼잡하다. Due to the recent department store sale, the traffic around the store is very busy.

예매 advance sale
- 예매하다 sell *sth* in advance

직매 direct sales
- 직매하다 sell *sth* direct(ly)

---

❶ 뉘앙스 구분
- **clearance sale** 남아 있는 재고stock를 깨끗이 팔아치우는 행사
- **fire sale** 상품이 화재로 인해 손상되었을 때 헐값을 받고 팔아넘긴다는 뜻. clearance sale과 같은 뜻으로 쓰인다.
- **closeout** 폐업을 할 때 남아 있는 재고를 헐값에 팔아치우는 할인 행사

❷ 총만 안 들었지 강도나 마찬가지
영어에서는 심하게 바가지를 썼을 때 "It's highway robbery.", 또는 "It's daylight robbery."라는 표현을 쓴다. 백주대낮daylight에 노상강도highwayman에 의해 강도robbery를 당한 것 같은 기분이 들기 때문이다.

❸ 바겐세일
❌ bargain sale → ⭕ sale
sale은 '판매'라는 뜻과 '할인 판매'라는 뜻을 모두 가지고 있다. bargain은 싸게 구입한 물건을 뜻한다

구매

구매, 구입 purchase
- 구매하다, 구입하다, 사다 buy; get; [f] purchase; make a purchase

  구매력 buying power; purchasing power

  구매욕 purchasing needs

공동구매 group buying[purchasing] plan; store[shop] mobbing
- 공동구매로 스마트폰을 구입했다.
  I bought a smart phone through a group buying plan.

대량구매 bulk buying; quantity purchase
- 대량구매를 하시면 물건값을 깎아 드립니다. If you buy in bulk, you will get a discount.

매점매석 cornering (and hoarding)
사재기 panic buying
- 전쟁 공포에 사로잡힌 시민들이 생필품 사재기에 나섰다.
  Due to fear of war, people are panic buying basic needs.

예매 advance purchase
- 예매하다 buy[purchase] in advance
- 주말에 영화를 보려고 영화표를 예매해 놓았다.
  To go to the movie on the weekend I purchased the ticket in advance.

충동구매 impulse buying[purchase]
- 충동구매하다 buy *sth* on impulse; impulse-buy
  충동구매자 impulse buyer[purchaser]

결제

갹출하다 collect; chip in
- 비용이 5만 원 나왔으니까 만 원씩 갹출합시다. The total is fifty thousand won so let's chip in ten thousand each.

결제, 계산, 지불 payment; settlement ❶
- 결제하다, 계산하다, 지불하다 pay; settle; settle *one's* account; make a payment; (신용카드로) charge
  A: 결제는 어떻게 하시겠어요? How would you like to pay?
  B: 일시불로 해 주세요. Lump sum payment please.

계약금 deposit; down payment; earnest money
- 계약금으로 100만 원을 거셔야 합니다.
  You need to give me a deposit of one million won.

더치페이 Dutch treat ❷
- 더치페이로 계산하다 go Dutch / split the bill

❶ 결제 방식
- 선불 payment in advance; advance payment; prepayment
- 일시불 lump sum payment; payment in a lump sum; single payment
- 할부 **AE** (monthly) installment plan; **BE** hire purchase
- 할부금 installment(s)
- 후불 deferred payment (system)

❷ 더치페이
❌ Dutch pay → ⭕ Dutch treat
영국과 네덜란드는 17세기 중반에 해상의 패권을 놓고 세 차례의 해전을 벌였다. 결국은 네덜란드가 영국에 패했지만, 네덜란드는 위풍당당하던 영국 해군에 수 차례의 패배를 안겼고, 자존심에 상처를 입은 영국인들은 네덜란드인Dutch을 비하하는 영어 표현을 만들어내기 시작했다. 더치페이는 Dutch treat라고 해야 맞는데, 실제로 네덜란드인이 자기가 쓴 비용만 계산하는 인색한 국민인지는 모르는 일이다. 더치페이를 할 때 쓸 수 있는 표현은 다음과 같다.
ex 각자 비용을 나누죠.
Let's split the bill. / Let's go Dutch.
ex 반반씩 냅시다. Let's go fifty-fifty.
ex 제 건 제가 내겠습니다.
I'll pay my own way.

---

❷ 외국인들은 항상 더치페이를 할까?
흔히 미국인들은 아무리 친한 사이라도 더치페이를 한다고 알려져 있지만 그렇지 않다. 친한 친구나 동료와 단 둘이 식사할 땐 서로의 식사비를 내주기도 한다. 하지만 3명 이상이 함께 식당에 가면 더치페이를 하는 편이다. 식당 종업원도 계산서를 따로 끊어 주고 팁도 따로 받는데, 종업원에게 계산서를 각각 끊어 달라고 할 때는 "Split the check, please." 또는 "Can you split the bill please?"라고 하면 된다.
남녀가 처음 데이트할 때도 더치페이를 할까? "A first date can be a gauge of one's manners and more." (첫 데이트는 그 사람의 매너와 그 이상을 가늠할 수 있는 척도가 될 수 있다)라는 말에서도 알 수 있듯이, 첫 만남에서 드러나는 남자의 매너를 보면 그 관계가 오래갈 것인지를 알 수 있다. 한국처럼 미국에서도 처음 데이트를 할 때는 주로 남자가 식사비용을 부담하는데, 만약 "Your half comes to……"라고 하며 여자에게 비용의 반을 부담시키려 한다면 그건 다음에 다시 만날 의사가 없다는 것과 같다고 보면 된다. 대학을 졸업하고 도시에 거주하는 전문직 여성일수록 데이트 비용을 각자 내야 한다고 생각하지만, 아직도 많은 여성들은 데이트 초기에는 남자가 돈을 쓰는 것이 당연하다고 생각한다.

관련표현

교환 exchange; inf swap
- 교환하다 exchange; swap
- 한번 구입하신 물건은 교환이 안 됩니다. Once purchased, no exchange is allowed.

반품 return ❶
- 반품하다 return; take back; bring back

에누리, 할인 discount
- 현금으로 결제하시면 10% 할인해 드립니다.
  There is a 10% discount if you pay in cash.
- 현금할인 cash discount

예약 reservation; booking
- 예약하다 book; reserve; make a reservation[booking]
- 그 음식점은 예약을 받지 않는다. That restaurant doesn't take reservations.
- 일요일 저녁 6시에 열 사람 자리를 예약하고 싶은데요. I would like to make a reservation for 10 people on Sunday at 6 pm.

외상 credit
- 외상으로 구매하다 buy *sth* on credit / have *sth* charged to *one's* account
- 이건 외상으로 달아 놓으세요.
  Put it on my tab please. / Have this item charged on my account please.
- 외상장부 credit note; credit memorandum

주문 order
- 주문하다 order; place an order
- 이 상품에 대한 소비자의 주문이 쇄도하고 있다.
  There are overwhelming purchase orders for this product from buyers.

환불 refund ❷
- 환불하다 refund
- 상품에 하자가 있어서 판매자에게 환불을 요청했다.
  I asked for a refund on this defective product from the seller.

흥정 bargaining; haggling
- 흥정하다 bargain; haggle

---

❶ 미국에서는 반품 걱정을 하지 마세요

미국에서 쇼핑을 할 때 좋은 점 중 하나는 반품의 부담이 없다는 것이다. 반품 기한이나 조건은 return policy라고 해서 영수증 하단에 적혀 있기도 하지만, 대부분의 경우 물건을 구입한 영수증만 제시하면 1개월 이내에 자유롭게 반품할 수 있다. Costco와 같은 대형 매장에서는 상품에 따라 3개월에서 6개월, 길게는 1년까지 반품이 가능하다. 화원에서 구입한 화초나 꽃나무가 시들거나 죽어도 반품해 주기도 한다. money back guarantee는 구입한 물건이 마음에 들지 않으면 전액 환불해 주는 것을 말하는데, 심지어 자동차 광고에서도 '90-Day Money Back Guarantee'라는 문구를 볼 수 있다. 이처럼 반품이 일반화되어 있어서인지 미국인은 쇼핑할 때 길게 고민하지 않고 일단 구입하는 경향이 있다. 집에 가서 마음에 안 들면 반품하면 되기 때문이다. 크리스마스가 지나면 선물 받은 물건을 반품하려고 상점에 긴 줄이 생기기도 한다.

A: 이 물건을 반품하고 싶은데요.
   I'd like to return this, please.
B: 뭐 잘못된 게 있나요?
   Is there anything wrong with it?
A: 잘못된 건 없는데, 그냥 마음에 안 들어서요.
   Nothing's wrong. I just don't like it.

❷ 환불할 때 쓸 수 있는 표현
- 환불해 주세요.
  I'd like a refund.
- 이거 환불할 수 있어요?
  Can I have a refund on this?
- 현금으로 환불해 주세요.
  I'd like a cash refund.

3.3 상품, 제품 product; goods

종류

견본품, 샘플 (free) sample ❶

경품, 사은품 giveaway; sweepstakes ❷

> 마트에서 물건을 살 때면 하나의 가격으로 두 개를 살 수 있는 묶음상품을 볼 수 있다. 이것을 마케팅 용어로 BOGO (buy one, get one) 혹은 BOGOF (buy one, get one free)라고 한다. 원래는 과다한 재고를 처분하기 위한 땡처리의 개념이었지만, 요즘은 소비자의 구매를 유발하기 위한 마케팅 전략으로 쓰이고 있다.

고가품 costly[high-priced] product

고급품 high-end product[goods]
  최고급품, 최상품 highest-quality product; the best product; top-class product

공산품 industrial product

국산품 domestic product[goods]; (한국의) Korean(-made) product
  ☐ 나는 수입품보다는 국산품을 애용한다.
  I prefer to use domestic products rather than imported.

규격품 standardized product[goods]

● 비규격품 non-standardized product[goods]

기념품 souvenir; memento; keepsake

대용품 substitute
  ☐ 버터가 떨어져서 마가린을 대용품으로 사용했다.
  As the butter was out I used margarine as a substitute.

면세품 tax[duty]-free product[goods] ◀ 관세 duty; tariff; customs, 세금 tax

명품 brand-name product; (의류) designer label; designer clothes; (haute) couture
  ☐ 그 여자는 명품 옷만 입고 다닌다. She wears only designer clothes.
  명품족 brand-name freak

모조품, 위조품, 짝퉁 imitation; fake; forgery; counterfeit; copy; reproduction; [inf] phony; knockoff; (정교한) replica; facsimile

미끼상품 (밑지고 파는) loss leader, 판촉상품 promotional product; [inf] promo

미술품 artwork; work of art; (집합적) fine art

발명품 invention

❶ 찾기 힘든 공짜 샘플과 넘치는 일회용품

미국에서는 공짜 샘플을 찾아 보기 힘들다. 화장품 가게에 가도 tester라는 견본상품을 손에 발라볼 수는 있지만, 한국처럼 푸짐한 샘플은 주지 않는다. 고급 자동차를 구입해도 와이퍼wipers 하나 끼워 주지 않는다. 이렇다 보니 가끔 백화점 매장에서 상품 홍보를 하기 위해 무료 샘플free sample이라도 나눠주는 날에는 사람들이 백화점 문 밖까지 줄을 서 있을 정도다. 요즘은 과거에 비해 무료 샘플을 나눠주거나 무료 시식의 기회를 제공하는 업체가 늘고 있는데, 식품 매장이나 대형 도매점에서 주말이나 평일 점심 시간대에 운영하는 시식 코너에 대한 소비자들의 반응은 아주 좋은 편이다. 이와는 대조적으로 미국 어디를 가던지 일회용품은 넘쳐 날 정도로 흔하다. 패스트푸드점이나 푸드코트food court에는 플라스틱으로 된 포크와 나이프, 빨대, 냅킨 등이 항상 비치되어 있고, 파티를 할 때는 일회용 컵과 접시를 쓴다. 그렇다면 분리수거는 잘 할까? 미국의 분리수거율은 세계 꼴찌 수준이다.

❷ 사기 수법은 세계 어디서나 마찬가지

미국에는 sweepstakes라는 특이한 경품 행사가 있다. sweepstakes는 공짜가 아니라 일정 금액의 참가비를 내야 하지만, 고가의 경품에 혹해서 참가하는 사람들이 많다. sweepstakes에는 1달러의 소액에서부터 백만 달러에 달하는 현금이 경품으로 걸리기도 하고, 최신 전자제품이나 자동차, 그리고 심지어는 집이 경품으로 걸리기도 한다. 하지만 언제부터인가 이 경품 행사는 사람들의 외면을 받고 있다. 대부분의 sweepstakes가 사기성이 농후하기 때문이다. 응모하지도 않은 회사에서 경품에 당첨되었다는 내용의 우편물이나 이메일이 날아오고, 막상 경품을 받으려고 연락을 하면 보험료, 정부세government taxes, 은행 수수료 등의 비용을 부담해야 한다고 하며, 상품 수령자가 본인인지 확인하기 위해 필요하다고 은행 계좌번호bank account 및 개인 신상정보personal details를 요구하기도 한다. 최근에는 sweepstakes를 빙자한 신용사기 사건이 연이어 발생하고 있어 미국 상공회의소에서는 소비자들에게 주의를 당부하고 있다.

보물 treasure
　　가보 heirloom; family treasure
　　국보 national treasure; treasure of the country ❶

보세품 bonded goods

불량품 defective[faulty] product[goods] ❷

사치품 luxury item[goods]

생활필수품, 생필품 necessity (goods); necessaries

선물 gift; present
　☐ 친구에게 생일 선물로 티셔츠를 사 주었다.
　　I bought my friend a T-shirt as a birthday gift.

소모품 consumables; consumable[expendable] goods

수입품, 외제 imports; imported goods

수제품 handmade product[article; work]

수출품 exports; exported goods

시제품 (production) prototype

신상품, 신제품 new product

● 중고품 used article[item]; secondhand goods

신형, 최신형 new[latest] model[type] ● 구형 old model[type]

싸구려 [inf] cheapie; cheapy, 저가품 inexpensive[cheap] product[goods]; low-end product[goods]

애장품 treasure; *one's* prized[treasured] possession

완성품, 완제품 finished product[goods]; end product

일회용품 disposable product[goods]
　☐ 일회용품 사용을 자제합시다. Let's reduce the use of disposable products.

자매품 sub-brand

장식품 decoration; ornament, 팬시상품 fancy goods

❶ 한국의 국보

1호 서울 숭례문 South Gate of Seoul
2호 원각사지 십층석탑 Ten storied stone pagoda of Wongaksa Temple site
3호 북한산 신라 진흥왕순수비 Monument commemorating the border inspection of Mt. Bukhansan by King Jinheung
4호 고달사지 부도 Stupa in Godalsa Temple site
5호 법주사 쌍사자석등 Twin-lion stone lantern of Beopjusa Temple
6호 중원 탑평리 칠층석탑 Seven storied stone pagoda in Tappyeong-ri
7호 봉선 홍경사 사적 갈비 Stele of Bongseon Honggyeongsa Temple
8호 성주사 낭혜화상 백월보광 탑비 Stele accompanying pagoda of Buddhist Priest Nanghyehwasang of Seongjusa Temple
9호 부여 정림사지 오층석탑 Five storied stone pagoda of Jeongnimsa Temple site
10호 실상사 백장암 삼층석탑 Three storied stone pagoda in front of Baekjangam Hermitage of Silsangsa Temple

❷ 하얀 코끼리와 레몬

태국과 같은 아시아의 불교 국가에서는 코끼리를 성스러운 동물로 여긴다. 부처의 어머니인 마야부인은 하얀 코끼리가 뱃속으로 들어오는 꿈을 꾼 후 부처를 낳았다고 전해지며, 태국은 하얀 코끼리white elephant를 왕실의 상징으로 사용하고 있다. 하지만 영어에서 white elephant는 '쓸모 없는 물건'이라는 뜻으로 쓰인다. 코끼리는 매일 엄청난 양의 사료를 먹어치워 코끼리 주인에게 큰 부담을 주지만, 성스러운 동물이기 때문에 다른 용도로 활용할 수 없기 때문이다. white elephant와 비슷한 뜻을 가진 단어에는 레몬lemon이 있다. 이 말은 특히 고장이 잦은 자동차를 가리키는데, 레몬은 사과나 배처럼 과육이 단단하지도 않고 종종 너무 시어서 먹기 힘들기 때문이다.

정품 genuine product[goods] ↔ 재생품 recycled product ❶

진품 genuine[original; authentic] article ❷
- 이 그림은 고흐의 진품이 아니라 모조품으로 판명되었다. This Van Gogh picture turned out to be an imitation and not the genuine article.

토산품, 특산물 regional[local; indigenous] product

필수품 a must; essential goods

히트상품 hit; successful product; bestseller

관련표현

공짜 freebie
- 공짜로 (for) free / for nothing / free of charge / with no charge
- 세상에 공짜는 없다 There's no such thing as a free lunch.

바코드 bar code

배달, 배송 delivery; shipment
- 배달하다 deliver
- 주문한 물건은 언제쯤 배달되나요? When will I be able to receive delivery of my order?

배송비 delivery charge[fee; cost]
- 배송비는 선불입니다. Please pay the delivery charge in advance.

보증, 보증서 guarantee; warranty

산지, 생산지 producer; home

원산지 country[place] of origin
- 그 쇠고기는 원산지 표시가 허위로 기재되어 있다. The country of origin for the beef was falsely documented.

---

❶ recycle과 reuse의 차이

recycle 플라스틱을 녹여 합성수지 제품을 생산하거나 폐지를 가공하여 재생지를 만드는 등 원래의 형태를 바꿔 자원을 재활용하다

reuse 유리병, PET병 등을 깨끗이 씻어 다시 사용하거나 이면지를 메모로 사용하는 등, 원래의 형태를 바꾸지 않고 자원을 재사용하다

❷ 내가 바로 '진짜 맥코이'야!

미국에 Norman Selby라는 유명한 권투선수가 있었다. 그는 Charles Kid McCoy라는 가명으로 세계 챔피언까지 올랐는데, 챔피언치고는 체격이 왜소한 편이었다. 한번은 술집에서 그를 알아보지 못한 불량배와 시비가 붙었는데, Selby의 강편치에 쓰러진 불량배가 "Oh my God, that was the real McCoy". (세상에, 정말 McCoy였구나)라고 말했다고 한다. 그때부터 the real McCoy라는 표현은 모조품이 아닌 진품이라는 뜻으로 쓰이게 되었다.

상표, 브랜드 trademark (inf TM); brand name; trade name ❶

애프터서비스 after-sales service

애프터서비스 ❌ after service
애프터서비스 ⭕ after-sales service

□ 그 회사는 애프터서비스가 확실해서 믿을 수 있다. I can trust the company because they provide reliable after-sales service.

품질 quality

□ 그 물건은 품질이 좋다. The quality of the product is good.

---

❶ 업종 대표브랜드

흔히 콜라 하면 '코카콜라'를 떠올리고, 조미료 하면 '미원'을 떠올린다. 코카콜라와 미원 모두 특정 회사의 상표임에도 불구하고 그 업종을 대표하는 브랜드이기 때문에 보통명사인 것처럼 인식하는 것이다. 또한 어떤 혁신적인 제품이 시장에 처음 나오게 되면 그 제품의 이름이 그대로 보통명사가 되기도 한다. 영어에서도 특정 회사의 제품명이 보통명사처럼 쓰이는 경우가 많은데, 가끔은 동사로도 쓰이는 경우가 있다. 제록스라는 복사기 회사의 제품명인 xerox를 동사로 쓰면 '~을 복사하다'라는 뜻이 되기도 한다. 영어에서 보통 명사처럼 쓰이는 업종 대표브랜드는 다음과 같다.

Aqualung 잠수용 산소탱크oxygen tank의 대표 브랜드
Band-Aid 반창고bandage의 대표브랜드
Barbie 바비인형. 상표 자체가 일반명사화되었다.
Bluetooth 블루투스. 상표 자체가 일반명사화되었다.
Botox 보톡스. 상표 자체가 일반명사화되었다.
Breathalyzer 음주측정기. 상표 자체가 일반명사화되었다.
Coke, Coca-Cola, Pepsi 콜라cola의 대표브랜드
Femidom 여성용 콘돔diaphragm의 대표브랜드
Frisbee 프리스비. 정식 명칭은 flying disc
Gameboy 게임기game console의 대표브랜드
Hoover 진공청소기vacuum cleaner의 대표브랜드
Hula-Hoop 훌라후프. 정식 명칭은 hoop
Jacuzzi 월풀욕조. 정식 명칭은 whirlpool bathtub
Jell-O 젤리jelly의 대표브랜드
Jet Ski 제트스키. 상표 자체가 일반명사화되었다.
Kleenex 티슈tissue의 대표브랜드
Laundromat 빨래방laundry의 대표브랜드
Lego 레고. 상표 자체가 일반명사화되었다.
Lock & Lock 밀폐용기airtight container의 대표브랜드
Lycra, Spandex 스판덱스. 상표 자체가 일반명사화되었다.
Magic Marker 매직펜marker의 대표브랜드

Photostat 컬러복사기photocopier의 대표브랜드
Pianola 자동피아노player piano의 대표브랜드
Polaroid 즉석카메라instant camera의 대표브랜드
Popsicle 막대 아이스크림ice lolly의 대표브랜드
Post-it 포스트잇. 상표 자체가 일반명사화되었다.
Q-tip 면봉cotton swab의 대표브랜드
Rollerblade 인라인스케이트in-line skates의 대표브랜드
Scotch Tape, Sellotape 투명테이프transparent tape의 대표브랜드
Sprite, Seven Up 사이다lemon-lime soda의 대표브랜드
Styrofoam 스티로폼. 정식 명칭은 polystyrene
Tabasco 칠리소스chili sauce의 대표브랜드
Thermos 보온병vacuum flask의 대표브랜드
Tylenol 두통약headache medicine의 대표브랜드
Vaseline 바셀린. 정식 명칭은 petroleum jelly
Vegeburger 고기를 넣지 않은 베지버거veggie burger의 대표브랜드
Velcro 접착포. 상표 자체가 일반명사화되었다.
Walkman 휴대용 카세트플레이어cassette player 의 대표브랜드
Wite-Out 수정액correction fluid의 대표브랜드
Xerox 복사기copy machine의 대표브랜드
Zippo 지포라이터. 상표 자체가 일반명사화되었다.

3.4 가격, 값 price

종류

고가 high price

고시가격, 공정가격 official price

공장도 가격, 원가 factory price
- 그 가게는 전자제품을 공장도 가격으로 판매한다.
  The store sells products as factory prices.

구매가, 구입가 purchase price

권장가격 recommended price

단가 unit cost; unit price
- 이 공책은 단가가 얼마나 하나요? What is the unit price of these notebooks?

도매가 wholesale price ⬌ 소매가 retail price

반값 half price
- 최신 휴대폰을 정가의 거의 반값에 샀다.
  I bought the latest cell phone for almost half price of the list price.

소비자가격 consumer price
- 생필품의 소비자가격이 일제히 올랐다.
  Consumer prices of daily needs have gone up simultaneously.

시세, 시장가격 market price[value]

염가, 저가 low price, 헐값 giveaway price; *inf* dirt cheap price

적정가격 reasonable price

정가, 판매가 (fixed; selling; full) price; (표시 가격) list price

최고가 the highest[top] price

⬌ 최저가 the lowest[bottom] price; rock-bottom price

특가 special offer

할인가 discount price; reduced price
- 일본 항공권을 30% 할인된 가격으로 구입했다.
  I bought an airline ticket to Japan at a 30% reduced price.

호가 asking price; (주식의) bid price

가격, 비용을 나타내는 영어
- **charge** (서비스에 대한) 수수료, 요금
- **cost** (생산·유지·구입 등에 들어가는) 가격, 비용
- **expense** 지출, 비용
- **fare** (대중교통의) 운임, 요금
- **fee** (의사·변호사에게 지불하는) 수수료, (단체에 가입할 때 내는) 비용
- **price** (파는 사람이 상품에 붙이는) 가격
- **rate** (등급에 따라 차등적으로 부과되는) 요금, 비용
- **toll** (다리·도로 등의) 통행료
- **tuition** 수업료

관련표현

가격경쟁 price war
- 대형 슈퍼마켓 간에 가격경쟁이 심화되고 있다.
  A price war between large supermarkets is intensifying.

가격 파괴 price break
- 자동차 업계에 가격 파괴 바람이 불고 있다.
  A wind of a price break is blowing through the automotive industry.

담합, 짬짜미 price-fixing
- 담합하다 do price-fixing
- 정유업체들이 휘발유 가격을 담합한 혐의로 적발되었다.
  The oil companies were charged for price-fixing.

물가통제 (정부에 의한) price control

비싼 expensive; high-priced; exorbitant; [f] costly; [inf] pricey ❶
- 이 전자제품은 비싼 만큼 값어치를 한다.
  This electronic product is expensive but worth it.
- 이 차는 너무 비싸서 내 형편으로는 엄두를 못 낸다.
  This car is so expensive that I cannot afford it.

싼, 저렴한 cheap; inexpensive; low-priced; cheapjack; [inf] dirt cheap ❷
- DSLR을 중고시장에서 싸게 구입했다.
  I bought this DSLR cheap in a second hand market.
- 이 가게는 다른 가게보다 물건을 10% 이상 싸게 판다.
  Things at this store are 10% cheaper than others.

올리다, 인상하다 raise; increase; bring up
- 담뱃값을 인상하다 raise cigarette prices

인하하다 lower; reduce; bring[cut] down
- 휴대전화 요금을 인하하다 lower cell phone usage fees

정찰제, 정액제 fixed-price system; price-tag system

---

❶ 가격이 너무 비쌀 때는
가격이 엄청나게 비쌀 때 그냥 expensive를 쓰면 왠지 허전한 감이 든다. 너무 비싸서 내 생활에 출혈이 있었다는 뉘앙스를 전달하고 싶을 땐 cost *sb* an arm and a leg이라는 표현을 써 보자. 말 그대로 물건값을 치르느라 팔다리를 하나씩 떼어 팔았을 정도라는 뜻이 된다.
A: How much did you pay for this watch? 이 시계 얼마 주고 샀니?
B: Be careful with that. It **cost me an arm and a leg**. 그 시계 조심해. 그거 사느라 등골이 휠 지경이야.

❷ '싸다'의 뉘앙스 차이
cheap 가격이 싼, 싸구려의
- ex I was lucky to get it so **cheap**.
  그걸 그렇게 싸게 사다니 정말 운이 좋았다.
- ex Her shoes looked **cheap** to me.
  그녀의 구두는 싸구려처럼 보였다.

inexpensive; low-priced (품질은 좋은데) 가격이 저렴한
- ex It's **inexpensive** but not cheap.
  이 물건은 싸지만 싸구려는 아니다.

dirt cheap 아주 헐값의
- ex I got this chair **dirt cheap** at a sale.
  세일로 이 의자를 아주 헐값에 구입했다.

3.5 단위, 용기, 포장

단위, 용기

가마, 가마니 rice bag
- 가마니를 짜다 weave rice bags

깡통, 캔 can; tin (can); canister ❶
- 슈퍼에 가서 맥주 두 캔만 사 와라.
  Go to the liquor store and get me two cans of beer.

다발 wad; bundle; (꽃 등의) bouquet
- 꽃가게에서 장미꽃 한 다발을 샀다. I bought a bouquet of roses at the florist.

두루마리, 롤 roll

드럼, 드럼통 drum
- 석유 한 드럼 a drum of oil

바구니 basket
- 장바구니 shopping basket

병 bottle; (약병·향수병 등의) vial; [f] phial

뚜껑, 마개 top; stopper; (코르크 등의) cork; (병따개로 여는) bottle cap; (돌려서 여는) screw top[cap]
- 병뚜껑을 열다 remove the bottle top / unscrew the bottle top
- 포도주병의 뚜껑을 꼭 닫아라. Replace the wine bottle top securely.

  유리병 glass bottle; (원통형의) Mason jar

cork　　bottle cap　　screw top

보따리, 봉지, 봉투 bag; pack; package; (비닐로 된) plastic bag; (종이로 된) paper bag; sack; [BE] carrier (bag) ❷
- 사과 한 봉지만 주세요. Give me a bag of apples please.

보자기 (wrapping) cloth
- 보자기로 옷을 싸다 wrap the garments in a cloth sheet

부대, 포대 burlap bag[sack]; gunny(sack)
- 감자 한 부대 a burlap sack of potatoes

비닐봉지 ❌ vinyl bag → ⭕ plastic bag
plastic은 플라스틱뿐만 아니라 비닐을 뜻한다.

상자, 박스 box; case; (종이상자) cardboard box; (나무상자) (packing) crate; [BE] packing case; (뚜껑이 달린) bin; (담배 등의) pack; [BE] packet
- 라면 한 상자 a box of instant noodles
- 나무상자 안에는 사과 10개가 들어 있다. There are 10 apples in the wood crate.

송이 bunch; cluster
- 포도 한 송이 a bunch of grapes

❶ 독일인의 별명은 석유통?

히틀러는 2차대전이 일어나기 직전, 차량용 보조 연료통을 만들도록 지시했다. 1차대전에 참전했던 히틀러는 아무리 훌륭한 전차라도 연료가 떨어지면 무용지물이라는 것을 잘 알고 있었기 때문이다. 그렇게 해서 만들어진 것이 jerry can이다. 히틀러는 연료를 가득 채운 수천 개의 jerry can을 비축해 놓고 전쟁에 대비했는데, 우연히 이런 정보를 알게 된 미국 정부도 jerry can을 만들고 전쟁 중에 사용했다. 이런 이유로 2차대전에 참가한 연합군 병사들은 독일군을 jerry라는 별명으로 불렀고, jerry는 지금도 독일인을 비하하는 표현으로 쓰이고 있다.

❷ carrier는 여행용 가방?

흔히 바퀴가 달린 여행용 가방을 트렁크나 캐리어로 부르는데, 영어에서 trunk는 바퀴가 달리지 않은 궤짝을 뜻하고, carrier는 쇼핑백을 뜻한다. 여행용 가방은 suitcase라고 한다.

suitcase　　trunk

carrier

양동이 bucket; pail
- 양동이에 물을 담다 fill a bucket with water

통 (물·술 등을 담는) barrel; cask; keg ❶

튜브 tube

팩 carton; (계란을 담는) egg carton
- 우유 한 팩 a carton of milk

포장

포장 wrapping; packing; packaging ❷
- 포장하다 (종이·천 등으로) wrap (up); (상자 등으로) pack (up); package (up); do packing; (선물용으로) gift-wrap
- 이것 좀 포장해 주시겠어요? Could you please gift-wrap this?

충전물 wadding, 포장재 packing material

포장지 wrapper; wrapping paper; (선물용) gift wrap; (책 표지를 포장하는) dust jacket[cover]
- 포장지를 뜯다 tear the wrapping paper

❶ 배럴의 의미

배럴barrel은 원통형의 저장통을 가리킨다. 원래는 둥그렇게 배가 나오고 나무로 만든 통을 배럴이라고 했지만, 요즘은 쇠나 플라스틱으로 만든 드럼통까지 배럴이라고 한다. 배럴은 팔레트pallet라고 하는 화물받침대와 지게차forklift가 개발되기 전까지 세계에서 가장 널리 쓰였던 저장 용기였는데, 들지 않고 굴릴 수 있어 운반이 편했기 때문이다. 배럴은 안에 든 내용물에 따라 각기 단위가 다른데, 원유crude oil 1배럴은 미국 기준으로 42갤런, 리터로 따지면 159리터에 달한다. 그런데 요즘은 원유를 파이프라인이나 유조선으로 운반하는데 왜 아직까지 배럴이라는 단위를 쓰는 것일까? 미국에서는 19세기 중반부터 유전 개발이 시작되었는데, 그때만 해도 정해진 도량형이나 저장 용기가 없어 배럴에 원유를 담았기 때문이다. 하지만 이제 배럴이라는 단위는 주로 미국에서만 쓰이고, 전세계적으로는 미터법을 사용해 원유의 양을 계산한다. 1배럴의 원유를 정제하면 약 75리터의 휘발유를 얻을 수 있다.

❷ 포장을 중시하는 미국인

미국인들이 선물을 하는 것을 보면 정말 배보다 배꼽이 크다는 표현이 딱 맞는다. 선물은 포장지wrapping paper로 포장한 다음 gift bag이라는 예쁜 종이백에 담는데, 포장지 위에는 tissue paper라고 하는 습자지와 비슷한 색깔 종이를 잘 뭉쳐 종이백 위로 나오도록 매만진 후, 종이백 손잡이에 선물용 꼬리표gift tag를 달기도 한다. 선물을 상자에 넣을 때에도 고급 선물상자gift box에 shred paper라는 잘게 자른 습자지 포장지를 따로 사서 상자 안에 가득 깔고 그 위에 선물을 넣은 후 리본으로 상자를 묶거나 bow라고 하는 색깔 리본을 붙이기도 한다. 이렇게 포장을 중시하는 풍조에 비해 백화점이나 상점에서 제공하는 포장 서비스는 형편없다. 계산을 하면서 포장을 요구하면 "We only have a gift box. Do you want one?"(선물용 상자밖에 없는데 그거라도 드릴까요?) 라고 물어 본다. 또한 "Can I have a gift box please?" 또는 "Do you have a gift box?"와 같이 선물상자를 요구하면 마분지로 된 상자와 흰색의 tissue paper를 쇼핑백 안에 넣어 주는 것으로 끝이다. 한국처럼 종업원이 예쁜 포장지로 정성껏 포장해 줄 것이라는 기대는 하지 말아야 한다. 쇼핑 상가에는 포장용품 전문 매장이 있고, Office Max 나 Target과 같은 소매점마다 포장용품 전문 코너가 따로 있어 이곳에서 재료를 구입하여 본인이 포장을 할 수 있다. 백화점 한 켠에 gift wrapping이라는 선물 포장 코너가 있지만 가격이 비싸 이용하는 사람이 많지 않다.

04 돈 money

4.1 결제수단 means of payment

현금

현금, 현찰 cash; hard cash; ready money[cash]
- 현금으로 계산할게요. I will pay in cash.

거금, 목돈, 큰돈 a lot of money; large sum (of money); fortune; *inf* big money; big bucks; megabucks
- 그는 부동산 투자로 거금을 벌었다. He made a fortune by investing in real estate.
- A: 백만 원만 빌려줄 수 있니? Can I borrow one million won from you?
  B: 나한테 그런 큰돈이 어디 있다고 그래. I don't have that kind of money.

거스름돈, 잔돈 change
- 거스름돈은 가지세요. Keep the change.
- 거스름돈을 잘못 계산해 주셨는데요. You gave me the wrong change.

소액, 잔돈, 푼돈 (small) change; small sum (of money); pocket money; *inf* peanuts; chicken feed ❶

돈 관련 속담
A bird in the hand is worth two in the bush. 남의 돈 천 냥보다 제 돈 한 냥이 낫다.
Desert and reward seldom keep company. 재주는 곰이 넘고 돈은 되놈이 번다.
Lend your money and lose your friend. 돈을 빌려주면 친구를 잃는다.
Money begets[makes] money. 돈이 돈을 낳는다.
Money changes hands. 돈은 돌고 돈다.
Money does not grow on trees. 돈은 거저 생기는 것이 아니다.
Money is a good servant, but a bad master. 사람 나고 돈 났지 돈 나고 사람 났나?
Money isn't everything. 돈이 전부는 아니다.
Money makes the mare (to) go. / Money talks. 돈이면 귀신도 부린다.
Take care of the pence, and the pounds will take care of themselves. 작은 돈을 돌보면 큰돈은 저절로 괸다.

유가증권

유가증권 marketable securities

교환권 coupon

바우처 voucher ❷

---

❶ **잔돈으로 깨 주세요**
우리말에서는 액수가 큰 돈을 잔돈으로 바꿀 때 '만 원짜리를 깨다'와 같은 표현을 쓴다. 영어에서도 액수가 큰 돈을 잔돈으로 바꿀 때 동사 change 대신 break를 많이 쓴다.
ex Can you break this 50-dollar bill into smaller ones? 이 50달러짜리 지폐를 잔돈으로 바꿔 주시겠어요?

❷ **rain check를 사용하겠습니다**
바우처란 특정한 상품이나 서비스를 받을 수 있는 일종의 상품권을 말한다. rain check도 바우처의 일종인데, 비로 인해 야구 경기가 취소되었을 때 나중에 무료로 야구장에 입장할 수 있는 바우처를 rain check라고 하고, 상점의 세일기간 도중 재고가 떨어졌을 때 나중에 세일가로 그 물건을 살 수 있는 바우처도 rain check라고 한다. 즉 rain check는 당장은 불가능하지만 나중에 구입하거나 사용할 수 있는 권리를 뜻한다. 그래서 영어에서 "I'll take a rain check (on that)."이라는 표현은 "지금 당장은 불가능하지만, 나중에는 꼭 하겠다"라는 뜻이 된다.
A: 우리 오늘밤에 놀러 나갈까?
   Do you want to go out tonight?
B: 다음에 하면 안 될까?
   Can I take a rain check on that?

상품권 gift certificate; [BE] token; (카드로 된) store[gift] card
  도서상품권 bookstore gift certificate[card]; [BE] book token
  문화상품권 gift certificate to books, movies, etc.
  백화점 상품권 department store gift certificate
소액환, 우편환 money order; [BE] postal order
수표 [AE] check; [BE] cheque
  □ 수표로 계산해도 될까요? Can I pay by check?
  가계수표, 개인수표, 당좌수표 personal check; certified check ❶
  배서, 이서 endorsement
    ■ 배서하다, 이서하다 endorse
    □ 수표 뒷면에 이서해 주십시오. Could you please endorse the back of the check?
  백지수표 blank check[cheque] ❷
  보증수표, 자기앞수표 cashier's check; bank check
  부도수표 bounced[bad] check; [inf] rubber check
  수표책 [AE] checkbook; [BE] chequebook
  여행자수표 traveler's check ([abb] TC)
  위조수표 forged check; counterfeit check
식권 meal ticket[coupon]; (직원에게 지급되는) luncheon voucher; (식량배급표) food stamp
쿠폰, 할인권, 할인쿠폰 (discount) coupon; money-saving coupon ❸
  □ 할인쿠폰이 있으면 비용이 할인되나요? Do I get a discount if I have a coupon?

❷ **당신에게 전권을 위임합니다**

백지수표 blank check는 개인수표를 발행하는 사람의 서명만 들어있을 뿐 금액란은 비어 있는 수표를 말한다. 즉, 백지수표를 받는 사람은 자기가 원하는 만큼 마음대로 금액을 적을 수 있다. 여기서 유래된 표현이 carte blanche다. carte blanche는 '하얀 종이'라는 뜻의 프랑스어로 blank check와 같은 뜻인데, 어떤 사람에게 carte blanche를 준다는 말은 그 사람에게 모든 권한을 위임한다는 뜻이다. 참고로 진정한 의미의 백지수표는 존재하지 않는다고 보면 된다. 개인수표를 발행하는 사람이 아무리 세계 최고의 부자라 하더라도 금액란에 터무니없는 금액을 적으면 부도가 날 수밖에 없기 때문이다.
[ex] 그는 나에게 전권을 이임했다.
He gave me completed carte blanche to act on his behalf.

❸ **미국은 쿠폰 사회**

한국인들은 미국인이 사치스러울 것이라는 편견을 가지고 있다. 하지만 대부분의 미국인들은 절약정신이 몸에 배어 있기 때문에 한 푼이라도 더 싸게 쇼핑을 하기 위해 노력을 한다. 알뜰 쇼핑에 빠질 수 없는 것이 할인 쿠폰인데, 정기적으로 우편으로 할인 쿠폰을 보내는 상점도 있고, 엽서 크기만한 홍보용 쿠폰 책자나 잡지를 통해 세일 판매를 선전하는 상점도 있다. 그러한 상점에 가 보면 할인 쿠폰을 손에 들고 쇼핑을 하는 사람들을 많이 볼 수 있다. 지역 신문의 일요판 Sunday edition은 신문지의 거의 반 이상이 쿠폰으로 채워져 있는데, 가격이 평일판에 비해 두 배 가까이 비싸지만 항상 불티나게 팔린다.

❶ **미국에서는 개인수표를 사용하라**

우리나라와 다른 미국의 금융 시스템 중에 개인수표라는 것이 있다. 개인수표는 말 그대로 개인이 은행처럼 수표를 발행하는 것으로, 미국에서는 공과금이나 자잘한 물건값을 낼 때에도 개인수표를 사용할 만큼 개인수표는 신용카드와 더불어 미국에서 없어서는 안 될 필수품이다. 개인수표를 발행하려면 먼저 은행에 당좌계좌 checking account라는 것을 개설해야 한다. 계좌를 개설하면 은행에서 예금주에게 수표책 checkbook을 주는데, 한 장씩 떼어 쓸 수 있어서 결제할 금액을 적고 서명을 해서 주면 그것을 받은 수취인은 해당 은행에 수표 결제를 요청하고, 은행은 수표 발행자의 계좌에서 해당 금액만큼을 인출해서 지불하게 된다. 계좌에 충분한 잔고가 남아 있다면 문제가 되지 않지만, 만약 잔고가 부족해서 결제가 되지 않는다면 개인수표가 부도가 나게 된다. 이렇게 부도난 수표를 bounced check라고 하는데, 철저한 신용사회인 미국에서 개인수표가 부도나면 개인의 신용도에 치명적인 영향을 미치게 된다. 그래서 항상 계좌에 잔고가 충분히 남아 있는지 확인해야 한다. 개인수표를 작성할 때에는 그림의 DATE란에 수표를 발행하는 날짜를 적고, PAY TO THE ORDER OF 옆에는 수표를 받는 사람의 이름, $ 옆에는 지불 금액, FOR에는 수표의 지불 용도, 그 옆에는 자신의 서명을 한다. 금액을 적는 방법이 좀 특이한데 만약 50달러 35센트를 지불한다면 $ 옆에 50 35/100과 같이 센트를 백분율로 표시해서 적고, 받는 사람의 이름 밑에 있는 줄에 Fifty and thirty-five와 같이 알파벳으로 풀어 쓰면 된다.

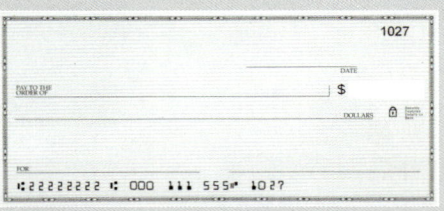

신용카드

신용카드, 카드 (credit) card; `inf` plastic ❶
- 카드 되나요? Do you take credit cards?
- 카드회사에서 카드 한 장을 발급받았다. The credit card company issued me a card.
- 카드로 구두 한 켤레를 샀다.
  I bought a pair of shoes and put it on my credit card.
- 죄송하지만 저희 가게는 카드를 받지 않습니다.
  Sorry, but our store does not take credit cards.

골드카드, 플래티넘카드 platinum card

선불카드 prepaid (credit) card ⇔ **후불카드** charge card

스마트카드 smart card

적립카드 (상점의) loyalty card; rewards card

직불카드, 체크카드 debit card; check card

할인카드 discount card

현금카드 cash card; bank card; ATM card

회원카드, 멤버십 카드 membership card
- 회원카드가 있으면 입장료를 할인받을 수 있다.
  If you have a membership card the entrance fee will be discounted.

❶ **미국에서 신용카드를 발급 받는 법**
한국에서는 길거리나 백화점 등의 상가에서 카드 모집인이 신용카드 가입을 권유하는 모습을 종종 볼 수 있다. 그러나 이러한 광경은 개인의 신용이 절대적으로 강조되는 미국 사회에서는 상상하기 힘들다. 아무리 한국에서 대기업의 부장을 지내고 미국으로 취업하여 six digit salary(10만 달러 이상의 연봉)를 받는다 하더라도 미국 내에서 신용 거래가 없다면 카드 발급을 거절당하기 십상이다. 이럴 때에는 서너 군데의 카드 회사에 신청하여 신용 한도credit limit가 최하 등급인 카드를 발급받아 사용하며 자신의 신용점수를 쌓아야 한다. 신용카드는 해당 회사의 홈페이지에서 직접 발급 신청을 하거나, 은행 등에 비치된 신청서를 작성해서 우편으로 보내야 하는데, 카드를 신청할 때에는 자신의 사회보장번호social security number를 기입하고, 신용 조회에 동의해야 한다. 카드 발급 시 우선시되는 기준은 현재 수입income보다는 신용 점수 credit score이다. 신용카드의 종류에는 항공사, 호텔, 백화점 등에서 발급하는 membership credit card와 금융기관 등에서 발급하는 general credit card가 있다. membership card는 사용 액수에 따라 마일리지가 쌓이거나 무료 호텔 숙박권을 주기도 하고, general credit card는 사용 액수에 비례해 현금을 돌려준다.

4.2 화폐, 통화 currency

종류

동전, 주화 coin
- 백 원짜리 동전 하나 있니? Do you have a 100-won coin?
  - 금화 gold coin
  - 앞면 (얼굴이 그려진) heads; obverse ↔ 뒷면 tails
  - 엽전 brass coin (with a square hole in the middle)
  - 은화 silver coin

지폐 bill; note; paper money; [f] banknote
- 고액권 large-denomination[high-denomination] banknote
- 군표 military payment certificate ([abb] MPC)
- 소액권 small-denomination banknote
- 신권 new banknote ↔ 구권 old banknote
- 위조지폐 counterfeit money[bill; banknote]; fake note[banknote]; [inf] funny money
- 전자화폐 e-money; e-cash; electronic[digital] money[cash]

외화

외화 foreign currency ❶

달러, 달러화 dollar (기호 $); (미화, 미국 달러) US dollar ([abb] USD) ❷
- 1센트 cent (기호 ¢); penny
- 5센트 nickel
- 10센트 dime
- 25센트 quarter
- 50센트 half dollar
- 1달러 one dollar; single; [inf] buck
- 2달러 two-dollar bill[note]
- 5달러 five-dollar bill[note]; fiver
- 10달러 ten-dollar bill[note]
- 20달러 twenty-dollar bill[note]
- 50달러 fifty-dollar bill[note]

❶ 화폐의 복수형

복수형에 s가 붙는 화폐
- dollar - dollars 달러
- euro - euros 유로
- pound - pounds 파운드

단수와 복수의 형태가 같은 화폐
- won - won 원
- yen - yen 엔
- yuan - yuan 위안

❷ 달러를 $로 표기하는 이유

1775년 미국은 영국을 상대로 독립전쟁을 벌였다. 전쟁에 필요한 비용을 마련하기 위해 국채를 발행해야 하는데, 전쟁 상대국인 영국의 화폐 단위를 사용할 수는 없는 일이었다. 그래서 Spanish dollar라고 불렸던 스페인의 은화 peso로 전쟁 비용을 갚기로 했다. 그리고 10년 후인 1785년, Spanish dollar에서 Spanish를 뺀 dollar를 미국의 정식 통화로 지정했다. 하지만 왜 달러를 $(dollar sign)라는 기호로 표기하기 시작했을까? 스페인 은화의 앞면에는 스페인 왕실의 문장coat of arms이 그려져 있는데, 헤라클레스의 기둥Pillars of Hercules이라고 불리는 두 개의 기둥이 양쪽에 세워져 있고 그 기둥을 리본 모양의 물체가 감싸고 있다. 이러한 그림에서 $가 비롯되었다는 설이 가장 유력하다.

❷ 달러는 미국에서만 쓴다?

16세기에 지금의 체코 지방에 살던 귀족이 St. Joachim's Valley라는 계곡에 있는 탄광에서 채굴한 은으로 동전을 만들었다. 그 동전을 Joachimstaler, 줄여서 taler라고 불렀는데, 계곡이라는 뜻의 taler에서 dollar가 유래되었다. 달러는 미국을 비롯한 삼십 여 개국에서 쓰이는 화폐 명칭인데, 미국 달러United States Dollar는 USD, 홍콩 달러Hong Kong Dollar는 HKD와 같이 표기한다. 우리나라에서는 $(dollar sign)의 모양이 弗(아닐 불)이라는 한자와 모양이 비슷해서 달러를 '불'로 읽기도 한다.

100달러 one hundred-dollar bill[note]; `AE` `inf` C-note ❶

엔, 엔화 yen (기호 ¥)

원, 원화 won (기호 ₩), 한화 Korean currency

위안, 위안화 yuan (기호 ¥)

유로, 유로화 euro (기호 €)

C는 로마숫자로 100을 의미

2010년 5월 현재, 유럽연합European Union 소속 27개국 중에서 유로화를 단일 통화로 사용하는 나라는 16개 국에 이른다. 이들 나라를 유로존eurozone이라고 하는데, 오스트리아, 벨기에, 키프로스, 핀란드, 프랑스, 독일, 그리스, 아일랜드, 이탈리아, 룩셈부르크, 몰타, 네덜란드, 포르투갈, 슬로바키아, 슬로베니아, 스페인 등이 유로존에 속해 있다. 영국과 덴마크를 포함한 11개 국가는 유럽연합 소속이면서도 유로화를 사용하지 않고 기존의 자국 통화를 사용하고 있다.

파운드, 파운드화 pound (기호 £) ❷; (영국의) pound sterling
  페니, 펜스 penny (`pl` pence) (기호 p.)

환전

환전 exchange

- 환전하다 change; exchange
- 공항 내의 환전소는 환율이 좋지 않아서 시내의 사설 환전소에서 환전했다. I had to go to a private money changer downtown to exchange money because the airport service exchange rate was too high.

환전상, 환전소 money changer; currency exchange service

환율 exchange rate; rate of exchange

❶ 슈퍼노트

극도로 정교하게 위조된 100달러짜리 미국 달러를 슈퍼노트supernote 혹은 슈퍼달러superdollar라고 한다. 일반적인 위조 기술을 훨씬 뛰어넘는다고 해서 super가 붙었으며, 북한, 이란, 러시아 등의 미국의 적대국이 슈퍼노트를 만들고 있다고 추정된다.

❶ 100달러와 1센트

미국에서 많이 통용되는 지폐는 1달러, 5달러, 10달러, 20달러이다. 2달러, 50달러, 100달러짜리 지폐는 그다지 많이 통용되지 않는다. 미국에서 일상적으로 통용되는 화폐 중 가장 큰 액수의 지폐는 20달러짜리 지폐인데, 현금지급기에서도 20달러 지폐 단위로만 돈을 인출할 수 있다. 식당이나 상점에서 100달러짜리 지폐를 내미는 사람은 십중팔구 관광객이라고 할 수 있다. 동전은 1센트, 5센트, 10센트, 25센트의 모든 동전이 고루 통용된다. 한국에서는 1원짜리 동전을 보기 힘들지만, 미국에서는 물건 가격이 $9.99와 같이 백분율로 표기될 뿐만 아니라 물건값에 더해지는 세금 때문에 1센트 동전이 아주 유용하게 쓰인다.

❷ 파운드는 왜 £ 기호를 쓸까?

파운드pound는 p로 시작하는데 왜 L자 모양의 기호를 쓸까? 이것은 라틴어로 저울을 뜻하고, 로마에서는 도량형 단위로 쓰였던 libra의 약자를 상징한다. £처럼 각국의 화폐기호currency sign의 모양은 대부분 알파벳 대문자에 가로나 세로로 줄이 그어져 있는데, 그 이유는 선을 긋지 않으면 다른 화폐기호와 헷갈리기 때문이다. 예를 들어 DM(독일 마르크화)이나 Fr(프랑스 프랑화)과 같은 화폐기호는 다른 기호와 혼동할 염려가 없기 때문에 줄을 긋지 않는다.

유난히 별명이 많은 미국 달러

- **buck** 단수로 쓰면 1달러, 복수로 쓰면 돈을 뜻한다. buck은 수토끼나 사슴 수컷이라는 뜻도 있는데, 19세기 초에는 수사슴 한 마리의 가죽이 1달러에 거래되었다고 한다.
- **greenback** 미국의 남북전쟁 당시 북부 연방정부에서 발행한 지폐의 색깔이 녹색이어서 붙은 이름. 반면 남부 동맹이 발행한 지폐는 뒷면이 백지였다.
- **dead presidents** 미국인들이 돈의 의미로 쓰는 속어. 미국 지폐의 앞면에 (지금은 죽은) 역대 대통령들의 얼굴이 그려져 있기 때문인데, 1달러에는 조지 워싱턴George Washington, 2달러에는 토머스 제퍼슨Thomas Jefferson, 5달러에는 에이브러햄 링컨Abraham Lincoln, 10달러에는 알렉산더 해밀턴Alexander Hamilton, 20달러에는 앤드류 잭슨Andrew Jackson, 50달러에는 율리시스 그랜트Ulysses Grant, 100달러에는 벤자민 프랭클린Benjamin Franklin의 초상화가 그려져 있다. 한편 유럽연합의 유로화에는 유럽의 건물과 지도가 그려져 있다.
- **grand** 1,000달러의 액수를 가리키는 말. 수천 달러는 G's로 표기하기도 한다.

25센트 동전은 유심히 살펴보세요

미국에도 화폐를 수집하는 사람들이 많다. 이들에게 가장 인기 있는 화폐는 단연 state quarter다. 미국 조폐국the United States Mint에서는 1999년부터 2008년까지 매년 5개의 주state를 선정하여 그 주의 독특한 디자인이 뒷면에 들어간 25센트 동전을 발행했는데, 그런 25센트 동전을 state quarter라고 하고, 그 프로그램을 the 50 State Quarters Program, 즉 '50개 주 25센트 프로그램'이라고 한다. 동전을 사고파는 coin dealer들은 50개의 state quarter를 모두 모은 state quarters collection의 현재 가격을 quarter 한 개당 10달러 정도로 보고 있다. 하지만 많은 사람들이 state quarter를 보기만 하면 수집을 하고 있기 때문에 시간이 갈수록 그 가치가 더 올라갈 것으로 보인다.

1999년	2000년	2001년	2002년	2003년
Delaware	Massachusetts	New York	Tennessee	Illinois
↓	↓	↓	↓	↓
Pennsylvania	Maryland	North Carolina	Ohio	Alabama
↓	↓	↓	↓	↓
New Jersey	South Carolina	Rhode Island	Louisiana	Maine
↓	↓	↓	↓	↓
Georgia	New Hampshire	Vermont	Indiana	Missouri
↓	↓	↓	↓	↓
Conneticut	Virginia	Kentucky	Mississippi	Arkansas

2010년부터는 America the Beautiful Quarters Program이라는 새로운 화폐 발행 프로그램이 시작될 예정이다. 이것은 미국의 각 주에 있는 국립공원과 국가 유적지의 모습을 25센트 동전 뒷면의 디자인으로 새겨넣는 프로그램인데, 미국의 50개 주뿐만 아니라 콜럼비아 특별구와 푸에르토리코와 같은 미국령 국가도 포함되어 총 56개의 동전이 매년 5개씩 발행될 예정이다. 2010년에는 옐로스톤국립공원Yellowstone National Park을 비롯한 5곳의 국립공원과 국가 유적지가 25센트 동전으로 만들어진다.

1달러 지폐에 숨은 상징

현재 사용하는 1달러 지폐는 1935년에 만들어졌다. 그전에는 크기가 약간 크고 디자인이 다른 1달러 지폐를 사용하거나 silver dollar라고 하는 은화를 사용했다. 프랭클린 루즈벨트 대통령이 승인한 현재의 1달러 지폐 도안은 뒷면의 복잡한 기호와 상징으로 인해 끊임없이 논란의 대상이 되고 있다. 중앙의 ONE이라는 글자의 좌우측에 있는 피라미드와 독수리 그림은 미국의 외교문서에 사용되는 국새와 동일한 디자인이다.

① 13층으로 된 피라미드는 미국의 힘과 견고함을 상징한다. 13이라는 숫자는 미국 초기의 13개 주state를 상징하며, 피라미드가 완성되지 않은 이유는 미국이 아직 완성되지 않고 계속 성장하고 발전하는 나라라는 의미이다. 피라미드 하단에 있는 로마숫자 MDCCLXXVI는 미국이 영국으로부터 독립한 1776년을 가리키는데 공교롭게도 비밀단체인 일루미나티Illuminati가 만들어진 해이기도 하다.
② 빛나는 삼각형 안의 눈은 all-seeing eye라고 하며, 신이 미국을 지켜주고 있다는 것을 상징한다. all-seeing eye는 유명한 비밀단체인 프리메이슨Free Mason의 상징으로도 쓰이기 때문에 음모론자들은 미국을 실질적으로 지배하는 것은 프리메이슨이라고 주장한다.
③ 피라미드 위에 있는 ANNUIT COEPTIS는 라틴어인데, 영어로 번역하면 'God has favored our undertakings', 즉 '신은 우리의 일을 지켜주신다'라는 뜻.
④ 피라미드 밑에 있는 NOVUS ORDO SECLORUM는 'a new order for the ages' (새로운 미국의 시대)라는 뜻인데, 미국이 영국으로부터 독립했음을 나타낸다. 좌측과 우측의 원에 이어져 있는 THE GREAT SEAL OF THE UNITED STATES는 미국의 국새라는 뜻이다.

① 미국의 국조(國鳥)인 흰머리수리의 중앙에 있는 방패는 미국 국기를 상징하는데, 받침대 없이 서 있는 방패는 미국이 자주국가라는 의미를 담고 있다.
② 독수리가 물고 있는 리본에 써 있는 E PLURIBUS UNUM은 'out of many, one'이라는 뜻인데 '여러 개의 주가 모여 하나의 국가를 형성했다'는 뜻.
③ 독수리 머리 위의 13개의 별은 피라미드와 마찬가지로 13개 주를 상징한다.
④ 독수리가 발톱에 쥐고 있는 올리브 가지olive branch와 화살arrow은 미국은 평화를 원하지만 평화를 지키기 위해서라면 전쟁도 불사한다는 뜻을 담고 있다. olive branch는 평화의 상징으로서 'extend an olive branch' (올리브 가지를 내밀다) 라는 표현은 '화해를 요청하다'라는 뜻으로 종종 쓰이는 표현이다.

05 은행 bank

5.1 은행 일반

종류

국립은행 national bank
국책은행 government-financed bank
상업은행 commercial bank
신탁은행 trust bank
외환은행 foreign-exchange bank
저축은행 savings bank
주거래은행 main (creditor) bank
중앙은행 central bank ❶
   한국은행 Bank of Korea
지방은행 local bank; provincial bank
투자은행 investment bank
특수은행 specialized bank

시설

금고실 (bank) vault; strongroom
   금고 safe; strongbox
   대여금고 safe-deposit box; safety deposit box
   야간금고 night depository; night safe
동전교환기 coin-exchange machine
창구 (teller's) counter
현금인출기, 현금지급기 ATM (automated[automatic] teller machine 의 약자); CD (cash dispenser의 약자); BE cash machine; cash dispenser; cashpoint

❶ 미국의 중앙은행은 공기업일까?

미국의 중앙은행은 공기업일까? 사기업일까? 미국의 중앙은행인 연방준비제도Federal Reserve System는 1913년 제정된 연방준비은행법Federal Reserve Act에 의해 설립된 민간기업이다. 우리나라의 중앙은행인 한국은행과 달리 연방준비제도는 고위직 관리의 임용 및 연봉 책정 등의 극히 일부에서만 미국 정부의 통제를 받는 완전 독립 기관이다. 이 기관은 미국 전역에 있는 12개의 연방준비은행Federal Reserve Bank과 수도 Washington D.C.에 본부를 두고 있는 연방준비제도이사회Federal Reserve Board로 구성되는데, 화폐의 발행 및 통화량 조절, 은행간의 이자율을 통제하여 미국 경제뿐 아니라 세계 경제에도 막대한 영향을 미치고 있다. 다시 말하자면 사기업이 미국의 통화 정책을 좌우하고 있는 셈이다. 경제 대통령으로 불리던 앨런 그린스펀Alan Greenspan에 이어 2006년 의장으로 당선된 벤 버냉키Ben Bernanke는 2010년 재임되었는데, 서브프라임 사태로 초래된 금융 위기 상황에서 연방준비은행의 금리를 낮추고, 2조 달러 이상의 유동성 자금을 시장에 공급하는 등의 적극적인 경기부양책을 실시함으로써 최악의 상황을 막았다는 평가를 받고 있다.

연방준비제도의 직인

이런 은행도 있다

blood bank 혈액원, 혈액은행
cord blood bank 제대혈은행
egg bank 난자은행
eye bank 각막은행, 안구은행
sperm bank 정자은행

5.2 대출, 융자 loan; financing

채권자와 채무자

채권자 creditor
채무자 debtor; borrower

종류

가계대출 home loan
구제금융 bailout ❶
  ☐ IMF에 구제금융을 신청하다 request a bailout from IMF
단기대출 short-term loan ⟷ 장기대출 long-term loan
담보대출 secured loan; collateralized loan
  ☐ 은행에서 담보대출을 받아 아파트를 구입했다.
    I got a secured loan from my bank and purchased an apartment.
  모기지론, 주택담보대출 mortgage (loan)
  근저당, 담보 (collateral) security; collateral

  security 담보
  securities 증권

사채(私債) private loan
  ☐ 급전이 필요해서 사채를 썼다. I needed money urgently, so I had to take advantage of a private loan.

  사채업자 (private) moneylender
  고리대금업자 loan shark

소액대출 microcredit
신용대출 credit loan
  신용 credit
  신용도, 신용등급 credit rating; credit score
  신용불량자 delinquent borrower
  신용조회 credit check[inquiry]
    ☐ 신용조회를 하다 do a credit check
외채 foreign debt[liabilities]
일수 daily installment loan
학자금 대출 student loan
현금 서비스 cash advance

❶ IMF는 어떤 기관인가?
국제통화기금 IMF는 International Monetary Fund의 약자로서, 여러 나라들이 자금을 출원하여 세운 국제 금융기관이다. 형식적으로는 국제연합의 한 기구이지만, 실질적으로는 자금을 많이 출원한 미국과 유럽 국가들이 조직을 좌우하고 있다. 우리나라는 1997년에 외환보유고 부족으로 IMF에 구제금융을 신청했는데, IMF에서 돈을 빌리게 되면 IMF는 빌려준 돈을 떼이지 않기 위해 해당 국가의 경제 정책에 직간접적으로 영향력을 행사하게 된다. 따라서 IMF의 구제금융을 받은 나라에서는 활발한 투자보다는 대규모 구조조정과 긴축정책이 따르게 되고 대량 실업자가 발생하게 된다.

이자

이자, 대출이자 interest, 금리, 이율 interest rate; rate of interest
- 한 달 이자가 얼마나 되죠? What is the monthly interest?
- 이 돈은 이자까지 쳐서 꼭 갚을게. I will pay it back with interest.

가산금리 spread

고금리, 고리 high interest (rate) ⬌ 저금리, 저리 low interest (rate)
- 고리로 돈을 빌리다 borrow money with high interest

고정금리 fixed rate ⬌ 변동금리 variable rate
- 변동금리로 천만 원을 대출 받았다.
  I have a 10 million won loan with a variable rate.

기준금리 base interest rate, 표준금리 standard rate

단리 simple interest

복리 compound interest

연리, 연이율 annual interest rate; (interest) rate per annum

연체이자 overdue interest; interest on arrears

우대금리 prime rate

확정이자 fixed interest

관련표현

대출금, 융자금 loan

대출 한도 credit line; credit limit; line of credit

보증, 지급보증 (payment) guarantee
- 그는 친구의 빚보증을 섰다가 패가망신했다.
  He made a payment guarantee on his friend's loan and lost everything.
  - 보증인 surety; bondsman; guarantor
  - 연대보증인 joint[collective] surety

부채, 빚, 채무 debt; liabilities; payables
- 악성 채무 bad debt
- 연체되다 be in arrears; be overdue
  - 그 남자는 카드 대금이 한 달 연체되었다. His credit bill is a month overdue.
- 연체액 arrears; arrearage

연체자, 체납자 defaulter
채무불이행 default, 지급불능 insolvency

상환 repayment
- 갚다, 상환하다 pay back; repay; redeem
- 그 회사는 만기일까지 빚을 갚지 못해 부도 처리됐다. The company filed for bankruptcy because they could not pay back the loan at maturity.

상환기일, 만기일 maturity

원금 principal

차용증 IOU ❶

채권(債權) receivables
- 채권을 추심하다 collect receivables

부실채권 bad debt

채권 추심원 debt collector

추심 collection

채권(債權) receivables. 남에게 빌려준 돈
채권(債券) bond. 국가나 회사가 자금을 마련하기 위해 발행한 증서

❶ IOU란?
IOU는 약식 차용증으로서, I owe you, 즉 '당신에게 빚을 졌다'라는 뜻의 문장을 소리 나는 대로 만든 단어를 가리킨다. IOU에는 돈을 빌린 사람의 이름과 금액을 적는데, 약속어음promissory note처럼 상환 일자를 기입하지는 않는다.

미국의 대출 정책

미국에서는 법적으로 성인이 되는 18세 이후에는 경제적인 문제를 부모에게 의존하지 않고 스스로 해결해야 한다. 그렇기 때문에 미국에서 18세라는 나이는 사회적으로 독립을 하는 나이이자 은행에서 대출을 시작하는 나이라고 할 수 있다. 일반적인 미국인을 예로 들면, 대학에 진학할 때는 학자금 대출student loan, 졸업 후 취직하여 자동차를 구입할 때는 자동차 대출auto loan, 그리고 결혼하여 집을 장만할 때는 주택자금 대출home loan을 받는다. 대출 이자율을 결정하는 절대적인 기준은 최저 350점에서 최고 850점에 이르는 신용등급credit score인데, 최근 강화된 대출 기준에 따르면 740점 이상은 excellent, 680~740점은 good, 540~680점은 poor, 540점 이하는 bad로 분류된다. 만약 신용등급이 excellent, 즉 최우수 등급이고 두 번째 기준인 수입원income source이 확실하다면 이자율이 낮아지지만, 신용등급이 낮은 사람이 대출을 받으려면 높은 이자를 감당할 수밖에 없다.

1. 학자금 대출 student loan
학자금 대출에는 미국 정부에서 보증하는 Federal Stafford Loan과 Perkins Loan, 그리고 일반 금융기관에서 대출 받는 private student loan이 있다. 학자금 대출은 재학 중에 대출 이자를 내느냐, 내지 않느냐에 따라 보조금 지급 융자subsidized loan와 보조금 미지급 융자unsubsidized loan로 나뉘는데, subsidized loan은 정부에서 이자를 대신 내주고, unsubsidized loan은 대출 당사자가 이자를 내야 한다. 학자금 대출의 이자율은 5%~7% 수준인데, 융자 한도는 대학생은 1년에 $5,500~7,500, 대학원생은 $9,500~12,500 사이다. 학교를 졸업하면 대출금을 상환해야 하는데, 졸업 후 6개월 동안은 유예 기간grace period이 주어지며, 이 기간 동안 대출금 상환에 대한 자료와 첫 번째 상환일이 언제부터 시작되는지 등의 자세한 내용을 통보받게 된다. 특별한 이유가 있으면 상환을 유예 받을 수 있지만 그렇지 않으면 6개월 이후부터 대출금을 갚아야 한다.

2. 자동차 대출 auto loan
자동차를 구입할 때는 자동차 대출auto loan을 이용하는데, 보통 차량 가격의 5% 정도를 계약금 조로 현금 지불하고 나머지는 1~5년에 걸쳐 상환하게 된다. 자동차 대출은 자동차 판매업자car dealer를 통한 wholesale auto loan과 은행이나 신용조합credit union과 같은 사금융기관을 통한 private auto loan으로 구분된다. 자동차 대출의 이자율은 자동차 구입자의 신용등급, 수입, 그리고 차종을 기준으로 결정된다.

3. 주택자금 대출 home loan
미국에서는 주택 가격의 20%를 주택 구입자가 보증금security deposit으로 내고 나머지 80%는 은행에서 융자mortgage를 얻는 방식으로 주택을 마련하는 것이 일반적인 방식이었다. 이런 대출 방식을 prime loan이라고 하는데, 금리는 고정금리이며 30년 동안 갚아 나가면 된다. 그런데 2004년에서 2008년 사이, 주택 구입자는 0~5%의 보증금을 내고 금융기관이 주택 가격의 95~100%를 융자해 주는 subprime loan이란 상품을 금융기관에서 내놓았다. 사람들은 현금 한 푼 없이 은행 대출만으로 집을 구입할 수 있게 되었고 이로 인해 주택가격이 비정상적으로 치솟게 되었다. 하지만 subprime loan은 고정금리가 아니라 adjustable mortgage rate라고 하여 높은 이자율을 변동적으로 적용시키는 금융상품이기 때문에, 경제적 능력이 없는 사람들은 치솟는 이자율을 감당할 수 없어 결국 대출기관으로부터 집을 압류당하게 되었고 은행들도 대출 원금마저 떼이는 서브프라임 사태subprime mortgage crisis가 발생하게 되었다.

5.3 예금, 저축 saving

종류

당좌예금, 보통예금 [AE] checking account; [BE] current account

저축예금 savings account

적금, 정기적금 installment savings plan
- 천만 원짜리 적금을 들었다.
  I signed up for a ten million won installment savings plan.

정기예금 time deposit

주택청약저축 (housing) subscription deposit account

계좌

계좌 (bank) account
- 계좌를 없애다 close the account
- 계좌를 개설하려고 하는데요. I'd like to open an account.
- 경찰은 피의자의 계좌 추적에 나섰다.
  The police are investigating suspect's bank accounts.

계좌번호 account number

비밀번호 password; PIN (personal identification number의 약자); PIN number

가명계좌 false-name account

무기명 계좌 numbered (bank) account

비밀계좌 secret bank account

주식계좌 margin account

차명계좌 borrowed-name bank account

휴면계좌 dormant account

입금, 출금, 송금

송금, 이체 wire transfer ❶
- 송금하다, 이체하다 wire; transfer
- 폰뱅킹으로 동생에게 10만 원을 송금했다. I transferred one hundred thousand won to my brother's account through telephone banking.

자동이체 direct debit
- 휴대전화 요금은 매달 자동이체로 빠져나간다.
  My cell phone bill is paid monthly using direct debit.

지로 giro
- 나는 지로로 전기요금을 납부한다. My power bills are paid using giro.

입금 deposit
- 입금하다 deposit; credit
- 이 수표를 제 당좌예금계좌에 입금해 주세요.
  I'd like to deposit these checks to my checking account.

입금 전표 deposit slip

출금 withdrawal
- 출금하다 withdraw; (은행이 개인 계좌에서) debit

출금 전표 withdrawal slip

홈뱅킹 home banking
모바일뱅킹 mobile banking, 폰뱅킹 telephone banking ❷
온라인뱅킹 online banking, 인터넷뱅킹 electronic banking; Internet banking; e-banking
텔레뱅킹 telephone banking; telebanking

❶ 미국에서 송금하는 방법
미국 내의 다른 은행으로 송금을 하거나 해외 송금을 할 때는 은행을 직접 방문하여 송금의뢰서 Outgoing Wire Transfer Request를 작성해야 하는데, 송금의뢰서에는 송금자의 계좌번호 customer account number와 수신자의 계좌번호 beneficiary account number뿐만 아니라 수신 은행에 관한 정보로 은행명과 주소 그리고 SWIFT BIC를 기입해야 한다. SWIFT는 Society for Worldwide Interbank Financial Telecommunication의 약자로 전 세계 208개국 8,300개 금융기관들이 회원으로 가입해 있는 회사를 말하며, BIC란 Bank Identifier Code의 약자로 SWIFT에서 지정한 각 은행의 고유 번호를 가리킨다. 통상적인 송금 수수료는 2만 5천 달러 이하인 경우 25~45달러인데, 같은 은행에 송금할 때는 수수료를 받지 않는다. 한편 미국 국내 및 해외로 1만 달러 이상을 송금할 때에는 송금 내역이 자동적으로 미국 국세청 IRS에 통보된다.

❷ 폰뱅킹과 모바일뱅킹의 차이
폰뱅킹 telephone banking은 전화를 걸어 ARS 방식으로 하는 금융 거래를 가리키고, 모바일뱅킹 mobile banking은 휴대전화의 무선 인터넷을 통한 금융 거래를 가리킨다.

관련표현

돼지저금통, 저금통 piggy bank ❶; coin box; moneybox
- 저금통에 동전을 넣다 put coins in the piggy bank
- 돈이 한 푼도 없어서 저금통을 깨고 돈을 꺼냈다.
  I broke my piggy bank because I am broke.

예금액, 저축액 savings; deposit

예금자, 예금주 depositor; account holder

예금통장, 저금통장, 통장 bankbook; [BE] passbook ❷

잔고, 잔액 (bank) balance
- 통장에 잔액이 한 푼도 없다. My account balance is zero.

❶ **돼지저금통은 반드시 돼지 모양이다?**
옛날 사람들은 항아리와 같은 옹기에 돈을 모았다. 옹기의 재료가 되는 진흙을 중세 영어로 pygg라고 하는데, piggy bank는 pigg에서 비롯된 말이다. 공교롭게도 piggy가 영어로 돼지를 뜻하기 때문에 대부분의 저금통이 돼지 모양으로 만들어지고 있지만, piggy bank는 모든 형태의 저금통을 뜻한다.

❷ **미국인은 통장을 쓰지 않는다**
미국에서는 통장을 사용하지 않는다. 입출금을 하면 은행 직원은 거래 내역이 적힌 영수증을 한 장 줄 뿐이다. 대신 은행에서 매월 거래내역서bank[account] statement라는 것을 우편으로 보내주는데, 거래내역서를 통해 한 달간의 입출금 내역과 잔고를 확인할 수 있다. 거래내역서가 없다면 인터넷이나 폰뱅킹, 혹은 현금인출기로 조회하거나, 은행에 직접 방문해서 문의를 해도 된다.
미국의 은행에서는 계좌를 개설하려는 사람에게 신분증과 사회보장번호social security number을 요구한다. 신분증은 운전면허증이나 여권을 제시하면 되지만, 사회보장번호social security number가 없는 불법 체류자는 은행 계좌를 만들 수 없다. 그렇기 때문에 불법 체류자들은 임금으로 받은 수표check를 은행에서 환전하지 못하고 5% 가까운 높은 수수료를 내고 사설 환전소check into cash office에서 현금으로 바꿔야 하는 불이익을 감수할 수 밖에 없다. 은행 계좌를 개설할 때는 minimum balance fee, 즉 최소 잔액에 관한 규정이 있는지를 꼼꼼히 확인할 필요가 있는데, 은행 직원에게 "Is there any minimum balance fee on this account?"라고 물어보면 된다. 이 규정이 있는 경우에는 계좌의 잔액이 일정액 이하로 내려가면 규정을 어겼다는 이유로 벌금이 붙는다. 계좌를 개설할 때는 신용카드credit card나 현금카드ATM card도 동시에 신청할 수 있는데, 신청 후 1~2주가 지나면 카드가 집으로 우송되며, 카드를 사용하기 전에 카드에 적혀 있는 전화번호를 눌러 지시에 따라 번호를 입력하거나, 은행 온라인 홈페이지에 접속하여 인증 절차를 거쳐야 한다.
한편 한국에서는 은행에 가면 번호표를 뽑고 대기해야 하지만, 미국의 은행은 번호표 기계가 없는 곳이 대부분이다. 입금할 때는 deposit, 출금할 경우 withdrawal이라는 입출금표를 작성한 후 줄을 서서 기다리다 차례가 되면 담당 직원에게 가서 용건을 말하면 된다.

bank statement

06 도량형 weights and measures

6.1 길이, 깊이, 면적, 높이

길이 length
- 이 상자는 길이 30cm에 너비는 40cm, 높이는 50cm이다.
  This box is 30cms long by 40cms wide and 50cms high.

깊이 depth

너비, 폭 width; breadth

넓이, 면적 area; extent
- 이 사각형의 넓이를 구하시오. Calculate the areas of this square.

높이 height

리 *li* (= 0.393km)

마일 mile; mi. (= 1.609km) ❶

마지기 *majigi*; a patch of field requiring 18 liters of seed
(한 말(=18리터)의 씨앗이나 볍씨를 뿌릴 수 있는 넓이로 논은 약 150~300평, 밭은 약 100평 정도)

미터 meter (abb m) ❷
  미터법 the metric system
  밀리미터 millimeter (abb mm)
  세제곱미터, 입방미터 cubic meter (=1,000 liters)
  센티미터 centimeter (abb cm)
  제곱미터, 평방미터 square meter
  킬로미터 kilometer (abb km; K)

(micron 마이크론 (백만 분의 1미터) / nanometer 나노미터 (10억 분의 1미터))

야드 yard (abb yd.) (= 3ft, 0.9144m)

에이커 acre (= 4,047m²)
(멍에를 진 황소가 하루 동안에 갈 수 있는 땅의 면적에서 유래된 단위)

인치 inch (abb in.) (= 2.54cm)

자, 척 *ja* (= 30.3cm)

평, 평형 *pyeong* (= 3.3058m²)

피트 foot (pl feet) (abb ft) (= 12in, 30.48cm)
  평방피트 square feet

해리 nautical mile; sea mile (= 1,852m, 1.852km)

헥타르 hectare (abb ha) (= 10,000m²)

---

❶ **알쏭달쏭한 마일 계산법**

미터법을 사용하고 있는 한국인에게 마일, 야드, 피트와 같은 미국식 도량형은 낯설기만 하다. 흔히 1.6킬로미터=1마일과 같이 간편하게 생각하지만, 마일에도 종류가 많다. 옛날 로마인들은 두 걸음에 해당하는 거리의 천 배, 즉 2000보를 1마일로 생각했는데, 이러한 길이 단위를 Roman mile이라고 하며, 미터로는 1479미터에 달한다. 현재 쓰이는 마일, 즉 법정마일statute mile은 Roman mile에서 비롯되었다. 수영이나 육상에서는 metric mile이라는 것을 사용하는데, 미터법을 사용하는 사람들에게 편리하게끔 1마일이 1500미터에 해당한다. 항공기나 선박의 시간당 속도를 나타내는 해리nautical mile 계산법은 이보다 더 복잡하다. 지구는 둥근 원이기 때문에 360도가 되는데, 1도를 다시 60으로 나눈 것이 해리다. 360을 60으로 곱하면 21600이 되는데, 배나 비행기로 지구를 한 바퀴 돌려면 21,600해리를 항해해야 하는 셈이다. 선박의 시간 당 속도는 노트knot라는 단위를 사용한다.

- **mpg**: mile per gallon의 약자로서 1갤런(=3.76리터)당 자동차의 주행거리를 나타내는 약어
- **mph**: mile per hour의 약자로서 시간당 주행거리, 즉 시속을 나타내는 약어.

❷ **-er과 -re 표기법의 차이**

뜻	미국영어	영국영어
미터	meter	metre
밀리미터	millimeter	millimetre
센티미터	centimeter	centimetre
킬로미터	kilometer	kilometre
극장	theater	theatre
리터	liter	litre
센터	center	centre
술책	maneuver	maneuvre

6.2 무게, 부피

무게 weight

관 *kwan* (= 10*geun*, 3.75kg)

그램 gram (abb g)
   밀리그램 milligram (abb mg)
   킬로그램 kilogram (abb kg); kilo

근 *geun* (= (고기 등을 잴 때) 600g, (과일, 채소 등을 잴 때) 375g)

냥 *nyang* (= 37.5g)

돈 *don* (= 3.75g)

부셸 bushel (= AE 35.24 liters, BE 36.4 liters)

온스 ounce (abb oz) (= 1/16lb, 28.35g) ❶

캐럿 (보석의) carat (abb ct) (= 0.2g) ❷

톤 tonne; metric ton (= 1,000kg); ton (= AE 907kg, 2,000lb, BE 1,016kg, 2,240lb) ❸

파운드 pound (abb lb) (= 16oz, 0.454kg) ❶

부피 volume

갤런 gallon (abb gal.) (= AE 3.79 liters, BE 4.55 liters)

되 *doe* (= 1.8 liters)

리터 liter (abb l) (= 1,000 milliliters[cc])
   데시리터 deciliter
   밀리리터 milliliter (abb ml); cubic centimeter (abb cc) (= 0.001 liter)
   센티리터 centiliter (abb cl)

말 *mal* (= 10 *doe*, 18 liters)

배럴 barrel (abb bbl) (= 159 liters)

쿼트 quart (abb qt) (= 2 pt)

펙 peck (= 8 qt)

파인트 pint (abb pt) (= AE 0.48 liters, BE 0.57 liters)

홉 *hop* (= 180 milliliters)

❶ 파운드와 온스의 표기법

파운드의 약자는 왜 p가 아니라 lb일까? 라틴어로 저울scales을 libra라고 하는데, lb는 이 libra의 줄임말이다. 황도 12궁의 하나인 천칭자리도 Libra라고 한다. 온스는 이탈리아어로 onza라고 하는데, onza의 줄임말인 oz를 온스의 줄임말로 사용하게 되었다.

❷ carat과 karat의 차이

- carat 보석의 무게를 재는 단위. carat은 커피콩처럼 생긴 carob이라는 열매에서 유래되었는데, 예전에는 양팔저울의 한 쪽에는 보석을, 다른 한 쪽에는 carob을 올려놓고 균형을 이루었을 때 열매의 숫자로 보석의 무게를 쟀다. carob은 모든 열매의 크기와 무게가 비슷해서 저울의 추로 이용하기 편리했기 때문이었다.
- karat; carat 금의 순도를 나타내는 단위. 18K, 24K와 같이 쓰이기 때문에 karat만이 올바른 단어라고 생각하기 쉬운데, carat도 금의 순도를 나타내는 단어로 쓰인다. 순금pure gold은 국제적으로 24K로 통용되는데, 100%를 24로 나누면 1K는 약 4.1666%의 순금 함량을 갖는다. 14K, 18K와 같은 합금은 4.1666%를 곱하면 금의 함량을 알 수 있다.
- 18K: 4.1666×18=약 75%의 순금을 함유한 합금
- 14K: 4.1666×14=약 58%의 순금을 함유한 합금

❸ 톤은 영어로 ton이 아니다?

우리가 알고 있는 1톤은 1,000kg이지만, 영어의 ton은 1,000kg보다 모자라거나 약간 많다. ton은 미국에서는 907kg, 영국에서는 1016kg을 가리키는데, 미국은 1000kg보다 적다고 해서 short ton, 영국은 조금 많다고 해서 long ton이라고도 한다. 우리가 알고 있는 1톤을 정확히 말하려면 tonne 또는 metric ton이라고 해야 하는데, ton과 metric ton은 무게 차이가 많이 나지 않기 때문에 일상생활에서는 그냥 ton을 사용하는 편이다.

Unit 5 교통

1 **길, 도로, 운전**
   길, 도로 / 도로 시설물 / 운전 / 교통사고, 교통법규 위반

2 **자동차**
   차종 / 외부 명칭 / 내부 명칭 / 기계장치, 관련표현

3 **교통수단, 대중교통**
   대중교통 일반 / 자전거, 오토바이 / 버스, 택시 / 기차, 열차 / 배, 선박 / 비행기, 항공기 / 기타 교통수단

01 길, 도로, 운전

1.1 길, 도로 way; street, road

성격

갈림길 fork; forked road
- 갈림길이 나오면 왼쪽으로 가세요. Turn left at the fork in the road.

골목, 골목길 alley; alleyway
- 뒷골목 back street
- 막다른 골목 blind alley
- 먹자골목 food alley

내리막길 descent; downward[downhill] road

🚗 오르막길 ascent; incline; uphill road
- 오르막길을 십여 분 오르니 산 정상에 다다랐다. I took the uphill road for 10 minutes to get to the top of the mountain.

대로, 큰길 boulevard (abb Blvd); thoroughfare; avenue (abb Ave)
- 그 건물은 대로변에 있다. The building is on the edge of the boulevard.

막다른 길 dead-end; cul-de-sac; no through road

미로 maze; labyrinth

보도, 인도 (도로 양쪽의) AE sidewalk; BE pavement
- 보도블록 precast (concrete) pavers
- 보행자, 행인 pedestrian; passerby

산길 mountain road

산책로 walkway; walk; (판자로 된) boardwalk
- 산책로를 따라 걷다 stroll along the walkway

샛길, 옆길 bypath; BE rat run

오솔길 trail; (mountain) path; pathway; footpath

외길 single path

우회로 bypass; detour

지름길 shortcut ❶
- 지름길로 가다 take a shortcut

지하도 underpass; BE subway

❶ 까마귀가 날듯이 곧장 가라
'as the crow flies'라는 표현은 '돌아가거나 우회하지 않고 직선 거리로'라는 뜻이다. 직선 거리는 가장 가까운 거리이기 때문에 '최대한 빠른 지름길로'라는 뜻도 된다. 사실 까마귀crow가 다른 새보다 더 정확히 직선 거리로 날지는 않는다. 이 표현에 까마귀가 등장하는 이유는 까마귀가 영리한 새이기 때문이다.
- ex It is only a kilometer **as the crow flies**, but three kilometers by the mountain road.
직선 거리로는 1킬로미터에 불과하지만 산길을 타면 3킬로미터를 가야 한다.

walkway

boardwalk

통로 passage; passageway
　비밀통로 secret passage; hidden passage
퇴로 retreat (path; route)

상태

빗길 wet road
빙판길 icy road; frozen road
자갈길 gravel road
진흙탕길, 흙탕길 muddy road

위치

물길, 뱃길, 수로 (강·운하 등의) waterway; watercourse
　바닷길, 해로 seaway; sea lane
　운하 canal ❶
육로 land route; overland route
항공로 airway; air route

---

❶ **세계의 주요 운하**

Panama Canal 파나마운하. 1914년 완공된 길이 82km의 갑문식 운하로 태평양과 대서양을 연결한다. 1880년에 프랑스에서 운하 공사를 시작했는데, 말라리아와 황열병 같은 질병과 산사태로 2만 명이 넘는 인부가 사망하고 2억 달러가 넘는 비용을 허비하고 나서 공사를 중단했다. 공사를 인수한 미국은 질병의 원인이 모기에 있다는 것을 깨닫고 모기를 퇴치한 후 공사를 완공했다.

Suez Canal 수에즈운하. 1869년 완공된 길이 192km의 운하로 지중해와 홍해를 연결한다. 군사적, 경제적으로 중요한 위치에 있기 때문에 많은 국가가 운하의 소유권을 놓고 전쟁을 벌였고 현재는 이집트에서 운하를 관리한다.

도로

> road는 차량이 통행하는 도로
> street는 상점, 주택 등이 늘어선 도로

도로, 차도, 찻길 road (abb Rd); street (abb St); parkway
- 도로를 넓히다 widen the road
- 도로를 달리다 drive the road / travel the road
- 도로가 막혀서 약속 시간에 늦었다.
  I was late for my appointment because traffic blocked the road.

간선도로 main street; main road; artery; BE trunk road; high road

고속도로 AE highway; expressway; superhighway; BE motorway ❶
- 고속도로를 타다 take the highway
- 고속도로를 질주하다 speed down the highway

자동차 전용도로 freeway

주간(州間) 고속도로 (미국의) interstate (highway)

국도 highway; route

지방도 (local) road; country road
- 갈 때는 고속도로로 갔다가 올 때는 지방도를 타고 왔다.
  I went on the highway and returned on the country road.

갓길 AE shoulder; BE hard shoulder; lay-by
- 고장 난 차 한 대가 갓길에 세워져 있었다.
  There was a broken-down car on the shoulder.

고가도로 AE overpass; BE flyover

순환도로, 환상도로 AE beltway; BE ring road

> 도시 외곽을 둥글게 연결하는 도로.
> 서울의 외곽순환고속도로가 순환도로에 해당한다.

아스팔트길, 포장도로 paved road[street]

● **비포장도로** unpaved road; dirt road[track]
- 비포장도로를 포장하다 pave the dirt road

포석 paving stone

유료도로 toll road; AE turnpike; tollway
  요금소, 톨게이트 tollgate; toll plaza; (근무자가 일하는) tollbooth
  통행료 toll

이면도로 byway; byroad; back road

일방통행로 one-way street[road]

---

❶ **highway는 고속도로?**
우리나라의 고속도로는 경부고속도로처럼 차선이 여러 개 있는 큰 도로를 의미한다. 하지만 미국의 고속도로는 왕복 8차선으로 시원하게 뚫린 highway도 있는 반면, 시골에 가면 1차선의 초라한 highway도 있다. 대체로 미국 동부지역에서는 고속도로를 말할 때 highway를, 서부지역에서는 freeway라는 용어를 쓰는 경향이 있다. 우리나라의 고속도로는 대부분 통행료를 받지만, 미국의 고속도로는 돈을 받지 않는 구간도 많아서 무료도로는 freeway, 유료도로는 toll road, turnpike라고 부른다. 즉 통행료를 받지 않는 우리나라의 자동차 전용도로가 freeway인 셈이다. expressway는 중앙분리대가 설치된 고속도로를 가리키며, 독일의 아우토반처럼 제한속도가 높은 고속도로를 superhighway라고 한다.

뉴욕의 도로 체계
길을 가리키는 단어 중에서 avenue는 길가에 가로수가 늘어선 큰길을 가리킨다. parkway도 avenue와 마찬가지로 길가에 나무가 우거진 일명 '공원도로'다. 뉴욕의 중심지 맨해튼 Manhattan의 경우 남북으로 가로지르는 도로를 avenue, 동서로 난 도로를 street라고 한다. 맨해튼에는 1~12번의 avenue가 있고, 1~215번의 street가 있다. 반면 수도 워싱턴 D.C에서는 동서와 남북으로 난 도로를 street, 그리고 이 도로를 대각선으로 가로지르는 도로를 avenue라고 한다. 미국은 도로를 중심으로 주소 체계가 발전한 나라이기 때문에 번지수 street number만 알면 쉽게 집을 찾을 수 있다.

자전거도로 bikeway; bike lane[path]; cycle lane[path]
- 도로 양편에 자전거도로를 건설하다 construct bike lanes on either side of the road

진입로 approach; (도로에서 차고를 연결하는) driveway; BE drive
램프, 램프웨이 (고속도로의) AE ramp; BE slip road; access road

커브길 curved road; switchback
급커브 sharp curve[turn; bend]; hairpin curve[turn; bend]
커브 curve; bend; (S자형의) S-curve
- 트럭 한 대가 커브를 돌다가 전복되었다. A truck rolled over on the bend.

해안도로 coastal road

강원도의 미시령 고갯길처럼 급격한 커브길, switchback

미국의 도로 체계

미국은 1920년대에 모든 도로에 번호를 붙이는 US Highway System (U.S. Route 1~U.S. Route 830)을 개발했고, 그 후 아이젠하워 대통령 때에는 원활한 물류 수송을 위해 각 주state의 주요 도시를 연결하는 주간 고속도로interstate highway를 건설했다. 이때 건설된 주간 고속도로에는 I-80과 같이 도로 번호 앞에 interstate의 약자인 대문자 I를 붙이는데, 도로 번호가 I-10, I-40과 같이 짝수이면 미국을 동서로 연결하는 도로이고, 홀수로 끝나면 남북으로 연결하는 도로다. 미국에서 특히 유명한 도로는 Route 66과 I-5인데, Route 66은 북동부의 시카고에서 서부 LA를 연결하는 고풍스러운 길이며, I-5는 미국 서부 지역의 남북을 연결하는 도로인데, 북쪽으로는 캐나다, 남쪽으로는 멕시코의 국경까지 이어진다. 우리나라의 국도도 홀수로 끝나는 번호는 남북으로 연결된 도로를, 짝수로 끝나는 도로는 동서를 연결하는 도로를 의미한다.

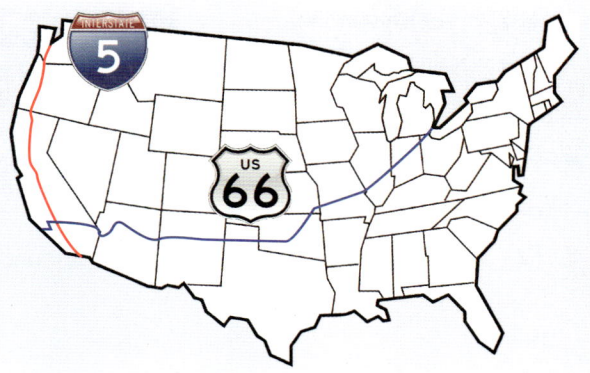

1.2 도로 시설물

가드레일 guardrail; BE crash barrier
- 차량 한 대가 고속도로의 가드레일을 들이받는 사고가 일어났다.
  In the accident a car hit the highway guardrail.

가로등 (등불) streetlamp; streetlight; (기둥) lamppost

건널목, 횡단보도 (pedestrian) crossing; Xing; AE crosswalk; BE zebra crossing ❶
- 횡단보도를 건너다 cross the crosswalk
- 차단기 crossing gate
- 철도건널목 AE railroad crossing; grade crossing; BE level crossing

과속감시구역 speed trap
- 단속카메라, 무인카메라 speed camera, 스피드건 radar gun; laser gun
- 과속을 하다가 무인 단속카메라에 찍혀 벌금을 냈다.
  I got caught by a speed camera and had to pay a fine.

과속방지턱 speed bump; speed hump
- 과속방지턱을 넘다 go over the speed bump

과적검문소 weigh station ◀ — 과적차량 overloaded car[vehicle]

교차로, 분기점 crossroads; crossway; AE intersection; BE junction
- 교차로가 나타나면 직진하세요. Go straight at the intersection.
- 삼거리 (T자 형의) T-intersection; three-way stop[intersection]; (Y자 형의) Y-intersection; fork in the road
- 사거리 four-way stop[intersection]
- 오거리 five-way intersection

교통신호 traffic signal, **신호등** traffic lights; AE stoplight
- 신호등이 빨간 불로 바뀌었다. The traffic signal turned red.
- 적신호, 빨간 불 red light
- 청신호, 파란 불 green light ◀ — 청신호 ❌ blue light → ⭕ green light
- 황색등 warning light

교통표지판 road sign; traffic sign; street sign ☞ 188~189p.

굴다리 underpass

나들목, 인터체인지, 입체교차로 interchange

로터리, 환상교차로 AE rotary; traffic circle; BE roundabout

❶ **펠리칸을 위한 횡단보도?**
자동으로 신호가 바뀌지 않고 보행자가 버튼을 눌러야 신호가 바뀌는 횡단보도를 pelican crossing 이라고 한다. 펠리칸pelican은 'pedestrian light controlled' (보행자가 신호를 조작하는)의 약자인 pelicon이 바뀐 형태.

184 | Unit 5 교통

맨홀 manhole
  맨홀 뚜껑 manhole cover

바리케이드 barricade; roadblock
  □ 경찰은 도로에 바리케이드를 설치하고 시위대의 접근을 막았다.
  The police set up roadblocks to stop demonstrators.

반사경 (road) reflector

연석 AE curb; curbstone; BE kerb; kerbstone

육교 pedestrian overpass[flyover]; footbridge
  □ 육교를 건너다 cross the road using the overpass / use the overpass

이정표 (돌로 된) milestone; (기둥으로 된) milepost; guidepost

중앙분리대 jersey barrier; median (strip); central reservation

차량진입금지석 bollard

터널 tunnel
  □ 터널을 통과하다 go through a tunnel
  지하터널 underground tunnel; subterranean tunnel
  해저터널 undersea tunnel

트래픽콘 (traffic) cone

휴게소 AE rest area; rest stop; BE service area
  □ 휴게소에서 잠깐 쉬었다 가자. Let's take a break at the rest area.

도로와 인도의 경계를 이루는 연석

milestone

milepost

길, 도로, 운전 | 185

차선

차선 traffic lane; lane ①
- 운전할 때는 차선을 지키세요. Please stay in your lane when you are driving.

　실선 line
　점선 dotted line; broken line
　정지선 stop line
　중앙선 centerline; (노란 두 줄이 그어진) [AE] double yellow line
- 중앙선을 침범하다 drive over the centerline

가변차선 reversible lane
고속차선, 일차선 fast lane, **추월차선** passing lane; [BE] outside lane
저속차선 slow lane; [BE] inside lane
버스전용차선 bus lane; bus-only lane
- 버스전용차선을 위반하다 do a bus lane violation

① **carpool lane**

나홀로 운전자가 많은 미국에는 카풀carpool 전용 차선이 있다. 2인 이상이 탑승한 차량만 다닐 수 있는 차선을 카풀레인carpool lane이라고 하는데, high occupancy vehicle lane(다인 탑승 차량 우대 차선)을 줄인 HOV lane이라고도 하고, commuter lane, restricted lane, diamond lane이라고도 부른다. diamond lane이라고 부르는 이유는 carpool lane의 차선과 표지판에 다이아몬드 그림이 그려져 있기 때문이다. 버스나 2인 이상이 탑승한 차량만이 월요일부터 금요일까지 출퇴근 시간에 카풀레인을 이용할 수 있는데, 나홀로 차량이 카풀레인을 달리다가 걸리면 최소 $381의 벌금을 받게 된다.

다리

다리 bridge
가교 temporary bridge; makeshift bridge
구름다리 (골짜기에 설치된) rope bridge; (건물과 건물 사이의) skyway; skywalk
도개교 drawbridge; bascule bridge
돌다리 stone bridge ◀ 돌다리도 두들겨 보고 건너라. Look before you leap.
부교 floating bridge; pontoon bridge
아치교 arch bridge, 무지개다리 humpback(ed) bridge
연륙교 causeway
유료다리 toll bridge
인도교 bridge; (사람만 다닐 수 있는) footbridge
징검다리 stepping stone
철교 railway bridge
통나무다리 log bridge
   외나무다리 single log bridge
현수교 suspension bridge

구름다리(rope bridge)

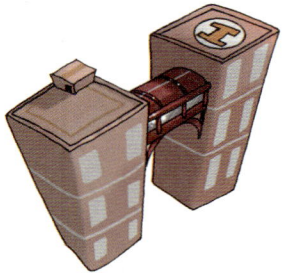
구름다리(skyway)

도개교

아치교

무지개다리

부교   연륙교

현수교

영어권의 대표적인 교통표지판

▲ NO LEFT TURN 좌회전 금지

▲ NO RIGHT TURN 우회전 금지

▲ NO U-TURN 유턴금지

▲ DO NOT PASS 추월 금지

▲ DO NOT ENTER 진입금지

▲ NO PARKING 주차 금지

▲ STOP 정지

▲ NO DUMPING 쓰레기 투기 금지

▲ SPEED LIMIT 속도 제한

▲ RAILROAD CROSSING 철도 건널목

▲ SPEED BUMP 과속방지턱

▲ ONE WAY 일방통행   ▲ YIELD 양보   ▲ DETOUR 우회하시오   ▲ DEAD END 막다른 길

▲ FALLING ROCKS 낙석 주의   ▲ ROAD NARROWS 차선 폭이 좁아짐   ▲ TOW AWAY ZONE 견인지역   ▲ ROAD CLOSED 도로폐쇄

▲ NO CROSSING 무단횡단 금지   ▲ UNDER CONSTRUCTION 공사중   ▲ SLIPPERY ROAD 미끄러운 도로   ▲ HORN PROHIBITED 경적 금지

1.3 운전 drive

관련자

동승자 (fellow) passenger ❶
운전사, 운전자 driver; [BE] motorist
　자가용 기사 chauffeur

운전의 종류

운전 drive
- 운전하다 drive; take the wheel
- 운전할 줄 아세요? Do you know how to drive?
- 그는 운전을 난폭하게 한다. He is an aggressive driver.
- 운전 잘 하세요? Are you a good driver? / Do you drive well?
- 그녀는 아직 운전이 서툴다. She is not yet a good driver. / She doesn't drive well.
- 요즘은 전문가에게 운전 연수를 받고 있다.
  I am currently getting driving lessons from a professional instructor.

과속 speeding
- 과속하다 speed; drive too fast
- 과속을 하다가 경찰에 걸려 딱지를 뗐다. I got a ticket from the police for speeding.

난폭운전 reckless driving; aggressive driving
- 난폭운전을 하다 drive recklessly / do reckless driving
　난폭운전자 aggressive driver; [inf] road hog

대리운전 designated driver service ❷
- 어제는 술을 마시는 바람에 대리운전 기사를 불러서 귀가했다. Yesterday because I drank, I had to hire a designated driver to take me home.
　대리운전자 designated driver

무면허운전 driving without a license
- 무면허운전을 하다 drive (a car) without a license

방어운전 defensive driving, 안전운전 safe driving
- 방어운전을 하다 drive defensively / do defensive driving

시운전 test drive
- 시운전하다 test-drive
　시운전자 test driver

❶ 뒷자리에 앉은 잔소리꾼

차를 타고 갈 때 조수석이나 뒷자리에 앉아서 운전자의 운전 실력을 타박하거나 이리로 가라, 저리로 가라 지시하는 사람들이 종종 있다. 자동차가 대중화되기 시작한 20세기 초 미국에서는 이러한 현상이 훨씬 심했는데, 자동차가 생소하기도 하고, 뒷자리에 앉아 있으면 운전자보다 더 불안감을 느끼기 때문이다. 자동차 뒷자리에서 이래라 저래라 잔소리를 하는 것처럼 다른 사람 일에 시시콜콜 간섭을 하고 잔소리를 하는 사람을 backseat driver라고 한다.

❷ 미국에도 대리운전업체가 있을까?

한국인들은 술을 많이 마시고, 또 대부분 도시에서 생활을 해서 주거지가 그다지 멀지 않기 때문에 대리운전 서비스가 잘 발달했다. 하지만 미국은 멀리 도시 근교에 사는 사람이 많고 우리처럼 술을 많이 마시지 않기 때문에 대리운전 서비스가 발달할 수 없는 환경이다. designated driver라는 말도 원래는 술자리가 있을 때 술을 마시지 않고 술자리가 끝나면 사람들을 집으로 데려다 주는 역할을 하는 사람을 가리킨다. 하지만 요즘은 미국에도 대리운전업체가 속속 등장하고 있는데, 미국에서는 대리운전 기사들이 조그마한 접는 스쿠터를 타고 이동하는 것이 특징이다. 이용 요금은 시내는 $20, 시외는 $25 정도로 한국보다 비싼 편이다.

음주운전 drunk driving; DUI; DWI ❶

> **DUI와 DWI**
> DUI driving under the influence (of alcohol)의 약자로서, '술의 영향을 받는 상태에서의 운전'
> DWI driving while intoxicated의 약자로서 '취한 상태에서의 운전'

음주운전자 drunk driver

졸음운전 sleep deprived driving; driving while drowsy
- 졸음운전을 하다 drive while drowsy

초보운전 beginner driving
- 초보운전자 inexperienced driver; beginning driver

❶ **음주운전 관련 용어**
- 음주단속, 음주측정 breath test
- 음주측정기 (상표명) Breathalyzer
- 혈중알코올농도 blood alcohol content [concentration] (abb) BAC

차량 조작

가다, 주행하다 run; drive
- 이 차는 연식이 20년이 넘었지만 주행에는 아직 문제가 없다.
  This car is over 20 years old but still runs fine.
- 도로에 차가 많아서 가다 서다를 반복하고 있다.
  Traffic is so congested that I am constantly stop and go driving.

서행하다 (천천히 가다) go slow; (속도를 늦추다) slow (down)
- 눈길에서는 서행하세요. Slow down in snow.

역주행하다 drive the wrong way (on a street)
- 고속도로에서 차량 한 대가 역주행을 하고 있다.
  There is a car driving the wrong way on the highway.

직진하다 go[drive] straight
- 직진하면 사거리가 나오는데 거기서 우회전하세요.
  Go straight and then turn right at the next intersection.

후진하다 back (up); reverse
- 후진을 하다가 전봇대에 차를 받았다. I ran into the utility pole while backing up.

시동을 걸다 start (a car); turn on the ignition
- 차의 시동이 안 걸린다. My car wouldn't start.

유턴 U-turn
- 유턴하다 make a U-turn
- 불법 유턴을 하다 make an illegal U-turn

정지, 정차 stop; pull over ❷
- 서다, 정지하다, 정차하다 stop; pull over
- 앞 차가 갑자기 서는 바람에 뒤에서 들이받을 뻔했다.
  I almost rear-ended the car in front because it stopped suddenly.

❷ **미국에서는 full stop을 하세요**
한국에서는 정지신호stop sign에서도 신호를 무시하고 가거나 횡단보도 한복판에 차를 정지시켜 보행자에게 불편을 끼치는 경우가 많다. 하지만 미국에서는 운전 도중 정지신호가 떨어지거나 정지 표지판을 보게 되면 정지선stop line에 무조건 멈춰서 full stop을 해야 한다. Full stop이란 약 3초 동안 차량을 완전히 정지시키는 것을 뜻하는데, 이 상태에서 좌우를 살피고 난 후 출발해야 한다. 한국인들은 미국에서 운전면허 실기시험을 볼 때 한국에서 하던 습관대로 대충 차를 세우고 고개를 돌려 좌우를 확인하지 않고 출발하는 경우가 많은데, 이러면 시험관으로부터 "Sorry, you failed. You didn't make a full stop at a stop sign." (안됐지만 불합격입니다. 당신은 정지신호에서 full stop을 하지 않았습니다)이라는 말을 듣기 쉽다. 실생활에서 운전을 하면서 정지신호를 제대로 지키지 않으면 경찰로부터 딱지ticket를 떼기 쉬운데, 이때 벌금은 $200~300 사이다.

급정거하다 make a sudden stop; stop suddenly

제동거리 braking distance

앞지르기, 추월 passing
- 앞지르다, 추월하다 pass; overtake
- 터널 안에서는 앞지르기가 금지되어 있다. In the tunnel, no passing is allowed.
- 앞차를 추월하기 위해 1차선으로 차선을 바꿨다.
  I changed to the first lane to pass the car in front.

출발 departure
- 출발하다 start; leave; [f] depart

회전 turn
- 회전하다 turn

  급회전하다 turn sharply

  우회전 right turn
  - 우회전하다 turn right; make a right turn

  좌회전 left turn
  - 좌회전하다 turn left; make a left turn
  - 비보호 좌회전을 하다 make an unprotected left turn
  - 이곳은 좌회전이 금지되어 있다. A left turn is prohibited here.

주차

주차 parking
- 주차하다 park (a car)
- 전면 주차를 하다 drive into a parking spot
- 후면 주차를 하다 reverse into a parking spot
- 그녀는 아직 주차가 서투르다. She is not yet good at parking.

  대리주차, 발레파킹 valet parking

  불법 주차 illegal parking; unlawful parking
  - 불법 주차를 하다 do illegal parking

  이중주차 double parking
  - 이중주차를 하다 double-park

  일렬주차, 평행주차 parallel parking
  - 평행주차를 하다 parallel-park

주차장 garage; **AE** parking lot; **BE** car park; (주차공간) parking space
　거주자 우선 주차구역 resident parking only zone
　공영주차장 public (parking) garage
　유료 주차장 pay parking lot
　장애인전용주차구역 disabled[handicapped] parking space
　주차요금기 parking meter
　주차타워 multi-story car park
　지하주차장 underground parking garage[lot]; basement car park
　환승주차장 park-and-ride lot

거주자 우선 주차 벌금 $20

면허

면허시험 driving test
□ 면허시험을 보다 take a driving test
　도로주행, 주행시험 driving test; **inf** road test
　운전학원, 자동차학원 driving school
　　□ 요즘은 아침에 운전학원을 다니고 있다.
　　These days I go to driving school in the morning.
　적성검사 aptitude test
　필기시험 written test; theory test

면허증, 운전면허증 **AE** driver's license; **BE** driving license
□ 면허증을 취득하다 obtain a driver's license
　국제운전면허증 international driver's license
　임시운전면허증 provisional permit; learner's permit; interim license; **BE** provisional license

미국에서 운전면허증을 취득하는 방법

(1) 18세 미만인 경우

15세 반에서 18세 미만의 청소년은 provisional permit이라고 하는 임시운전면허증 시험에 응시할 수 있다. 이때 지원서에는 부모나 보호자의 서명이 있어야 한다. 필기시험의 문항은 46개인데, 이 중 39개 문제를 맞춰야 합격이며, 불합격하면 7일 이후에 다시 시험을 볼 수 있다. 한편 15세 반에서 17세 반 미만의 청소년은 고등학교에 개설된 운전 관련 수업이나 온라인 수업을 수강하거나, 학원에 등록하여 운전자 교육driver education을 마치고 주행 교습driver training을 받았거나 현재 받고 있음을 입증하는 서류를 제출해야 한다. 주행 교습이란 운전 교습 전문가로부터 6시간의 교습을 받고 25세 이상의 운전면허 보유자가 동승한 상태에서 50시간의 실습을 받는 것을 가리키는데, 이중 최소 10시간은 야간 주행이 포함되어 있어야 한다. 필기시험은 15세 반에도 응시할 수 있으나 주행시험driving test은 16세가 되어야 응시가 가능하다.

17세 반에서 18세 미만의 경우에는 운전자 교육과 주행 교습 없이 주행 연습을 할 수 있는 허가증을 받을 수 있으나, 18세가 되기 전까지는 여전히 주행시험에 응시할 수 없다. 발급받은 임시면허증provisional permit을 가지고 운전할 때에는 혼자 운전할 수 없고 반드시 운전면허증을 보유한 부모, 보호자, 또는 25세 이상의 성인과 동승해야만 한다.

(2) 18세 이상인 경우

18세 이상의 성인이 일반 운전면허증을 취득하려면 거주지 근처의 차량국Department of Motor Vehicles 사무실을 방문하여 운전면허증 신청서driver's license application form를 작성하여 제출해야 한다. 서류에는 엄지 손가락의 지문과 얼굴 사진, 그리고 사회보장번호social security number를 기입해야 하는데, 시력 검사 등의 절차를 거친 후 서류상 문제가 없다면 필기시험을 볼 수 있다. 개인 정보를 작성할 때는 한국에서는 볼 수 없는 organ donor라는 칸이 있는데 여기에 표시하면 유사시에 장기를 기증하겠다는 의사를 밝히는 것이다. 필기시험의 내용은 운전자 지침서driver handbook에 나와 있는 교통법traffic laws과 교통 표지에 관한 질문들이다. 필기시험은 한 번 신청하면 세 번까지 볼 수 있는데, 세 번째에도 떨어진다면 6개월이 지난 후에야 다시 응시할 수 있다. 필기시험에 합격하면 주행시험을 준비할 수 있도록 임시면허증을 그 자리에서 발급해 준다. 응시자는 이를 가지고 18세 이상의 운전면허 보유자가 동승한 상태에서 주행연습을 할 수 있다. 주행시험은 대기자가 많기 때문에 사전에 미리 예약해야 한다.

미국은 기능시험이 없기 때문에 필기시험에 합격하면 바로 주행시험을 보게 되는데, 주행시험장이 따로 없고 시험 차량도 없기 때문에 응시자가 가져온 차로 실제 도로를 운전하게 되며, 시험관은 조수석에 앉아 채점을 한다. 시험관은 일일이 시험 내용을 지시하고 현장에서 바로 점수를 매겨 합격 여부를 알려주는데, 주행시험도 필기시험과 마찬가지로 세 번의 기회가 주어진다. 첫 번째 시험에 떨어진다면 시간을 두고 다시 예약하여 시험을 치르면 된다. 주행시험에 합격하면 합격한 당일부터 60일까지 사용 가능한 임시면허증interim license을 발급해 주고, 이 기간 내에 사진이 들어가 있는 정규 면허증을 우편으로 보내 준다. 운전면허의 종류는 주마다 다른데, 캘리포니아에서는 면허증 상단에 Class C라고 되어 있으면 일반 운전자regular driver, Class A 또는 Class B는 상업용 차량 운전자commercial driver, M은 오토바이 운전자motorcycle driver를 가리킨다. 반면 플로리다와 루이지애나는 일반 운전자를 Class D로, 미주리에서는 Class F로 표기하기도 한다. 별도의 주민등록증이 없는 미국인은 운전면허증을 소지하고 다니며 신분증으로 사용한다. 미국의 운전면허증에는 운전자의 키와 몸무게, 머리 색깔과 눈 색깔과 같은 정보도 담겨 있다.

1.4 교통사고, 교통법규 위반

교통사고

교통사고 traffic accident; car accident ❶
- 그녀의 아버지는 교통사고로 돌아가셨다. Her father died in a car accident.
- 그는 교통사고를 당해서 병원에 입원했다. He was hospitalized due to a car accident.

급발진 사고 (incident of) sudden unintended acceleration (abb SUA)
- 급발진 사고의 원인은 아직 밝혀진 것이 없다.
  The cause of the sudden unintended acceleration has not been found.

로드킬 roadkill
- 매년 수많은 동물들이 로드킬로 죽어가고 있다.
  Every year many animals become roadkill victims.

뺑소니 hit-and-run
- 그는 뺑소니 사고로 목숨을 잃었다. He died in a hit-and-run accident.
  - **뺑소니 차량** hit-and-run car[vehicle]
    - 경찰은 사고를 내고 도주한 뺑소니 차량을 추적하고 있다.
      The police are chasing the hit-and-run car that caused the accident.

전복사고 rollover (accident)
- 고속도로에서 전복사고가 발생해 3명이 죽거나 다쳤다. In the rollover accident on the highway 3 people were either killed or injured.

접촉사고 fender-bender; minor collision
- 출근길에 접촉사고를 당했다. I had a fender-bender on the way to work.

충돌사고 car crash; inf smash-up
  - **정면충돌** head-on collision[crash]
    - 승용차 한 대가 중앙선을 넘어 마주 오던 차량과 정면충돌했다. A car crossed the centerline and had a head-on collision with an oncoming car.

펑크 (사고) blowout; (구멍) puncture; (구멍 난 타이어) flat tire
- 왼쪽 뒷바퀴에 펑크가 났다. I have a flat tire on the left rear of my vehicle.

---

❶ **미국에서 교통사고가 났을 땐**

미국의 고속도로를 달리다 교통사고가 나면 911로 전화하여 사고 상황과 사고 위치를 자세히 설명해야 빠른 구조가 이루어진다. 구급차와 소방차가 필요하다면 이때 함께 알려야 한다. 교통사고 현장에는 고속도로 순찰차highway patrol car, 소방차fire truck, 구급차ambulance, 그리고 견인차tow truck가 거의 동시에 도착하는데, 순찰차는 사고 지역을 통제하여 제2, 제3의 사고를 방지하고, 소방차는 사고 차량으로부터 운전자 및 일행을 안전하고 신속하게 구출하며, 구급차는 환자들을 신속하게 근처 병원으로 운반한다. 그 후 경찰의 허가를 받은 견인차가 사고 차량을 보험회사가 지정한 장소로 견인한다. 한국에서처럼 서너 대의 견인차가 서로 먼저 사고 현장에 도착하기 위해 경주를 하거나 고속도로의 갓길에 주정차하고 있는 모습은 보기 힘들다.

참고로 일반 도로나 주차장에서 발생한 사고는 반드시 인근 경찰서나 고속도로 순찰대에 신고해야 한다. 어떤 형태의 사고든지 신고를 하지 않고 그냥 가 버리면 본인의 잘못이 아니라 하더라도 뺑소니hit and run로 엄중한 처벌을 받게 된다. 사고를 신고한 후에는 상대방 운전자의 이름, 운전 면허 번호driver's license number, 차량 확인 번호vehicle identification number, 자동차 소유주의 이름과 주소, 보험회사의 전화번호와 주소 등의 정보를 교환해야 한다.

교통법규 위반

무단횡단 jaywalking
- 무단횡단을 하지 마세요. Do not jaywalk.
  무단횡단자 jaywalker

속도위반 speeding
제한속도 speed limit
- 속도위반으로 과태료를 냈다. I paid a fine for speeding.

신호위반 traffic signal violation
- 신호위반을 하다 run a red light

주차위반 parking violation; illegal parking
- 주차위반을 하다 do illegal parking
  주차단속요원 parking enforcement officer; meter maid; **BE** traffic warden

차선위반 lane violation

처벌

딱지, 범칙금고지서 (violation) ticket
- 신호위반으로 딱지를 뗐다. I got a ticket for a traffic violation.
  주차위반 딱지 parking ticket
  속도위반 딱지 speeding ticket

면허정지 license suspension
- 그는 음주운전으로 면허정지 처분을 받았다.
  His license was suspended for drinking and driving.

면허취소 license revocation

벌금, 범칙금 fine; penalty

벌점 penalty points
- 과속으로 적발되면 벌점 15점이 부과된다.
  If you get caught speeding, you will get 15 penalty points.
- 그녀는 벌점 초과로 운전면허가 취소되었다.
  Her license was cancelled due to excessive penalty points.

고속도로 순찰대를 조심하세요

미국 고속도로의 제한속도는 보통 시속 65마일, 즉 105km다. 하지만 규정속도를 지키며 운전하는 사람은 그리 많지 않다. 특히 서부지역은 동부지역에 비해 운전 습관이 거친 편이어서 초보자들은 고속도로에 진입할 때 주의를 기울여야 한다. 그러나 난폭 운전자들도 속도를 늦추는 경우가 있는데, 그것은 근처에 고속도로 순찰대highway patrol가 있다는 뜻이다. 순찰차 patrol car는 다리 아래 으슥한 곳이나 커브길에 숨어 있다가 위반 차량이 나타나면 뒤를 쫓는데, 위반 차량이 멈추지 않으면 차량 번호를 부르며 갓길에 차를 대라고 지시한다. 차를 세운 후에는 절대로 이상한 행동을 해서는 안된다. 성격이 급한 한국인들은 운전면허증을 꺼내기 위해 안주머니에 손을 넣거나 차 안을 두리번거리기도 하는데, 순찰대원highway patrol officer은 운전자가 총기를 찾는 것으로 오해할 수 있기 때문이다. 반드시 순찰대원의 지시에 따라 창문을 열고, 운전 면허증driver's license과 차량 등록증registration card을 제시해야 한다.

02 자동차 car; automobile

2.1 차종

외형

2인승 차 two-seater

리무진 limousine; [inf] limo; (길이가 긴) stretch limo ❶

무개차, 오픈카, 컨버터블 convertible; cabriolet; roadster; (덮개가 천으로 된) soft-top; (덮개가 금속으로 된) hardtop

산악오토바이 quad bike; ATV

세단 [AE] sedan; [BE] saloon

스테이션왜건, 왜건 [AE] station wagon; wagon; [BE] estate car; estate

스포츠카 sports car

승합차, 밴 van
  미니밴 minivan
  미니버스 minibus

지프 jeep

쿠페 coupé

클래식카 classic car; antique car; vintage car

해치백 hatchback

오픈카 ❌ open car → ⭕ convertible

ATV는 all-terrain vehicle, 즉 모든 지형terrain에서 달릴 수 있는 자동차

❶ 리무진은 길이가 긴 차?

고급 승용차의 대명사인 리무진은 일반적인 승용차에 비해 차축 거리가 길고, 기사가 운전하며, 운전석과 뒷좌석이 유리 등의 칸막이로 구분된 자동차를 가리킨다. 리무진은 일반적으로 흰색과 검정색만을 차체의 색으로 사용하는데, limousine 중에서도 길이가 무척 긴 리무진을 stretch limousine이라고 한다.

알쏭달쏭한 자동차 용어(1)

- **RV** recreational vehicle의 약자로, 원래는 침대와 조리시설이 갖춰진 캠핑카를 뜻하는 말이었지만 지금은 지프, 왜건, 미니밴 등을 뜻하는 말로도 쓰인다.
- **SUV** sport utility vehicle, 즉 '스포츠형 다목적 차량'의 약자로서 모양은 왜건과 비슷하지만 차체가 높고 사륜구동으로 주행에 초점이 맞춰진 차량.
- **MPV** multi-purpose vehicle, 즉 '다목적 차량'의 약자로서 모양은 밴과 비슷하고, 승객 수송과 화물 수송이라는 다기능을 수행할 수 있는 차량.
- **CUV** crossover utility vehicle, 즉 '크로스오버 유틸리티 차량'의 약자로서, 세단과 SUV, 왜건 등의 장점을 골라 만든 장르 파괴형 차량.
- **SUT** sports utility truck, 즉 '스포츠 유틸리티 트럭'의 약자로서 SUV에 픽업트럭의 적재함을 결합한 차량.

자동차의 종류

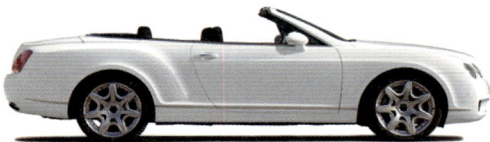

미국에서는 컨버터블convertible, 유럽에서는 cabriolet로 불리는 무개차. 로드스터roadster는 원래 덮개가 없고 옆 유리창이 달리지 않은 2인승 컨버터블을 가리키지만, 요즘은 convertible과 같은 뜻으로 쓰인다.

차체가 낮고 문이 두 개인 스포츠형 세단 쿠페coupé. 원래는 2인승 차량만 쿠페라고 했는데, 최근에는 문이 두 개인 4인승 차량도 쿠페라고 부른다. 4인승 쿠페의 뒷자리는 어린이만 탈 수 있을 정도로 좁다.

가장 일반적인 승용차인 세단sedan. 4인승이며, 차 뒷부분에 트렁크가 있다. 세단 중에서도 차체가 날렵한 스포츠형 세단을 sports sedan이라고 한다.

트렁크 덮개와 뒷유리가 함께 열리는 해치백hatchback은 특히 유럽에서 사랑 받는 차종이다.

차체가 길고, 뒷부분에 화물이나 좌석을 추가로 실을 수 있는 공간이 있는 station wagon.

덮개가 없는 적재함이 달린 픽업트럭pickup. 엄청나게 큰 바퀴가 달리고 주로 오락용이나 경주용으로 쓰이는 픽업트럭은 monster truck이라고 한다.

van은 주로 화물 운반용으로 쓰이는 상자 모양의 승합차를 가리키고, minivan은 주로 승용차로 쓰이는 차량을 가리킨다. minivan 중에서 최대 15명의 인원을 태울 수 있는 큰 차를 full-size van 또는 15-passenger van이라고 한다.

미국에서는 생산된 지 25년 이상 된 자동차는 classic car, 45년 이상 된 자동차는 antique car, 1919년에서 1930년 사이에 생산된 자동차는 vintage car라고 부른다.

트럭

트럭, 화물차 **AE** truck; **BE** lorry; (크기가 무척 큰) **BE** juggernaut
   트럭 운전사 trucker
덤프트럭 **AE** dump truck; **BE** dumper truck
박스차, 탑차 box truck
컨테이너트럭 trailer truck; truck tractor; tractor trailer
   컨테이너 container
탱크로리 **AE** tank truck; **BE** road tanker
픽업트럭 pickup (truck)

탱크로리 ❌ tank lorry → ⭕ tank truck

성격

개조차 modified car; **inf** hot rod
과적차량 overloaded car[vehicle]
국산차 domestic car; (한국의) Korean car
무면허차량 unlicensed car[vehicle]
무보험차량 uninsured car
무인자동차 driverless car
수입차 imported car, 외제차 foreign car; foreign-made car
승용차 passenger car
시승차 demonstrator (car); **inf** demo
오프로드 차량 off-roader; off-road vehicle
자가용 (one's own) car
   □ 그녀는 자가용으로 출퇴근을 한다. She goes to and from work using her own car.

알쏭달쏭한 자동차 용어(2)

'아반테 XD', 'EF 소나타'의 XD, EF처럼 차량 모델에 붙이는 영문 약자를 '트림명'이라고 한다. 트림명은 해당 자동차 회사에서 임의로 붙이는 편이다. 외제차의 트림명은 주로 크기과 배기량, 엔진 종류를 나타내는데, 예를 들어 BMW의 모델명은 주로 숫자 표기를 이용한다. 우선 차체 크기에 따라 3, 5, 7 등의 숫자로 분류한 뒤 마지막 두 자리는 배기량을 표시한다. 즉 BMW 760Li는 가장 대형인 '7시리즈'의 모델로서 배기량이 6,000cc라는 뜻이다. 끝의 'L'은 'long body', 즉 차체가 길다는 뜻이며, 'i'는 가솔린 엔진이 장착되었음을 나타낸다.
G grand(웅장한), glory(영광)
L luxury(고급), limousine(리무진)
R royal(왕의), racing(경주)
S supreme(최고의), superior(뛰어난), sedan(세단)
T top(최고의)
X excellent(뛰어난), extra(특별한)
XD excellent(탁월한) + driving(주행)
EF elegant(우아한) + feeling(느낌)
XG extra(특별한) + glory(영광)
JS jewel(보석) + sedan(세단)
VL VIP(귀빈) + limousine(리무진)

용도

견인차, 레커차 AE tow truck; wrecker; BE breakdown truck[lorry]
경주용 자동차, 레이싱카 racing car; race car; racer
경찰차, 순찰차 patrol car; police car; squad car
골프카, 골프카트 golf cart
구급차, 앰뷸런스 ambulance
군용차 military vehicle ❶
   장갑차 armored car; armored vehicle
급수차 water wagon
냉동차 refrigerator truck; freezer truck
레미콘차 truck mixer; ready-mix truck; concrete mixer truck
렌터카 rental car; rent-a-car; rented car; hire car
   □ 렌터카를 빌리다 rent a car / hire a car
방역차 fumigation truck
법인차 company car
분뇨차 cesspool emptier; inf honey wagon
사다리차 ladder truck; aerial ladder truck ❷
   고가 사다리 aerial ladder
살수차 sprinkler truck
설상차, 스노모빌 snowmobile
소방차 fire engine; fire truck
쓰레기차, 청소차 AE garbage truck; BE dustcart
영구차, 장의차 hearse; funeral coach
용달차 delivery van
유조차 tanker
이삿짐차 moving truck
제설차 snowplow; snowblower
죄수호송차 police van; police wagon; inf paddy wagon; (버스) prison bus
중계차 (방송용) outside broadcast van; OB van

레미콘차: ✗ remicon → ◉ truck mixer
remicon은 ready-mixed concrete를 줄인 일본식 용어

❶ 미군의 군용차 험비

우리나라에서도 종종 볼 수 있는 험비Humvee는 미군의 주력 군용차로서, 차체가 낮고 차폭이 넓은 것이 특징이며, 방탄 기능과 함께 타이어가 펑크 났을 때에도 일정 시속 이상으로 달릴 수 있다. 험비는 High Mobility Multipurpose Wheeled Vehicle, 즉 '고기동 다목적 차량'의 줄임말인 HMMWV를 발음하기 어려워 Humvee로 불리게 되었다. 험비와 모양이 비슷하지만 군용이 아니라 민간용으로 판매되는 차는 Hummer라고 한다.

Humvee

Hummer

❷ 미국에서도 사다리차를 쓸까?

한국은 아파트나 연립주택에 사는 사람이 많기 때문에 이사할 때 사다리차를 쓰는 경우가 많다. 그러나 많은 미국인들은 1, 2층 규모의 단독주택detached house이나 타운하우스town house에 살기 때문에 주로 사람의 힘을 이용하여 이삿짐을 옮기며, 4, 5층 이상의 아파트에서는 엘리베이터를 이용하여 이삿짐을 운반한다. 미국은 집마다 붙박이장closet이 있어서 장롱이 필요 없고, 가스레인지와 오븐 등도 붙박이로 마련되어 있기 때문에 이사할 때 많은 짐을 옮길 필요가 없는 것도 한 이유다. 이삿짐 회사moving company에 연락하면 이사 비용에 대한 견적을 내는데, 단거리 이사일 경우는 운송 시간을 포함하여 시간당으로 계산하고, 동부에서 서부로 이사를 하는 장거리 이사일 경우에는 금액을 미리 정해서 계약하는 편이다. 한국에서는 이삿날 점심시간에 집주인이 이삿짐 업체 인부들에게 식사를 대접하는 것이 보통이지만, 미국에서는 이삿짐 회사에서 자체적으로 점심을 해결하며, 이사 비용에서 점심 시간만큼을 제외한다. 이삿짐 운반이 끝나면 일 인당 $20~50 정도의 팁을 주는 것이 통상적이다.

지게차 forklift

캠핑카 (자동차) motor home; camper; recreational vehicle (abb RV); (트레일러) trailer; caravan

상태

고급차 expensive car[vehicle]; luxury car[vehicle]

고물차, 똥차 beat-up (old) car; inf jalopy; lemon

　폐차장 junkyard

새차 new car ⇔ 중고차 used car

신차, 신형차 new-model car; the latest model of a car

⇔ 구형차 vintage car; old-fashioned car; old model car

크기, 배기량

초소형 차 microcar

경차, 소형차 supermini; city car; subcompact car

준중형차 compact car; small family car

중형차 midsize car; medium-sized car

대형차 full-size car; executive car

슈퍼카 supercar ❶

❶ 슈퍼카와 스포츠카의 차이

슈퍼카supercar는 스포츠카sports car의 일종으로서, 일반적인 스포츠카보다 성능이 월등히 뛰어나고 생산 대수도 적어 희소성이 있는 자동차를 가리킨다. 출발에서부터 시속 100km까지 가속하는 데 4초가 걸리지 않고, 최고 시속이 300km를 넘는 차를 슈퍼카라고 할 수 있는데, 우리나라의 경차 마티즈의 출력이 100마력이 안 되는 데 비해 어떤 슈퍼카는 1,000마력이 넘는다고 하니, 힘의 차이를 능히 짐작할 수 있다. 슈퍼카는 보통 대당 수억 원에서 수십 억 원을 호가한다. 스포츠카 중에서도 장거리 주행을 목적으로 생산된 차종을 grand tourer, 줄여서 GT라고 한다.

슈퍼카의 대명사, 부가티 Bugatti

엔진, 에너지원

경유차, 디젤차 diesel; diesel-powered vehicle
수소자동차 hydrogen vehicle
전기자동차 electric car
증기자동차 steam car
하이브리드 자동차 hybrid car; hybrid electric vehicle
휘발유차 gasoline-powered vehicle

바퀴의 개수

삼륜차 three-wheeler; three-wheeled car[vehicle]
사륜차 four-wheeler; four-wheeled car[vehicle]

변속기 방식

수동차, 수동 변속기 차량 stick shift; car with manual transmission
오토차, 자동 변속기 차량 automatic; car with automatic transmission

구동 방식

사륜구동차 four-wheel-drive (car; vehicle); four-by-four
   사륜구동 four-wheel drive (abb 4WD)
전륜구동차 front-wheel-drive (car; vehicle)
   전륜구동 front-wheel drive
후륜구동차 rear-wheel-drive (car; vehicle)
   후륜구동 rear-wheel drive

2.2 외부 명칭

라디에이터 그릴 (radiator) grille
로고, 엠블럼 (car) logo; hood ornament; car mascot ❶
문 door; car door ❷
  뒷문 rear door
  앞문 front door
  해치문 hatch
발판 running board
배기구 tailpipe; exhaust pipe
백미러, 사이드미러 wing mirror; side-view mirror; outside mirror

❶ 엠블럼 이야기

흔히 로고 또는 엠블럼이라고 부르는 자동차의 상징은 emblem이 아니라 상징물이라는 뜻의 logo라고 하고, 보닛에 달린 장식물은 hood ornament 또는 car mascot라고 한다.

메르세데스 벤츠Mercedes-Benz의 엠블럼은 둥근 원 안에 꼭지가 세 개인 별이 들어간 모양인데, 별의 세 꼭지는 각각 천체와 자연 현상, 그리고 지도를 상징하기도 하고, 꽃다발이나 도장을 상징하기도 한다.

BMW의 로고는 비행기의 프로펠러가 돌아가는 모습에서 비롯되었다고 알려져 있지만, 지금의 바이에른주(州)인 독일 남부 바바리아 지방의 국기 모양을 형상화한 것이라고 한다.

아우디Audi는 아우디Audi, 데카베DKW, 호르히Horch, 그리고 반더러Wanderer라는 네 개의 회사가 합병되어 탄생했는데, 네 개의 원은 네 개의 회사를 상징한다.

❷ 문의 종류

번호판 [AE] license plate; [BE] number plate ❶
  자동차번호 [AE] license plate number; [BE] registration number
범퍼 bumper
보닛 [AE] hood; [BE] bonnet
선루프 sunroof
소음기, 머플러 [AE] muffler; [BE] silencer
앞유리 [AE] windshield; [BE] windscreen, 차창 car window
  썬팅 window film[tint]
  파워 윈도우 power window; electric window
와이퍼, 윈도브러시 (windshield; windscreen) wiper
주유구 뚜껑 gas cap
캐리어 [AE] luggage rack; [BE] roof rack

> 윈도브러시 ❌ window-brush
> ⭕ (windshield) wiper

펜더 [AE] fender; [BE] wing
트렁크 [AE] trunk; [BE] boot

> fender-bender는 펜더fender가 살짝 찌그러질 정도의 가벼운 접촉사고

흙받이 [AE] mudguard; [BE] mudflap

---

❶ 맞춤형 번호판

우리나라는 번호판의 모양과 숫자를 개인이 바꿀 수 없지만 미국에서는 등록 차량을 소유한 운전자라면 누구나 다른 사람과 차별화된 자동차 번호판을 구입할 수 있다. 맞춤형 번호판은 각 주의 차량 담당국에 가거나 온라인으로 신청할 수 있는데, 이를 special interest license plate 또는 간단히 special plate라고 한다. special plate에는 자기가 번호판의 배경 그림을 선택할 수 있지만, 번호는 선택할 수 없는 sequential plate가 있고, 배경 그림과 번호판의 숫자와 알파벳을 모두 선택할 수 있는 personalized plate가 있다. 특정 단체의 디자인을 번호판의 배경으로 선택할 수도 있는데 이때 번호판의 구입 비용은 그 단체의 후원기금으로 지원된다. 가령 소방관과 관련된 배경의 번호판을 선택하면 그 비용은 Firefighter's Memorial Fund, 즉 소방관 기념 기금에 지원된다. special plate의 구입 비용은 주마다 약간의 차이가 있는데, 캘리포니아주에서는 선택한 디자인에 따라 첫 해에는 $20~50의 초기 비용을 내고 그 다음해부터는 $15~40의 갱신 비용을 내야 한다. 그리고 personalized plate는 첫 해에는 $50~100, 이듬해부터는 $40~80의 갱신비를 매년 내야 한다.
미국에서는 가끔 IAMLATE(지각했어요), HIOFECR(안녕하세요, 경찰관님), TRY WINE(와인을 드셔보세요), CRAZY4U(당신한테 홀딱 반했어요), CUM4YOU(당신을 위해 왔습니다), I♥MYBUT(나는 내 엉덩이를 사랑해요) 등과 같이 재미있는 personalized plate를 달고 다니는 차량들을 볼 수 있다.

등

등 light

깜빡이, 방향지시등 turn signal; **AE** blinkers; **BE** indicators
□ 좌회전이나 우회전을 할 때는 깜빡이를 켜라. Use your turn signal when you turn.

미등 taillight; rear light

비상등 hazard light

안개등 fog light; fog lamp

전조등, 헤드라이트 headlight; headlamp
□ 전조등을 켜다 turn on the headlights
□ 전조등을 끄다 turn off the headlights
  상향등 high beam; **AE** brights; **BE** full beam

정지등, 제동등 brake light

주차등, 후진등 parking light; backup light

바퀴

바퀴 wheel, 타이어 **AE** tire; **BE** tyre
  뒷바퀴 the rear wheels ↔ 앞바퀴 the front wheels
  레이디얼타이어 radial (tire)
  스노우타이어 snow tire
  스페어타이어 spare tire

스노우체인, 타이어체인 tire chain; snow chain
□ 스노우체인을 장착하다 put tire chains on

휠캡 hubcap

휠캡 ✗ wheel cap → ○ hubcap

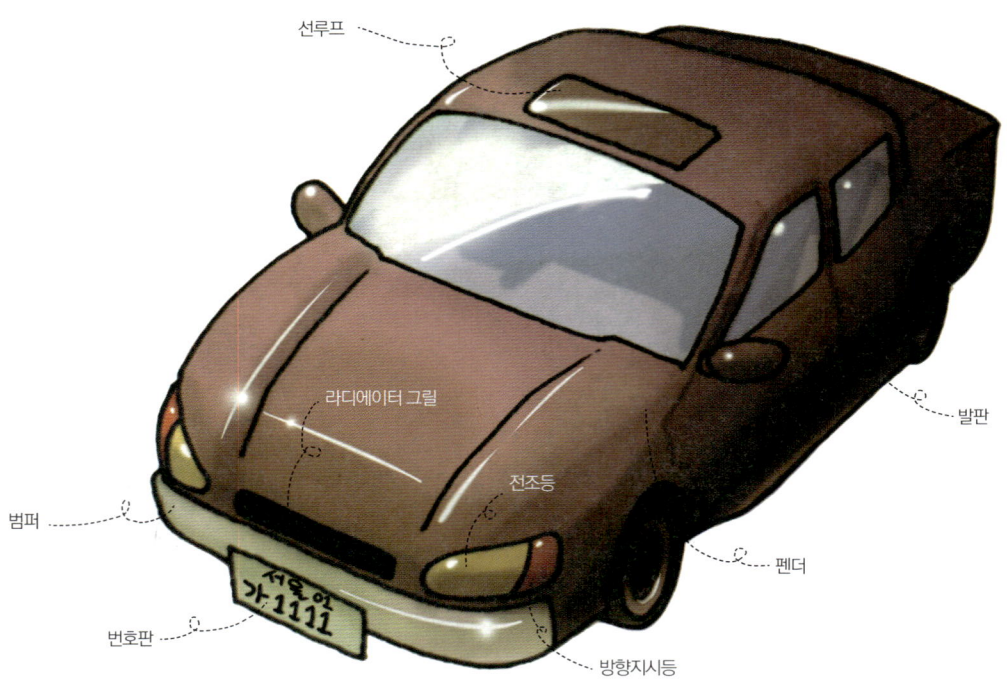
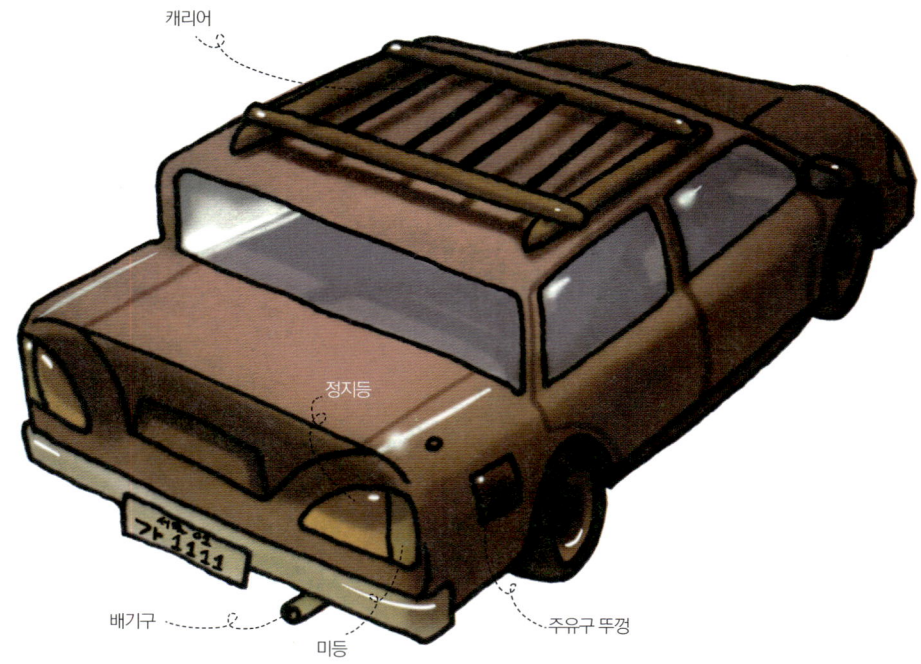

2.3 내부 명칭

가속페달, 액셀러레이터 accelerator; gas pedal
- 가속페달을 밟다 step on the gas pedal
- 가속페달에서 발을 떼다 step off the gas pedal

가속페달 ✗ accel → ● accelerator

경적, 크락션 horn
- 경적을 울리다 lay a horn / lay on the horn
- 경적 소리 honk; hoot; toot

크락션 ✗ klaxon → ● horn

계기판 dashboard; instrument panel
- 속도계 speedometer; speed indicator
- 주행계 [AE] odometer; [BE] mileometer
- 연료계 gas gauge; fuel gauge
- 회전속도계 tachometer

주행거리 mileage

초창기의 자동차는 덮개가 없는 무개차들이 많았고, 운전을 하다 보면 손이 시리기 때문에 장갑을 껴야 했다. 글로브박스는 운전자들이 장갑 gloves을 보관하던 곳이다.

글로브박스 glove compartment; glove box

기어스틱 gear lever; [BE] gear stick; [inf] stick

룸미러 rearview mirror

룸미러 ✗ room mirror
● rearview mirror

브레이크 (페달) brake pedal; foot brake
- 브레이크를 밟다 brake / step on the brake pedal

klaxon은 예전에 사용되었던 나팔 모양의 경적을 가리킨다.

사이드브레이크, 핸드브레이크 [AE] emergency brake; parking brake; [BE] handbrake
- 사이드브레이크를 당기다 pull the emergency brake
- 사이드브레이크를 풀다 release the emergency brake

썬바이저 sun visor

시거잭 (소켓) cigar lighter receptacle; (담뱃불을 붙이는) (car) cigarette lighter

안전벨트 seat belt; safety belt
- 안전벨트를 풀다 release the seat belt
- 안전벨트를 매세요. Fasten your seat belt.

에어백 airbag
- 충돌사고를 당했지만 에어백이 터지는 바람에 큰 부상은 입지 않았다.
  I was in the car crash but avoided serious injury thanks to the airbag.
- 운전석 에어백 frontal airbag
- 측면 에어백 side airbag

❶ 핸들의 위치
- 좌측 핸들 차량 left-hand drive vehicle
- 우측 핸들 차량 right-hand drive vehicle

운전대, 핸들 steering wheel; the wheel; driving wheel ❶
- 파워 핸들 power steering

운전대 ✗ handle → ● steering wheel

점화스위치 ignition
  시동키 ignition key

좌석 (car) seat
  뒷좌석 backseat; back seat
  머리받침 headrest
  보조좌석, 접좌석 jump seat
  운전석 driver's seat
  조수석 passenger seat
  카시트 car seat; booster seat
    □ 차에 카시트를 장착하다 install the car seat

클러치 clutch (pedal)

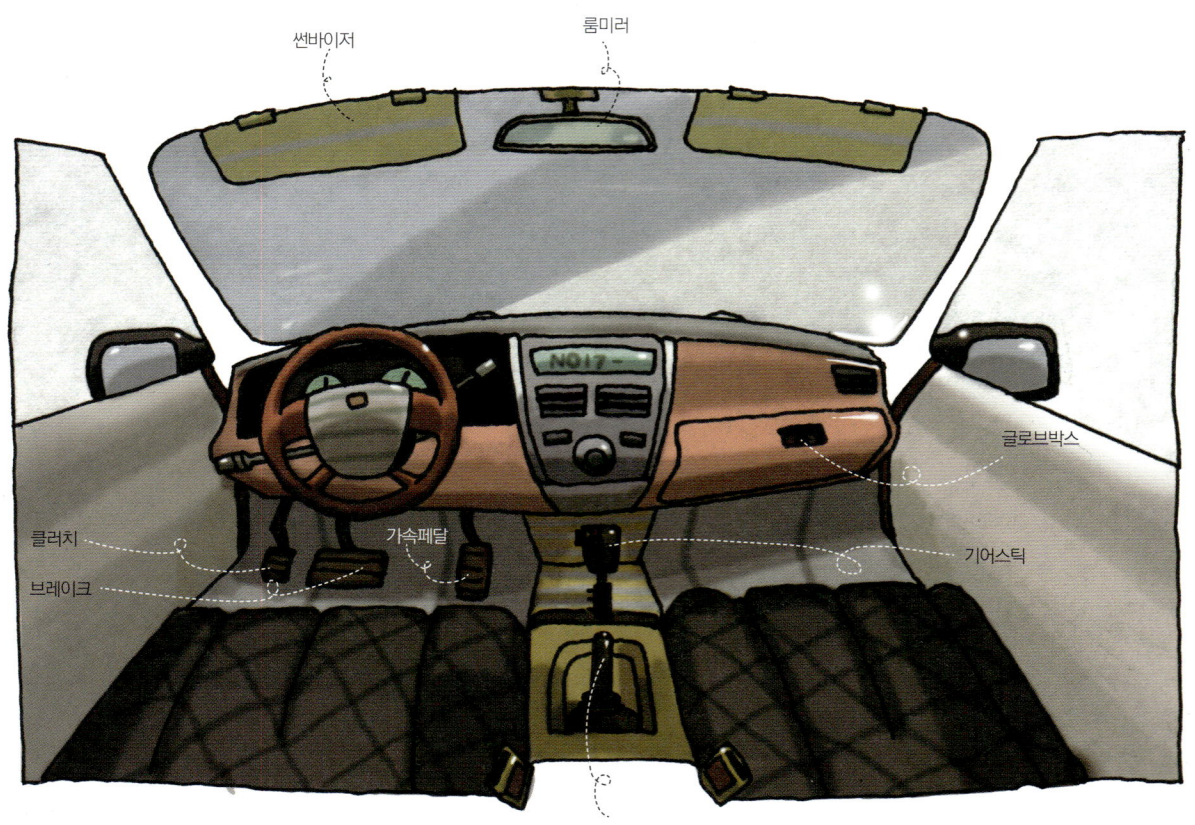

2.4 기계장치, 관련표현

기계장치

기어 gear(s), 변속기 gearbox; transmission ❶
- 기어를 바꾸다 change gear(s)
- 기어를 중립에 넣다 put the gear shift in neutral
- 기어를 2단에 넣어라. Put it in second gear. / Put the shifter in second gear.

　미션오일 transmission fluid
　자동 변속기 automatic transmission
　🔊 수동 변속기 manual transmission; stick shift
- 이 차는 6단 자동 변속기가 장착되어 있다.
  This car has a 6 speed automatic transmission.

기화기, 카뷰레터 [AE] carburetor; [BE] carburettor

냉각기, 라디에이터 radiator
　냉각수 coolant
- 냉각수를 보충하다 top up coolant

부동액 antifreeze
- 부동액을 교환하다 change antifreeze

브레이크 brake
　ABS브레이크 antilock braking system
　브레이크 오일 brake fluid
　브레이크 라이닝 brake lining

서스펜션 suspension

시동모터 starter motor

연료 분사기 fuel injector, 연료 분사장치 fuel injection

연료탱크 fuel tank; gas tank; [BE] petrol tank
　연료필터 fuel filter

완충기 shock absorber

자동차경보기 car alarm

전지, 배터리 battery

차대, 섀시 chassis

차체 body; bodywork

차축 axle

❶ 기어의 종류
- 고단기어 high gear
- 저단기어 low gear
- 중립기어 neutral
- 후진기어 reverse gear

차대　　차체

타이밍벨트 timing belt; timing chain
필터 air filter; air cleaner

엔진 — 종류

기관, 엔진 engine ❶, 원동기, 모터 (electric) motor
  엔진오일 engine oil
    엔진오일은 5,000km마다 한 번씩 교환해 주세요.
    Please change the engine oil every 5,000kms.
내연기관 internal-combustion engine
  가솔린엔진 gasoline engine
  디젤엔진 diesel engine
증기기관 steam engine
터보엔진 turbojet engine

> ❶ 자동차 엔진 관련 용어
> - A/T 자동변속기|auto transmission의 약자
> - M/T 수동변속기|manual transmission의 약자
> - CVT 무단변속기|continuously variable transmission의 약자. 자동으로 기어가 조절된다.
> - DOHC double overhead camshaft의 약자. 엔진 위쪽에 흡입과 배기를 담당하는 캠축 camshaft이 두 개 있는 엔진.
> - SOHC single overhead camshaft의 약자. 캠축 하나로 흡입과 배기를 동시에 하는 엔진.

엔진 — 구조

실린더 cylinder
  피스톤 piston
캠축 camshaft
크랭크축 crankshaft
점화플러그 spark plug

> ❶ 엔진의 구조와 작동
> 자동차 엔진은 흡입, 압축, 폭발, 배기라고 하는 연속적인 작용을 통해 동력을 발생시키는데, 이것을 엔진의 4행정 four-stroke cycle이라고 한다. 배기량은 엔진에서 1회 배출되는 배기가스의 양을 가리키는데, 엔진의 실린더가 많을수록 배기량도 많고 엔진 출력도 높다. 어떤 차가 4기통에 배기량이 1,500cc라면 실린더가 4개 있고 실린더 하나에서 1회 배출되는 배기가스의 양이 375cc라는 것을 알 수 있다.

흡입 intake | 압축 compression | 폭발 ignition; combustion | 배기 exhaust

관련표현

굄목 chock

배기량 displacement
- 내 차는 배기량이 1,500cc다. My car has a 1,500cc engine.
- 한국에서는 배기량 1,000cc 이하의 차량을 경차로 분류한다. In Korea cars with under 1,000cc displacement are categorized as subcompact.

알피엠 rpm (revolutions per minute의 약자)

잭 jack

점프선 AE jumper cables; BE jump leads

점프 스타트 jump start; jump
- 자동차의 배터리가 방전돼서 지나가는 차량으로부터 점프 스타트를 받았다.
  I got a jump start from a passerby as my car battery was dead.

출력 output
- 이 차는 최고 출력이 500마력에 달한다.
  The maximum output of this car's engine is 500 horsepower.

마력 horsepower (abb hp)

토크 torque ❷

연비 gas mileage; fuel efficiency ❸
A: 이 차는 연비가 어떻게 돼요? What is the gas mileage of this car?
B: 휘발유 1리터에 15km를 가니까 연비가 좋은 편이죠.
  The car drives 15kms per liter, which is good gas mileage.

튜닝 tune-up

❷ 토크의 개념

토크torque는 비트는 힘twisting force이라는 의미로서, 엔진이 한 바퀴 회전할 때 나오는 힘을 가리킨다. 토크가 높은 차는 알피엠이 낮아도 많은 힘을 낼 수 있기 때문에 정지 상태에서 출발할 때 치고 나가는 힘이 세며, 토크가 낮으면 힘이 약해서 출발할 때 차가 무겁게 느껴진다. 즉, 토크가 힘이라면 마력은 그 힘으로 할 수 있는 일의 양을 가리킨다.

❸ 미국 자동차의 연비

한국은 kilometers per liter로 자동차의 연비를 나타내지만, 미국은 miles per gallon을 사용한다. 1갤런은 3.78리터에 해당하며, 1mile은 1.6 km이므로, 1리터에 1킬로미터를 달리는 차는 1갤런에 2.4마일을 달리는 차와 연비가 같다고 할 수 있다. 1990년대 말까지는 1갤런의 휘발유 가격이 1달러 미만일 정도로 기름값이 저렴했지만, 2~3년 전부터 기름값이 올라가면서 최근에는 1갤런 당 3달러를 웃돌고 있다. 그래서 연비가 낮아도 튼튼한 차를 선호하던 미국인들도 요즘은 1갤런으로 50마일 이상을 갈 수 있는 고효율 하이브리드 전기자동차hybrid electric car를 찾고 있다. 미국 자동차의 연비는 고속도로와 시내 주행으로 분리되어 표시되며, 일반적인 승용차의 연료탱크의 크기는 고속도로 주행 시 400마일을 달릴 수 있도록 설계되어 있다. 그러므로 연비가 25 마일인 자동차의 연료탱크를 가득 채우려면 16갤런의 연료가 필요하고 1갤런 당 연료비가 3달러라면 연료탱크를 가득 채우는 데 48달러가 든다.

❶ 마력은 어떻게 생겨났을까?

증기기관steam engine을 발명한 제임스 와트는 증기기관이 얼마나 대단한 발명품인지를 사람들에게 알리기 위해 마력horsepower이라는 개념을 도입했다. 당시에는 광산에서 갱도에 고인 물을 퍼낼 때 짐수레를 끄는 말draft horse을 이용했는데, 와트는 마력을 통해 하나의 증기기관이 수십 마리의 말을 대신할 수 있다는 사실을 증명했다. 1마력은 1초 동안 75kg의 물체를 1미터 끌어올리는 것과 같은 출력을 뜻하는데, 마력은 전적으로 엔진 성능에 의해 좌우되기 때문에 무게가 비슷한 경주용 자동차가 소형차 10대와 맞먹는 마력을 낼 수도 있다. 국산 자동차의 경우 1,000cc는 70마력, 2,000cc는 140마력, 3,000cc의 자동차는 200마력을 낼 수 있다.

03 교통수단, 대중교통

3.1 대중교통 일반

차편

막차 the last train[bus]
- 어제는 막차를 놓치는 바람에 택시를 잡아야 했다.
  Yesterday I missed the last bus and had to grab a taxi.

밤차 night train[bus]

첫차 the first train[bus]
- 오늘은 지하철 첫차를 타고 출근했다.
  Today I took the first subway train to go to work.

교통과 승객의 이동

도착 arrival
- 도착하다 arrive; reach; get
- 도착 시간이 지났는데도 기차가 도착하지 않았다. The train has not arrived even though it is past the scheduled arrival time.

도착예정시간 ETA (estimated time of arrival의 약자)

연착 delay
- 연착하다 be delayed; arrive late; be overdue
- 악천후로 항공기들이 무더기로 연착했다.
  Due to stormy weather countless aircrafts were delayed.

승선, 승차, 탑승 boarding; embarkation
- 승선하다, 승차하다, 탑승하다 board; embark
- 비행기에 탑승하다 board the plane
- 한 남성이 지하철을 무임승차했다가 적발되었다.
  A guy got caught boarding the subway train without paying.

갈아타다, 환승하다 transfer   (환승역 transfer station)
- 서울역에 가려면 무슨 역에서 지하철을 갈아타야 하나요?
  Where do I transfer to get to Seoul station?

타다 take; ride; get on(to); get in(to)
- 버스를 타다 take the bus
- 택시를 타다 ride a taxi
- 지하철을 타다 get on the subway
- 배를 타다 get on the boat
- 비행기를 타다 get on the plane

운항, 운행 (비행기의) flight; (선박의) sailing

- 운행하다 run; (비행기가) fly; (선박이) sail
- 비행기는 예정대로 운항할 예정이다. The plane will fly on schedule.
- 사고로 인해 지하철 운행이 1시간 동안 중단되었다.
  The subway did not run for an hour due to the accident.

입국하다 enter a country ❶

- 중국에 입국하려면 비자가 필요하다. You need a visa to enter China.

출국하다 leave a country

- 그는 8시 비행기 편으로 일본으로 출국했다.
  He left the country for Japan on the 8 o'clock plane.

출발 departure

- 출발하다 start; leave; depart; set off
- 출발예정시간 ETD (estimated time of departure의 약자)
- 출발점, 출발지 starting point ➡ 목적지, 행선지 destination
- 그는 행선지를 밝히지 않은 채 집을 나갔다.
  He left home without telling anyone his destination.

하선, 하차 disembarkation

- 내리다, 하선하다, 하차하다 leave; get off; (비행기 · 배에서) disembark
- 저는 다음 버스 정류장에서 내립니다. I am getting off at the next bus stop.

---

❶ 미국 입국 절차

영어를 잘 못하는 사람은 미국 입국 절차에 막연한 두려움을 갖고 있지만, 입국 절차는 생각보다 간단한 편이다. 단지 다소 오래 기다려야 하는 것이 단점이다. 비행기가 공항에 착륙하기 전에 항공기 승무원은 미국의 입국 신고서인 I-94(미국 비자 소유 입국자) 또는 I-94W(무비자 입국자)와 세관신고서Customs Declaration 양식을 승객에게 나눠 준다. I-94나 I-94W를 작성할 때에는 반드시 여권의 이름과 신고서의 이름이 일치하도록 기재하고, 국적은 KOREA라고 쓰기보다는 REPUBLIC OF KOREA 또는 줄여서 R.O.K.라고 쓴다. 북한과 헷갈릴 수 있기 때문이다. 내용을 잘못 기재했을 때는 승무원에게 새로운 양식을 받아 다시 작성해야 한다. 고가의 귀중품, 미화 1만 달러 이상 혹은 이에 해당하는 현금을 소지하고 있을 때는 세관신고서에 신고해야 하고, 농산물이나 식물, 육류 등을 반입할 경우에도 이를 신고해야 한다.

입국 심사장에 도착하면 미국 영주권자 및 시민권자를 위한 입국 라인과 미국 방문객을 위한 라인으로 구분되어 있는데, 항상 방문객 라인에 많은 사람들이 줄을 서 있다. 각각의 부스에는 입국 심사관이 앉아 업무를 보고 있고, 이들의 지시에 따라 노란색 선에 서서 대기하고 있던 사람들이 한 명씩 심사관 앞으로 가게 된다. 이때 주의할 것은 심사관이 눈을 마주치며 손짓으로 오라는 지시를 하기 전까지 그 앞으로 가지 말아야 한다. 가끔 성격이 급한 사람은 앞사람이 나가기도 전에 부스로 다가가는데 십중팔구 심사관으로부터 불쾌한 소리를 듣게 된다. 심사관은 입국자의 눈을 응시하며 이름을 확인하고 체류 기간 및 여행 목적에 대해 묻기도 하는데, 친척 방문이 목적이라면 "I'm visiting my relatives."라고 대답하면 되고, 여행이 목적이라면 "I'm traveling." 등과 같이 간단하고 편안하게 대답하면 된다. 묻지도 않은 질문에 대답하면 오히려 이상하게 생각할 수 있으니 조심해야 한다. 질문이 끝나면 지시에 따라 스캐너에 열 손가락 지문을 찍고 사진을 찍으면 된다. 2009년 이전에는 엄지 손가락 지문만을 채취했지만, 이제는 모든 손가락의 지문을 채취하고 있다. 지문 채취와 사진을 찍는 절차는 미국 국토안보국 (www.dhs.gov) 홈페이지에 들어가면 확인할 수 있다. 입국 심사를 마친 후에는 심사관이 입국 신고서 I-94, I-94W의 하단을 잘라서 여권에 붙여 주는데, 이 종이가 있어야만 미국을 출국할 수 있다는 사실을 명심해야 한다.

입국 심사가 끝난 후에는 공항 모니터에서 자신이 타고 온 항공기의 수하물 수취대baggage claim이 몇 번인지 확인하고 짐을 찾아야 한다. 그리고 출구로 나가기 직전 문 앞에 서 있는 직원에게 세관신고서를 주고 나가면 모든 입국 절차가 끝난다. 문 앞에 서 있는 직원이 가방에 농산물이 있냐고 묻기도 하는데, 고춧가루나 김을 가져왔다고 해서 "Yes"라고 대답하면 십중팔구 가방을 뒤져서 확인하려 들 것이기 때문에 "No"라고 대답해야 한다. 이들이 말하는 농산물은 가공되지 않는 날고기나 살아있는 동, 식물을 말하는 것이기 때문이다.

좌석

자리, 좌석 seat
- 모두 자리에 앉아 주십시오.
  Everyone, please be seated. / Everyone please take a seat.
- 버스에 빈 자리가 없어서 집까지 서서 왔다. I had to stand on the bus all the way home because there were no empty seats.

경로석 seats reserved for senior citizens

노약자석 seating (reserved) for the handicapped, the elderly, and pregnant women

삼등석, 이코노미석 economy class; tourist class

이등석, 비즈니스석 business class

일등석, 특석 first class; first-class seat

중앙 좌석 center seat

창가쪽 좌석 window seat

통로쪽 좌석 aisle seat
A: 좌석은 어디로 드릴까요? Where would you like to sit?
B: 통로쪽 좌석으로 예약해 주세요. I would like to reserve an aisle seat.

교통비

교통비, 운임, 차비 (bus) fare; transportation expenses[costs]

기본요금 (택시의) minimum fare; initial charge
- 택시 기본요금이 1,900원에서 2,400원으로 올랐다. Minimum fare for a taxi increased from 1,900 won to 2,400 won.

뱃삯 boat fare

요금표 fare information

웃돈, 추가요금, 할증료 extra charge; additional charge; surcharge
- 3월부터 항공기의 유류 할증료가 인상될 전망이다.
  From March, the aircraft fuel surcharge will be increased.

통행료 toll

항공료 air fare

승차권, 차표

승차권, 차표 (train) ticket
검표원 ticket inspector; ticket collector, 차장 conductor
- 검표원이 기차표를 검사하러 왔다.
  The (ticket) inspector came to check tickets on the train.

교통카드 transportation card
- 교통카드를 충전하다 charge the transportation card

무임승차권 free pass

암표 illegal ticket; scalper's ticket
암표상 (ticket) tout; (ticket) scalper

정기권, 정기승차권 pass; season ticket; commutation ticket

탑승권, 보딩패스 boarding pass; boarding card
- 탑승권을 보여주시겠습니까? Please show me your boarding pass.

토큰 (bus) token

편도승차권 one-way ticket

왕복승차권 AE round-trip ticket; BE return ticket
- 서울에서 부산까지 왕복 기차표 두 장 주세요.
  Two return tickets for the train from Seoul to Busan please.

항공권 plane ticket

교통상황

교통량 traffic; traffic density; the volume of traffic
- 휴일을 맞아 고속도로의 교통량이 점점 증가하고 있다. The volume of traffic on the highway is gradually increasing due to the holiday.

교통체증, 정체 heavy traffic; (traffic) jam; gridlock; tie-up
- 갑작스러운 폭설로 인해 시내의 도로가 극심한 정체를 빚고 있다.
  The extreme traffic in town is due to heavy snow.

러시아워 rush hour
- 러시아워를 피하려고 평소보다 일찍 출근했다.
  To avoid rush hour I went to work earlier than usual.

병목구간 bottleneck
- 병목구간을 지나자 차량의 흐름이 빨라졌다.
  Once past the bottleneck, traffic started to flow faster.

병목현상 bottleneck phenomenon

전자여권이란?

미국과 비자면제프로그램 visa waiver program을 체결한 나라에서는 2007년 8월 이후 모든 신규 여권을 전자여권 electronic passport으로 발급해야 하고, 기존에 사용하던 여권은 만기가 되면 모두 전자여권으로 새롭게 발급해야 한다. 전자여권은 간단히 e-passport 라고 하는데, 여권의 앞면 하단에 세계 공통의 전자 여권 상징 로고가 찍혀 있고, 뒷면의 딱딱한 커버에는 육안으로 식별할 수 없을 정도로 작은 마이크로칩이 내장되어 있다. 마이크로칩에는 여권의 사진이 부착된 페이지와 추가적인 디지털 사진과 서명, 지문 및 홍채 인식 정보가 저장되어 있어 여권 소지자와 사진의 인물을 생물학적으로 비교 측정하여 본인 여부를 정확히 가려낼 수 있다고 한다.

전자여권 로고

관련표현

내비게이션 (automotive) navigation system; satellite navigation
- 처음 가는 곳이라 내비게이션을 켜고 운전했다. As it was the first time driving in that place, I used an automotive navigation system.

위성항법장치, 지피에스 global positioning system (abb GPS)

노선 route
노선도 (bus) route map

마일리지 mileage point; mileage credit
- 그 동안 쌓인 항공사 마일리지로 일본 여행을 다녀왔다. I made a trip to Japan using my airline mileage points that I collected.

수하물 baggage; (hand) luggage
수하물표 baggage claim ticket
초과수하물 excess baggage

승객, 여객, 탑승객 passenger
- 비행기 추락 사고가 발생해 승객과 승무원 전원이 사망했다. In the plane crash all passengers and crew died.

통과여객 transit passenger; through passenger

시간표 schedule; timetable

3.2 자전거, 오토바이

자전거

자전거 bicycle; `inf` bike; cycle ❶
- 자전거를 타다 ride a bike
- 자전거에서 내리다 get off the bike

2인용 자전거, 탠덤 tandem (bicycle)

경주용 자전거, 사이클 racing bicycle; road bicycle

리컴번트 recumbent bicycle[bike]

묘기용 자전거 BMX (bike)

산악자전거 mountain bike (`abb` MTB)

생활자전거 utility bicycle; city bike

외발자전거 unicycle; monocycle

➡ 두발자전거 two-wheeler

➡ 세발자전거 tricycle; `inf` trike

전기자전거 moped; electric bicycle; motorized bicycle

접이식 자전거 folding bicycle; folding bike

하이브리드 자전거 hybrid bicycle

> BMX는 bicycle motorcross의 약자로서, 도로 주행용이 아닌 익스트림 스포츠와 묘기용 자전거

실내 운동기구는 stationary bicycle 또는 exercise bike

두 명 이상이 탈 수 있는 자전거 tandem

반쯤 누운 자세로 타는 리컴번트는 바람의 저항을 덜 받고 많은 힘이 필요하지 않지만, 보관이 어렵고 위험하다는 단점이 있다.

❶ bicycle, bike, motorbike의 차이
- **bicycle** 자전거
- **bike; cycle** 자전거와 오토바이
- **motorcycle; motorbike** 모터motor을 장착한 자전거는 오토바이
- **racing bicycle** 흔히 '사이클'로 알려진, 바퀴가 얇은 도로 주행용 자전거

오토바이

오토바이 motorcycle; motorbike; bike; `AE` cycle, 이륜차 two-wheeler; two-wheeled motor vehicle

경주용 오토바이 racing bike

스쿠터 (motor) scooter

오프로드 오토바이 dirt bike; trail bike

액세서리, 기타

사이드카 sidecar
자전거 보관대 bicycle rack; bicycle stand
자전거 자물쇠 bicycle lock
자전거 장갑 cycling gloves
패니어백 pannier; saddlebag
펌프 bicycle pump
- 펌프로 자전거 바퀴에 바람을 넣다
  inflate the bicycle tire using a bicycle pump

헬멧 helmet; crash helmet
- 헬멧을 쓰다 wear a helmet

패니어백은 짐받이에 설치하는 여행용 가방

미국의 자전거 문화

한국에서는 헬멧을 쓰고 자전거를 타는 아이들이 많지 않지만, 미국은 어른뿐만 아니라 세발자전거를 타는 아이들도 헬멧을 반드시 착용하는 편이다. 미국 연방법federal law에는 헬멧 착용에 관한 조항이 없지만, 각 주state나 자치 도시municipality에 따라서는 헬멧 착용에 관한 규정을 마련해 놓고 있기도 한데, 캘리포니아에서는 18세 미만인 경우 자전거를 탈 때 반드시 헬멧을 써야 한다. 캘리포니아주는 동부 지역에 비해 지형이 평탄하고 날씨가 화창한 편인데, 그래서인지 자전거 도로가 잘 발달한 편이다. 동네에 있는 도로local road 우측으로 자전거도로 bike lane가 따로 나 있는 지역이 많으며, 날씨가 좋은 주말이면 자동차의 캐리어에 3~4대의 자전거를 싣고 교외로 떠나는 가족들을 쉽게 볼 수 있다.

3.3 버스 bus, 택시 taxi

버스

버스 bus
- 버스를 타다 ride a bus / take a bus / get on the bus
- 버스에서 내리다 get off the bus

버스기사 bus driver; busman
고속버스 express (bus)
공항버스 airport bus; airport shuttle
관광버스 coach; sightseeing bus; tour bus
굴절버스 articulated bus; bendy bus
무궤도전차, 트롤리버스 trolleybus; trackless trolley
셔틀버스 shuttle bus
시내버스 city bus; intra-city bus
시외버스 intercity bus; long-distance bus
우등버스 premium bus
이층버스 double-decker (bus)
저상버스 low-floor bus
전세버스 chartered bus
직행버스 nonstop bus
통근버스 commuter bus
통학버스, 스쿨버스 school bus ❶

2대 이상의 버스가 하나로 연결된 굴절버스

시내 관광용의 덮개가 없는 이층버스는 open top bus

전동차처럼 머리 위의 전선으로부터 전력을 공급받아 달리는 무궤도전차

---

❶ **미국은 스쿨버스의 천국**

미국에서는 학기 초에 스쿨버스 이용 신청을 하면 스쿨버스 회사에서 버스 번호와 정차 장소, 그리고 정차 시간을 알려 준다. 스쿨버스는 집집마다 들르는 것이 아니라 스쿨버스 회사에서 구역별로 지정한 정류장 중에서 집에서 가장 가까운 곳을 통보해 주므로 시간에 맞춰 해당 정류장으로 가야 한다. 정류장은 대부분 걸어갈 수 있는 거리에 있으며, 방과 후에는 대기하고 있는 스쿨버스의 번호를 확인하고 탑승해야 한다.

미국의 스쿨버스는 도로통행법 상 우선권을 갖기 때문에 만약 운전을 하다가 스쿨버스를 발견하게 되면 그때부터 최대한 조심스럽게 운전을 해야 한다. 전방에 스쿨버스가 정차해 있다면 같은 방향으로 진행하던 모든 차량은 물론 반대편에서 오던 차량 역시 정지해야 한다. 아이들이 도로를 건너고 스쿨버스 운전자가 버스 후미에 펼쳤던 정차 표지를 거두고 출발할 때까지 무조건 정지한 채 기다려야 하는 것이다. 또한 학교 근처는 스쿨존 school zone으로 지정되어 있기 때문에 통학 시간에는 속도 제한을 엄격히 실시한다. 25마일이 대부분이지만 일부 지역은 15 마일로 속도를 제한하는 곳도 있어 통학 시간이 되면 속도를 줄여 운전해야 한다. 하지만 미국의 모든 주에서 스쿨버스가 운행되는 것은 아니다. 예를 들어 캘리포니아주는 주정부의 예산이 부족해 학생들의 통학을 전적으로 학부모에게 의존하고 있다.

택시

택시 taxi; cab; taxicab
- 택시를 타다 take a taxi
- 택시에서 내리다 get out of the taxi
- 손을 들어 지나가던 택시를 잡았다. I raised my hand to hail a taxi.

택시기사 taxi driver; **inf** cabbie; cabby

개인택시 driver-owned taxi; owner-driven taxi
- 그의 아버지는 개인택시를 운전한다. His father drives a driver-owned taxi.

모범택시 deluxe taxi[cab]

수상택시 water taxi

영업택시 company taxi[cab]

전세택시 private hire taxi; **BE** minicab

총알택시 (recklessly) speeding taxi

콜택시 taxi; cab

미국에서 택시 타는 법

흔히 미국 택시라고 하면 노란색의 yellow cab을 떠올리기 쉽다. 물론 New York과 LA와 같은 대도시에는 yellow cab이 운행되고 있지만 모든 택시가 다 노란색은 아니다. 회사에 따라 택시 색깔은 노란색, 흰색, 빨간색 등으로 다양한 편이며, 개인 택시는 흰색 바탕에 초록색과 노랑색, 검정색 등이 배합된다. 택시 요금은 지역마다 다른데, 대개 기본 요금 initial charge은 2~3달러 수준이며, LA, Boston, Las Vegas, San Francisco 등의 도시에서는 10분 거리에 해당하는 5마일까지는 15달러 정도, Chicago, Houston, Baltimore 등의 도시에서는 8~13달러의 요금이 부과된다. 그리고 5마일 이상부터는 1마일 당 2~3달러의 추가 요금이 붙는다. 택시기사에게 잠시 기다리라고 하고 볼일을 보고 올 수도 있는데, 이럴 때 붙는 wait time charge, 즉 대기 요금은 적게는 시간당 15달러에서 많게는 30달러에 이른다. 미국에서는 택시 기사에게도 팁 tip을 줘야 하는데 보통은 택시 요금의 15% 정도를 준다. 만약 요금에 팁까지 더해 43달러가 나왔는데, 잔돈이 없어서 50달러를 내는 경우엔 택시 기사에게 "Seven dollars back, please."라고 하면 잔돈을 거슬러 받을 수 있다. 잔돈을 받고 싶지 않다면 "You can keep the change."라고 하면 된다.

관련표현

미터기 taximeter
- 미터기를 꺾다 start the taximeter

요금함 (버스 등의) fare box

정거장, 정류장 (bus) stop; depot
- 깜빡 졸다가 버스 정류장을 지나쳤다. I dozed off and missed my bus stop.

택시승강장 taxi stand; cabstand; taxi rank

터미널 (bus) terminal; (bus) station; **BE** terminus

3.4 기차, 열차 train

철도원

철도원 trainman; railwayman; railroad worker
기관사 (locomotive; railroad) engineer; [BE] engine driver
역무원 station employee
역장 stationmaster; station agent

열차의 종류

기차, 열차 train
- 기차를 타다 get on the train
- 기차에서 내리다 get off the train

강삭철도 funicular (railway); inclined railway
경전철 light rail; light railway
고속철도, 급행열차, 특급열차 express (train); bullet train; high-speed train ❶
공항철도 airport train
관광열차 tourist train; sightseeing train
군용열차 troop train
귀성열차 (homeward) train for holiday
대륙횡단철도 transcontinental railroad[railway] ❷
모노레일 monorail
산악철도 mountain railway
시가전차, 전차 [AE] streetcar; trolley (car); [BE] tram
야간열차 night train
우편열차 mail train
자기부상열차 magnetic levitation train; maglev train
전동차, 전철 electric locomotive
증기기관차 steam locomotive

케이블로 연결되어 경사진 비탈을 오르내리는 강삭철도는 교통수단이기보다는 관광 명소로 유명하다.

❶ **세계의 고속철도**
- Eurostar 유로터널을 통과하여 런던, 파리, 브뤼셀을 연결하는 유로스타
- ICE 독일, 오스트리아, 스위스 등에서 운행되는 ICE는 Intercity-Express의 약자
- KTX 프랑스의 TGV를 모델로 만든 한국의 KTX는 Korea Train Express를 뜻한다.
- Shinkansen 일본의 신칸센
- TGV 프랑스어로 high-speed train을 뜻하는 Train à Grande Vitesse의 약자인 TGV는 프랑스의 주력 고속열차

❷ **세계에서 가장 긴 횡단철도는?**
러시아를 동서로 관통하는 시베리아횡단철도 Trans-Siberian Railway는 러시아 동쪽 끝의 블라디보스토크에서 서쪽의 모스크바를 연결한다. 이 철도는 길이가 9,288km에 이르며, 시발역에서 종착역까지 꼬박 6박 7일이 걸린다.

지하철 metro; `AE` subway; `BE` underground ❶
- 지하철을 타다 take the subway
- 나는 매일 아침 만원 지하철을 타고 출근한다.
  Every morning I get on the congested subway to go to work.
- 다음 정차역에서 지하철 1호선으로 갈아타세요.
  At the next stop, please transfer to subway line number 1.

통근열차 commuter train
- 통근열차가 탈선해서 많은 사람이 다쳤다.
  A lot of people got hurt when the commuter train was derailed.

협궤열차 narrow gauge railroad[railway] ❷

화물열차 freight train

열차의 구성

기관차 locomotive
객차 passenger car; `AE` car; `BE` carriage; coach
   식당차 dining car; `BE` buffet (car)
   좌석칸 coach
   침대차 sleeping car ❸
화물차, 화물칸 baggage car; boxcar; luggage van

---

❶ **각국의 지하철 명칭**

유럽을 포함한 남아메리카 및 일본 등의 국가는 지하철을 metro라고 부르는 반면, 미국과 우리나라는 subway라고 부른다. subway는 영국 영어에서는 지하철이 아니라 지하도를 뜻한다.
- 대만, 싱가포르 MRT (Mass Rapid Transit: '대량 수송 교통 기관'의 약자)
- 독일 U-Bahn (독일어로 subway를 뜻하는 Untergrundbahn의 약자)
- 런던 the tube; the Tube
- 홍콩 MTR (Mass Transit Railway: '대량 수송 철도'의 약자)

❷ **협궤열차**

일반적인 철도의 궤도와 궤도간의 간격은 1,435mm이다. 협궤열차는 이 궤도의 간격이 표준보다 좁은 열차를 가리키는데, 건설 비용이 적게 들기 때문에 주로 인구가 적은 산악 지방이나 탄광 지대에 건설된다. 인천 소래포구의 명물이었던 수인선 협궤열차는 궤도간 간격이 762mm에 불과했다. 궤도간 간격이 표준보다 넓은 철도는 광궤열차 broad gauge railway라고 한다.

---

❸ **침대차의 종류**

컴파트먼트 compartment 3개의 좌석이 마주보는 형태의 6인용 객실. 마주 보는 두 개의 좌석을 펼치면 누울 수 있다. 안에서 문을 잠글 수 없기 때문에 도난 등의 사고에 취약한 것이 단점이다.

쿠셋 couchette 접을 수 있는 침대가 양쪽에 세 개씩 달린 6인용 객실. 안에서 문을 잠글 수 있다. 침대칸 sleeper은 쿠셋의 일종으로 1~4인실 등이 있으며, 쿠셋보다 안락하지만 요금이 비싸다.

철로

선로, 철길, 철로 track; railroad (line; track); railway (line); (시가전차의) tramlines; tramway ❶

간선, 본선 main line ⬌ 지선 branch line

국철 national railroad ⬌ 사철 private railway

탈선 derailment
- 탈선하다 be derailed; jump the track(s)

❶ **한국의 주요 철로 노선명**
- 경부선 Gyeongbu[Seoul-Busan] Line
- 경춘선 Gyeongchun[Seoul-Chuncheon] Line
- 장항선 Janghang[Cheonan-Iksan] Line
- 전라선 Jeolla[Iksan-Yeosu] Line
- 중앙선 Jungang[Seoul-Gyeongju] Line
- 태백선 Taebaek[Jecheon-Baeksan] Line
- 호남선 Honam[Seoul-Mokpo] Line

역, 역사 — 종류

역, 역사 station; stop

기차역 train station; railroad station; railway station
  간이역 way station; whistle stop; flag stop

시발역, 출발역 departure station

⬌ 종점, 종착역 terminal (station); terminus; arrival station

전철역, 지하철역 subway station
- 여기서 제일 가까운 지하철역이 어디죠? Where is the nearest subway station?

역, 역사 — 시설

개찰구 turnstile

급수탑 water tower

대합실 waiting room

매표소 ticket office[booth]; booking office
  매표원 ticket agent; booking clerk

플랫폼 platform

Amtrak

Amtrak은 미국 연방정부가 소유하고 있는 철도 교통 시스템으로, 21세기 들어 승객 감소로 존폐위기를 겪다가 최근에는 유가 상승 및 경제 악화의 여파로 자동차 대신 Amtrak을 이용하는 여행객이 늘어나면서 활기를 되찾고 있다. 현재 Amtrak은 알래스카, 하와이, 사우스다코타, 와이오밍주를 제외한 46개 주 전역에 걸쳐 운행되고 있으며, 기차표는 Amtrak 홈페이지나 기차역의 QuickTrak kiosk(기차표 판매기), 또는 매표소의 판매원으로부터 구입할 수 있다. Amtrak의 티켓 중에는 자동차를 열차에 실을 수 있는 Auto Train Ticket, 일정 기간 동안 수 차례 탑승이 가능한 Multi-Ride Ticket, 주간 할인 티켓Weekly Special과 같은 특이한 승차권도 있다. Amtrak의 좌석은 앉아서 가는 economy coach seat과 침대칸 sleeper이 있는데, 침대칸에는 의자, 침대, 간단한 세면시설 등이 갖춰져 있다. Amtrak은 2층으로 되어 있고, 장거리 열차인 경우 가운데 식당차를 기준으로 앞쪽으로는 1~4인실의 침대칸이 있고 뒤쪽으로 coach seat이 마련되어 있다.

3.5 배, 선박 ship; vessel

관련자

뱃사람, 선원 sailor; seaman; (집합적) crew, 뱃사공, 사공 boatman; ferryman
   갑판원 deckhand
   갑판장 bosun; boatswain
   기관사 engineer ◀
       일등 기관사 chief engineer
       이등 기관사 second engineer
       삼등 기관사 third engineer
   도선사 (maritime) pilot
   선장 captain (of a ship); [inf] skipper; (상선의) sea captain; master
   어민, 어부 fisherman
   조타수 helmsman; steersman
   항해사 mate ◀
       일등 항해사 chief[first] officer; first mate
       이등 항해사 second officer; second mate
       삼등 항해사 third officer; third mate
선주 shipowner

ship과 boat의 차이

ship과 boat 모두 배를 가리키지만, ship은 여러 척의 boat를 적재할 만큼 큰 배를 가리키고, boat는 ship에 들어갈 수 있을 정도로 작은 배를 가리킨다.
한편 ship은 물에 뜨는 배뿐만 아니라 하늘을 나는 비행선이나 우주선을 가리키기도 하는데, 우주선의 함장은 자신의 우주선을 plane(비행기)이 아니라 ship이라고 부른다.

비행선 airship

우주선 spaceship

종류 – 형태

돛단배, 범선 sailing ship; sailing vessel
   돛 sail
   돛대 mast
뗏목 raft
바지선 barge
       노 oar; (한 짝의) scull
       놋좆 oarlock
       삿대 pole; rod
보트 boat; (노를 젓는) rowboat; rowing boat
   고무보트 rubber boat; (rubber) raft
   곤돌라 gondola
   구명보트, 구명정 lifeboat; life raft
   모터보트, 쾌속정 motorboat; (경주용) powerboat; speedboat

수중익선 hydrofoil; jetfoil ❶

요트 yacht; (돛대가 있는) sailboat; sailing boat

잠수함 submarine

제트스키 personal watercraft (abb PWC);
(상표명) Jet Ski

통나무배 dugout (canoe)

호버크래프트 hovercraft; air-cushion vehicle

강력한 압축 공기를 뿜어 땅 위나 물 위를 떠서 달리는 호버크래프트는 속도가 빠르지만 비용이 비싸고 장거리 항해가 어렵다는 단점이 있다.

❶ 수중익선

수중익선은 배 밑에 날개 모양의 구조물이 달려 수면 위로 반쯤 뜬 채 달릴 수 있는 배이다. hydrofoil의 접사 hydro-는 '물의'라는 뜻을 가지고 있다.
- hydroelectricity 수력전기
- hydroelectric power generation 수력발전
- hydrogen 수소
- hydrogen bomb 수소폭탄
- hydrophobia 공수병, 광견병
- hydroplane 수상비행기

종류 – 성격

간첩선 spyboat

감시선, 순시선 patrol boat

고깃배, 낚싯배, 어선 fishing boat; fishing vessel
   원양어선 (가공시설을 갖춘) factory ship
   포경선 whaling ship; whaler ◄ 포경업 whaling / 포경선원 whaler

군함, 전함 warship; battleship ❷

기선, 증기선 steamship; steamer; steamboat

나룻배, 연락선, 페리 ferry; ferryboat

난파선 wreck; shipwreck; 침몰선 sunken[submerged] ship
   부유물 jetsam; flotsam (and jetsam) ◄ jetsam 배의 무게를 줄이려고 일부러 버리는 물건 / flotsam 난파선에서 나온 쓰레기

밀수선 smuggling boat[vessel] ◄ 밀수 smuggling / 밀수업자 smuggler / 밀수품 contraband (articles)

병원선 hospital ship

상선 merchant ship[vessel]

소방선 fireboat

쇄빙선 icebreaker

❷ 군함의 종류
- 경비정, 초계정 patrol boat[ship]; guard ship
- 구축함 destroyer
- 대잠함 anti-submarine ship
- 상륙정 landing craft
- 상륙함 landing ship; landing ship tank (abb LST)
- 소해정 minesweeper
- 수송함 troopship; troop carrier
- 순양함 (battle) cruiser
- 어뢰정 torpedo boat
- 이지스함 Aegis destroyer; Aegis ship
- 잠수함 submarine
  핵잠수함 nuclear-powered submarine
- 항공모함 aircraft carrier
  원자력 항공모함 nuclear-powered aircraft carrier
- 호위함 convoy

수상가옥, 집배 houseboat
수송선, 운반선 transport (ship)
여객선 passenger ship; (ocean) liner
   연안 여객선 coastal liner; coaster
   유람선 pleasure boat; (규모가 큰) cruise ship[liner]; (호화유람선) luxury liner ❶
예인선 tug (boat); towboat
외항선 ocean-going ship
유령선 ghost ship; phantom ship ❷
준설선 dredger; dredging vessel
해적선 pirate ship
   해적 pirate; sea robber
   해적기 Jolly Roger; black flag
화물선 freighter; cargo ship
   벌크선 bulk carrier
   유조선 (oil) tanker; (초대형) supertanker
   컨테이너선 container ship

❶ 미국인의 로망인 유람선 여행

미국인들이 죽기 전에 꼭 한번 해 보고 싶어하는 것 중 하나가 크루즈 여행cruise tour이다. 예전에는 주로 장년층들이 유람선 여행을 즐겼지만 요즘은 가족 단위의 여행객들이 많다. 흔히 유람선 여행은 배 위의 풀장에서 수영이나 하고 음식을 먹는 것이 전부라고 생각하는데, 유람선은 바다에만 떠 있는 것이 아니라 항구를 돌아다니며 정박을 하기 때문에 수상 스포츠뿐만 아니라 암벽타기, 골프, 경비행기 타기 등의 각종 스포츠와 오락, 그리고 교육 강좌 프로그램도 배울 수 있다. 숙박과 식사, 어린이용 프로그램, 극장쇼, 나이트클럽, 바, 라운지 이용, 요가, 농구, 배구, 헬스클럽 이용 등의 프로그램은 별도의 비용을 지출하지 않고 이용할 수 있으며, 스파와 마사지, 각종 주류, 특별 저녁식사special dining 등은 추가 비용을 내야 한다. 크루즈 여행도 비수기와 성수기의 요금 차이가 많은데, 1, 2월 중으로 여행 일정을 잡는다면 저렴하게 여행을 즐길 수 있고, 최신형 선박이 아닌 오래된 배로 여행할 경우 가격이 좀 더 저렴해진다. 미국인들에게 인기 있는 알래스카 크루즈Alaska cruise는 5월에서 9월 사이에 하면 좋다.

곡물, 시멘트, 석탄 등의 화물을 선박 내부에 적재한 채 운반하는 벌크선

화물이 담긴 컨테이너를 운반하는 컨테이너선

❷ 세계에서 가장 유명한 유령선

1641년 네덜란드 선적의 한 범선이 아프리카 남단의 희망봉을 돌아 인도를 향해 항해를 하고 있었다. 폭풍우가 다가오고 있었지만, 네덜란드인Dutchman 선장은 선원들의 만류에도 불구하고 항해를 고집하다가 결국 배가 침몰하고 만다. 하지만 이 배는 그 후로도 오랫동안 많은 사람들에 의해 목격되었는데, 플라잉 더치맨Flying Dutchman이라는 이름의 이 유령선은 영화 <캐리비안의 해적> 시리즈에 등장하기도 했다. <캐리비안의 해적>에 등장하는 Flying Dutchman의 선장 이름은 데비 존스Davy Jones인데, 영어로 Davy Jones는 바다의 악마나 신을 뜻하고, Davy Jones' Locker는 바다 밑바닥을 뜻하는 표현으로도 쓰인다.

선체 구성

갑판 deck
    갑판실 deckhouse
    비행갑판 (항공모함 등의) flight deck

굴뚝 smokestack; funnel

기적 foghorn; (steam) whistle

닻 anchor
    닻을 내리다 drop anchor

망루 crow's nest

방향타 rudder

방현재 fender

뱃머리, 선두, 이물 bow

고물, 선미 stern

뱃전 gunwale; gunnel

선실 cabin

선장실 captain's cabin

선체 hull

용골 keel ❶

우현 starboard 좌현 port; portside

조타실 wheelhouse; pilothouse

출입문, 해치 hatch; hatchway

키 helm

트랩 gangplank; gangway

프로펠러 propeller

현창 porthole

뱃전을 보호하기 위해 두른 고무나 타이어 등의 보호대

❶ 용골과 가미가제

몽골제국은 1274년과 1281년, 두 차례에 걸쳐 일본을 침략했다. 1281년에는 중국과 고려에서 천 척이 넘는 선박과 십만 명이 넘는 병사가 일본을 공격했는데, 때마침 일본 해안에 불어 닥친 강력한 태풍으로 수많은 배가 침몰했고, 몽골의 일본 공격은 결국 실패로 끝나고 말았다. 일본인들은 신이 자신들을 지켜주었다고 생각하여 이 태풍을 가미가제kamikaze, 즉 신풍(神風)이라고 부르게 되었고, 2차대전이 일본의 패전으로 치달을 무렵에는 가미가제 특공대라는 자살 특공대를 출격시켜 연합군의 간담을 서늘하게 만들기도 했다. 최근 조사에 따르면 일본을 침공했던 몽골군의 선박에는 용골이 없는 것으로 드러났는데, 용골은 물고기의 배지느러미처럼 배의 밑바닥에 설치되어 중심을 잡아주기 때문에 용골이 있는 배는 험한 파도에도 쉽게 전복되지 않는다. 하지만 바다에 익숙하지 않았던 몽골군은 배를 급히 모으느라 용골이 없는 내륙 항행용 선박으로 전쟁을 감행했고 그 결과 패전을 한 것이다.

용골

선박 관련표현

건조 shipbuilding
- 건조하다, 만들다 build a ship

노트 (선박의 속도) knot (=1,852 meters per hour)

명명식 ship naming ceremony

배수량 displacement ❶

1노트는 1시간에 1해리 nautical mile (=1,852m)을 항해하는 속도

부표 buoy

선적(船籍) the nationality of a ship

선적(船積) shipment; shipping
- 선적하다 load (a ship)

용적 톤수 tonnage

조선소 shipyard; dry dock; (소규모의) boatyard

❶ 배의 무게를 재는 방법

선박은 적게는 수십 톤에서 많게는 수십만 톤 이상 무게가 나가기 때문에 무게를 잴 방법이 마땅치 않다. 그래서 선박의 중량을 잴 때는 배수량이라는 기준을 사용한다. 배수량이란 물에 떠 있는 선박이 밀어내는 물의 중량을 가리키는데, 물의 중량은 배의 중량과 같기 때문이다. 선박의 최대 적재 중량을 가득 채웠을 때의 배수량을 만재 배수량 full-load displacement 이라고 한다.

진수식 ship launching ceremony ❶

항적 wake

> 배가 지나간 뒤에 생기는 흔적

항구

포구, 항구 (규모가 작은) harbor; (규모가 큰) port; (보트・요트 등의) marina

계선주 bollard

부두, 선창, 선착장 wharf; dock; quay; (잔교) pier ❷

기항지 port of call

등대 lighthouse
  등대선 lightship; floating lighthouse

무역항 trading port
  자유무역항 free port

부동항 ice-free port; warm-water port

어항 fishing port

화물항 cargo port

부두에 배를 묶어 두는 기둥

❷ **부두의 종류**

wharf, dock, quay는 배를 대놓고 짐을 부릴 수 있는 콘크리트로 된 시설을 가리킨다.

pier는 물 위에 설치된 구조물이고 pier 끝부분의 선착장을 landing stage라고 한다. 유럽의 해변에는 놀이시설이나 전망대를 갖춘 pier도 볼 수 있다.

❶ **선박의 탄생 과정**

대형 선박은 dry dock라는 조선소shipyard에서 건조되는데, 선박이 완성되면 dry dock에 물을 채워 배를 띄운다. 한 척의 선박은 험한 강이나 바다에서 수십 명 혹은 수백 명의 선원들의 목숨을 책임지기 때문에, 선박의 이름을 짓는 명명식이나 선박을 물에 띄워 선주에게 인도하는 진수식도 그 의미가 특별할 수밖에 없다. 19세기 영국의 국왕 조지 3세는 공주들의 존재를 국민들에게 각인시키기 위해서 공주들로 하여금 선박에 이름을 붙이게 했는데, 그 후로 선박의 이름을 정하는 것은 여성들의 전유물이 되다시피 하고 있다. 고대에는 선박을 진수할 때 산 사람을 바다의 신에게 제물로 바쳤는데, 이러한 관습은 현대에 와서는 포도주나 샴페인병을 배에 던져 깨뜨리는 것으로 바뀌었다. 포도주의 색깔이 사람 피와 비슷하기 때문에 바다에 제물을 바친다는 뜻도 있고, 갓 태어난 아이에게 세례를 하듯이 선박에 세례를 한다는 상징성도 갖기 때문이다. 선박과 부두를 연결하는 밧줄을 자르는 것도 여성의 몫인데, 보통은 선주의 아내나 딸이 도끼로 밧줄을 자르고 그 도끼를 보관한다. 밧줄을 자르는 것은 갓 태어난 아기의 탯줄을 자르는 것과 같은 의미를 갖고 있다고 한다.

항해 관련표현

결항하다 be canceled
- 제주행 여객선이 악천후로 결항되었다.
  The ferry to Jeju Island was cancelled due to bad weather.

난파, 파선 shipwreck
- 난파되다 be (ship)wrecked
  난파자, 조난자 castaway

운항, 항해 sailing; voyage
- 운항하다, 항해하다 sail; make a voyage
  항해술 navigation; seamanship
  항해일지 log (book)

입항하다 come into port; enter a port

출항하다 set sail; sail; leave a port

정박하다 anchor; berth; moor
  정박지 anchorage

조난 distress
- 어선 한 척이 조난당했다는 신고가 해경에 접수되었다.
  The coastguard received a report that a fishing boat was in distress.

  조난신호 distress signal[call]; Mayday (call) ❶
    조난신호를 보내다 send a distress call

좌초되다 be stuck on a rock[coral; reef]

침몰하다 sink; go down; go under; founder

회항하다 sail back

여자가 배에 타면 재수가 없다?

동서양을 막론하고 어부들이 굳게 믿고 있는 미신 중 하나는 "A woman on board is bad luck.", 즉 여자를 배에 태우면 나쁜 일이 생긴다는 것이다. 거친 바다에서의 뱃일은 여성들에게 적합하지 않고, 또 그 여성 때문에 남성 어부들의 주의가 흐트러지기 때문에 생겨난 미신인데, 흥미로운 것은 벌거벗은 여성이 배에 타고 있으면 오히려 좋은 일이 생긴다고 믿는다는 것이다. 성난 바다가 벌거벗은 여성을 보고 쑥스러움을 느껴 도로 잠잠해진다는 것인데, 그래서 놀이 동산의 바이킹의 뱃머리에는 가슴을 풀어헤친 여성의 조각상을 볼 수 있다.

---

❶ **SOS는 '도와주세요'라는 뜻?**

흔히 구조신호로 알고 있는 SOS는 구조 요청을 알리는 모스부호Morse code를 가리킨다. S는 모스부호로 세 번의 짧은 신호를 뜻하고, O는 세 번의 긴 신호를 뜻하기 때문에 SOS는 ●●● ━━━ ●●● 와 같은 모스부호가 된다. 구조를 요청할 때는 메이데이Mayday를 외쳐야 하는데, Mayday란 노동절May day이 아니라 도와달라는 뜻의 프랑스어 m'aider에서 나온 말이다. 구조를 요청할 때는 메이데이를 세 번 외치고 선박이나 항공기의 이름과 현재 위치, 그리고 현재 상황을 간략하게 설명해야 한다.

MAYDAY, MAYDAY, MAYDAY, this is Donghae, Donghae, Donghae. MAYDAY, Donghae. Position 37 degrees 14 minutes North, 131 degrees 52 minutes East. My boat is on fire and sinking. I require immediate assistance. 10 people on board. OVER.
메이데이, 메이데이, 메이데이, 여기는 동해호, 동해호, 동해호. 메이데이, 동해호. 북위 37도 14분, 동경 131도 52분. 배에 불이 나서 가라앉고 있다. 즉시 구조를 요청한다. 10명이 승선하고 있다. 오버.

3.6 비행기, 항공기 plane; airplane

관련자

승무원 flight attendant; crew member; (집합적) crew
  남자 승무원, 스튜어드 steward
  여자 승무원, 스튜어디스 stewardess
- 그 여자의 꿈은 국제선 승무원이 되는 것이다.
  Her dream is to become an international flight attendant.

조종사, 파일럿 pilot; flier; flyer
  기장 (plane) captain
  부기장 copilot
  항법사 navigator

지상근무요원 ground crew

monoplane

종류 — 형태

경비행기 light aircraft[plane]
- 경비행기를 조종하다 fly a light aircraft / control a light aircraft

글라이더 glider; sailplane
단발기 single-engine plane ⇔ 쌍발기 twin-engine plane
단엽기 monoplane ⇔ 복엽기, 쌍엽기 biplane
비행선 (승객 수송용의) airship; zeppelin; dirigible; (광고용의) blimp
수륙양용기 amphibious aircraft; amphibian
수상비행기 seaplane; floatplane; pontoon plane
수직 이착륙기 jump jet
제트기 jet (plane)
초경량 항공기 microlite; microlight
프로펠러기 propeller plane
헬기, 헬리콥터 helicopter; inf chopper; copter

biplane

수상비행기는 랜딩기어 대신 pontoon이라는 장치를 달아 물 위에 착륙할 수 있다.

종류 — 성격

공중급유기 tanker
　공중급유 aerial refueling

군용기 warplane; military plane[aircraft]

무인항공기 unmanned aerial vehicle (abb UAV); drone

민간항공기, 민항기 civil aircraft

수송기 transport (plane); transporter
　군용수송기 troop carrier

에어 택시 air taxi

여객기 passenger aircraft[plane]; airliner
　점보기, 초대형 여객기 jumbo (jet)

자가용 비행기, 전용기 private plane[jet]; business jet
　대통령 전용기 presidential plane ❶

전세기 chartered plane
　□ 수백 명의 중국인 관광객들이 전세기 편으로 서울을 방문했다.
　Several hundred Chinese tourists visited Seoul on the chartered plane.

초음속기 supersonic plane ❷

특별기 special plane

화물기 (aircraft) freighter; cargo aircraft[plane]

비행 상태에서 다른 비행기에 공중 재급유를 할 수 있는 공중급유기.

음속 speed of sound, 마하 Mach
초속 supersonic speed

❶ 에어포스원과 코드원

미국 대통령의 전용기는 에어포스원 Air Force One, 즉 공군 1호기라고 부른다. Air Force One은 대통령이 타고 있는 비행기의 호출 부호 call sign이기 때문에, 만약 대통령이 다른 비행기로 갈아타면 그 비행기가 Air Force One이 된다. 에어포스원의 기종은 보잉 747-200B이며, 한 대가 아니라 두 대인데, 대통령이 한 대에 타고, 기자를 비롯한 보조인력이 다른 한 대에 타게 된다. 미국 대통령의 전용 헬기는 Marine One, 즉 해병 1호기라고 부른다.
한편 우리나라에도 대통령 전용기가 있다. 코드원 Code One이라고 부르는 이 비행기는 대한항공으로부터 장기 임차한 보잉 747-400 전세기인데, 2014년에는 새로운 대통령 전용기를 도입할 예정이라고 한다.

Air Force One과 Marine One

❷ 초음속기와 소닉붐

초음속기란 음속, 즉 소리의 속도보다 빨리 날 수 있는 비행기를 뜻한다. 소리는 초당 약 340m, 시간당 1,225km를 이동할 수 있는데, 이런 음속을 마하 Mach라고 한다. 즉, 초음속기가 마하 2의 속도로 날고 있다면 음속의 2배인 초당 680m의 속도로 날고 있는 셈이다. 한편 초음속기도 이륙 직후에는 속도가 느리기 때문에 비행기가 발생시키는 소음과 압력파 pressure wave가 비행기의 속도를 앞질러 가지만, 비행기가 음속에 접근할수록 앞서서 날아가던 소음과 압력파가 계속 쌓이며 일종의 벽을 형성하게 된다. 그리고 비행기가 음속에 다다르는 순간 비행기의 동체가 소리의 장벽 sound barrier을 뚫고 지나가는데 이때 소닉붐 sonic boom이라고 하는 엄청난 폭발음이 발생한다. 그리고 압력파 때문에 비행기 주변의 기압이 순식간에 낮아져 동체 주변에 구름이 만들어진다. 소닉붐의 폭발음은 상상을 뛰어넘을 정도로 엄청나기 때문에 초음속 전투기들은 인적이 드문 산악지대나 해상에서 비행 훈련을 실시하게 된다.

비행기의 구조

객실, 기내 cabin
    기내방송 in-flight announcement
    기내상영영화 in-flight movie[film]
    기내식 in-flight meal; airline food[meal]
계기판 instrument panel; flight instrument
    고도계 altimeter
기창, 창문 porthole
날개, 주익 wing
    꼬리날개, 미익 tail
동체, 기체 fuselage
블랙박스 black box ❶
    비행기록장치 flight (data) recorder
    조종사 음성기록장치 cockpit voice recorder
제트엔진 jet engine
조종석 cockpit ❷
    사출좌석 ejection seat; **BE** ejector seat
    자동조종장치 automatic pilot; autopilot
착륙장치, 랜딩기어 landing gear
프로펠러 propeller; (헬리콥터의) rotor blade

---

❶ 블랙박스는 검은색 상자일까?

항공기 사고의 원인을 밝힐 수 있는 유일한 단서가 되는 블랙박스의 색깔은 검정색일까? 결론부터 말하자면 블랙박스의 색깔은 밝은 오렌지색이다. 검은색으로 되어 있으면 사고 잔해 속에서 찾기가 어렵기 때문이다. 그렇다면 왜 black box라고 부르는 것일까? 블랙박스는 비행기록장치flight (data) recorder와 조종사 음성기록장치cockpit voice recorder를 가리키는데, 비행기록장치는 비행기 꼬리 부분에 설치되어 비행에 관한 기록을 저장하고, 조종사 음성기록장치는 조종석에 설치되어 조종사의 대화 내용을 기록한다. 이 중 비행기록장치가 검은색 상자에 들어 있기 때문에 블랙박스라는 이름이 붙은 것이다. 블랙박스는 천 도가 넘는 고온과 높은 수압을 견딜 수 있도록 만들어졌지만, 사고의 충격을 이기지 못하고 부서지거나 불에 타는 경우도 많다. 이럴 경우에 그 사고는 영원히 미제로 남게 된다.

❷ cockpit과 싸움닭과의 관계

cockpit은 원래 싸움닭fighting cock을 가두는 구덩이pit를 가리키는 말이었다. 싸움닭들은 구덩이에 갇힌 채 한 마리가 죽을 때까지 싸움을 해야 했다. cockpit은 그 후로 치열한 전투 현장을 뜻하는 은어로 쓰이게 되었고, 1차 세계대전에 참가한 전투기 조종사들이 비행기 조종석을 cockpit이라고 부르기 시작하면서 조종석이라는 뜻을 갖게 되었다. 전투기 조종사들에게 조종석은 그 어느 곳보다 치열한 전투 현장이기 때문이다.

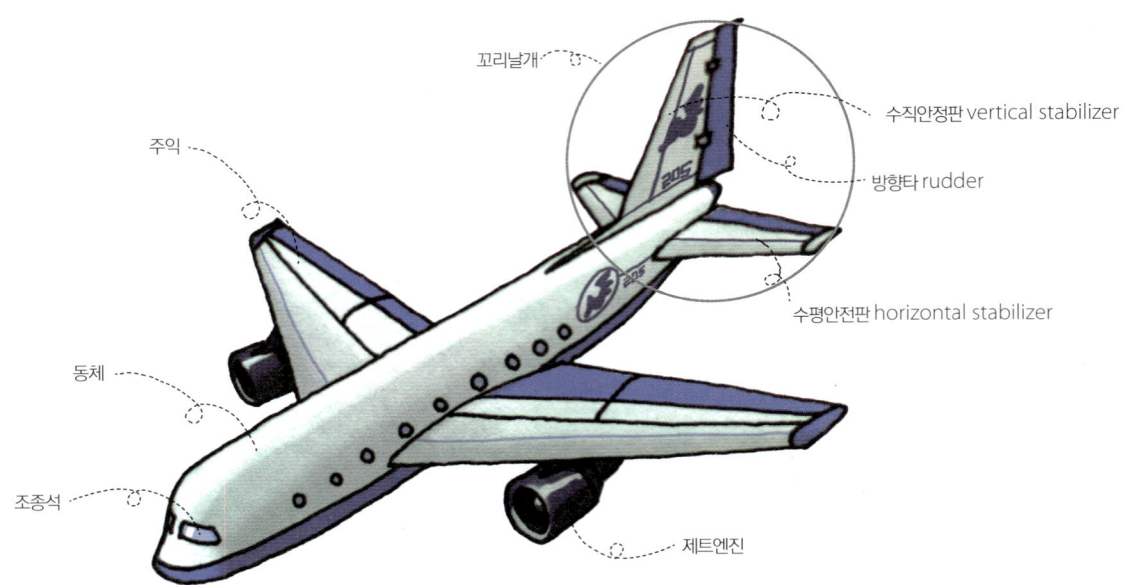

비행

비행, 운항 flight; flying
- 비행하다, 운항하다 fly
- 그는 비행 경력 10년의 베테랑 조종사다.
  He is a veteran pilot with 10 years of flight experience.
- 악천후로 인해 모든 항공기의 운항이 중단되었다.
  Due to bad weather all flights were cancelled.

고공비행 high-altitude flight ⟷ 저공비행 low-altitude flight

곡예비행 aerobatics; stunt flying

단거리비행 short-distance flight; short-haul flight

⟷ 장거리비행 long-distance flight; long-haul flight

시험비행 test flight

야간비행 night flight; (여객기의) red-eye
- 야간비행을 하다 fly red-eye

처녀비행 maiden flight
- 처녀비행을 하다 fly the maiden flight

평소 궁금했던 비행 상식

1. 여객기 조종사들은 잠을 잘까?
조종사들은 비행 도중에 절대로 잠을 잘 수 없다. 하지만 장거리 비행을 할 때는 기장과 부기장이 한 명씩 더 탑승해서 임무 교대를 한다. 비번인 조종사들은 기장은 일등석, 부기장은 이등석에서 휴식을 취하게 된다.

2. 비행기 안은 왜 건조할까?
항공사에서는 비행기의 중량을 조금이라도 줄이기 위해 기내의 습기를 제거하고 비행을 한다. 그렇기 때문에 비행기로 여행을 할 때는 수분을 충분히 섭취하는 것이 좋다.

3. 기내에서 술을 마시면 왜 빨리 취할까?
국제선 여객기는 보통 해발 1만 미터 이상의 상공을 비행한다. 이 정도 높이에서는 기압이 지상의 1/4 수준으로 떨어지지만, 항공사에서는 승객들의 건강을 위해 기내의 기압을 해발 1,800미터 수준으로 유지한다. 기압이 떨어지면 기체의 부피가 늘어나는데, 술로 인한 체내의 가스도 팽창하기 때문에 기내에서 술을 마시면 평상시보다 3배 정도 빨리 취한다.

비행 관련표현

결항 flight cancellation
- 결항하다 be canceled

기착, 스톱오버 stopover; layover

비행금지구역 no-fly zone

비행일지 log (book)

이륙 take-off; departure
- 이륙하다 take off; depart
- 여객기 한 대가 이륙 직후 폭발하는 사고가 발생했다.
  An accident happened when a passenger plane exploded on take-off.

착륙 landing
- 착륙하다 land; make a landing
  강제착륙 forced landing
  경착륙 hard landing ⟷ 연착륙 soft landing ❶
  불시착, 비상착륙 emergency landing
  - 불시착하다 make an emergency landing; (바다에) ditch; be ditched
  동체착륙 belly landing; crash landing
  - 동체착륙하다 belly-land; make a belly landing

항속거리 range
- 그 전투기의 항속거리는 1,500km에 이른다. The range of the fighter jet is 1,500kms.

회항하다 fly back

❶ 경착륙과 연착륙

연착륙soft landing이란 비행기가 서서히 하강하여 별다른 충격 없이 착륙하는 것을 뜻하고, 반대로 경착륙hard landing은 비행기가 갑자기 하강하여 착륙하는 것을 뜻한다. 일반적으로 착륙을 할 때 분당 120미터 이내의 속도로 하강을 해야 하는데, 그보다 가파른 속도로 하강을 하게 되면 경착륙을 할 위험성이 높아진다. 연착륙과 경착륙은 경제용어로도 자주 쓰이는데, 경제나 경기가 완만한 하락세를 보이면 경기가 연착륙했다고 말하고, 급격히 안 좋아지면 경착륙을 했다고 표현한다. 최근 수년간 고도의 경제 성장을 이룩한 중국에서 경기 과열에 대한 우려의 목소리가 나오는 것은 중국 경제가 경착륙을 할 수 있기 때문이다.

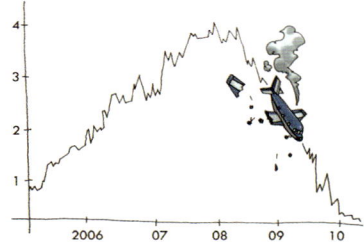

노선

노선 (air) route, 항로 course; airway; flight path

국내선 domestic flight ⟷ 국제선 international flight

정기항로 regular route[line; service]

직항편 (기착하지 않는) nonstop flight; (한두 번 기착하는) direct flight

환승편 connecting flight

공항

공항, 비행장 airport; (소규모의) flying field; aerodrome; (공항 건물) terminal
- 국제공항 international airport
- 국내공항 domestic airport
- 기항지 port of call
- 헬기 착륙장, 헬리포트 heliport; landing pad; helipad

검색대, 보안검색대 security check
- □ 보안검색대를 통과하다 go through the security check

격납고 hangar

> hangar [hǽŋər] 격납고
> hanger [hǽŋər] 옷걸이

관제탑 control tower
- 관제사 air-traffic controller
- 지상관제 ground control

라운지 departure lounge
- 환승 대기실 transit lounge

수하물 수취대 baggage claim area; [BE] baggage reclaim

여권심사대, 입국심사대 passport control

카운터 [AE] check-in counter; [BE] check-in desk

탑승구, 게이트 gate

트랩 airstair
- □ 비행기의 트랩을 오르다 get on the airstair

활주로 runway; airstrip; landing strip
- □ 활주로를 질주하다 speed down the runway
- □ 비행기는 활주로에 사뿐히 내려앉았다. The plane landed gently on the runway.

항공권 구입 절차

요즘은 인터넷 검색만 잘 해도 항공권을 저렴한 가격에 구입할 수 있다. 각 항공사의 홈페이지를 방문하면 여행 목적지와 출발 및 도착 일자를 입력하여 티켓 가격을 알아볼 수 있으며, 항공사에 직접 전화를 걸어 예약하기도 한다.

A: ABC 항공사입니다. 무엇을 도와 드릴까요? This is ABC Airlines. May I help you?
B: 샌프란시스코행 항공권을 예약하고 싶은데요. I'd like to book a flight to San Francisco.
A: 언제 출발하시죠? When do you want to leave?
B: 6월 6일이요. On June 6th.
A: 언제 돌아오시죠? When will you return?
B: 8월 18일입니다. On August 18th.

흔히 '예약하다'라고 하면 reserve라는 단어를 떠올리기 쉬운데, 실생활에서는 book이라는 단어를 많이 쓴다. 비행기 티켓을 구입하면 항공사에서는 고객의 이메일을 통해 e-ticket을 보내주며, 이것을 인쇄하여 출발하는 당일 항공사의 카운터에서 보딩패스 boarding pass로 바꾸면 된다. 비행기의 창가나 복도 자리는 예약이 일찍 끝나기 때문에 티켓을 구입할 때 원하는 좌석을 지정하는 것이 좋다.

A: 또 달리 도와 드릴 것이 있나요? Is there anything I can help you with?
B: 통로쪽 좌석에 앉고 싶은데요. I'd like an aisle seat, please.
A: 예, 23C에 통로쪽 좌석이 하나 남아 있네요. 예, 다 됐습니다. Yes, there is one aisle seat left on 23C. Okay, you are all set.
B: 감사합니다. Thank you.

3.7 기타 교통수단

가마 litter; sedan chair; palanquin
  가마꾼 palanquin bearer; sedan chair

개썰매 dog sled
- 개썰매를 타다 ride a dog sled
  썰매개 sled dog; sledge dog

기구, 열기구 hot-air balloon
- 그 남자는 열기구를 타고 세계 일주에 성공했다.
  He successfully travelled the world in the hot-air balloon.

레일바이크 draisine; railbike

마차 carriage; coach
- 마차를 타다 ride the carriage
  마부 coachman
  쌍두마차 two-horse carriage
  역마차 stagecoach
  전차 (경주용) chariot

승강기, 엘리베이터 AE elevator; BE lift
- 엘리베이터가 고장 나는 바람에 2시간 동안 그 안에 갇혀 있었다.
  The elevator broke and I was stuck in it for 2 hours.

에스컬레이터 escalator

인력거 rickshaw; ricksha
  인력거꾼 rickshaw man; rickshaw-puller

자동길, 무빙워크 moving sidewalk; moving walkway

케이블카 cable car; aerial tramway; AE tram
- 지난 일요일에는 케이블카를 타고 남산에 올라갔다.
  Last Sunday I rode the cable car to the top of Namsan.

Unit 6 통신

1. **통신 일반**
2. **컴퓨터**
   컴퓨터의 종류 / 하드웨어 / 소프트웨어, 프로그램 / 파일 / 컴퓨터 관련표현
3. **인터넷**
   관련자, 종류 / 네트워크 / IT 용어
4. **전화, 전화기**
   전화, 통화 / 전화번호 / 전화기 / 전화 관련표현
5. **우편, 편지**
   우편 / 우편물 / 우편 관련표현
6. **통신 기타**

01 통신 일반

광통신 optical communications
데이터통신 data communications
   무선 데이터통신 wireless data communication
무선통신 wireless[radio] communications
원거리통신, 원격통신 telecommunications
유선통신 wired communications
이동통신 mobile communications ❶
위성통신 satellite communications

통신위성 communications satellite

❶ 이동통신 관련용어

1G 1세대 이동통신기술. G는 세대를 뜻하는 generation의 약자. 음성 통화만 가능한 아날로그 통신을 뜻한다.
2G 2세대 이동통신기술. 음성 통화 외에도 문자 메시지와 이메일, 정지 화상 등의 데이터를 전송할 수 있지만 속도가 매우 느리다.
3G 3세대 이동통신기술. 음성 데이터와 비음성 데이터를 모두 전송할 수 있으며 전송 속도가 최대 2Mbps에 달한다.
4G 4세대 이동통신 기술. 이동 중에는 100Mbps, 정지 중에는 최대 1Gbps의 속도로 데이터를 전송할 수 있는 고속 통신망 서비스.
Bluetooth 블루투스. 개인 근거리 무선 통신Personal Area Networks의 산업 표준으로서, 덴마크어로 Blåtand, 즉 blue tooth라는 별명으로 불렸던 덴마크의 국왕 Harald 1세로부터 이름이 유래되었다.
CDMA Code Division Multiple Access, 즉 코드분할다중접속의 약자로서 세계 최초로 한국에서 상용화되었다.

02 컴퓨터 computer

2.1 컴퓨터의 종류

개인용 컴퓨터 personal computer (abb PC)
노트북, 랩톱 (컴퓨터) laptop (computer); notebook (computer)
   넷북 Netbook
데스크톱 (컴퓨터) desktop computer
   워크스테이션 workstation ← 주로 과학기술 연산, 공학 설계, 통계 처리, 금융 자료 분석, 컴퓨터 그래픽 등 전문 분야의 작업을 수행하는 고성능 개인용 컴퓨터
서버 server
슈퍼컴퓨터 supercomputer
전자수첩 electronic notebook
초소형 컴퓨터 handheld PC
   MID moblie Internet device
   PDA personal digital assistant, 팜톱 palmtop
   UMPC ultra-mobile personal computer
   태블릿 PC tablet PC
호스트 컴퓨터 host (computer); main frame ⟷ 단말기 terminal (unit)

갈수록 소형화되는 컴퓨터

넷북과 UMPC는 화면 크기가 11인치 이하인 미니 노트북을 가리킨다. 출시 초기에는 적당한 이름이 없어 UMPC, 즉 '휴대가 가능한 초소형 개인용 컴퓨터'로 불리다가 인텔이 아톰이라는 프로세서를 출시하면서 넷북이라는 이름을 쓰기 시작했다. 그 후로 아톰 프로세서가 탑재된 10인치 이하 1.5kg 미만의 미니 노트북은 넷북이라는 상표명으로 불리고 있다. MID는 넷북보다 더 작은 초소형 노트북으로서 화면 크기는 3~7인치 사이다. UMPC, 넷북, MID는 모두 키보드가 장착되어 있다. 한편 팜톱은 손바닥palm 안에 쏙 들어갈 정도로 작은 컴퓨터인데 보통은 PDA를 팜톱으로 부른다. 태블릿 PC는 PDA와 마찬가지로 별도의 키보드가 없는 터치스크린 방식의 초소형 노트북인데, PDA는 액정을 누르는 압력을 감지해서 작동하기 때문에 스타일러스펜 대신 볼펜과 같은 뾰족한 물체로도 작동되지만, 태블릿 PC는 전자기유도 방식을 사용하기 때문에 반드시 전용 스타일러스펜을 사용해야 한다는 차이점이 있다.

2.2 하드웨어 hardware

본체 내장 하드웨어

TV수신카드 TV tuner card
그래픽카드 graphics card; video card; graphics adapter
- 그래픽카드 드라이버를 설치하다 install a graphics card

랜카드 LAN card; network interface controller ← LAN은 local area network, 즉 '근거리 통신망'의 약자로서, 외부와 데이터를 주고받을 수 있는 통신 장치

램 random access memory (abb RAM)
마더보드, 메인보드 motherboard; mainboard ← 중앙처리장치와 메모리 등의 여러 부품을 연결하는 장치
모뎀 modem; cable modem
사운드카드 sound card
전원공급장치, 파워서플라이 (computer) power supply
중앙처리장치 CPU (central processing unit의 약자) ← 컴퓨터의 두뇌에 해당하는 장치로서, 대표적인 제조사로는 인텔과 AMD가 있다.
케이스 (computer) case; computer chassis
쿨러, 쿨링팬 cooling fan

모니터

모니터 monitor
CRT 모니터 CRT monitor; cathode-ray tube monitor
LCD 모니터 LCD monitor; liquid crystal display monitor
PDP 모니터 PDP monitor; plasma display panel monitor
와이드 모니터 wide-screen monitor
평면 모니터 flat-screen monitor

CRT 모니터는 음극선관 cathode-ray tube을 사용하기 때문에 부피가 크다.

일반 모니터보다 가로 폭이 긴 와이드 모니터는 화면을 두 개로 분할하여 사용할 수 있고, 영화를 실감나게 감상할 수 있다.

저장장치 storage

USB 메모리 USB flash drive
광학 디스크 드라이브 optical disk drive (abb ODD)
    CD롬 드라이브 CD-ROM drive
    DVD 드라이브 DVD ROM; DVD drive
    블루레이 드라이브 Blu-Ray Drive
외장하드 external hard disk drive
플래시메모리 flash memory
플로피디스크 floppy (disk)
하드디스크 hard disk drive (abb HDD); hard drive[disk]

❶ 마우스의 종류
- 광마우스 optical mouse
- 기계식 마우스, 볼마우스 mechanical mouse
- 레이저마우스 laser mouse
- 무선 마우스 cordless mouse
- 트랙볼 (마우스) trackball (mouse)

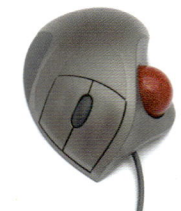

트랙볼은 마우스 위의 볼을 움직여 화면상의 마우스 위치를 조정하기 때문에 손의 피로도가 덜하다.

기타 주변기기

마우스 mouse (pl mouses; mice) ❶
□ 마우스의 오른쪽 버튼을 클릭하세요. Click the right button of your mouse.
    마우스 패드 mouse mat; mouse pad
메모리카드 memory (card) flash memory
스캐너 scanner
□ 스캐너로 사진 한 장을 스캔했다. I scanned the picture using a scanner.
키보드 (computer) keyboard
    키보드 스킨 keyboard cover[protector]
프린터 printer
□ 프린터의 잉크가 떨어졌다. The printer ran out of ink.
    레이저프린터 laser printer
    잉크젯 프린터 inkjet printer; bubble jet printer; dot matrix printer
    포토 프린터 photo printer
화상카메라, 웹캠 webcam

우리가 흔히 사용하는 키보드는 tab키 옆의 영문 철자가 QWERTY로 이어지기 때문에 QWERTY 키보드라고 부른다.

2.3 소프트웨어 software, 프로그램 program

버전별 소프트웨어

공개 소프트웨어 demoware; demo version, 프리웨어 freeware
불법 소프트웨어 illegal software, 해적판 pirated software
상용 소프트웨어 commercial software; payware
셰어웨어 shareware ❶
   데모 버전 demo version
   라이트 버전 lite version; crippleware
   시험판, 평가판 trial version
알파 버전 alpha version ➡ 베타 버전 beta version ❷

운영체제 operating system (abb OS)

리눅스 Linux
맥 OS Mac OS
윈도우즈 Microsoft Windows ❸
유닉스 Unix

❶ 셰어웨어의 종류
- **데모 버전** 전체의 일부만을 사용할 수 있거나 한정된 기간 동안만 사용할 수 있는 소프트웨어
- **라이트 버전** 완제품에서 몇 가지 핵심 기능을 제외하고 무료로 배포되는 소프트웨어. 핵심적인 기능이 없기 때문에 불편을 느낀 소비자가 결국은 상용 소프트웨어를 구매하도록 유도하는 역할을 한다. lite version의 lite는 '가볍다'는 뜻의 light와 같은 말이며, 절름발이cripple이라는 뜻의 crippleware라고도 한다.
- **시험판** 일정 기간이 지나면 사용할 수 없는 소프트웨어

❷ 알파 버전과 베타 버전
알파 버전은 프로그램 개발자들이 프로그램을 시장에 출시하기 전에 테스트를 하고 프로그램의 오류인 버그bug를 찾기 위해 만드는 초기 버전이다. 이처럼 만들어진 프로그램은 알파 테스트alpha test를 거쳐 베타 버전으로 태어난다. 베타 버전이란 프로그램을 정식으로 출시하기 전에 소비자들에게 평가를 받기 위한 버전인데, 베타 버전이 만들어지면 프로그램 개발사에서는 일반인들을 참여시켜 개발자들이 미처 찾아내지 못한 프로그램의 오류를 찾아내도록 한다. 이처럼 일반인들이 참여하는 프로그램 테스트를 베타 테스트beta test라고 하고, 베타 테스트에 참여하는 사람들을 베타 테스터beta tester라고 한다. 베타 테스트는 원하는 사람은 모두 참여할 수 있는 오픈 베타open beta와 개발사에 의해 선정된 소수 인원만 참여할 수 있는 클로즈베타closed beta로 나뉜다. 베타 테스트가 끝난 제품은 버전 1.0이라는 이름으로 출시된다.

❸ 윈도우즈의 역사
전세계 운영체제 시장을 석권하다시피 하고 있는 마이크로소프트사의 윈도우즈는 1985년 출시된 Windows 1.0을 시작으로 현재까지 무수히 많은 제품이 출시되었다.
Windows 95 1995년 출시.
Windows 98 1998년 출시.
Windows 2000 2000년 출시.
Windows ME 2000년 출시. ME는 millennium edition의 약자.
Windows XP 2001년 출시. XP는 experience의 약자.
Windows Vista 2006년 출시. Vista는 '멀리 내다보이는 아름다운 경치'라는 의미.
Windows 7 2009년 출시.
Windows CE 2009년 출시. 휴대용 컴퓨터를 위한 운영체제로서 CE는 Consumer Electronics 또는 Compact Edition의 약자로 알려져 있다.
Windows 8 2012년 출시 예정

기타

그래픽 소프트웨어 graphics software[program]

데이터베이스 관리시스템 Database management system (abb DBMS)

    데이터 data

    데이터베이스 database (abb DB); data bank
- 데이터베이스를 구축하다 construct a database

드라이버 driver; device driver
- CD를 넣으면 드라이버가 자동으로 설치된다. If you insert the CD, a driver will be automatically installed.

매크로 macro

멀티미디어 multimedia

맞춤법검사프로그램 spell-checker

바이러스 (computer) virus, **악성코드** malware
- 컴퓨터가 바이러스에 감염됐다. The computer was infected with a virus.
- 백신 프로그램으로 컴퓨터 바이러스를 치료했다.
 I removed the computer virus using antivirus software.

    매크로바이러스 macro virus

    스파이웨어 spyware

    애드웨어 Adware; advertising-supported software

    웜바이러스 worm virus

백신 프로그램 antivirus software

스프레드시트 spreadsheet

워드프로세서 word processor

응용 프로그램 application

통신 프로그램 communications software

펌웨어 firmware

2.4 파일 file

종류

PDF파일 PDF file (PDF는 portable document format의 약자)
동영상파일 video file
실행파일 EXE file; executable file
압축파일 compressed file; zip file; zipped file
음악파일 audio file ❶
이미지파일 image file
첨부파일 attachment; attached file
텍스트파일 text file

관련표현 — 1

디렉터리 directory ❷
   최상위 디렉터리 root directory
   상위 디렉터리 previous directory
   하위 디렉터리 subdirectory

와일드카드 wild card; wildcard

> **와일드카드 활용하기**
> 와일드카드는 특정 문자열을 대체하는 문자를 말한다. 대표적인 와일드카드에는 *(asterisk)와 ?(question mark)가 있는데, *는 파일명 전체를 대체할 수 있고, ?는 하나의 문자를 대체할 수 있다. 예를 들면, 확장자가 hwp인 한글 문서를 찾고 싶은데 파일명을 모를 때 *.hwp로 검색하면 해당 컴퓨터에 저장된 모든 한글 파일을 검색할 수 있고, 파일명이 work10인지 work20인지 모를 때 work??.hwp로 검색하면 work 뒤에 문자가 두 개 추가되는 모든 파일을 검색할 수 있다.

파일명 filename
폴더 folder
  □ 새 폴더를 만들다 create a folder
  □ 폴더를 삭제하다 delete a folder
확장자 (filename; file) extension

❶ **MP3란?**
대표적인 음악 파일 포맷인 MP3는 'MPEG-1 Audio Layer-3'의 약자로서, 오디오 데이터를 압축한 컴퓨터 파일을 뜻한다. MPEG는 moving picture experts group, 즉 '동화상 전문가 그룹'의 약자로서, 비디오와 오디오 인코딩의 국제 표준화 작업을 수행하는 전문가 집단을 가리킨다. MP3는 용량이 일반 오디오 파일의 1/10에 불과하지만, 음질은 크게 뒤떨어지지 않는다.

❷ 디렉터리의 구조

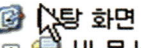

최상위 디렉터리 혹은 루트 디렉터리는 더 이상 나뉘어지지 않는 디렉터리를 가리킨다. 최상위 디렉터리는 보통 우측에 +기호가 붙어 있는데, 최상위 디렉터리를 클릭하면 +기호가 −기호로 반전하면서 하위 디렉터리가 펼쳐진다. 사진에서 '동물'은 최상위 디렉터리이고, '척추동물'은 '동물'의 하위 디렉터리이자 '양서류', '어류' 등의 상위 디렉터리가 된다.

관련표현 — 2

내려받기, 다운로드 download; downloading
- 다운로드하다 download
  - 요즘은 영화 불법 다운로드가 기승을 부리고 있다.
    These days illegal movie downloads have exploded.
  - 내 컴퓨터는 700메가바이트짜리 영화 한 편을 내려받는 데 30분이 걸린다.
    My computer takes 30 minutes to download a 700 megabyte movie.

덮어쓰다 overwrite

백업 backup
- 백업하다 back up
  - 중요한 파일은 USB 메모리나 외장하드에 백업해 놓으세요. Please back up any important files to a USB flash drive or an external hard (disk) drive.

복사 copy
- 복사하다 copy
  - 그림을 복사해서 문서에 붙여넣다 copy a picture and paste it into the document

복원 restoration
- 복원하다 restore
  - 삭제한 파일을 복원하다 restore a deleted file

붙여넣기 paste
- 붙여넣다 paste

삭제 deletion
- 삭제하다 delete
  - 실수로 중요한 파일을 삭제해 버렸다. By mistake I deleted a very important file.

업로드 uploading
- 업로드하다 upload
  - 블로그에 동영상파일을 업로드하다 upload a video file to the blog

잘라내기 cut
- 잘라내다 cut

첨부하다 attach

파일단위

킬로바이트 kilobyte
↓ ×1000
메가바이트 megabyte
↓ ×1000
기가바이트 gygabyte
↓ ×1000
테라바이트 terabyte

2.5 컴퓨터 관련표현

관련자

그래픽 디자이너 graphic designer
데이터베이스 관리자 database administrator (abb DBA)
시스템 엔지니어 systems engineer
오퍼레이터 operator
프로그래머 (computer) programmer

관련표현

다운되다 go down; crash
□ 컴퓨터가 갑자기 다운되었다. My computer crashed all of a sudden.

대기모드 standby mode

드래그 앤드 드롭 drag and drop

부팅하다 boot (up)
□ 내 컴퓨터는 부팅 속도가 느리다. My computer boots up slowly.

소스코드 source code ❶
　공개소스 open source

시스템 computer system
□ 시스템에 치명적인 오류가 발생했다.
　There was a fatal error in this computer system.

안전모드 safe mode

업그레이드 upgrade
■ 업그레이드하다 upgrade

업데이트 update, 패치 patch
■ 업데이트하다 update
□ 내비게이션을 업데이트하다 update the navigation system

절전모드 power saving mode

프로그래밍 programming

플러그앤플레이 plug and play (abb PnP)

❶ 소스코드와 카피레프트 운동

우리가 사용하는 컴퓨터 프로그램은 무수히 많은 기호와 숫자, 그리고 복잡한 컴퓨터 언어로 프로그래밍 되어 있는데, 일반인의 눈에는 암호문과도 같은 이 글을 소스코드 또는 원시코드라고 한다. 소스코드만 있으면 그 프로그램을 똑같이 만들 수 있기 때문에 소프트웨어 업체로서는 행여라도 소스코드가 새어나갈까 노심초사할 수밖에 없다. 미국의 마이크로소프트사가 자사의 운영체제operating system인 윈도우즈Microsoft Windows의 소스코드를 공개할 수 없다는 폐쇄 소스closed source 원칙을 고수하는 반면, 리눅스Linux와 같은 운영체제는 누구나 소스코드를 수정해서 배포할 수 있다. 카피레프트copyleft란 카피라이트copyright, 즉 저작권의 반대말로서, 소수에 의해 정보가 독점되는 것을 반대하고 누구나 자유롭게 정보를 공유해야 한다는 시민운동을 가리킨다.

인터페이스 GUI ❶

메뉴바 menu bar

메일박스, 우편함 mailbox

바탕화면 desktop; wallpaper
☐ 바탕화면의 아이콘을 더블 클릭하다 double click on the desktop icon

상태표시줄 status bar

스크롤바 scroll bar
☐ 스크롤바를 아래로 내리다 scroll down the scroll bar

시작메뉴 start menu; start button

아이콘 icon

오류 메시지 error message
☐ 컴퓨터를 사용하는데 자꾸 오류 메시지가 뜬다.
An error message keeps popping up while I am using my computer.

이모티콘 emoticon

작업표시줄 taskbar

창 window

> **창의 종류**
> • 검색창 search box
> • 대화창 chat window
> • 비활성창 inactive window
> • 팝업창 pop-up (window)
> • 활성창 active window

커서 cursor
☐ 갑자기 커서가 안 움직인다. The cursor suddenly froze.

툴바 toolbar

화면보호기 screen saver

---

❶ **GUI와 CLI**
인터페이스interface란 컴퓨터 사용자인 사람과 컴퓨터를 연결해주는 장치를 가리킨다. 요즘은 화면의 아이콘만 클릭해도 원하는 프로그램으로 바로 접속할 수 있지만, 초창기에는 복잡한 명령어를 일일이 입력해야만 프로그램에 접속할 수 있었다. 지금 사용하는 인터페이스는 아이콘과 같은 그래픽을 이용한 인터페이스여서 graphical user interface라고 하고, 초창기의 인터페이스는 문자character를 입력하는 인터페이스 방식이라고 하여 CLI (command line interface의 약자) 또는 CUI (character user interface의 약자)라고 한다.

03 인터넷 the Internet

3.1 관련자, 종류

관련자

네트워크 관리자 network administrator
네티즌, 누리꾼 netizen
  네티켓 netiquette
  악플러 troll; flamer ❶
운영자, 시솝 system operator[administrator]; **inf** sysop
웹마스터 web master
정보 제공자 content provider
해커 hacker
  □ 미국 국방부 홈페이지가 해커의 공격으로 마비되었다. A hacker attacked and paralyzed the home page of the United States Department of Defence.
  크래커 cracker

❶ 트롤과 악플러

노르웨이 신화에 등장하는 트롤troll은 땅속 동굴에 사는 괴물로서 〈반지의 제왕〉을 비롯한 여러 영화에 등장한 적이 있다. 악플러는 컴컴한 동굴에 사는 트롤처럼 어둠침침한 방안에서 악성 댓글을 다는 네티즌을 가리킨다.

웹

월드와이드웹, 웹 the Web; the World Wide Web (**abb** WWW)
HTTP hypertext transfer protocol ❷
검색엔진 search engine, 포털 사이트 portal (site)
  □ 그 스마트폰에는 구글의 검색엔진이 탑재되어 있다. The smart phone comes with Google's search engine.
미니홈피, 블로그 blog; weblog
소셜 네트워크 서비스 SNS (social network service의 약자)
웹사이트 website, 홈페이지 home page
  □ 홈페이지를 개설하다 build a home page
  □ 홈페이지를 폐쇄하다 close a home page
음란사이트, 포르노 사이트 pornographic website
  □ 음란사이트에 접속하다 connect to a pornographic website
인트라넷 intranet ⟷ 익스트라넷 extranet

❷ http://의 의미

http는 인터넷에서 하이퍼텍스트로 작성된 HTML 문서를 교환하기 위해 사용되는 통신 규약이다. 주소창에 웹사이트 주소를 입력할 때는 http://www.darakwon.co.kr처럼 http 다음에 콜론colon을 한 번 치고 슬래시slash를 두 번 입력한 후에 www로 시작하는 나머지 주소를 입력해야 한다. 그런데 이미 콜론으로 http와 www를 구분하고 있는데 왜 슬래시를 두 개나 더 넣어야 할까? 웹을 창시한 영국의 팀 버너스 리Tim Berners-Lee는 한 신문과의 인터뷰에서 20여 년 전에는 슬래시가 꼭 필요하다고 생각했는데 지금 와서 보니 불필요한 기호가 되고 말았다고 시인한 바 있다. 즉, 두 개의 슬래시는 아무 의미가 없는 기호라는 뜻이다.

인터넷 업무

검색 (Internet) search, 웹서핑, 인터넷 서핑 Web surfing
- 검색하다 search; browse, 웹서핑하다 surf (the Internet)
  - 논문을 쓰기 위해 인터넷에서 자료를 검색했다.
    I web surfed information for my dissertation.
  - 그 여자는 회사에서 틈만 나면 인터넷 서핑을 한다.
    She surfs the web at work whenever possible.

검색어, 키워드 keyword
- 그의 이름이 포털사이트의 인기 검색어 1위에 올랐다.
  His name is the most popular keyword for searching on the portal site.

댓글 comment
- 답글 reply

이메일, 전자우편 email; e-mail; mail; electronic mail
- 이메일을 작성하다 write an email
- 이메일 주소가 어떻게 되세요? What is your email address?
- 스팸메일 spam; junk mail ❶
  - 요즘에는 하루에도 수십 통의 스팸메일이 온다.
    These days I get lots of junk mail a day.
- 이메일 주소 email address
- 이메일 폭탄 mail bomb

채팅 online chat; (메신저를 통한) IM (instant messaging의 약자)
- 채팅을 하다 do online chatting
- 대화명 online ID
- 대화창 chat window
- 메신저 instant messenger
- 채팅방 chat room
- 화상채팅 webcam chat; video chat
  - 화상채팅을 하다 do video chat

소셜 네트워크 서비스란?
소셜 네트워크 서비스는 최근 국내에서도 확산되고 있는 트위터Twitter와 외국판 싸이월드인 마이스페이스Myspace와 페이스북Facebook처럼 다른 사람과의 소통을 목적으로 하는 온라인 인맥 구축 서비스를 가리킨다.
- 인맥 personal connections; networking
- 인적 네트워크 social network
- 지연 regionalism
- 학연 school ties; school connections
- 혈연 blood ties; ties of blood; blood relation

---

❶ **스팸메일의 유래**

스팸SPAM은 미국의 Hormel Foods Corporation이라는 식품회사에서 생산하는 고기 통조림을 가리킨다. 스팸의 원래 이름은 Hormel Spiced Ham (Hormel의 양념된 햄)이었지만 나중에 spiced ham 또는 shoulder of pork and ham이라는 뜻의 SPAM으로 바뀌었다. 2차 세계대전 직후 식량 사정이 극도로 악화된 유럽에서는 미국에서 대량으로 지원한 스팸이 가장 흔한 음식 중 하나였는데, 지나치게 흔하고 맛이 단조로우며 가격이 쌌기 때문에 가난한 집안의 아이들이나 먹는 음식으로 통했다. 한편 1970년대 영국 BBC 방송에서는 Monty Python's Flying Circus라는 코미디 프로그램을 방송했는데, 그 프로그램에 나오는 음식점의 모든 메뉴는 스팸으로 도배되어 있었고 출연자들은 별다른 대사 없이 Spam이라는 말만 반복하기 일쑤였다. 그 후 인터넷 뉴스 그룹인 유즈넷Usenet에 광고성 메일이 범람하자 사람들은 그러한 메일에 스팸이라는 이름을 붙이고 메일을 보내는 사람을 spammer라고 부르기 시작했는데, Hormel사로서는 돈 안 들이고 제품 홍보를 할 수 있기 때문에 광고 메일에 자사 제품의 이름이 쓰이는 것을 기분 나쁘게 생각하지 않았다고 한다. 광고 편지나 메일을 뜻하는 스팸은 소문자로 spam, 통조림을 가리킬 때는 대문자로 SPAM이라고 표기해야 한다.

3.2 네트워크 network

네트워크 일반

랜, 지역정보통신망 local area network (abb LAN) — 넓지 않은 일정 지역 내에서 다수의 컴퓨터나 OA기기 등을 속도가 빠른 통신선로로 연결하여 기기 간에 통신이 가능하도록 하는 근거리 통신망

초고속 정보통신망 information superhighway

유선 인터넷 wired Internet

ADSL Asymmetric Digital Subscriber Line — 비대칭 디지털 가입자 회선의 약자. 별도의 회선을 설치하지 않고 기존에 사용하던 전화선으로 데이터 통신을 할 수 있다.

ISDN Integrated Services Digital Network — 종합 정보 통신망의 약자. 음성, 문자, 영상 등의 종합적인 통신이 가능한 디지털 통신 서비스

VDSL Very high bit rate Digital Subscriber Line — 초고속 디지털 가입자 회선의 약자. 기존의 전화선을 이용하여 빠른 속도의 양방향 통신이 가능한 통신망

케이블 cable ❶

광케이블 fiber-optic cable; optical fiber cable
   광섬유 optical fiber
동축 케이블 coaxial cable
랜선 TP cable; Twisted pair cable
해저케이블 submarine (communications) cable

❶ **케이블의 종류**

- **광케이블** 전기 신호를 광선 신호로 바꾸어 유리섬유를 통해 전달하는 케이블.

- **동축 케이블** 구리선과 외부의 도체가 3:6의 비율로 구성된 케이블로서 랜선보다 잡음에 강하고 폭넓은 주파수 범위를 허용한다.

- **랜선** 구리선 두 가닥을 꼬아서 다발로 묶어 피복선을 입힌 케이블

무선 인터넷 wireless Internet

와이맥스 WiMax (Worldwide Interoperability for Microwave Access의 약자)
와이브로 WiBro (wireless broadband의 약자)
와이파이 Wi-Fi (Wireless Fidelity의 약자)

> **와이맥스, 와이브로, 와이파이**
> - 와이맥스: 속도는 빠르지만 사용 범위가 좁은 와이파이의 단점을 극복한 무선 통신기술로 평지에서는 45km, 도시에서는 1~2km 범위 내에서 사용이 가능하다. 하지만 와이브로에 비해서는 이동성이 떨어진다.
> - 와이브로: 한국이 국제 표준을 주도하고 있는 무선 광대역 인터넷 서비스. 시속 100km의 고속으로 이동 중에도 초고속 인터넷을 이용할 수 있다.
> - 와이파이: 기지국을 중심으로 특정 지역 내에서만 사용이 가능한 무선 인터넷 서비스. 이동 중에는 사용이 어렵다.

관련표현

TCP/IP transmission control protocol-Internet protocol ← 인터넷에서 서로 다른 시스템을 가진 컴퓨터들을 연결하고, 데이터를 전송하는 데 사용하는 통신 프로토콜

멀티캐스트 multicast ← 인터넷에서 같은 내용의 데이터를 여러 명의 수신자들에게 동시에 전송하는 방식

방화벽 firewall
  □ 해커들이 정부 홈페이지의 방화벽을 뚫고 침입했다.
   Hackers penetrated the government's home page firewall.

스트리밍 streaming ← 인터넷에서 음성이나 영상, 애니메이션 등을 실시간으로 재생하는 기법

아이피주소 IP address; Internet Protocol address

패킷 packet ← 네트워크를 통해 전송하기 쉽도록 자른 데이터의 전송 단위

프로토콜 protocol ← 컴퓨터끼리 정보를 주고받을 때의 통신 방법에 대한 규칙과 약속

3.3 IT 용어

DDoS distributed denial of service attack

분산 서비스 거부 공격. 여러 대의 컴퓨터에 몰래 바이러스를 심어 해당 컴퓨터를 좀비 컴퓨터로 만들어 놓고, 공격자의 지시에 따라 한꺼번에 과다한 데이터를 보내 특정 시스템과 네트워크를 마비시키거나 일반 사용자들이 이용을 막는 기법.

HTML hypertext markup language

웹 페이지를 만들 때 사용하는 프로그래밍 언어

RSS Really Simple Syndication

우리말로 풀이하면 '매우 간단한 배급'이라는 의미. 웹 서핑을 하다가 마음에 드는 웹 사이트를 찾으면 즐겨찾기 bookmark로 저장을 하는데, 즐겨찾기를 한 웹 사이트는 직접 방문하기 전까지는 업데이트 여부를 확인할 수 없다. RSS를 이용하면 자주 찾는 웹 사이트나 블로그의 최신 내용을 확인할 수 있다.

UCC user-created content

- UCC 동영상을 제작하다 create a UCC video

UCC는 정보 제공자 content provider가 만든 콘텐츠가 아니라 일반 사용자가 직접 만든 사용자 제작 콘텐츠이다. 우리나라에서는 UCC로 통하지만 미국에서는 user-generated content의 약자인 UGC로 알려져 있다.

URL Uniform Resource Locator

인터넷에서 접근 가능한 자원의 주소를 일관되게 표현할 수 있는 형식. 인터넷에서 특정한 컴퓨터를 식별하기 위한 도메인명, 그리고 컴퓨터 파일의 위치를 계층적으로 나타낸 경로명 등으로 구성된다.

XML extensible markup language

우리말로 풀이하면 '확장 가능한 마크업 언어'. 데이터 관리가 불가능한 HTML의 한계를 극복하기 위해 만들어진 언어로서, XML 문서 자체가 작은 데이터베이스 역할을 한다.

가상현실 virtual reality (abb VR)

게시판 bulletin board; message board

- 많은 네티즌들이 이번 사건에 대해 게시판에 의견을 남겼다. Many netizens left messages on the bulletin board regarding this incident.

단축키 (keyboard) shortcut

디폴트 default

도메인 domain (name) ❶

- 내가 원하는 도메인은 이미 다른 사람이 등록한 상태다. The domain name I want is registered to someone else.

---

❶ 국가 도메인

어떤 나라의 인터넷 주소를 가리키는 국가 도메인은 country code라고 하는데, 도메인 네임 체계에서 가장 최상위에 있는 도메인이라고 해서 ccTLD (country code top-level domain)라고 부르기도 한다. 주권 국가뿐만 아니라 자치국이나 속국, 그리고 남극과 같은 지역도 국가 도메인을 사용한다.

주요 국가와 지역의 국가 도메인

그리스 .gr	남극 .aq
네덜란드 .nl	노르웨이 .no
뉴질랜드 .nz	덴마크 .dk
독일 .de	룩셈부르크 .lu
멕시코 .mx	미국 .us
벨기에 .be	북한 .kp
스웨덴 .se	스위스 .ch
스페인 .es	슬로바키아 .sk
아이슬란드 .is	아일랜드 .ie
영국 .uk	오스트레일리아 .au
오스트리아 .at	이탈리아 .it
일본 .jp	중국 .cn
체코 .cz	캐나다 .ca
터키 .tr	포르투갈 .pt
폴란드 .pl	프랑스 .fr
핀란드 .fi	한국 .kr
헝가리 .hu	

로그아웃 logout
- 로그아웃하다 log out

로그인 login
- 로그인하다 log in; log on
- 웹사이트의 비밀번호를 잊어버려서 로그인이 안 된다.
  I forgot my password, so I cannot log on to the website.

링크 link
- 이 단어에는 링크가 걸려 있다. This word is hyperlinked.

멀티태스킹 multitasking

명령어 command

버그 bug
- 우리 회사에서 새로 출시한 프로그램에서 예상치 못한 버그가 발견되었다.
  The new program that my company created has an unexpected bug.

벌레라는 뜻의 버그bug는 소프트웨어의 예상치 못한 오류를 뜻하는데, 프로그램의 소스코드나 설계 과정에서의 실수와 오류 때문에 생긴다. 흔히 Y2K로 불렸던 밀레니엄 버그millennium bug는 1999년 12월 31일에서 2000년 1월 1일로 넘어갈 때 연도 숫자가 네 자릿수에서 두 자릿수로 바뀌는데, 컴퓨터가 그 변화를 인식하지 못하는 오류를 가리킨다. 밀레니엄 버그가 산업 전반에 치명적인 문제를 야기할 것이라는 우려와 달리 실제로는 별다른 문제가 발생하지 않았다.

사이버스페이스 cyberspace

사이트맵 site map

아바타 avatar

알고리즘 algorithm
> 어떤 문제를 해결하기 위해 거쳐야 하는 절차와 방법. 주로 컴퓨터가 어떤 일을 수행하기 위한 단계적 방법을 말한다.

앱스토어 App Store
> 스마트폰smartphone에 탑재할 수 있는 다양한 애플리케이션application, 즉 응용 프로그램을 판매하는 온라인상의 모바일 콘텐츠 장터

에러, 오류 error
- 컴퓨터 시스템에 에러가 나서 자꾸 다운된다.
  The computer crashes constantly due to a system error.

웹 2.0 web 2.0

정보 제공자가 제공하는 정보만을 수동적으로 받아들일 수 밖에 없는 인터넷 환경이 웹 1.0이라면, 웹 2.0은 일반 사용자들이 직접 콘텐츠를 생산해서 인터넷에서 공유하는 사용자 참여 중심의 인터넷 환경을 뜻한다. UCC와 블로그, 그리고 위키피디아Wikipedia와 같은 개방형 사전이 이에 속한다.

웹디자인 Web design
- 웹디자이너 Web designer

웹 브라우저 (Web) browser

웹진 webzine

이러닝 e-learning
- 요즘은 집에서 이러닝으로 영어를 공부하고 있다.
 These days I study English at home through e-learning.

인공지능 artificial intelligence (abb AI)

전자상거래 e-commerce; electronic commerce

전자서명 electronic signature; digital signature

전자책 ebook; electronic book

접속 access
- 접속하다 access
- 그의 홈페이지는 방문자가 폭주해 접속이 지연되고 있다.
 Access to his home page is delayed due to overloaded connections.

정보검색 information retrieval

조회 수 hit
- 그녀의 블로그 조회 수는 하루 만 명을 넘어섰다.
 Her blog has over ten thousand hits a day.

즐겨찾기 bookmark
- 한 방송사의 홈페이지를 즐겨찾기에 추가했다. I bookmarked a broadcasting company's home page. / I added a broadcasting company to my bookmarks.

토론방 newsgroup

트래픽 Web traffic

트랙백 TrackBack

트랙백은 1인 미디어를 지향하는 블로그 사이에 연결고리를 형성하는 역할을 한다. 예를 들어 A라는 사람이 B라는 사람의 블로그에서 X라는 글을 읽고 X에 대한 자신의 생각을 자신의 블로그에 올린 후 B에게 트랙백 핑TrackBack Ping을 보내게 되면 B는 A가 자신이 쓴 X라는 글에 관한 댓글을 올렸다는 사실을 알게 된다.

포맷 formatting; format
- 포맷하다 format
- 컴퓨터의 하드를 포맷하고 윈도우를 다시 깔았다.
 I formatted my hard drive and reinstalled Windows.

피싱 phishing ❶

❶ 피싱
피싱은 금융기관이나 지인을 사칭해서 개인정보를 빼내어 이를 범죄의 수단으로 악용하는 행위를 가리킨다. phishing이라는 단어의 유래에 대한 설명은 다양한 편인데, 개인정보private data를 낚시fishing하듯 낚아챈다고 해서 phishing이라고 한다는 설명이 가장 설득력이 있다.

04 전화, 전화기

4.1 전화, 통화 (phone) call ❶

국내전화 domestic (phone) call
국제전화 international (phone) call
- 중국에 있는 친구에게 국제전화를 걸었다.
  I made an international call to my friend in China.

모닝콜 wake-up call
- 내일 아침 6시에 모닝콜을 부탁 드립니다.
  I would like a wake-up call tomorrow morning at 6 am.

무료통화 toll-free call
수신자부담전화, 콜렉트콜 `AE` collect call; `BE` reverse-charge call
스팸전화 telemarketing call; unwanted telephone marketing call ❷
시내전화 local call
시외전화 toll[trunk] call; out-of-town call
외부전화 outside call
장거리전화 long-distance call
장난전화 prank call
- 장난전화를 걸다 make a prank call
  음란전화 obscene (phone) call

지명통화 person-to-person call ❸
협박전화 threatening (phone) call

❶ 전화를 받다
- ✗ receive the phone
- ● answer[get] the phone

전화를 받을 때는 receive가 아니라 answer나 get을 쓴다. receive the phone은 걸려 온 전화를 받는 것이 아니라 '배달 온 전화기를 수령하다'라는 뜻이 된다.

A: 전화 왔다. 전화 좀 받아.
   Answer the phone. It's ringing.
B: 나 지금 샤워 중이야. 네가 받아.
   I am in the shower. You answer it.

❸ 지명통화

지명통화는 국제전화 서비스의 일종으로, 교환원 operator에게 통화하고 싶은 상대의 이름과 전화번호를 알려 주면 교환원이 그 사람을 호출하여 신청자와 연결해 준다. 전화요금에 일정 금액의 수수료가 별도로 부과되며, 통화 대상자가 없으면 요금은 부과되지 않는다.

---

❷ 스팸전화를 차단하는 방법

미국인들 역시 시도 때도 없이 걸려 오는 스팸전화 때문에 몸살을 앓고 있다. 스팸전화 중에는 신문이나 잡지 구독을 권하는 내용이 많은데, 영어가 능숙하지 않은 사람은 본의 아니게 신문을 구독하기도 한다. 미국에는 이렇게 상업적인 목적으로 걸려오는 전화를 차단할 수 있는 유용한 방법이 있다. 바로 www.donotcall.gov라는 정부 웹사이트에 들어가서 The National Do Not Call Registry에 본인의 집전화 혹은 휴대폰 전화번호를 등록하는 것이다. 이 서비스는 미국의 연방통상위원회the Federal Trade Commission에서 국민 사생활 보호를 위해 실시하고 있는데, 여기에 등록된 전화번호로 상업적인 목적의 전화를 거는 것은 불법 행위로 간주된다. 하지만 자선단체나 여론조사를 위한 전화, 정치단체에서 거는 전화는 예외로 인정된다.

A: 안녕하세요, LA타임즈입니다. 판촉 기간 동안 저렴한 가격에 신문을 구독하실 수 있습니다.
   Hello, this is the LA Times. We are offering lower prices on subscriptions for a promotion period
B: 미안합니다만, 뉴욕타임즈를 구독하고 있어요. I'm sorry, but I already have a subscription to the New York Times.
A: LA타임즈를 보시면, 한 달 구독료로 세 달치를 받아보실 수 있습니다. 아주 좋은 가격이지요!
   With the LA Times, you can now pay for one month's fee and receive papers for 3 months. It's a great deal!
B: 고맙지만 됐습니다. No thank you.

4.2 전화번호 phone number; telephone number

국가번호 country (calling) code ❶
긴급전화번호, 비상전화번호 hotline; emergency telephone number
내선번호 extension (number)
단축번호 speed dial
- 내 핸드폰의 단축번호 1번에는 어머니의 전화번호가 저장되어 있다. My mother's phone number is speed dial 1 on my cell phone.

수신자부담전화번호 toll-free (telephone) number ❷
지역번호 area code; BE dialling code
- 경기도의 지역번호는 031이다. The area code for Gyeonggido province is 031.

❷ 11로 끝나는 미국의 수신자부담전화번호
- 211 건강 복지 서비스 관련 문의 전화. 무료 유방 X선 사진이나 신종플루 백신 접종 등의 정보를 알아볼 수 있다.
- 311 해당 자치단체의 공공 서비스 관련 문의 전화. 쓰레기 처리 문제 및 소음공해 문제 등을 알아볼 수 있다.
- 511 교통정보 문의 및 제보 전화.
- 711 시각, 청각 장애자들을 위한 서비스 문의 전화.
- 811 수도관과 같은 지하에 매설된 공공시설에 대한 문의 전화.
- 911 경찰의 도움을 필요로 하는 사건 사고 신고 전화. 지역에 따라 구급차 이용 요금을 부과하기도 한다.

❶ 국가번호는 어떤 기준으로 정해졌을까?
현재 사용하는 국가번호는 1~4자리 사이인데, 미국과 캐나다, 러시아와 같이 국토가 넓은 나라가 1자리의 국가번호를 사용하고, 통신이 발달한 나라는 2자리, 국토가 좁거나 통신이 발달하지 않은 나라는 3자리, 카리브해의 미국령 국가나 영연방국가들이 4자리의 국가번호를 사용한다. 처음 국가번호를 정할 때에는 전 세계를 9개의 구역으로 나누어 각 구역마다 1~9까지의 대표 번호를 부여했는데, 우리나라는 8번으로 시작하는 아시아 지역에 속해 있기 때문에 82번이라는 국가번호를 부여 받았다.

1 북아메리카와 카리브해 연안의 국가
미국과 캐나다는 국가번호가 1번으로 같으며, 그 밖의 나라는 숫자 1 뒤에 3자리의 숫자를 더해 총 4자리의 국가번호를 갖는다.

2 아프리카, 그린란드, 대서양과 인도양의 국가
이집트가 20, 남아프리카공화국이 27로 국가번호가 2자리이며, 나머지 국가는 3자리의 국가번호를 갖는다.

3 유럽 지역의 국가
4 유럽 지역의 국가
5 멕시코를 포함한 중남미 국가
6 동남아시아 국가와 호주
7 구소련 지역의 국가
현재는 러시아와 카자흐스탄만이 7번이라는 국가번호를 사용한다.

8 동아시아 국가
일본이 81, 한국이 82, 베트남이 84, 중국이 86의 국가번호를 사용하며, 나머지 국가는 3자리의 국가번호를 사용한다.

9 서남아시아와 중앙아시아 국가

4.3 전화기 telephone; phone

종류

공중전화 pay phone
   공중전화부스 [AE] (tele)phone booth; [BE] phone box; call box
무선전화 cordless (tele)phone
비상전화 (도로에 설치된) emergency telephone box; [AE] call box
스피커폰 speakerphone
위성전화 satellite phone
유선전화 corded telephone; landline
인터넷전화 Internet phone
직통전화, 핫라인 direct line; (정부 수뇌 간의) hot line; hotline
카폰 car phone
핸드폰, 휴대전화 cell phone; mobile (phone); [f] cellular phone ❶
□ 내가 이따가 핸드폰으로 다시 전화할게.
  I will call you again later from my cell phone.
화상전화 videophone

핸드폰 ❌ handphone
    ⭕ cell phone, mobile

구조

다이얼 dial
버튼 button
수화기 receiver; handset
□ 수화기를 들기도 전에 전화가 끊어졌다.
  The phone stopped ringing before I was able to pick up the receiver.
액정화면 LCD (liquid crystal display의 약자)
자동응답기 answering machine; answerphone
□ 자동응답기에 메시지를 남기다 leave a message on the answering machine
전화선 telephone wire; telephone line
키패드 (telephone) keypad ❷

earpiece
mouthpiece

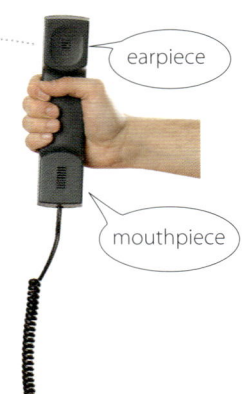

❶ 핸드폰의 종류

- DMB폰 (satellite) DMB (cell) phone
- MP3폰 MP3 cell phone
- 스마트폰 smartphone
- 슬라이드폰 slide (cell) phone

- 카메라폰 camera (cell) phone
- 폴더폰 clamshell (cell) phone

- 플립폰 flip (cell) phone

❷ 우물정(井) 자를 눌러 주세요

전화기 키패드 하단에 있는 우물정(井) 자는 영어로는 pound key, number sign, hash key이고, 별표(*)는 star key, asterisk key 등으로 부른다.

4.4 전화 관련표현

매너모드, 진동 silent mode; vibrate mode
- 휴대전화를 진동으로 바꿔 주세요. Please put your cell phone on silent mode.

메시지 message

문자 메시지 text message ❶
- 내 문자 메시지 못 받았어? Didn't you get my text message?

음성 메시지 voice message; voice mail
- 그의 핸드폰에 음성 메시지를 남겼다. I left a voice mail on his cell phone.

스팸 메시지 mobile phone spam; unwanted (text) message
- 휴대전화에 스팸 메시지 차단 설정을 해 놓았다.
  I set my cell phone to block unwanted text messages.

발신음 dial tone
- 발신음은 가는데 아무도 전화를 받지 않는다.
  The phone is ringing but no one is answering.

발신자 caller

발신자표시 caller ID

벨소리 ringtone

컬러링 custom ringtone; personalized ringtone

전화번호부 (telephone) directory; phone[telephone] book;
(상업용) Yellow Pages; (가정용) White Pages
- 전화번호부를 뒤져서 그의 전화번호를 알아냈다.
  I went through the phone book and found his phone number.

전화벨 ring
- 전화벨 소리에 잠에서 깼다. A phone ring woke me up.

전화요금, 통화료 phone bill; telephone bill; (휴대전화의) cell phone bill ❷

전화카드 phone card; calling card

통화량 call volume
- 연말에는 통화량이 폭주하기 때문에 전화 연결이 잘 안 된다. At the end of the year we have difficulty connecting due to extremely high call volume.

핸드폰줄 cell phone string[strap]; (목에 거는) lanyard

핸즈프리 hands-free device
- 나는 운전할 때 핸즈프리를 사용한다. I use a hands-free device when I am driving.

혼선되다 be crossed ❸

회선 telephone line; telephone circuit

---

❶ **SMS와 MMS**
- SMS 단문 메시지. short message service의 약자.
- MMS 일명 컬러메일로서 multimedia message service의 약자. 사진이나 동영상 등을 첨부할 수 있다.

❷ **미국의 통화료 부과 방식**
한국과 미국은 통화료 부과 방식이 다르다. 한국은 자신이 거는 발신 전화에 대해서만 요금을 내지만, 미국은 거는 전화뿐만 아니라 받는 전화에도 요금을 부과한다. 그렇기 때문에 결과적으로는 한국에 비해 미국의 통신요금이 비싼 편이다. 미국도 한국과 마찬가지로 운전 중 휴대전화 사용을 금하고 있는데, 캘리포니아 주에서는 2008년부터 핸즈프리를 사용하지 않고 운전 중에 휴대전화를 사용하는 운전자에게 벌금을 부과하고 있다. 요즘은 운전 중 휴대전화를 사용하는 운전 습관에 대한 경각심이 높아지는 가운데 벌금과 벌점을 상향 조정하는 법안을 상정하는 주가 늘어나고 있다.

❸ **전화가 혼선되었을 때는**
A: 댁의 페인트 보수작업 때문에 전화했는데요.
I'm calling because of the paint touch-up for your house.
B: 전화를 다시 걸어 주시겠어요. 혼선된 것 같아요.
Could you call me again? I think that the lines are crossed.
A: 예, 연결 상태가 안 좋군요. 잠시 후에 걸겠습니다.
Yes, we have a bad connection. I'll call you in a minute.
B: 고맙습니다. Thank you.

05 우편, 편지

5.1 우편 mail; post

국내우편 domestic mail
국제우편 international mail ❶
대량우편 bulk mail
등기우편 registered mail; certified mail
☐ 계약서는 등기우편으로 보내 주세요.
  Please send the contract to me by registered mail.
보통우편 ordinary mail
빠른우편, 속달, 특급우편 express mail; special delivery
　국제특급우편 global express mail
선박우편 sea mail
항공우편 airmail
☐ 항공우편으로 일본에 있는 친구에게 편지를 보냈다.
  I sent a letter by airmail to my friend in Japan.

항공우편봉투에 적힌 PAR AVION은 'by airplane' (항공편으로)이라는 뜻의 프랑스어. surface mail은 항공우편의 반대말로 선박이나 육상교통편으로 배달되는 우편을 뜻한다.

❶ 미국 우체국의 국제우편 요금제
- Global Express Guaranteed (GXG) 요금은 가장 비싸지만 가장 빠르고 정확한 날짜에 맞춰 우편물을 보낼 수 있다. 공휴일을 제외하고 1~3일이 걸리며, 예정일보다 늦게 도착할 경우 비용을 전액 환불 받을 수 있을 뿐만 아니라 따로 보험을 들지 않아도 $100까지는 자동으로 손해배상을 받을 수 있다.
- Express Mail International (EMI) GXG보다 저렴한 요금제로서 배달 기간은 3~5일이 걸린다.
- Priority Mail International (PMI) 70파운드(=약 32kg) 미만의 소포를 보낼 때 가장 많이 사용하는 요금제로서 배달 기간은 6~10일 정도 걸린다.
- First Class Mail International 가장 저렴한 요금제. GXG를 제외한 나머지 요금제는 보험에 가입해야 우편물이나 소포가 분실되더라도 일정액의 손해배상을 받을 수 있다.

5.2 우편물

편지

편지 letter; note
- 편지를 쓰다 write a letter
- 편지를 받다 receive a letter

감사편지 thank-you note[letter; card]; letter of thanks

공개서한, 공개편지 (신문 등에 게재하는) open letter

광고 우편물 junk mail

답신, 답장, 회신 reply; answer
- 이 편지를 받는 즉시 답장해 주세요. Please reply as soon as you receive this letter.

밀서 secret letter; confidential letter

배달불능편지 dead letter

사과편지 letter of apology

연애편지 love letter
- 그들은 결혼하기 전에 수백 통의 연애편지를 주고받았다. Before marriage they sent each other hundreds of love letters.

위문편지 letter of encouragement; encouragement letter
- 중학교 때 군인 아저씨한테 위문편지를 보낸 적이 있다. When I was in middle school, I sent a letter of encouragement to a member of the military.

절교편지 (여성이 남성에게 보내는) Dear John letter ❶

초대편지 invitation; letter of invitation

친서 personally handwritten letter

투서 anonymous letter
- 한 언론사에 검찰의 비리를 고발하는 투서가 접수되었다. The media received an anonymous letter indicating criminal activities of the prosecution.

팬레터 fan letter; fan mail

행운의 편지 chain letter

협박편지 crank letter; threatening letter; hate mail; poison pen letter

❶ **절교편지가 Dear John letter인 이유?**
2차 세계대전에 참전한 미군 병사들은 전쟁이 길어지면서 본국에 있는 아내와 애인으로부터 절교편지를 받기 시작했다. 사랑하는 사람에게 보내는 연애편지가 보통 "My dearest XX" (내가 사랑하는 XX에게), "Darling" (자기야)과 같은 달콤한 말로 시작하는 반면, 절교편지는 "Dear XX" (친애하는 XX에게)와 같은 지극히 사무적인 말투로 시작되었기 때문에 병사들은 'Dear XX'이라는 두 단어만 보고도 그 편지가 절교편지인지 알아차릴 수 있었다. 당시에는 죤John이라는 이름이 가장 흔한 남자 이름이었기 때문에 Dear John letter가 절교편지라는 뜻으로 쓰이게 되었다. 한편 남성이 여성에게 보내는 절교편지는 Dear Jane letter라고 한다.

엽서, 카드, 기타

소포, 소화물 parcel; package
엽서, 우편엽서 postcard
   관제엽서 government postcard; official postcard
   그림엽서 picture postcard
카드 card
   연하장 New Year's card
   축하카드 greeting card
   크리스마스 카드 Christmas card

영문 편지의 머리말과 맺음말

[머리말]
Dear+이름 상대방의 이름을 알고 있을 때. 이름을 쓰지 않고 성을 쓸 때는 남성은 Dear Mr. Williams와 같이 Mr.를 붙이고, 여성은 기혼인지 미혼인지 모를 경우 Ms.를 쓴다.
Dear Sir or Madam 받는 사람의 성과 이름을 알 수 없는 경우.
Dear Sir 받는 사람이 남성이라는 것은 알지만 이름을 모를 때.
Dear Madam 받는 사람이 여성이라는 것은 알지만 이름을 모를 때.
Dear Admissions Officer 회사나 단체의 사무실로 편지를 보낼 때.
To whom it may concern 우리말로는 '관계자 분에게'.

[친한 사이에서의 맺음말]
Cheerful greetings to you
Hugs
Love
Love always
Take care
Wishing you the best
Your friend

[격식을 차린 맺음말]
Yours respectfully
Yours sincerely
Yours faithfully
Best regards
Warm regards
Confidently yours

5.3 우편 관련표현

동봉하다 enclose (sth with sth)
- 그에게 보내는 편지에 사진을 동봉했다. I enclosed a picture with my letter to him.

발신인, 발신자 sender

수신인, 수취인 addressee; (화물 등의) consignee

사서함 PO box; post office box

소인 postmark, 스탬프 stamp
- 편지에는 제주 우체국의 소인이 찍혀 있었다.
  The letter was postmarked Jeju post office.

우편번호 ZIP code; postcode; postal code ◁ *ZIP은 Zone Improvement Plan의 약자*

우편봉투, 편지봉투 envelope

반신봉투 SASE (self-addressed stamped envelope의 약자); SAE (self-addressed envelope의 약자)

우편요금 postage; postal charges[rates]

우편주소 (받는 사람의) forwarding address; (보내는 사람의) return address

우표 (postage) stamp ❶
- 기념우표 commemorative stamp
- 반신용 우표 return postage

우표수집 stamp collecting; inf philately
우표수집가 stamp collector; inf philatelist
우표수집책 stamp album

추신 postscript (abb P.S.)

편지에서 많이 쓰이는 약자
ASAP as soon as possible의 약자. 가능한 빨리 회신이나 답변을 부탁한다는 말.
CC carbon copy의 약자. 다른 사람에게 편지의 사본을 보낸다는 것을 수신인에게 알리는 말.
ENC. Enclosure의 약자. 편지와 함께 다른 서류를 동봉했다는 것을 알리는 말.
PP per procurationem의 약자. 당사자가 부재중이라 대리로 서명했음을 알리는 말.
PS postscript의 약자. 추신.
PTO please turn over의 약자. 비공식적인 편지에서 내용이 뒷면에 계속된다는 것을 알리는 말.
RSVP please reply를 뜻하는 프랑스어. 회신을 요구할 때 쓰는 말.

편지지 letter paper; stationery paper
- 항공편지지 aerogram

❶ 세계 최초의 우표

세계 최초의 우표는 1840년 영국에서 발행된 penny black이다. 이 우표는 검은색 바탕에 엘리자베스 여왕의 얼굴이 들어가 있고, 절취선이 없어서 가위로 오려서 사용해야 했다. 당시에는 붉은색 소인을 사용했는데, 검은색 바탕에 찍힌 붉은색 소인은 눈에 잘 띄지 않았기 때문에 사람들이 우표를 재사용할 우려가 있었다. 그래서 1841년 붉은색 바탕의 penny red라는 우표가 발행되었고 소인도 검정색 잉크를 사용하기 시작했다. penny black은 비록 세계 최초의 우표지만 발행 매수가 수천만 장에 달할 정도로 많기 때문에 희소성은 없는 편이다.

penny black

penny red

06 통신 기타

기지국 base station
모스부호 Morse code
무선국 (amateur) radio station
무전기, 워키토키 radio; (휴대용) walkie-talkie; two-way radio ❶
봉화 signal fire; (연기 신호) smoke signal
삐삐, 호출기 pager; beeper; [BE] bleeper
수기신호 (flag) semaphore
수신호 hand signals
  □ 수신호를 하다 give hand signals
아마추어 무선통신사 ham; amateur radio operator
안테나 [AE] antenna ([pl] antennas; antennae); [BE] aerial
  접시 안테나 satellite dish; dish antenna
연락병, 전령 dispatch rider; orderly; messenger
전보 telegram; [inf] wire, 전신 telegraph; telegraphy
  □ 전보를 치다 send a telegram
  무선전보 radiogram
  무선전신, 무전 radio; wireless telegraph(y); radiotelegraph(y)
  축전 congratulatory message[telegram]
    □ 축전을 보내다 send a congratulatory message
전봇대, 전신주 telephone pole; utility pole
전서구 carrier pigeon ◀── 편지를 보낼 때 사용하는 비둘기. 1차, 2차 대전 당시 사용되었으며, 현재는 경주용으로만 쓴다.
통신망 communications network

❶ 무전 용어

짧은 시간에 정확한 정보를 전달해야 하는 무전 교신에서는 간결하고 명확한 무전 용어를 사용한다. 그 중 roger는 copy와 비슷한 뜻으로 상대방이 한 말을 알아들었다는 뜻이다. roger는 한때 알파벳 R의 통신부호로 쓰였는데, R은 received의 약자로서 '상대방이 한 말을 잘 수신했다'라는 뜻이 된다. 무전 교신에서 상대방에게 알아들었냐고 물을 때에는 "Do you understand?" 대신 "Do you copy?"라는 말을 쓴다.

Affirmative 알았다
Negative 아니다, 안된다
Over 내 말은 끝났으니 말하라
Out, Clear 교신 끝
Roger (that) 알았다
Copy (that) 알았다
Wilco 명령대로 실행하겠다

yagi (antenna)

TV antenna

모스부호

모스부호는 점, 선, 공간으로 글자, 숫자 등을 나타내는 통신법이다. 주로 전신을 보낼 때 모스부호를 사용하지만, 손전등 등을 깜빡여 통신을 할 때도 모스부호를 활용할 수 있다. 모스부호의 점(•)의 시간적 길이를 1로 보았을 때, 선(−)의 길이는 3, 점과 점, 선과 선의 간격은 1, 알파벳과 알파벳 사이의 간격은 3, 글자와 글자 사이의 간격은 7이다. 우리나라에서는 한글용 모스부호를 따로 만들어 사용하고 있다.

영문	Morse code
A	•−
B	−•••
C	−•−•
D	−••
E	•
F	••−•
G	−−•
H	••••
I	••
J	•−−−
K	−•−
L	•−••
M	−−
N	−•
O	−−−
P	•−−•
Q	−−•−
R	•−•
S	•••
T	−
U	••−
V	•••−
W	•−−
X	−••−
Y	−•−−
Z	−−••

한글	Morse code
ㄱ	•−••
ㄴ	••−
ㄷ	−•••
ㄹ	•−••
ㅁ	−−
ㅂ	•−−
ㅅ	−−•
ㅇ	−•−
ㅈ	•−−•
ㅊ	−•−•
ㅋ	−•−−
ㅌ	−−•−
ㅍ	−−••
ㅎ	•−−−
ㅏ	•
ㅑ	••
ㅓ	−
ㅕ	•••
ㅗ	•−
ㅛ	−−
ㅜ	••••
ㅠ	•−•
ㅡ	−•••
ㅣ	••−
ㅔ	−•−−
ㅐ	−−•−

숫자, 기호	Morse code
1	•−−−−
2	••−−−
3	•••−−
4	••••−
5	•••••
6	−••••
7	−−•••
8	−−−••
9	−−−−•
0	−−−−−
.	•−•−•−
,	−−••−−
?	••−−••
/	−••−•
:	−−−•••
'	•−−−−•
−	−••••−
=	−•••−
(	−•−−•
)	−•−−•−
정정	••••••• 영문
정정	•••− 국문

통신 기타 | 267

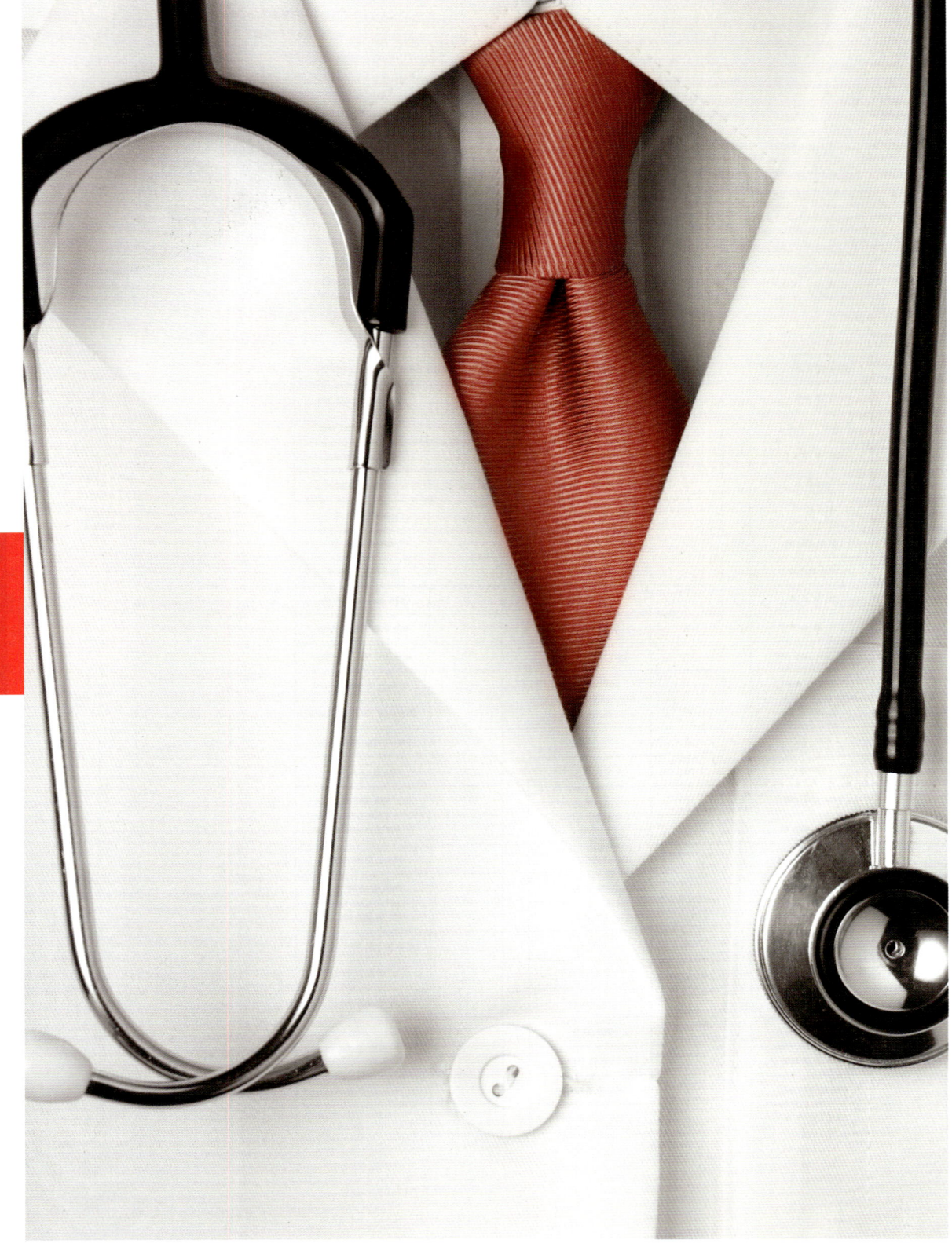

Unit 7 의료

1. **의사와 환자**
2. **병원**
   병원의 종류 / 병실, 입원실 / 의료기기, 의료시설
3. **진료과목**
   외과 / 내과, 소아과, 안과 / 비뇨기과, 산부인과, 신경정신과, 피부과 / 치과 / 기타 진료과목
4. **검사, 치료**
   검사 / 치료, 치료법
5. **약, 의약품**
   의약품 일반 / 내복약 / 외용약 / 기타 의약품 / 의약품 관련표현

01 의사와 환자

의사

의사 doctor (Dr); doctor of medicine; physician; `inf` doc
- 의사를 불러 주세요. Call me a doctor!

의료진 medical team

가정의 one's (family) doctor

돌팔이 의사 `inf` quack, 무자격 의사 unlicensed physician

수련의, 전공의 (인턴) `AE` intern; `BE` houseman; (레지던트) resident (physician); `BE` registrar
- 그는 대학병원의 산부인과에서 수련의 과정을 밟고 있다.
  He is currently an intern in the maternity ward at a university hospital.

명의 (실력 있는) skilled[excellent] doctor; (유명한) noted doctor

수의사 veterinarian; vet; `BE` veterinary surgeon

일반의 general practitioner (`abb` GP)

전문의 (medical) specialist

주치의 attending physician

한의사 oriental medical doctor; doctor of oriental medicine

아스클레피오스의 지팡이

그리스신화에 등장하는 의학의 신 아스클레피오스Asclepius는 죽은 사람을 살려낼 정도로 뛰어난 의사였다. 아스클레피오스로부터 유래된 아스클레피오스의 지팡이rod of Asclepius는 뱀 한 마리가 지팡이를 끼고 올라가는 모양인데, 오랫동안 의학의 상징으로 사용되었다. 한편 신들의 전령인 헤르메스Hermes(로마신화에서는 머큐리Mercury)는 날개가 달린 신발과 모자를 쓰고 카두세우스caduceus라는 지팡이를 가지고 다닌다고 한다. 카두세우스의 모양은 아스클레피오스의 지팡이와 상당히 흡사해 혼동을 일으키기 쉬운데, 1902년 미 육군 의무병과의 상징으로 카두세우스가 채택되면서 카두세우스가 의학의 상징으로 잘못 쓰이기 시작했다. 세계보건기구WHO는 아스클레피오스의 지팡이를 조직의 상징으로 사용하고 있고, 한국군의 의무병과는 카두세우스를 병과 마크로 사용하고 있다.

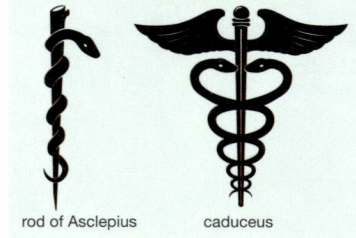

rod of Asclepius   caduceus

간호사, 의료종사자

간호사 nurse (practitioner); `AE` registered nurse; physician's assistant
- 수간호사 head nurse

간호조무사 nurse's aide; `AE` practical nurse

응급의료대원 paramedic

치기공사 dental technician

치위생사 (dental) hygienist

환자와 간병인

간병인 (patient) care assistant; Certified Nursing Assistant (abb CNA)

병자, 환자 patient; sufferer; invalid; (집합적) the sick

　입원환자 inpatient ⬌ 외래환자 outpatient
　중환자 serious patient; critical patient

한국과 미국의 의사 교육과정

한국의 의대생들은 의대에서 2년의 예과 과정과 4년의 본과 과정, 이렇게 6년간 의학을 공부하게 된다. 그 후 국가고시에 합격해서 의사 면허를 취득하면 의료 행위를 할 수 있는 자격이 생기는데, 상당수의 사람들은 개업하지 않고 대학병원이나 종합병원에 취직해서 수련의 혹은 전공의 과정을 거치게 된다. 수련의는 인턴과 레지던트로 구분되는데, 1년의 인턴 기간internship에는 병원의 각 과를 두루 경험하게 되고, 3~4년의 레지던트 과정residency 중에는 자신이 원하는 과를 선택해서 집중적인 의사 훈련을 받게 된다. 종합병원에서는 레지던트가 주치의를 맡게 된다. 레지던트 과정이 끝나면 전문의 시험을 보게 되는데, 이 시험을 통과해야 비로소 전문의라는 호칭을 얻게 된다. 의사 면허만 있을 뿐 전문의 시험을 통과하지 못한 의사는 일반의라고 한다. 전문의 자격을 취득한 의사들 중 종합병원에 남아 근무하는 의사를 보통 교수라고 부른다.

미국은 전공에 관계없이 먼저 대학에서 학사 학위를 받은 후 의대medical school에 입학해야 한다. medical school은 학부 과정인 의과대학이 아니라 의학전문대학원이라고 할 수 있는데, 일반적인 의학박사 학위Doctor of Medicine를 취득할 수 있는 학교와 정골 의학박사 학위Doctor of Osteopathy를 취득하는 학교로 구분된다. Doctor of Osteopathy란 환자의 신체를 전체적으로 관찰, 분석하여 특별한 의료도구 없이 손으로 치료하는 재활의학이나 척추교정 등의 분야를 가리키는데, 2010년 현재 160여 개에 달하는 미국의 전체 의대 중에서 Doctor of Osteopathy 학위를 수여하는 학교는 30여 개에 불과하다.

의대에 입학하려면 우선 AAMC(American Association of Medical Colleges: 미국의과대학협회)에서 주관하는 표준시험인 MCAT(Medical College Admission Test: 의대 입학시험)의 점수, 고등학교 및 대학 성적 등을 포함한 지원서를 제출한다. 의대 지망생 한 사람 당 평균 19곳의 의대에 지원한다는 통계가 있는 만큼 여러 가능성을 고려하여 지원하는 것이 좋다. 의대에 입학하면 1, 2학년에는 기초 의학 과목을 공부하고, 3학년부터는 내과, 산부인과, 가정의학과 등의 여러 전문 과정을 거치며, 4학년이 되면 좀 더 깊이 있는 임상교육과 함께 자신이 전공할 과목을 선택해야 한다. 의대 재학 중에는 NBME(National Board of Medical Examiners: 전국의사시험협회)에서 주관하는 의사자격증 시험인 USMLE(United States Medical Licensing Examination)를 치르기 시작한다. 이 시험은 세 번에 걸쳐 나누어 보게 되어 있으며, 내용은 아래와 같다.

Part 1: 의대 2학년 때 치르는 시험이며, 기본적인 의학 지식을 테스트한다.
Part 2: 의대 4학년 때 치르는 시험이며, 감독관의 감독 하에 환자 치료에 관한 의학 지식을 테스트한다.
Part 3: 레지던트나 인턴 1년 차 때 치르는 시험이며, 독자적인 환자 치료에 관한 의학 지식을 테스트한다.

4년의 의대 과정을 마친 후에는 3년 또는 그 이상의 레지던트 과정residency training program을 밟아야 하며, 자신이 선택한 전공이나 부전공 과목에서 필요로 하는 internship(인턴 과정), residency(레지던트 과정) 또는 fellowship(연구원)의 교육 과정을 이수해야 한다.

한국과 마찬가지로 미국도 의사시험이 있지만, 의사시험에 합격했다고 해서 미국 어디에서나 의료 행위를 할 수 있는 것은 아니다. 미국에서 의료 행위를 하려면 기본적으로 의사 자격증이 있어야 하고, 본인이 원하는 주state의 의사협회에 면허증medical license을 신청하여 해당 주의 발급 조건들을 충족하면 그 주에서만 사용할 수 있는 의사 면허증을 발급해 준다. 그러므로 다른 주에서 의료 행위를 하려면 또 다른 면허증이 있어야 한다.

02 병원 hospital

2.1 병원의 종류

병원

> hospital은 여러 명의 의사가 상주하는 종합병원
> clinic은 주로 한 명의 의사가 운영하는 개인병원

가축병원, 동물병원 veterinary hospital; vet's; pet clinic
개인병원, 의원, 클리닉 clinic; the doctor's; doctor's office
국립병원 national hospital
대학병원 university hospital; teaching hospital
보건소 community health center
시립병원 municipal hospital
야전병원 field hospital

> 군의관 (육군) army surgeon;
> (해군) naval surgeon;
> (공군) flight surgeon
> 위생병, 의무병 medic

요양원 sanatorium; sanitarium
전문병원 specialized hospital
정신병원 psychiatric hospital; mental hospital[institution]

> 정신병자 mental patient;
> (중증의) psycho; psychotic

종합병원 general hospital; polyclinic
주립병원 state hospital
한방병원 Chinese[oriental] medical hospital, 한의원 oriental medical clinic; (Chinese) acupuncture and herbal clinic

---

미국의 병원 이용법

미국의 의료시스템은 의사의 사무실office, 즉 진찰실을 중심으로 이루어진다. 그래서 병원에 가는 것을 'go to a doctor's office'라고 말한다. 진찰 결과 수술이 필요한 환자는 자기가 소속된 종합병원으로 보내어 그곳에서 수술을 하거나 치료를 하기 때문에 미국의 의사는 일종의 영업사원이라고 할 수 있다.

미국에서는 응급실을 가는 경우를 제외하고는 병원에 갈 때 미리 예약을 해야 한다. 의료보험에 가입해 있다 하더라도 어떤 병원은 그 보험을 취급하지 않을 수 있기 때문에 해당 병원이 자신이 가입한 보험을 취급하는지 미리 확인해야 한다. 만약 보험을 취급한다면 진료시간을 정하는데, 예약을 하고 가지 않으면 벌금을 지불해야 하는 병원도 있으므로 주의해야 한다.

처음 병원을 방문하면 기본적인 서류를 작성해야 한다. 서류에는 주소와 자신의 사회보장번호 등의 개인정보뿐만 아니라 자신이 가입한 의료보험에 관한 정보, 의사가 미리 알아야 할 과거의 병력, 알레르기 반응을 보이는 의약품 등의 정보도 작성해야 하므로 예약시간보다 20~30분 정도 일찍 병원에 가는 것이 좋다. 서류 작성이 끝나면 간호사가 진찰실로 안내한다. 미국에서는 의사가 진찰실에서 환자를 기다리는 것이 아니라, 환자가 진찰실에 앉아서 기다리고 의사는 여러 진찰실을 돌아 다니며 진찰을 한다는 차이가 있다. 진찰이 끝난 후 처방이 필요하면 의사가 써 준 처방전을 받고, 다음 스케줄을 예약하면 된다.

병원 외 기관

각막은행, 안구은행 eye bank — 각막 cornea / 안구 eye; eyeball
난자은행 egg bank — 난자 egg (cell); ovum
정자은행 sperm bank
제대혈은행 cord blood bank — 제대혈 (umbilical) cord blood
혈액원 blood bank

관련표현

입원 hospitalization
- 입원하다 be hospitalized; enter[go into] a hospital
- 아내가 교통사고로 병원에 입원했다.
  My wife was hospitalized due to a car accident.

통원하다 go to hospital regularly

퇴원하다 leave the hospital; get out of the hospital; be discharged from the hospital
- 하루 빨리 퇴원하시길 빌겠습니다.
  I hope that you get out of hospital sometime soon.
- 선생님, 제가 언제쯤 퇴원할 수 있을까요?
  Doctor, when can I be discharged from the hospital?

의학 medicine
- 간호학 nursing science
- 가정의학 family medicine; family practice
- 골상학 phrenology
- 대체의학 alternative medicine; complementary medicine
- 면역학 immunology
- 방사선의학 radiology; radiotherapy
- 법의학 forensic medicine[pathology]; forensics
- 병리학 pathology
  임상병리학 clinical pathology
- 수의학 veterinary medicine[science]
- 스포츠의학 sports medicine
- 신경정신의학 neuropsychiatry
- 약학 pharmaceutical science
  약제학 pharmacy
  약리학 pharmacology
- 예방의학 preventive medicine
- 임상의학 clinical medicine
- 재활의학 rehabilitative medicine
- 전염병학 epidemiology
- 정형외과학 orthopedics
- 한의학 oriental[Chinese] medicine
- 핵의학 nuclear medicine
- 혈액학 hematology; haematology

미국의 의료보험제도

미국 의료보험 개요

한국의 의료보험medical insurance은 국가가 국민의 건강을 책임지는 국가보험 개념으로서 건강보험공단에서 의료보험을 관리한다. 하지만 미국은 개인이 각자의 건강을 책임지는 시스템이기 때문에 사기업 형태의 수많은 의료보험회사가 존재한다. 미국의 의료보험제도는 연금과 사회보장혜택을 받는 65세를 기준으로 하여 65세 이전의 사보험제도private insurance program와 65세 이후의 사회의료보험제도social insurance program, 일명 메디케어Medicare로 나뉜다.

사보험

65세 미만의 미국인은 개인적으로 사보험에 가입해야 한다. 사보험은 개인적으로 가입하는 것보다 직장에서 단체로 가입하는 것이 보다 경제적인데, 그렇다 하더라도 보험료 자체가 한국에 비해 무척 비싸기 때문에 미국 전체 인구의 20~30%가 보험에 가입하지 못한 실정이다. 보험에 가입했다고 해서 병원비를 내지 않는 것도 아니다. 보험에 가입한 사람이라 할지라도 병원에 갈 때마다 $10~25에 이르는 copayment라는 비용을 지불해야 한다. 고가의 보험에 가입했다면 copayment는 줄어들고, 그렇지 못하다면 copayment가 늘어나게 된다. 물론 보험에 가입하지 못한 사람은 의사의 진찰을 받기만 해도 $100~300에 이르는 비싼 진료비를 내야 하고, 치료라도 받게 된다면 비용 부담은 엄청나게 늘게 된다.

사보험의 종류

사보험에는 HMO와 PPO라는 두 종류가 있다. HMO는 Health Maintenance Organization의 약자인데, 1차 진료의사 primary-care physician가 먼저 진찰을 한 후 그의 추천에 의해 2차 전문의medical specialist의 치료를 받게 된다. 2차 전문의의 진료를 받으려면 1차 진료의사가 자신의 병원이 속해 있는 보험사로부터 승인을 받아야 한다. 만약 치료비가 이미 납부한 보험료를 상회한다거나 보험약관에 없다는 등의 이유로 승인을 받지 못하면 환자는 2차 전문의의 진찰을 받을 수 없다. PPO는 Preferred Provider Organization의 약자인데, HMO에 비해 보험료가 비싼 대신 1차 진료의사의 진찰을 거치지 않고 본인이 원하는 2차 전문의의 치료를 받을 수 있다는 차이가 있다.

메디케어

65세 이후에는 사회의료보험제도인 메디케어Medicare의 혜택을 받을 수 있다. 하지만 그러려면 자신의 총수입의 2.9%에 이르는 Medicare Tax를 10년 이상 납부한 실적이 있어야 한다. 메디케어에는 네 종류가 있는데, 사보험과 마찬가지로 진찰을 받을 때마다 $10~25의 copayment를 지불해야 한다.
(1) Part A (Hospital Insurance): 입원 환자용 의료보험
(2) Part B (Medical Insurance): 외래 환자용 의료보험
(3) Part C (Medicare Advantage Plan): Part A와 B의 혜택을 받을 수 있고, 추가 비용을 지불한다면 치과나 안과에 갔을 때 의료혜택을 받을 수 있고, 처방약prescription drug을 지을 때나 체육관이나 헬스 클럽의 회원권을 구입할 때도 혜택을 받을 수 있다.
(4) Part D (Prescription Drug Plan): 2006년부터는 Part A와 B의 의료보험을 가지고 있으면 자동적으로 Part D에 가입되어 처방약을 조제할 때 의료혜택을 받게 된다.

메디케이드

미국에는 메디케어 외에 저소득층을 위한 메디케이드Medicaid라는 의료보험제도가 있다. 메디케이드는 연방정부와 주정부의 재원을 바탕으로 주정부에서 운영하는 제도인데, 재원이 부족하다 보니 전체 대상자의 40% 정도만이 혜택을 보고 있다. 2010년 3월에는 전국민 의료보험 가입을 취지로 발의한 오바마Obama 대통령의 역사적인 의료보험 개혁안이 미국 의회를 통과했다.

2.2 병실, 입원실 sickroom; hospital room

무균실 clean room; aseptic room

산부인과 병동 maternity ward
> maternity clothes 임부복
> maternity leave 출산휴가

    분만실 delivery room

    신생아실 nursery; newborn unit; infant unit

    인큐베이터 incubator
        □ 그 아이는 저체중아로 태어나 한 달간 인큐베이터에 있었다.
        The baby was a preemie and spent a month in an incubator.

수술실 surgery; [AE] operating room ([abb] OR); [BE] (operating) theatre

    수술대 operating table

시체안치소, 영안실 mortuary; morgue ❶

응급실 [AE] emergency room ([abb] ER); [BE] accident and emergency ([abb] A&E); casualty
    □ 교통사고 피해자는 응급실로 이송되었다.
    The car accident victim was transported to the emergency room.

조제실 dispensary

중환자실 intensive care unit ([abb] ICU)

    신생아 중환자실 NICU (neonatal intensive care unit의 약자)

진료실, 진찰실 doctor's office

    진찰대 examination table[bed]

화상병동 burn unit
> burn 불에 덴 화상
> scald 물에 덴 화상
> sunburn 햇볕에 덴 화상

회복실 recovery room

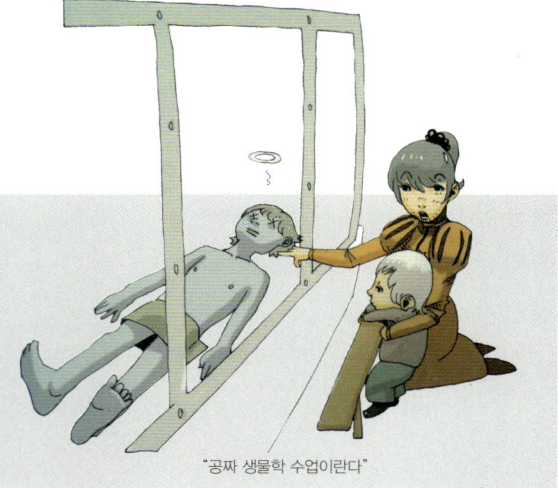

"공짜 생물학 수업이란다"

---

❶ **파리의 시체안치소**
19세기 프랑스 파리 시민들에게 파리의 시체안치소 Paris morgue는 일종의 공짜 극장이었다. 당시 파리에서는 신원 미상의 시신이 발견되면 시체안치소에 진열해 놓고 신원을 아는 사람이 나타나기를 기다렸는데, 가족이 사라진 사람들뿐만 아니라 단순한 호기심에서 시체안치소를 찾는 시민들이 많았다. 변변한 오락거리가 부족했던 시기에 파리의 시체안치소는 세계에서 유일하게 공개적으로 시신을 구경할 수 있는 장소였고, 게다가 입장료도 없었기 때문이었다. 많게는 하루에 4만 명이 넘는 사람들이 시체안치소를 방문했고, 유럽에서 발행된 관광 가이드북은 파리의 시체안치소를 파리 최고의 관광 명소로 묘사해 놓았다. 파리의 시체안치소는 1907년에 폐쇄되었다.

2.3 의료기기, 의료시설

겸자 forceps
구급차, 앰뷸런스 ambulance
내시경 endoscope ❶
  복강경 laparoscope
들것 stretcher
- 부상을 당한 선수는 들것에 실려 경기장 밖으로 나왔다.
  The injured player was removed from the playground on a stretcher.

메스 scalpel; surgical knife
목발 (a pair of) crutches
- 그는 다리를 다쳐서 목발을 짚고 다닌다. He hurt his legs and he is now on crutches.

병상, 병원침대 hospital bed; sickbed; (환자를 옮기는) gurney; BE trolley
보행보조기 walker; zimmer frame
봉합사 suture
부목 splint
- 부러진 팔에 부목을 대다 splint a broken arm / put a splint on a broken arm

산소마스크, 산소호흡기 oxygen mask, 산소텐트 oxygen tent
생명유지장치 life support (system)
수술복 scrubs
수술용 마스크 surgical mask
수술용 장갑 surgical gloves
시력검사표 eye chart
위 세척기 stomach pump
인공심장박동기 (cardiac; artificial) pacemaker
인공심폐기 heart-lung machine
적외선 치료기 infrared (heat) lamp
청진기 stethoscope
- 청진기를 가슴에 대다 put the stethoscope on the chest

❶ scope
접사 scope는 '보다'라는 뜻을 가지고 있다.
- horoscope 별점
- kaleidoscope 만화경
- microscope 현미경
- periscope 잠망경
- telescope 망원경

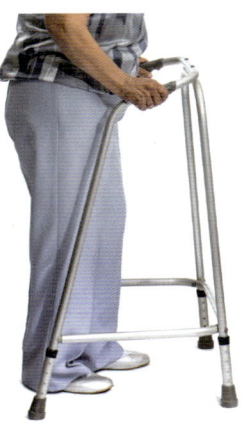

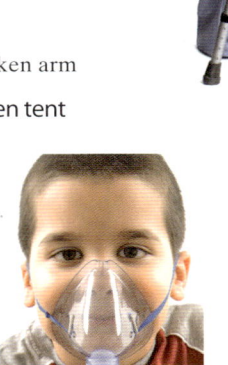

호흡이 곤란한 환자들이 착용하는
oxygen mask

공기가 오염되었을 때 착용하는
respirator

체온계 thermometer ❶
핀셋 tweezers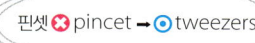
혈압계 blood pressure gauge; sphygmomanometer ❷
휠체어 wheelchair
☐ 그 여자는 다리를 크게 다친 후 휠체어 신세를 지고 있다.
　She has been in a wheelchair since she seriously hurt her leg.
　전동휠체어 electric wheelchair; motorized wheelchair

주사기

주사기 syringe
　주삿바늘 needle
주사 injection; shot; jab
☐ 엉덩이에 주사를 놓다 give an injection in *one's* buttock
☐ 그는 주사 맞는 것을 끔찍이 싫어한다. He hates getting shots.
　근육주사 intramuscular injection
　링거주사 injection of Ringer's solution
　마취주사 anesthetic shot
　예방접종, 예방주사 vaccination; inoculation; immunization ❸
　　☐ 독감 예방접종을 맞다 get a flu shot[vaccination]
　정맥주사 intravenous injection; IV injection
　피하주사 subcutaneous injection; hypodermic

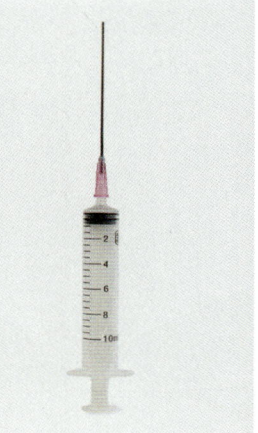

❶ 체온계와 온도계의 차이

체온계와 온도계는 영어로는 둘 다 thermometer 이다. 체온계는 정확한 측정이 가능한 반면 재는 시간이 오래 걸리고, 온도계는 정확한 측정이 어려운 반면 온도 변화에 빨리 반응한다는 차이점이 있다. 한편 thermo-는 '열의'라는 뜻의 접사.

- geothermal energy 지열에너지
- hyperthermia 고체온증
　⊖ hypothermia 저체온증
- thermal energy 열에너지
- thermals 내복
- thermal spring 온천
- thermodynamics 열역학
- Thermos 보온병
- thermosphere (대기권의) 열권
- thermotherapy 온열요법, 온열치료

❷ 혈압과 맥박

혈압은 심장박동으로 인해 생기는 동맥 내의 압력을 뜻하고, 이러한 혈압이 느껴지는 것이 맥박이다. 일반적으로 최고혈압을 120mmHg, 최저혈압을 80mmHg, 그리고 평균 혈압을 100mmHg 정도로 보는데, 혈압이 정상 범위보다 높은 것을 고혈압, 정상 범위보다 낮은 것을 저혈압이라고 한다.

- 혈압 blood pressure
　고혈압 high blood pressure; hypertension
　저혈압 low blood pressure; hypotension
- 맥박 pulse; pulsation

❸ 미국에서는 취학 전 예방접종을 맞히세요

미국에서 자녀를 학교에 입학시킬 때 준비해야 하는 중요한 서류 중 하나는 immunization record, 즉 예방접종 기록이다. 대부분의 학교에는 자체적으로 사용하는 양식이 있는데, 이 양식을 평소 다니던 소아과나 내과에 제출하면 병원 측에서 아이에게 예방접종한 내용을 기재해서 의사가 서명을 한다. 그러면 부모는 그 양식을 다시 받아 학교에 제출하면 된다. 미국에서 취학 전에 필요로 하는 기본적인 예방접종에는 다음과 같은 것들이 있다.

polio 소아마비. 총 4회 접종.
DtaP (diphtheria, tetanus and acellular pertussis) 디프테리아, 파상풍, 무세포성 백일해. 총 4~5회 접종.
HIB (Haemophilus influenza type B) 헤모필루스 인플루엔자 B형. 총 4회 접종.
hepatitis A A형 간염. 총 2회 접종.
hepatitis B B형 간염. 총 3회 접종.
MMR (measles, mumps, rubella) 홍역, 볼거리, 풍진. 총 2회 접종.
varicella 수두. 총 2회 접종.
이 밖에도 주에 따라 특별히 요구되는 예방접종이 있기도 한데, 캘리포니아주에서는 다른 주에서 전입한 학생에게는 Tuberculin Test라는 결핵검사를 별도로 요구하기도 한다.

03 진료과목

3.1 외과 surgery

외과 의사 surgeon; `inf` sawbones

과목

구강외과 oral surgery
    구강외과 의사 oral surgeon
대항외과, 대장항문외과, 항문외과 proctology; proctological surgery
    항문외과 의사 proctologist
성형외과 plastic surgery
    성형외과 의사 plastic surgeon
신경외과 neurosurgery
    신경외과 의사 neurosurgeon
심장외과 cardiac surgery ❶
    심장외과 의사 heart surgeon; cardiologist
일반외과 general surgery
    일반외과 의사 general surgeon
정형외과 orthopedic surgery
    정형외과 의사 orthopedist
흉부외과 cardiothoracic surgery; thoracic surgery
    흉부외과 의사 thoracic surgeon

외과 치료를 요하는 질병과 부상

- 골절 (bone) fracture
- 구개파열 cleft palate,
- 구순파열 cleft lip; `!` harelip
- 뇌진탕 concussion
- 동상 frostbite; (손·발의) chilblain
- 디스크, 추간판탈출증 slipped disc[disk]
- 손목터널증후군 carpal tunnel syndrome
- 염좌 sprain; wrench
- 치질, 치루 hemorrhoids; `inf` piles
- 탈골, 탈구 joint dislocation; luxation
- 탈장 hernia
- 혹 (부딪쳐서 생긴) bump; lump; (종양) cyst; wen

❶ 심장 질환 heart disease
- 부정맥 arrhythmia
- 심근경색 myocardial infarction
- 심부전 cardiac insufficiency
- 심장마비 heart attack; heart failure
- 심장판막증 valvular heart disease
- 협심증 angina; angina pectoris

외과수술 — 1

봉합하다 suture; stitch up
- 수술 부위를 봉합하다 suture the surgical incision

적출 extraction; removal
- 적출하다 extract; remove
- 장기를 적출하다 remove an organ
  - 자궁적출술 hysterectomy ← 자궁 womb; (의학) uterus

절개 incision
- 절개하다 incise; make an incision
- 피부를 절개하다 make an incision in the skin
  - 기관절개술 tracheotomy

절단 amputation
- 절단하다 amputate
- 그는 공장에서 일하다가 손가락이 절단되는 사고를 당했다. He got his fingers accidentally amputated while working in a factory.

절제 excision; resection; extirpation
- 절제하다 excise; resect; extirpate
  - 유방절제술 mastectomy ← 유방 breast; bust; 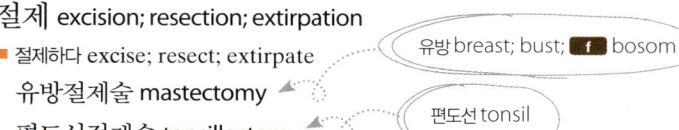 bosom
  - 편도선절제술 tonsillectomy ← 편도선 tonsil

오바마 대통령을 떨게 만든 병원비

미국에서는 비용이 많이 드는 정형외과나 심장외과 관련 치료를 받을 때는 의사가 보험사의 사전 허가를 받아야 한다. 사전 허가 없이 환자를 치료했다가 보험사에서 치료비를 지급하지 않을 경우 병원이 큰 손해를 볼 수 있기 때문이다. 병원에서 보험사에 사전 허가 요청서를 제출하고 허가를 얻기까지 보통 2~4주의 시간이 걸리는데, 그때까지 환자는 속수무책으로 기다릴 수밖에 없다. 보험사는 환자의 치료 항목을 검토한 후 보험 가입자에게 사전 허가를 내주기도 하고, 요청을 거부하기도 한다. 오바마Obama 미국 대통령의 모친이 난소암을 앓았을 당시 오바마는 어머니의 병세보다 보험금을 받을 수 있을지를 더 걱정했다고 한다. 이처럼 보험에 가입되어 있음에도 불구하고 막상 치료를 할 때는 보험의 혜택을 받지 못하는 것이 미국 보험제도의 가장 큰 병폐다. 보험사에서는 환자의 질병이 보험 가입 이전에 발생했다고 주장하거나, 보험 약관에 포함되지 않는다는 등의 다양한 이유를 들어 보험료를 지급하지 않으려고 한다. 간혹 사전 허가를 내준다 하더라도 치료비의 일부만을 주는 경우가 대부분이다. 사정이 이렇다 보니 아파도 병원에 가지 못하는 사람이 태반이고, 병원비 때문에 개인 파산신고를 하는 사람도 부지기수다.

외과수술 – 2

뇌수술 brain surgery

맹장수술 appendectomy

(맹장 appendix; blind gut)

- 맹장수술을 받다 have an appendectomy

성전환 수술 sex change; sex-change operation

(성전환자 transsexual)

- 그는 성전환 수술을 받고 남성에서 여성이 되었다.
  He had a sex-change to become a woman.

❶ 지방 fat의 종류
- 내장지방 visceral fat
- 체지방 body fat
- 피하지방 subcutaneous fat

성형수술 plastic surgery; cosmetic surgery

- 성형수술을 받다 have plastic surgery
    - 복부주름제거수술 tummy tuck; abdominoplasty
    - 쌍꺼풀수술 double-eyelid surgery
    - 유방확대수술 breast enlargement surgery; inf boob job
    - 주름제거수술 facelift; face lifting
    - 지방흡입수술 liposuction ❶
    - 코수술 rhinoplasty; inf nose job

(유방 보형물 breast implant)

심장수술 heart surgery

이식(수술) transplantation; transplant (surgery)

- 거부반응 (organ) rejection; adverse reaction
    - 다른 사람의 신장을 이식 받은 환자는 거부반응으로 사망하고 말았다.
      The kidney transplant recipient died due to organ rejection.
- 골수이식수술 bone marrow transplantation; hematopoietic stem cell transplantation
- 신장이식수술 kidney[renal] transplantation
- 심장이식수술 heart[cardiac] transplantation

rhino-는 '코의' 라는 뜻을 가진 접사
otorhinolaryngology 이비인후과
rhinoceros 코뿔소

3.2 내과, 소아과, 안과

내과

내과 (학문) internal medicine; (병원) department of internal medicine
  내과 의사 internist
가정의학과 family medicine
감염내과 infectious diseases ☞ 282p. — 감염, 전염 infection; contagion
내분비내과 endocrinology (and metabolism) ☞ 283p.
노인과 geriatrics; geriatric medicine — 노인질환 geriatric disease; diseases of old age
류머티스내과 rheumatology
소화기내과 gastroenterology ☞ 283p. — 관절염 arthritis; joint inflammation / 류머티즘 rheumatism
순환기내과, 심장내과 cardiology
신장내과 nephrology ❶
알레르기 면역내과 allergy and immunology ❷
혈액종양내과 hematology & medical oncology ☞ 284p.
호흡기내과 pulmonology; pneumology ☞ 285p.

소아과

소아과 (학문) pediatrics; (병원) department of pediatrics; pediatric hospital
  소아과 의사 pediatrician; baby doctor
  소아질환 pediatric disease

안과

안과 (학문) ophthalmology; (병원) department of ophthalmology; ophthalmic clinic ☞ 285p.
  안과 의사 eye doctor; ophthalmologist
각막이식수술 corneal transplant; keratoplasty
라섹수술 LASEK (laser-assisted sub-epithelial keratectomy의 약자)
라식수술 LASIK (laser-assisted in-situ keratomileusis의 약자)

---

❶ 신장병 kidney disease
- 다뇨증 polyuria
- 단백뇨 proteinuria; albuminuria
- 신부전 renal failure; renal insufficiency; kidney failure
  만성신부전 chronic renal failure
- 신우염 pyelitis
- 신장결석 kidney stone; renal calculus
- 신장염 nephritis
- 요독증 uremia
- 요혈, 혈뇨 hematuria

❷ 알레르기와 면역 관련 용어
- allergy 알레르기
- allergen 알레르기 원인 물질
- antibody 항체
- antigen 항원
- immune system 면역체계
- immunogen 면역원

전염병 infectious disease

- 간염 hepatitis
  B형 간염 hepatitis B
- 결핵 tuberculosis (abb TB)
  폐결핵 pulmonary tuberculosis, 폐병 lung disease
- 공수병, 광견병 rabies; hydrophobia
- 나병, 한센병 leprosy; Hansen's disease
- 냉방병, 레지오넬라증 legionellosis; legionnaire's disease
- 뇌막염, 뇌수막염 meningitis
- 뎅기열 dengue fever
- 독감, 인플루엔자 flu; influenza
- 두창, 마마, 천연두 smallpox; variola
- 디프테리아 diphtheria
- 말라리아, 학질 malaria
- 발진티푸스 typhus; typhus fever
- 백일해 pertussis; whooping cough
- 볼거리 mumps, 유행성이하선염 endemic parotitis
- 브루셀라병 brucellosis; undulant fever
- 비브리오패혈증 Vibrio Vulnificus Septicemia
- 살모넬라증 salmonellosis
- 성병 sexually transmitted disease; venereal disease
  매독 syphilis
  임질 gonorrhea
- 성홍열 scarlet fever; scarlatina
- 소아마비 polio; poliomyelitis; infantile paralysis
- 수두 chickenpox; varicella
- 수족구병 Hand, Foot and Mouth Disease (abb HFMD)
- 신종플루 H1N1 flu; H1N1 influenza
- 유행성출혈열 epidemic hemorrhagic fever; hemorrhagic fever with renal syndrome
- 이질 dysentery
  세균성이질 bacillary dysentery
- 인간광우병, 크로이츠펠트-야콥병 Creutzfeldt-Jakob disease (abb CJD)
- 일본뇌염 Japanese encephalitis
- 장티푸스 typhoid; typhoid fever; enteric fever
- 조류 인플루엔자 avian influenza (abb AI); bird flu
- 중증급성호흡증후군, 사스 SARS (severe acute respiratory syndrome의 약자)
- 쯔쯔가무시 scrub typhus; tsutsugamushi fever
- 콜레라 cholera
- 탄저병 anthrax
- 파상풍 tetanus; lockjaw
- 풍진 German measles; rubella
- 홍역 measles; rubeola
- 황열 yellow fever
- 후천성면역결핍증, 에이즈 AIDS (acquired immune deficiency syndrome의 약자)
- 흑사병, 페스트 the Black Death; the plague

내분비 질환과 소화기 질환

▶ 내분비 질환 endocrine disease
- 갑상선 기능저하증 hypothyroidism
- 갑상선 기능항진증 hyperthyroidism
- 갑상선염 thyroiditis
- 갑상선종 goiter
- 갱년기장애, 폐경기증후군 menopausal symptoms
- 거인증 giantism, 말단비대증 acromegaly
- 고지혈증 hyperlipidemia
- 고혈당증 hyperglycemia ↔ 저혈당증 hypoglycemia
- 골다공증 osteoporosis
- 당뇨병 diabetes
- 무월경 amenorrh(o)ea
- 비만 obesity
- 소인증 dwarfism, 왜소증 acromicria
- 영양실조 malnutrition; nutritional deficiency

▶ 소화기질환 digestive diseases
- 간경변, 간경화 cirrhosis
- 간염 hepatitis
- 결석 calculus (pl calculi); lithiasis
- 결장염 colonitis
- 과민성대장증후군 irritable bowel syndrome (abb IBS)
- 담석증 cholelithiasis
- 대장염 colitis
- 맹장염, 충수염 appendicitis
- 배앓이, 복통 stomachache; abdominal pain; inf bellyache
- 변비 constipation; costiveness; AE irregularity
- 복막염 peritonitis
- 설사 AE diarrhea; BE diarrhoea; inf the runs
- 소화불량, 체증 indigestion; dyspepsia
  급체 acute indigestion
- 식도염 esophagitis
- 식중독 food poisoning
- 십이지장궤양 duodenal ulcer
- 십이지장염 duodenitis
- 위궤양 gastric ulcer; stomach ulcer
- 위산과다 hyperacidity
- 위장병 stomach trouble; stomach disorder
- 위장염 gastroenteritis
  위염 gastritis
  장염 enteritis
- 위하수 gastroptosis
- 지방간 fatty liver
- 직장염 proctitis
- 췌장염 pancreatitis

혈관질환, 혈액질환, 암과 종양

▶ 혈관질환 vascular disease

- 고혈압 high blood pressure; hypertension
- 뇌졸중, 중풍 stroke; palsy
  뇌경색 cerebral infarction
  뇌일혈, 뇌출혈 cerebral hemorrhage
- 동맥경화증 arteriosclerosis; hardening of the arteries
- 색전증 embolism, 혈전증 thrombosis
- 저혈압 low blood pressure; hypotension
- 정맥류, 하지정맥류 varicose veins; varix (pl varices)

▶ 혈액질환 blood disease

- 빈혈 AE anemia; BE anaemia
  악성빈혈 pernicious anemia
  재생불량성빈혈 aplastic anemia
- 패혈증 blood poisoning; sepsis; septicemia
- 혈우병 bleeder's disease; AE hemophilia; BE haemophilia
- 황달 jaundice; icterus

▶ 암과 종양

- 암 cancer; carcinoma
  간암 liver cancer
  갑상선암 thyroid cancer
  결장암 colon cancer
  고환암 testicular cancer
  골암 bone cancer
  난소암 ovarian cancer
  뇌종양 brain tumor
  대장암 colon cancer; colorectal cancer; cancer of the large intestine
  방광암 bladder cancer
  식도암 esophageal cancer; cancer of the esophagus
  유방암 breast cancer
  위암 stomach cancer; gastric cancer; cancer of the stomach
  자궁경부암 cervical cancer
  자궁암 uterine cancer
  전립선암 prostate cancer; cancer of the prostate gland
  직장암 rectal cancer
  췌장암 pancreatic cancer; cancer of the pancreas
  폐암 lung cancer; cancer of the lungs
  피부암 skin cancer
  혈액암 cancer of the blood; myelogenous leukemia, 백혈병 AE leukemia; BE leukaemia
  후두암 laryngeal cancer; cancer of the larynx
- 종양 tumor
  악성 종양 malignant tumor, 육종 sarcoma
  양성 종양 benign tumor
  혈관종 angioma; (딸기 모양의) strawberry mark
  흑색종 melanoma

호흡기 질환과 눈병

▶ 호흡기 질환 respiratory disease

- 감기 (common) cold
  목감기 sore throat
  코감기 head cold
- 기관지염 bronchitis
- 기관지확장증 bronchiectasis
- 기침 cough
- 늑막염 pleurisy; pleuritis
- 부비강염, 축농증 sinusitis; ozena
- 비염 rhinitis
  알레르기성 비염 allergic rhinitis
- 석면증 asbestosis
- 인후염 pharyngolaryngitis
  인두염 pharyngitis
  후두염 laryngitis; throat infection
- 연탄가스 중독 carbon monoxide poisoning
- 진폐증 pneumoconiosis; black lung (disease)
- 천식 asthma
- 편도선염 tonsillitis
- 폐기종 (pulmonary) emphysema
- 폐렴 pneumonia
- 호흡곤란 dyspnea; shorteness of breath

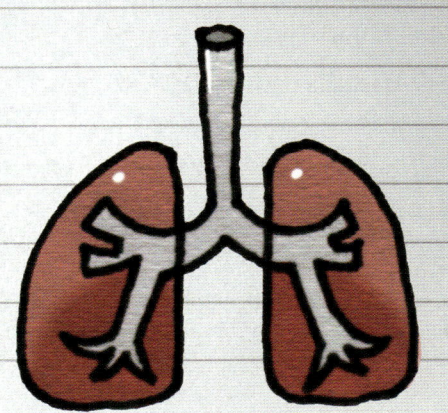

▶ 눈병 eye disease

- 각막염 keratitis
- 건조안, 안구건조증 dry eye (syndrome); xerophthalmia
- 결막염 conjunctivitis; pinkeye
- 근시, 근시안 nearsightedness; shortsightedness; myopia
- 난시, 난시안 astigmatism
- 노안 presbyopia
- 녹내장 glaucoma
- 망막염 retinitis
- 백내장 cataract
- 복시 double vision; diplopia
- 사시, 사시안 squint; strabismus
  내사시 esotropia
  외사시 exotropia
- 색맹 color blindness
- 색약 color weakness; color amblyopia
- 시각 장애 visual impairment
- 안염 ophthalmia
- 야맹증 night blindness; nyctalopia
- 약시 lazy eye; amblyopia
- 원시, 원시안 farsightedness; longsightedness
- 착시 optical illusion
- 환각 visual hallucination

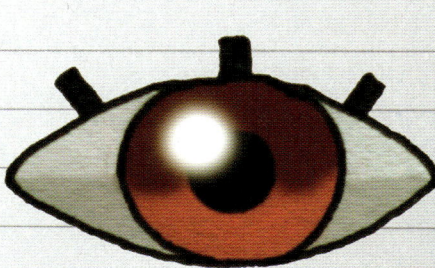

3.3 비뇨기과, 산부인과, 신경정신과, 피부과

비뇨기과

비뇨기과 (학문) urology; (병원) department of urology ❶
  비뇨기과 의사 urologist
불임수술 sterilization (operation)
  □ 불임수술을 받다 have a sterilization operation
정관수술 vasectomy ⬌ 정관복원수술 vasovasostomy
음경확대수술 penis enlargement surgery
포경수술 circumcision
  □ 그는 어렸을 때 포경수술을 받았다. He was circumcised when he was young. / When he was young he went through circumcision.

산부인과

산부인과 (학문) obstetrics and gynecology; ob-gyn; (병원) ob-gyn department ❷
  부인과 gynecology
  산과 obstetrics
  산부인과 의사 ob-gyn (doctor)
낙태수술, 임신중절수술 (induced; artificial) abortion
  □ 낙태수술을 받다 have an abortion
  낙태 반대론 pro-life / 낙태 반대론자 pro-lifer
  낙태 찬성론 pro-choice / 낙태 찬성론자 pro-choicer
난관결찰술 tubal ligation
  나팔관, 난관 oviduct(s); uterine tube(s); Fallopian tube(s)
자궁절제술 hysterectomy
제왕절개수술 c(a)esarean (section); C-section
  □ 내 아내는 제왕절개수술로 딸을 낳았다. My wife had a C-section delivering our daughter.
처녀막 재생수술 hymenorrhaphy; hymen reconstruction surgery
  처녀막 hymen

---

❶ 성병과 비뇨기 질환

성병 sexually transmitted disease
- 매독 syphilis
- 옴 itch; scabies
- 임질 gonorrhea
- 후천성면역결핍증, 에이즈 AIDS (acquired immune deficiency syndrome의 약자)

비뇨기 질환 urinary disease
- 발기부전, 발기불능 impotence; erectile dysfunction
- 방광결석 bladder stone; urinary calculus; cystolith
- 방광염 bladder infection; cystitis
- 오줌소태 pollakiuria
- 요도염 urethritis
- 요로결석 urolith; urinary stone
- 전립선염 prostatitis; inflammation of the prostate gland
- 조루증 premature ejaculation
- 지루증 delayed ejaculatrion

❷ 여성질환 woman's disease
- 냉, 대하 vaginal discharge; leukorrhea; leucorrhea
- 무월경 AE amenorrhea; BE amenorrhoea
- 불감증 frigidity
- 생리불순 menstrual disorder
- 생리전 증후군 premenstrual syndrome (abb PMS)
- 생리통 cramps
- 요실금 (urinary) incontinence
- 유방염, 유선염 mastitis
- 임신중독 toxemia of pregnancy, 자간전증 preeclampsia
- 자궁근종 uterine fibroids
- 자궁내막염 endometritis
- 질염 vaginitis

신경정신과

신경정신과 (학문) neuropsychiatry; (병원) department of neuropsychiatry
    신경과 (학문) neurology; (병원) department of neurology ☞ 288p.
    신경정신과 의사 neuropsychiatrist
    정신과 (학문) psychiatry; (병원) department of psychiatry; psychiatric clinic ☞ 290~291p.

피부과

피부과 (학문) dermatology; (병원) department of dermatology ☞ 289p.
    피부과 의사 dermatologist
모발이식수술 hair transplant surgery
박피술 dermabrasion
제모수술 hair removal surgery
피부이식수술 skin graft(ing)

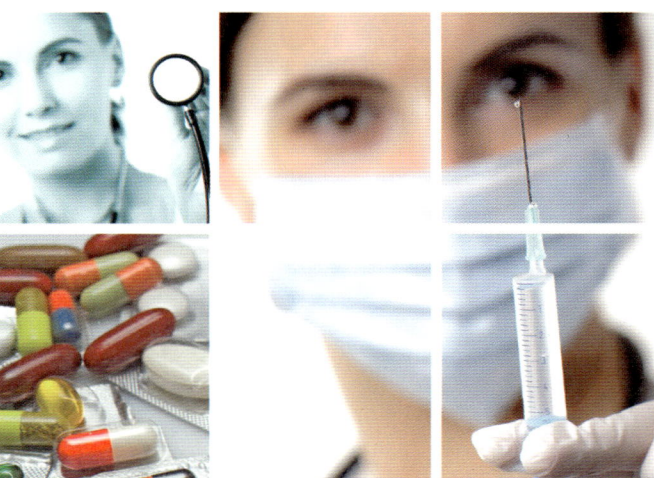

미국은 언제 태아의 성별을 알려줄까?

미국의 임신부들도 한국과 마찬가지로 한 달에 한 번 정도 산부인과에 가서 검진을 받는다. 미국에서는 임신 5개월 무렵에 의사가 태아의 성별을 알려주기 때문에, 아기의 성별에 맞게 방을 꾸미고 출산 준비를 할 수 있다. 아기를 낳을 때 병원에서 발급해 주는 출생증명서 birth certificate에 아기의 이름을 적어야 하기 때문에 아기 이름도 미리 지어 놓아야 한다. 분만은 담당 산부인과 의사가 계약을 맺은 큰 병원에 가서 하는데, 특이한 것은 남자 아기를 낳을 때면 산부인과 의사는 출산과 동시에 포경수술을 할 것인지를 물어본다는 점이다. 한국에서는 갓 출산을 한 산모는 물로 씻는 것이 금기시되고 더운 음식만을 먹어야 하지만, 미국 임산부의 입원실에는 샤워시설이 갖춰져 있고, 출산 후 제공되는 식사에 얼음물과 아이스크림이 나오기도 한다.

미국의 낙태 관련 규정

미국은 1965년까지 산모의 생명이 위험한 극히 예외적인 상황을 제외하고는 낙태를 금지했었다. 2차 세계대전 이후에는 여성 인권 신장의 분위기가 무르익었는데, 1973년에 텍사스에 거주하는 Roe라는 임신 여성이 낙태를 금지하는 주정부의 법무장관인 Henry Wade를 상대로 소송을 냈는데, 이 소송에서 미국 대법원이 Roe의 손을 들어줌으로써 낙태가 합법화되는 계기가 마련되었다. 하지만 그 후로도 낙태 반대론자들의 저항은 계속되었고, 1989년 미국 대법원은 낙태에 관한 규제를 연방법으로 정하지 않고 각 주의 법률에 맡긴다는 판결을 내렸다. 2003년 미국 상원에서는 임신 5개월 이후에는 낙태를 금지하는 법률을 마련했고, 여러 번의 법개정을 통해 현재는 미국 대부분의 주에서 임신 12주 이후의 낙태를 금지하고 있으며, 일부 주에서는 24주 이후의 낙태를 금지하고 있다. 하지만 법적으로 낙태가 가능하다고 하여 낙태수술을 받는 것이 쉽지는 않다. 주 전체를 통틀어 낙태수술을 하는 병원이 한 군데밖에 없는 주도 있고, 병원마다 낙태수술의 횟수를 제한하는 곳도 있으며, 많은 산부인과 의사들이 낙태수술을 꺼리기 때문이다. 사정이 이렇다 보니 낙태수술을 받기 쉬운 다른 주로 가서 수술을 받거나, 멕시코로 '원정 낙태'를 감행하는 임산부들도 많다고 한다.

신경질환 nervous disorder

- 경련 convulsion
  간질, 발작 seizure; epilepsy; epileptic fit
  근육경련, 쥐 cramp; (muscle) spasm; (다리의) `inf` charley horse
  안면경련 tic; facial spasm
- 근위축증 muscular dystrophy, 루게릭병 amyotrophic lateral sclerosis (`abb` ALS); Lou Gehrig's disease
- 두통 headache
- 마비 paralysis; numbness
  뇌성마비 cerebral palsy
  반신마비 (좌우 반신마비) hemiplegia; half-body paralysis; (하반신 마비) paraplegia
  안면마비 facial paralysis; facial palsy
  전신마비 general paralysis
- 만성피로증후군 chronic fatigue syndrome
- 수면장애 sleeping disorder
  가위눌림, 수면마비 sleep paralysis
  기면증 narcolepsy
  몽유병 sleepwalking; `f` somnambulism
  불면증 insomnia; sleeplessness
  수면무호흡증, 코골이 sleep apnea syndrome
  이갈이 bruxism
- 수전증 hand tremor
- 신경통 neuralgia
  좌골 신경통 sciatic neuralgia; sciatica
- 알츠하이머병 Alzheimer's (disease)
- 어지럼증, 현기증 dizziness; vertigo; giddiness
- 오십견 frozen shoulder; adhesive capsulitis
- 척수염 myelitis
- 치매 (senile) dementia
- 테니스엘보 tennis elbow
- 통풍 gout
- 파킨슨병 Parkinson's disease; Parkinson disease

피부병 skin disease

- 궤양 ulcer
- 다래끼 sty; stye
- 다모증 hypertrichosis ↔ 무모증 hypotrichosis; atrichia
- 다한증, 땀과다증 hyperhidrosis; excessive sweating
- 두드러기 hives; nettle rash; urticaria
- 땀띠 heat rash; prickly heat
- 무좀 athlete's foot; tinea pedis
- 물집, 수포 blister
- 발진 rash
  - 기저귀발진 diaper rash
- 백반증 vitiligo; leukoderma
- 백색증, 색소결핍증 albinism
- 버짐 ringworm; tinea
- 마른버짐, 건선 psoriasis
- 부스럼, 종기 boil; abscess; sore; (진물이 흐르는) running sore
- 뾰두라지, 뾰루지 eruption
- 색소침착 pigmentation
- 습진 eczema
  - 주부습진 housewife's eczema
- 아토피 atopy, 아토피 피부염 atopic dermatitis
- 안면홍조증 hot flash; hot flush
- 액취증 osmidrosis; bromhidrosis
- 여드름 (하나하나의 여드름) pimple; zit; (병명) acne
- 완선 jock itch; tinea cruris
- 욕창 bedsore; pressure ulcer
- 탈모 hair loss; alopecia
  - 원형탈모증 (병적인) alopecia areata; (유전적인) pattern baldness
- 티눈 corn
- 포진 herpes; herpes simplex
  - 구순포진 herpes labialis; cold sore; fever blister
  - 대상포진 herpes zoster; shingles
- 피부염 dermatitis

정신병 mental illness

▶ **정신병 일반**
- 과대망상 delusion of grandeur; megalomania
- 도벽 kleptomania
- 상사병 lovesickness
- 스트레스 stress; strain
- 신경과민, 신경쇠약 neurasthenia; nervous breakdown
- 신경증, 노이로제 neurosis
- 심기증 hypochondria; hypochondriasis
- 우울증 depression; `inf` the blues
  - 계절성정서장애 seasonal affective disorder (`abb` SAD)
  - 산후우울증 postpartum depression; postnatal depression; `inf` baby blues
- 의부증, 의처증 delusional jealousy
- 이중인격 split personality; dual personality, 다중인격 multiple personality
- 정신분열증 schizophrenia
- 정신적 외상, 충격, 쇼크 shock
  - 외상후스트레스장애 post-traumatic stress disorder (`abb` PTSD)
  - 전투신경증, 전쟁피로증후군 shell shock; battle fatigue; combat stress reaction
- 정신착란 delirium; derangement
- 조울증 manic depression; bipolar disorder
- 편집증 (한 가지 일에 집착하는) monomania; obsession; (다른 사람들이 자기를 해치려 든다고 믿는) paranoia; delusional disorder
- 피해망상 persecution complex
- 향수병 homesickness
- 화병 *hwabyeong*; mental disorder as a result of repressed anger or stress
- 히스테리 hysteria; hysterics
  - 집단 히스테리 mass hysteria

▶ **공포증 phobia**
- 결벽증 mysophobia
- 고소공포증 acrophobia; fear of heights
- 공황발작 panic attack, 공황장애 panic disorder
- 과학기술공포증 technophobia
- 광장공포증 agoraphobia
- 대인공포증, 대인기피증 social phobia; anthropophobia
- 동물공포증 zoophobia
- 동성애혐오증 homophobia
- 무대공포증 stage fright
- 물공포증 aquaphobia
- 비행공포증 aerophobia; fear of flying
- 외국인기피증, 외국인혐오증 xenophobia
- 폐소공포증 claustrophobia

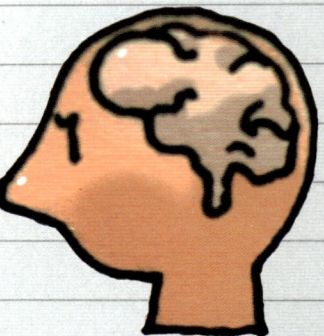

정신병 mental illness

▶중독 addiction
- 게임중독 video game addiction, 컴퓨터중독 computer addiction
- 도박중독 compulsive gambling; problem gambling
- 섹스중독 hypersexuality; sexual addiction
- 일중독 workaholism
- 포르노중독 pornography addiction

▶성도착 paraphilia
- 관음증 voyeurism
- 노출증 exhibitionism
- 마조히즘, 피학대성욕도착증 masochism
- 변태성욕 perversion; sexual deviation, 이상성욕 erotomania
- 복장도착 transvestism; cross-dressing
- 사디즘, 학대성욕도착증 sadism
- 소아기호증, 소아애호증 pedophilia
- 스와핑 wife-swapping
- 페티시즘 fetishism

▶정신장애 mental disability
- 강박장애, 강박증 obsessive-compulsive disorder
- 건망증, 기억장애 forgetfulness; absent-mindedness
- 기억상실증 amnesia
- 발달장애 developmental disability
- 성격장애, 인격장애 personality disorder
- 자폐증 autism
- 정서장애 emotional disturbance; emotional disorder; affective disorder
- 정신박약, 정신지체 mental retardation; mental deficiency
- 학습장애 learning disability

▶식습관 장애 eating disorder
- 거식증 anorexia (nervosa)
- 폭식증 bulimia (nervosa)

3.4 치과 dentistry

치과

치과 (학문) dentistry; (병원) the dentist's (office); dental clinic
　치과의사 dentist; oral surgeon; dental surgeon

치과 질환

부정교합 malocclusion
잇몸질환 gum disease
충치 decayed[bad] tooth; (벌레 먹은 부분) cavity; dental caries; tooth decay
치은염 gingivitis
치주염, 풍치 paradentitis
치통 toothache

치과 치료, 관련표현

미백치료 teeth whitening; dental bleaching
보철 crown (prosthesis)
스케일링 (tooth) scaling
  □ 반 년에 한 번 치과에 가서 스케일링을 받는다.
  Twice a year I get tooth scaling at the dentist's office.
신경치료 endodontic treatment; root canal treatment[therapy]
의치 bridge; (dental) implant, 틀니 dentures; false[artificial] teeth
  □ 우리 할머니는 틀니를 하고 다니신다. My grandmother wears dentures.
임플란트 dental implant
  □ 앞니가 하나 빠져서 임플란트를 해 넣었다.
  My missing front tooth was replaced by a dental implant.
충전재 filling, 아말감 amalgam
치석, 플라크 tartar; scale; plaque
치아교정기 brace(s); retainer
  □ 그 아이는 치아를 교정 중이라 치아교정기를 끼고 다닌다.
  The kid is wearing braces to adjust his teeth alignment.

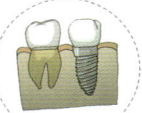
◁ 생니에 연결하는 의치 bridge

◁ 잇몸뼈에 심는 의치 implant

◁ 치아가 전혀 없을 때 끼는 틀니 dentures

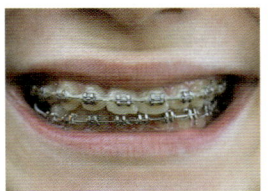
교정 치료를 처음 시작할 때 치아에 심어 연결하는 brace

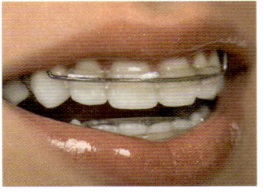
교정 치료가 끝난 후 치아가 원래 위치로 돌아가는 것을 막기 위해 착용하는 retainer

치열 set of teeth
- 치열이 고르다 have an even set of teeth
- 치열이 고르지 않다 have an uneven set of teeth

치아 tooth (pl teeth)

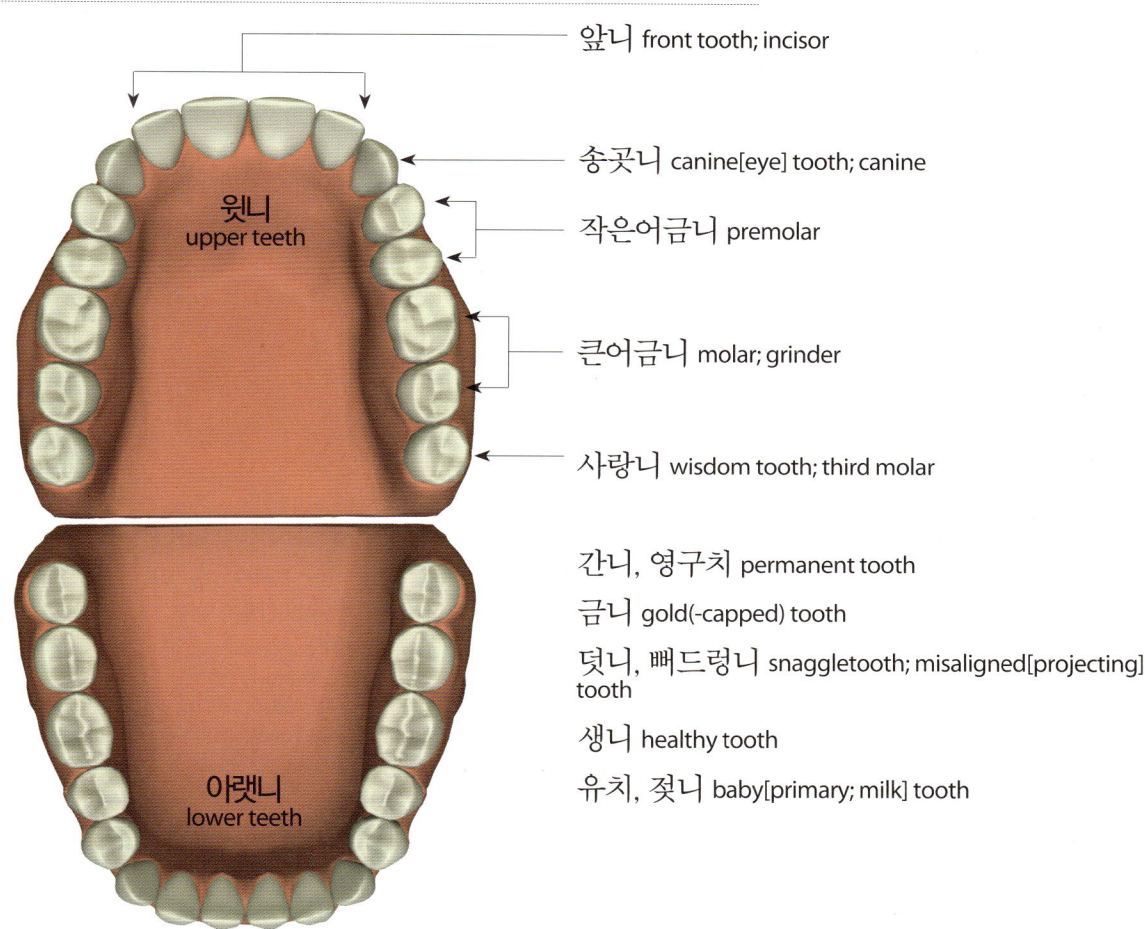

앞니 front tooth; incisor

송곳니 canine[eye] tooth; canine

작은어금니 premolar

큰어금니 molar; grinder

사랑니 wisdom tooth; third molar

간니, 영구치 permanent tooth

금니 gold(-capped) tooth

덧니, 뻐드렁니 snaggletooth; misaligned[projecting] tooth

생니 healthy tooth

유치, 젖니 baby[primary; milk] tooth

미국의 비싼 치과 치료비

미국은 일반 보험과 치과 보험이 분리되어 있다. 즉 치과 치료를 받으려면 치과 보험에 별도로 가입해야 한다. 치과 보험도 일반 보험과 마찬가지로 다양한 사보험이 있으며, 보험료의 가격에 따라 치료 혜택은 천차만별로 달라진다. 치과 보험에 가입한 사람은 보통 6개월에 한 번씩 정기검진regular checkup을 받고 치아 스케일링을 하게 된다. 큰 비용이 들어가는 치과 질환을 미리 예방하고자 하는 것이다. 충치cavity와 같이 자잘한 치료를 제외하면 미국의 치과 치료비는 한국과 비교할 수 없을 정도로 비싼 편이다. 한국에서 몇 만원이면 가능한 치료가 미국에서는 $1,000, 즉 백만 원을 훌쩍 넘는 경우가 많다. 치아 교정 비용도 보통 $4,000~5,000, 즉 500만 원 이상이며, 보험이 없다면 본인이 치료비를 전액 부담해야 한다. 물론 보험에 가입했다고 해서 모든 비용을 보험사에서 내주는 것도 아니다. 보험사에서는 약관에 의거해 일부 금액만 지원해 주고, 나머지 금액은 개인이 할부로 치과에 납부하게 된다.

3.5 기타 진료과목

마취과

마취과 (학문) anesthesiology; (병원) department of anesthesiology
　마취과 의사 anesthesiologist; anesthetist

마취 anesthesia
- 마취하다 put sb under anesthesia; give anesthetics to sb
　국소마취 local anesthesia; regional anesthesia
　전신마취 general anesthesia
　　□ 그녀는 전신마취 상태에서 제왕절개 수술을 받았다.
　　　She had a C-section under general anesthesia.

방사선과

방사선과 (학문) radiology; (병원) department of radiology
　방사선과 의사 radiologist
진단방사선과 diagnostic radiology
치료방사선과 therapeutic radiology
핵의학과 nuclear medicine

기타

응급의학과 emergency medicine
이비인후과 (학문) otolaryngology; otorhinolaryngology; (병원) ear-nose-and-throat department; department of otolaryngology ❶
　이비인후과 의사 otolaryngologist; ENT doctor (ear, nose, and throat doctor의 약자)
임상병리과 clinical pathology
재활의학과 physical medicine and rehabilitation; rehabilitation medicine
　스포츠의학 sports medicine

---

❶ 이비인후과 질환

귓병 ear disease
- 고막염 myringitis
- 고막파열 ruptured eardrum
- 귀앓이, 이통 earache
- 귀울림, 이명 tinnitus
- 난청 difficulty in hearing
- 중이염 otitis media; glue ear
- 청각 장애 hearing impairment
- 환청 auditory hallucination

입병 mouth disorder
- 구내염 canker sore

콧병 nose disease
- 비염 rhinitis
- 축농증 sinusitis; sinus infection; ozena
- 코골이, 수면무호흡증 sleep apnea syndrome
- 코막힘 stuffy nose; nasal congestion

04 검사, 치료

4.1 검사

종류 — 1

검사, 검진, 진찰 (physical; clinical) examination; (medical) checkup; physical; health screening ❶

- 정기검진 regular checkup
- 정밀검사 thorough physical examination
  - 정밀검사를 받다 have a thorough physical examination
- 종합검사 complete physical examination
  - 종합검사를 받다 have a complete physical examination

왕진 house call
- 선생님은 지금 왕진 중이십니다. The doctor is away on a house call at this time.

진단 diagnosis
- 진단하다 diagnose; make a diagnosis
- 그는 작년에 간암 진단을 받았다. Last year he was diagnosed with liver cancer.

오진 misdiagnosis; wrong diagnosis
- 오진하다 misdiagnose; make a wrong diagnosis
- 그는 의사의 오진으로 멀쩡한 맹장을 잘라내는 수술을 받았다. He had an appendectomy due to the doctor's misdiagnosis.

진단서 medical certificate

회진하다 make *one's* rounds
- 그 병원에서는 의사들이 하루에 두 번 회진을 한다. In the hospital doctors make their rounds twice a day.

종류 — 2

- 골밀도 검사 bone density test
- 내시경검사 endoscopy
  - 복강경검사 laparoscopy
- 대변검사 stool test

---

❶ **미국인의 건강 검진**

미국은 의료비가 워낙 비싸다 보니 한국에서와 같은 종합 건강검진은 꿈도 꿀 수 없다. 보통은 피검사와 대소변 검사, 그리고 혈압검사와 같은 아주 기본적인 검사만을 할 뿐이다. 몸이 아프지도 않은데 엑스레이 사진을 찍거나, 환자가 원한다고 해서 위 내시경 검사를 할 가능성은 극히 드물다. 그러다 보니 해외에 거주하는 교민들은 한국에서 종합검진을 받기 위해 일부러 귀국하는 경우도 많다. 의료보험에 가입한 미국인들이 연령별로 받을 수 있는 건강 검진은 다음과 같다.

(1) 유방암 검사: 미국 암학회는 40세 이후의 여성은 1~2년에 한 번씩 유방암 검사 mammogram를 받을 것을 권하고 있다. 최근에는 보건부의 자문 기구인 예방의학특별위원회에서 종전의 40세가 아닌 50세부터 2년에 1번 검사를 받는 것이 바람직하다는 새로운 지침을 내놓기도 했다.

(2) 자궁경부암 검사: 21세에 접어든 여성 또는 처음으로 성 관계를 가진 여성은 3년 후부터 매년 pap smear라는 자궁암 검사를 받을 것을 권하고 있다. 이전 검사 결과가 3번 연속 정상이었으면 30대 초반부터는 2~3년에 한 번씩 자궁암 검사를 받는다.

(3) 대장암 검사: 대장암은 육류 섭취가 많은 미국인에게 흔히 발생하는 암으로서, 50세부터 75세까지는 5~10년마다 한 번씩 대장 내시경 colonoscopy 검사를 받을 수 있고, 5년에 한 번씩 직장경 sigmoidoscopy 검사를 받을 수 있다.

(4) 전립선암 검사: 50세 이후의 남성은 전립선암 검사를 받을 수 있는데, 항문에 손을 넣어 질병을 확인하는 직장수지검사와 PSA라는 혈액검사를 매년 받을 수 있다.

도핑검사, 약물검사 drug test; doping test
□ 도핑검사 결과 그 선수는 금지약물을 복용한 것으로 밝혀졌다.
　A doping test revealed that the player took a prohibited drug.

소변검사 urinalysis; urine test

시력검사 eyesight test
□ 시력검사를 받다 have an eyesight test

심전도검사 electrocardiogram (abb ECG)

엑스레이검사 X-ray examination
　엑스레이사진 X-ray; X-ray photograph
　엑스선, 뢴트겐선 X-ray

유전자검사 genetic screening

임신검사 pregnancy test ❶
　임신 검사기, 임신 테스터 pregnancy test kit

자가진단 self-diagnosis

자기공명영상법 MRI (magnetic resonance imaging의 약자) ❷

조영술 angiography
　조영제 contrast medium ❸

조직검사, 생체검사 biopsy

지능검사 IQ test; intelligence test
□ 지능검사를 받다 take an IQ test
　지능지수 IQ (intelligence quotient의 약자)

초음파검사 ultrasonography; sonography
　초음파사진 sonogram; ultrasonogram

친자확인검사 paternity test

컴퓨터단층촬영 CT (computed tomography의 약자); CT scan; CAT scan (computerized axial tomography scan의 약자) ❷
　단층사진 tomogram

피검사, 혈액검사 blood test

혈압검사 blood pressure measurement

❶ 임신검사법
임신검사는 성관계 후 2주 후에 하는 것이 정확한 편이며, 소변검사 결과 임신이 확인되면 임신 테스터가 두 줄로 바뀐다.

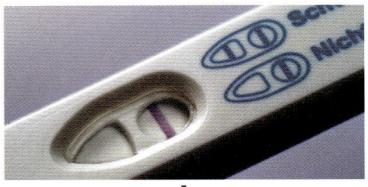

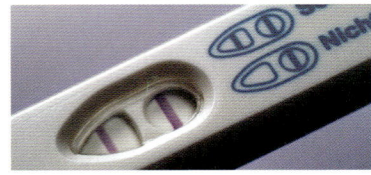

❷ CT와 MRI의 차이
CT는 엑스선을 이용하는 검사법인데, 일반적인 엑스레이사진이 평면적인데 비해 CT는 컴퓨터를 통해 3차원의 입체적인 검사 사진을 얻을 수 있다. MRI는 엑스선 대신 자력에 의하여 발생하는 자기장을 이용하는 검사법이다. CT에 비해 MRI의 검사비가 비싸며, 흉부와 복부는 CT 촬영을 하고, 폐를 정밀 검사할 때 MRI를 사용하는 편이다.

❸ 조영제는 무엇인가?
엑스레이검사나 CT, MRI 검사를 할 때 환자의 혈관에 주사하는 조영제는 바륨barium이나 요오드iodine가 주성분이며, 검사결과를 더 정확히 알려주는 역할을 한다. 하지만 조영제가 혈관 밖으로 새어나가면 피하조직 손상이나 혈관 손상 등의 부작용을 겪기도 한다.

영어로 시력을 말하는 법

우리나라에서는 시력을 말할 때 1.0, 1.5와 같이 말하지만, 미국에서는 피트foot라는 단위를 사용한다. 예를 들어 20/20vision(※twenty twenty vision이라고 읽음)은 20피트, 즉 6미터 떨어진 곳에 있는 물체를 제대로 볼 수 있는 정상 시력을 뜻하는데, 우리나라로 치면 1.0의 시력에 해당한다. 뒤의 숫자가 커질수록 시력이 좋지 않고, 숫자가 작아질수록 좋은 시력을 뜻하는데, 20/200vision은 보통 사람이 200피트, 즉 약 60미터 밖에서도 볼 수 있는 사물을 20피트, 즉 6미터 앞까지 가야 겨우 볼 수 있을 정도로 좋지 않은 시력을 뜻한다. 반대로 20/10vision은 보통 시력을 가진 사람이 20피트 밖에서 분간할 수 있는 사물을 마치 10피트 밖에서 보는 것처럼 크고 또렷하게 볼 수 있는 시력을 말한다. 흔히 사람의 시력은 20/10vision이 한계라고 하는데, 독수리와 같은 동물은 20/2vision, 즉 시력이 10.0이 넘는다고 한다. 그래서 독수리처럼 눈이 좋은 사람에게는 eagle-eyed라는 형용사를 쓸 수 있다. 20피트, 즉 6미터라는 거리는 시력 검사를 할 때 피검자와 시력 검사표 사이의 거리를 가리킨다. 한편 영국에서는 미터법을 쓰기 때문에 20/20vision은 6/6vision처럼 말한다.

A: 시력이 어떻게 되세요? How are your eyes? / Do you have good eyes? / How's your eyesight? / How's your vision?
B: 1.0입니다. I have 20/20vision.

시력표

한국	미국	영국
0.10	20/200	6/60
0.13	20/160	6/48
0.17	20/120	6/36
0.20	20/100	6/30
0.25	20/80	6/24
0.40	20/50	6/15
0.50	20/40	6/12
0.80	20/25	6/7.5
1.00	20/20	6/6
1.25	20/16	6/4.8
1.67	20/12	6/3.6
2.00	20/10	6/3

가장 널리 쓰이는 시력검사표, Snellen chart

4.2 치료, 치료법 cure; remedy; treatment; therapy

치료

깁스 (plaster) cast
- 깁스를 하다 wear a cast
- 그 여자는 왼쪽 팔이 부러져서 깁스를 하고 다닌다.
  The woman has her broken left arm in a cast.

관장 enema
- 관장을 하다 get[receive] an enema

동종요법 homeopathy

뜸 moxibustion ← moxa 뜸쑥 / mugwort 쑥
- 뜸을 뜨다 have moxibustion

물리치료 physical therapy; BE physiotherapy
- 물리치료를 받다 receive physical therapy
  물리치료사 physical therapist

민간요법 home remedy; folk remedy

방사선치료 radiotherapy; radiation therapy

부항 (fire) cupping ❶
- 부항을 뜨다 apply cupping treatment

소독 disinfection
- 소독하다 disinfect; (살균하다) sterilize

수술 operation; surgery
- 수술하다 operate
- 수술은 성공적이었다. The operation was successful.
- 환자는 수술 도중 사망했다. The patient died during the operation.
- 수술을 받다 have[undergo] operation
  대수술 major surgery[operation]

수치료법 hydrotherapy; water cure

수혈 (blood) transfusion ❷
- 수혈하다 transfuse; give a blood transfusion

---

❶ 부항과 부황
- 부항(附缸) 한방 치료법의 일종. 컵cup을 몸에 붙이기 때문에 cupping이라고 한다.
- 부황(浮黃) 오랫동안 굶주려서 피부가 붓고 누렇게 되는 현상

❷ 헌혈 blood donation
- 성분헌혈 apheresis
- 전혈헌혈 whole blood transfusion
- 혈소판헌혈 plateletpheresis
- 혈장헌혈 plasmapheresis

❷ 혈액형별 수혈 관계

수혈자 \ 헌혈자	O+	O-	A+	A-	B+	B-	AB+	AB-
O+	O	O						
O-		O						
A+	O	O	O	O				
A-		O		O				
B+	O	O			O	O		
B-		O				O		
AB+	O	O	O	O	O	O	O	O
AB-		O		O		O		O

식이요법 regimen; diet

신앙요법 faith healing; faith cure ◀┈┈┈ 안수기도 laying on of hands

    신앙요법가 faith healer

심리치료 psychotherapy; psychological treatment

    심리극, 사이코드라마 psychodrama

    집단요법 group therapy ◀┈┈┈ 비슷한 정신적 장애를 가진 사람들이 한곳에 모여 대화와 토론 등을 통해 문제를 해결해 나가는 심리치료법

심폐소생술 CPR (cardiopulmonary resuscitation의 약자), 응급처치 first aid

  ☐ 심폐소생술을 실시하다 perform CPR

  ☐ 응급처치를 하다 give[administer] first aid

    인공호흡 mouth-to-mouth (resuscitation); artificial respiration; BE kiss of life

      ☐ 인공호흡을 하다 give sb mouth-to-mouth

> **심폐소생술 실시 방법**
> 심폐소생술은 호흡과 심장박동이 모두 정지한 사람에게 실시하는 치료법으로서 심장 박동이 멈춘 지 4분 이내에 실시해야 한다.
> (1) 환자의 머리를 젖히고 턱을 들어 기도를 개방한다.
> (2) 5~10초간 환자의 입과 코에 귀를 갖다 대고 숨을 쉬는지 확인한다.
> (3) 환자의 코를 엄지와 검지로 막고 두 차례 인공호흡을 실시한다.
> (4) 환자의 맥박이 뛰지 않으면 흉부 압박을 실시한다. 흉부 압박은 분당 80~100회의 속도로 30회 실시하고 다시 두 번의 인공호흡을 실시한다. 이러한 과정을 5회 반복한다.
> (5) 환자가 숨을 쉬기 시작하면 몸을 옆으로 돌려 놓는다.

언어치료 speech therapy

    언어치료사 speech therapist

온열요법 thermotherapy

유전자 요법, 유전자 치료 gene therapy

음악치료 music therapy

    음악치료사 music therapist

자가치료 self-treatment

자연요법 naturopathy; naturopathic medicine

작업치료, 작업요법 occupational therapy (abb OT)

지혈 hemostasis

  ☐ 상처를 붕대로 묶어 지혈을 했다.
    Hemostasis was successful by bandaging the wound.

    지혈대 tourniquet

    지혈제 styptic; hemostatic

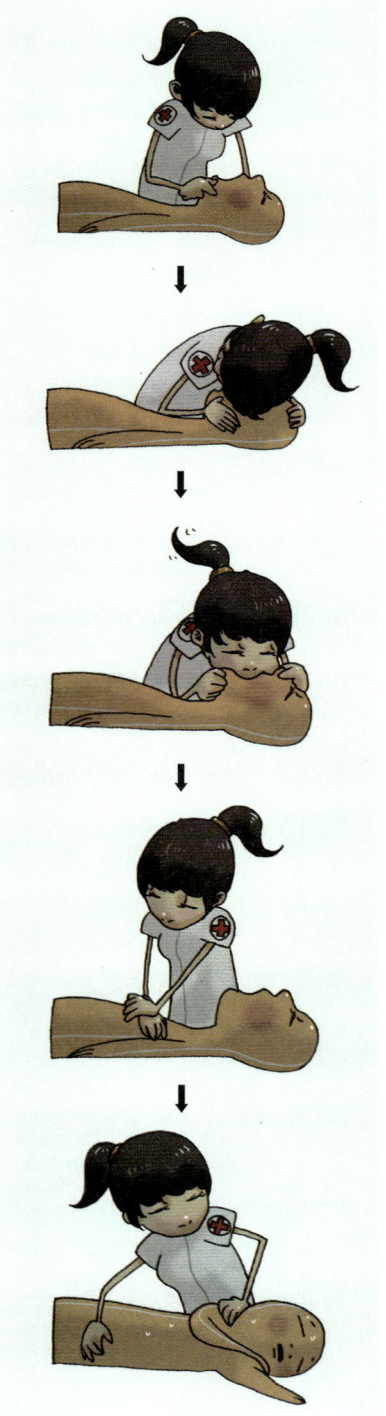

최면, 최면술 hypnosis; hypnotism, 최면요법 hypnotherapy
- 최면을 걸다 hypnotize / do hypnosis (on)

  자기최면 autohypnosis; self-hypnosis

  최면술사 hypnotist

충격요법 (정신적 충격을 주는) shock tactics; (전기를 이용한) shock treatment[therapy]; electroconvulsive therapy (abb ECT); electroshock therapy

  전기충격 electric shock

침, 침술 acupuncture
- 어깨가 결려서 한의원에서 침을 맞았다. I had acupuncture done on my sore shoulder at the Chinese medical clinic.

  수지침 hand acupuncture

  침술사 acupuncturist

투석, 혈액투석 dialysis
- 그는 만성신부전으로 주기적으로 혈액투석을 받아야 한다.
  He has to have regular dialysis due to chronic renal failure.

항암치료 (anti)cancer treatment
- 그녀는 고통스러운 항암치료를 받고 암을 이겨냈다.
  She overcame cancer after receiving agonizing cancer treatment.

향기요법, 아로마테라피 aromatherapy

호르몬요법 hormone replacement therapy (abb HRT)

화학요법 chemotherapy

관련표현

병원비, 진료비, 치료비 hospital[medical] bill[expenses; fee]; doctor's fee[bill]
- 보험을 들어 놓은 것이 있어서 병원비를 감당할 수 있었다.
  Thanks to having insurance I could afford the medical bills.

의료사고 medical accident[malpractice]
- 의료사고를 당하다 be a victim of a medical accident

의료소송 medical malpractice suit

의술 medical practice

05 약, 의약품 medicine; drug

5.1 의약품 일반

형태

가루약 powder; powdered medicine

물약 liquid medicine

시럽 syrup

알약, 정제, 환약 tablet; pill
　캡슐 capsule

연고 ointment; salve
- 상처에 연고를 바르다 apply ointment to the wound

탕약 herbal decoction[infusion]; medicinal decoction[infusion]
- 탕약을 짓다 brew a herbal decoction

성격

구급약, 비상약, 상비약 emergency[first-aid] remedy
　구급상자 first-aid kit[box]

만병통치약 panacea; cure-all

신약 new drug[medicine]

양약 Western medicine

예방약 prophylactic

위약(僞藥) placebo ❶

조제약 concoction

처방약 prescription drug[medicine]

특효약 miracle drug; wonder drug

한약 oriental[Chinese; herbal] medicine ❷

---

❶ 위약이란?

위약은 약효가 없는 가짜약을 뜻한다. 비록 약리적인 효능은 없지만 환자에게 심리적 안정을 가져다 주기 때문에 간혹 위약을 복용하고 환자의 상태가 좋아지는 경우가 있는데 이를 플라시보 효과 placebo effect라고 한다. 한편 중국인들은 물뱀을 고아 만든 뱀기름 snake oil을 관절염이나 근육통의 특효약으로 사용해 왔는데, 19세기 미국의 대륙횡단철도 건설 현장에서 일했던 중국인 노동자들을 통해 snake oil이 서양인들에게 알려졌다. 하지만 약의 성분이 명확하지 않다는 이유로 서양인들은 snake oil을 엉터리 약으로 취급했고 그 이후로 snake oil은 약효가 없는 엉터리 물약이라는 뜻을 갖게 되었다.

❷ 한약재의 종류
- 감초 AE licorice; BE liquorice
- 계피 cinnamon (bark); cassia bark
- 녹용 deer antlers
- 사향 musk
- 산삼, 장뇌삼 wild ginseng
- 수삼 fresh ginseng; undried ginseng
- 웅담 gall bladder of a bear
- 인삼 ginseng
- 칡뿌리 kudzu root
- 홍삼 red ginseng

5.2 내복약

각성제, 흥분제 stimulant ← (니코틴 nicotine / 카페인 caffeine)
감기약 cold medicine; (시럽으로 된) AE cough syrup; BE cough mixture
강심제 cardiotonic medicine
강장제 tonic
영양제 nutritional supplements
거담제 expectorant ← (가래 phlegm; sputum)
구충제, 회충약 anthelmint(h)ic; vermifuge ❶
기침약 cough medicine
두통약 headache medicine; medicine for headaches; (상표명) Tylenol
배란촉진제, 임신촉진제 fertility drug ← (배란 ovulation / 임신 pregnancy)
비타민제 vitamin

❶ 장내 기생충 helminth
- 간디스토마 liver fluke
- 십이지장충 hookworm
- 촌충 tapeworm
- 회충 roundworm

비타민 결핍증

비타민을 충분히 섭취하지 못해 생기는 질병을 비타민 결핍증 avitaminosis이라고 한다.

비타민A	안구건조증 dry eye syndrome 야맹증 night blindness
비타민B	각기병 beriberi ※다리가 붓거나 힘이 없어진다. beriberi는 스리랑카어로 'I cannot, I cannot'이라는 뜻으로서 다리에 힘이 없어서 걸을 수 없다는 것을 강조하는 표현.
비타민C	괴혈병 scurvy ※잇몸과 피부에서 피가 나고 빈혈을 일으킨다.
비타민D	구루병 rickets ※척추가 휘어지고 안짱다리가 된다.

설사약, 지사제 diarrhea medicine; paregoric ◄┄┄┄┄ 설사약은 설사를 멈추게 하는 약
소염제 anti-inflammatory ◄┄┄┄ 하제는 설사가 나게 하는 약
　　　　　　　　　　　　　　염증 inflammation; irritation
소화제 digestive (medicine)
수면제 sleeping pill[tablet] ◄┄┄┄
　　　　　　　　　　　　불면증 insomnia; sleeplessness
식욕억제제 appetite suppressant
신경안정제, 진정제 tranquilizer; sedative
우울증 치료제 antidepressant ◄┄┄┄ 우울증 depression; inf the blues
위장약 medicine for the stomach and bowels
이뇨제 diuretic
정력제 sexual enhancer; sexual enhancement supplements
제산제 antacid; (하얀 시럽 형태의) milk of magnesia ◄┄┄┄
　　　　　　　　　　　　　　　　　　　　위산 gastric acid 분비와
진통제 painkiller; anodyne; analgesics　　작용을 억제하는 약
피로회복제 pick-me-up
피임약 birth control pill; contraceptive (pill) ❶
　　경구 피임약 oral contraceptive (pill); the pill
　　사후 피임약 emergency contraception; morning-after pill
하제 laxative; purgative
항생제 antibiotic
　　페니실린 penicillin
해열제 fever reducer; febrifuge; antifebrile; antipyretic
　　아스피린 aspirin

❶ 피임기구 contraceptive device
・루프 IUD (intra-uterine device의 약자)
・콘돔 condom; inf rubber
・페미돔 diaphragm; cervical cap; BE Dutch cap; (상표명) Femidom

5.3 외용약

거즈 gauze
- 상처에 거즈를 대다 put gauze on the wound

관장약, 좌약 enema; suppository

구강청결제 gargle; mouthwash

금연보조제 (니코틴패치) (nicotine) patch; (금연껌) nicotine gum

바셀린 petroleum jelly; petrolatum; (상표명) Vaseline

반창고, 밴드 bandage; (sticking) plaster; adhesive tape; (상표명) Band-Aid
- 상처에 반창고를 붙이다 put a bandage on the wound

발모제 hair growth solution; hair loss solution
- 머리에 발모제를 바르다 put on hair growth solution on one's head

붕대 bandage; dressing
- 붕대를 풀다 remove the bandage
- 그의 이마는 붕대로 감겨 있다. His head was wrapped with a bandage.

   압박붕대 compression bandage

소독약 disinfectant; (상처에 바르는) antiseptic; (과산화수소) (hydrogen) peroxide; (소독용 알코올) [AE] rubbing alcohol; [BE] surgical spirit

습포제 poultice

안약 eye drops; eye lotion, 인공눈물 artificial tears
- 눈에 안약을 넣다 put eye drops in the eyes

약솜, 탈지면 cotton; cotton ball[wool]

안구건조증 dry eye (syndrome)

여성청결제 feminine cleanser

파스 (붙이는) skin patch; plaster; (바르는) pain relief cream[gel; ointment]; anti-inflammatory cream[gel; ointment]

미국 가정의 상비약 상표

- 해열 진통제 Advil, Motrin, Bufferin, Tylenol, Ibuprofen, Aspirin
- 감기약 Rubitussin, Dimetapp, Tylenol, Nyquil, Theraflu, Vicks VapoRub
- 벌레 물린 데 Calamine Lotion, Benadryl Cream, Anbesol, Caladryl, Preparation H, Lucas Papaw Ointment, Tiger Balm
- 설사약 Bacid, Diar-Aid, Donnagel, Fiber con, Imodium A-D, Kaopectate
- 소화제 Maalox, Pepto Bismol, Tums, Rolaids, Milk of Magnesia, Pepcid AC
- 소독약 Isopropyl Rubbing Alcohol, New Skin

5.4 기타 의약품

극약, 독약 poison; poisonous substance
- 용의자는 극약을 마시고 자살했다. The suspect drank poison and killed himself.

냉찜질팩, 얼음주머니 ice pack[bag]; cold pack

링거 Ringer's solution; Ringer solution, 생리식염수, 식염수 saline solution; physiological saline

마취제 anesthetic
  국소마취제 local anesthetic
  전신마취제 general anesthetic

안대 eye patch
- 안대를 하다 wear an eye patch

암모니아 (의식을 차리게 만드는) smelling salts

자외선 차단제 sunblock; sunscreen; sun cream
- 얼굴에 자외선 차단제를 바르다 put sunblock on the face

최음제 aphrodisiac

탈취제 deodorant; deodorizer ❶

항암제 anticancer drug[medicine], 항암물질 anticarcinogenic substance; anticancer substance

항응고제 anticoagulant

항히스타민제 antihistamine

해독제 antidote; counterpoison
- 그 독은 아직 해독제가 개발되지 않았다. There is no known antidote for that poison.

호르몬제 hormone drug

> 살충제 insecticide; pesticide
> 제초제 herbicide; weedkiller
> 쥐약 rat poison

> 자외선 ultraviolet light[radiation]; UV light

❶ 냄새 smell
- 구취, 입냄새 bad breath
- 군내 stale smell
- 노린내 fur-scorching smell; the smell of burning fat[hair]
- 단내 burning smell; scorching smell
- 비린내 fishy smell
- 쉰내 sour smell
- 악취 bad smell; stink; stench; reek
- 암내 (겨드랑이의) underarm odor; armpit smell
- 젖내, 젖비린내 the smell of milk
- 지린내 stench[smell] of urine
- 체취 body odor
- 탄내 burnt smell
- 피비린내 smell of blood

마약

마약, 향정신성의약품 drug; narcotics, 환각제 hallucinogen

대마초, 마리화나 marijuana; cannabis; inf weed ❶

  해시시 hashish; inf hash

아편 opium; (의약품) opiate

> **아편, 모르핀, 헤로인**
> 아편은 양귀비opium poppy의 열매에 상처를 내어 흘러나온 유액을 말린 것으로서, 아편을 화학적으로 가공한 것이 모르핀과 헤로인이다. 헤로인은 대마초보다 강력한 마약이기 때문에 hard drug이라고 부른다.

  모르핀 morphine

  헤로인 heroin

엑스터시 ecstasy; MDMA

엘에스디 LSD (lysergic acid diethylamide의 약자); inf acid

코카인 cocaine; inf coke

필로폰, 히로뽕 methamphetamine; meth ❷

코카인은 코카나무 잎에 함유된 유기 화합물로 만드는데, 초창기의 코카콜라에는 소량의 코카인 성분이 들어가 있었다.

❶ 대마초와 해시시

대마초는 대마hemp의 암술대와 꽃, 잎사귀 등을 가공하여 만들며, 그다지 강력하지 않은 마약이라는 의미로 soft drug이라고 한다. 해시시hashish는 인도산 대마의 꽃이삭과 수지 등을 가루로 만든 것인데, 마리화나보다 서너 배 강력한 마약이다. 한편 중세시대 이슬람권에는 Hashishin 또는 Hashshashin이라고 하는 전설적인 암살자 집단이 있었다. Hashishin 소속의 암살자들은 해시시를 복용하고 환각에 빠진 상태에서 암살을 저지르곤 했는데, 암살자를 뜻하는 assassin이라는 단어는 Hashishin에서 비롯되었다.

❷ 히로뽕이라는 말은 어디서 나왔을까?

1940년대 일본의 한 제약회사가 메스암페타민 methamphetamine이라는 화학 약품을 필로폰 philopon이라는 상표로 판매하기 시작했다. 당시에는 메스암페타민이 마약류가 아니라 졸음을 없애고 집중력을 높이는 각성제로 쓰였는데, philopon이라는 상표명은 '일하는 것을 사랑하다'라는 뜻의 그리스어 philoponos로부터 따온 것이다. 히로뽕은 필로폰의 일본식 발음이다.

5.5 의약품 관련표현

의약품 복용

과용 overdose; megadose
- 과용하다 overdose; take an overdose

남용 (drug) abuse; substance abuse
- 남용하다 abuse

복용하다 take; dose (up); take a dose
- 이 약을 하루 세 번 복용하세요. Take this medicine three times a day.

> 일일 섭취 권장량 RDA (recommended daily allowance의 약자)

부작용 side effect; adverse effect
- 이 약을 먹으면 몸이 붓는 부작용이 나타날 수 있다.
  Swelling may be a side effect if you take this medication.

오용 misuse
- 오용하다 misuse

투약, 투여 (약) administration; (주사) injection
- 투약하다 administer; (주사기로) inject

기타

앰풀 ampoule; ampule

약병 medicine bottle

약장 medicine cabinet[chest]

약효 potency; medicinal effect
- 이 약은 약효가 금방 나타난다. This drug has a fast medicinal effect.

처방 prescription
- 처방하다 prescribe
- 독감에 걸려 병원에 갔는데 항생제 처방을 받았다.
  I went to a hospital with flu symptoms and was prescribed antibiotics.

  처방전 prescription
  - 처방전을 쓰다 fill the prescription

치사량 lethal dose
- 그 여자는 자살을 하려고 치사량의 수면제를 복용했다.
  The woman took a lethal dose of sleeping pills to commit suicide.

미국에서 의약품 구입하기

우리나라처럼 의약분업을 실시하고 있는 미국에서 의약품은 의사의 처방전이 있어야 살 수 있는 prescription drug과 의사의 처방 없이도 구입할 수 있는 over-the-counter drug으로 나뉜다. over-the-counter drug을 줄여 OTC drug이라고도 하는데, 미국 식품의약국 FDA에서 의사의 처방 없이 복용해도 안전하다는 허가를 받은 약품을 가리킨다. 약국을 처음 방문했을 때는 보험증 insurance card을 제시하여 약국의 데이터베이스에 기본적인 정보를 입력시키면 그 후부터는 편하게 이용할 수 있다. 미국의 약국에서는 그 자리에서 약을 주지 않고 30분이나 1시간 후에 약을 받을 수 있는데, 간혹 약국에 해당 약품이 구비되어 있지 않은 경우에는 약을 따로 주문하는 시간이 필요하여 1~2일 후에 약을 받을 수도 있다. 의사가 써 준 처방전의 하단에는 리필 refill 여부를 기재하게 되어 있는데, 만약 refill이라고 표기되어 있다면 약이 떨어졌을 때 처방전 없이도 동일한 약을 받을 수 있다. 약을 다 복용하고 처방전이 필요한데 의사를 찾아갈 시간이 없을 경우 의사에게 약국의 전화번호를 알려주면 의사가 직접 약국으로 전화해 처방을 내려 주기도 한다.

Unit 8 공공시설

1 **관공서, 행정기관**
공무원 / 관공서 / 관련표현

2 **문화시설**
영화관 / 공연장 / 박물관 / 전시회 / 도서관 / 관련시설, 관련표현

3 **복지시설**

4 **위락시설, 편의시설**
놀이동산, 놀이터 / 기타 위락시설

01 관공서, 행정기관

1.1 공무원

공무원 일반

고관, 고관대작 high (government) official; dignitary

공무원, 공직자, 관리 public[civil] servant; government employee ❶
- 그는 공무원 시험을 준비하고 있다. He is preparing for a test to be a public servant.
- 그녀의 아버지는 중앙 정부의 고위 공무원이다.
  Her father is a dignitary of the central government.

 국가 공무원 national public service employee

 지방 공무원 local public service employee

관료 bureaucrat; (집합적) bureaucracy; officialdom

 관료주의 bureaucracy

 기술관료 technocrat

청백리 clean[incorrupt] government employee

탐관오리 corrupt (government) official

각료 cabinet minister

대통령, 주석 president, 총통 generalissimo

국무총리, 수상, 총리 prime minister; premier

부통령 vice president (abb VP)

장관 minister; secretary

차관 vice-minister; undersecretary

 차관보 (미국의) Assistant Secretary (of State)

---

❶ **미국의 공무원 선출 제도**

미국은 하나의 연방정부Federal Government of United States와 50개의 독립된 주정부State Government로 구성된 지방분권 국가다. 주정부 밑에는 우리나라의 군(郡)에 해당하는 county와 여러 개의 도시city가 있는데, 각각은 독립된 조직으로서 고유의 공무원 선발 기준과 절차를 가지고 있다. 미국에서도 예전에는 인사관리처Office of Personal Management라는 부서에서 통합적으로 경쟁직competitive service 공무원을 선발해 왔었지만, 클린턴Clinton 행정부 시절부터 각 부처가 독자적으로 공무원을 선발하게 되었다. 하지만 대통령 관리직 펠로우 프로그램Presidential Management Fellows Program으로 대표되는 일부 연방 공무원 채용 프로그램은 아직까지 중앙 인사관리처가 운영을 주관하고 있다.

일반적으로 연방정부와 주정부의 고위직인 대통령president, 주지사governor, 시장mayor 등은 국민이 투표로 뽑는 선출직 공무원이며, 그 밑의 중간직 공무원은 선출직 공무원에 의해 임명되는 임명직이다. 그 외 대다수의 사무직 공무원은 수시로 채용하는데, 1994년부터 채용 절차를 간소화하기 위해 대부분의 필기시험이 폐지되면서 서류 심사와 면접만을 거쳐 선발된다. 하지만 많은 수의 공무원을 필요로 하는 우정국Postal service과 경찰조직은 아직도 필기시험을 포함한 채용시험을 치른다. 미국은 우리나라처럼 대규모의 공무원 공채 시험이 없기 때문에 평소 관심이 있는 조직의 웹사이트를 수시로 방문하여 채용 공고를 확인해야 한다.

공무원 징계 규정
파면 expulsion
해임 dismissal
정직 suspension
감봉 pay cut
견책 reprimand

1.2 관공서 government office

관공서 일반

정부중앙청사 Central Government Complex
시청 city hall; town hall
   시장 mayor
도청 provincial government building
   도지사 governor
군청 county office; district office
   군수 (county) governor
구청 *gu* office; borough office
   구청장 head of a *gu*[borough]
면사무소 *myeon* office; township office
   면장 head of a *myeon*[township]
동사무소 *dong* office
   동장 head of a *dong*

미국 연방정부의 16개 부처

Executive Office of the President 대통령 비서실
Department of Agriculture 농무부
Department of Commerce 상무부
Department of Defense 국방부
Department of Education 교육부
Department of Energy 에너지부
Department of Health and Human Services 보건복지부
Department of Homeland Security 국토안보부
Department of Housing and Urban Development 주택도시개발부
Department of the Interior 내무부
Department of Justice 법무부
Department of Labor 노동부
Department of State 국무부
Department of Transportation 교통부
Department of the Treasury 재무부
Department of Veterans Affairs 국가보훈부

교도소, 소년원

교도소, 형무소 prison; jail; penitentiary; `inf` pen
- 그는 10년간 교도소 생활을 했다. He spent 10 years in jail.

간수, 교도관 (prison) guard; corrections[correctional] officer; prison officer
교도소장, 형무소장 `AE` warden; `BE` prison governor
소년원 youth detention center; juvenile hall
수감자, 재소자, 죄수 prisoner; convict; (prison) inmate ❶

❶ **죄수의 종류**
- 기결수 convict; convicted prisoner
- 모범수 model prisoner
- 미결수 prisoner on trial
- 장기수 long-term prisoner
  비전향 장기수 unconverted long-term prisoner
- 탈옥수 escaped prisoner[convict]; escapee

경찰서

경찰서 (chief) police station; station house
- 시위대는 경찰서로 연행되었다.
  The demonstrators were arrested and transported to the police station.

  경찰서장 chief of police station; `AE` police chief; `BE` chief constable

경찰관 (police) officer; `inf` cop ❶

의경, 의무경찰 conscripted policeman
- 그는 의경으로 군복무를 마쳤다.
  He finished his military service as a conscripted policeman.

  청원경찰 security guard; rent-a-cop

경찰복 police uniform

경찰봉 baton; `AE` nightstick; billy (club); `BE` truncheon

경찰차, 순찰차 (police) patrol car; squad car

구치소, 유치장 lockup

조사실, 취조실 interrogation room

지구대, 파출소 police substation; precinct station house

  지구대장, 파출소장 chief of a police substation

교육청 ❷

교육청 office of education

교육감 superintendent of education

교육위원회 board of education

장학관 school inspector[commissioner]

장학사 school vice-commissioner

---

❶ **한국의 경찰 계급**
- 순경 police officer
- 경장 senior police officer
- 경사 assistant inspector
- 경위 inspector
- 경감 senior inspector; captain
- 경정 superintendent
- 총경 senior superintendent
- 경무관 superintendent general
- 치안감 senior superintendent general
- 치안정감 chief superintendent general
- 치안총감 commissioner general

❷ **미국에서 교사가 되는 법**

미국에서 교사가 되려면 먼저 교원 자격증teaching credential을 취득해야 한다. 미국의 교원 자격증 취득 조건과 과정은 주마다 다른데, 대체로 학사 학위 또는 석사 학위를 소지하여야 하며, 초등학교 교사는 학부에서 교육 관련 전공major이나 부전공minor을 이수했거나 교육학 석사 학위가 있어야 한다. 미국의 초등학교 교사도 우리나라처럼 여러 과목을 가르치기 때문에 여러 과목에 대한 자격증, 즉 Multiple Subject Teaching Credential이 필요한 반면, 중고등학교 교사는 한 과목에 대한 자격증, 즉 Single Subject Teaching Credential이 필요하다. 교사가 되려는 사람은 모두 일선 학교에서 교생실습student teaching 및 교사과정실습teacher training을 거쳐야 하고, 주정부에서 주관하는 기본교육 능력시험에 합격해야 비로소 교원 자격증을 취득할 수 있는데, 캘리포니아의 기본교육 능력시험은 CBEST (California Basic Educational Skills Test)라고 부른다. 기본교육 능력시험은 1년에 몇 차례 시험이 있어 본인이 원하는 날짜에 응시할 수 있고, 떨어져도 몇 번이고 다시 시험을 볼 수 있다. 교원 자격증을 취득한 후에는 본인이 원하는 학교에 직접 이력서를 제출하며, 해당 학교 교장의 임명으로 선발된다.

등기소

등기소 register office; registry (office)

등기 registration
- 등기하다 register

부동산등기 real estate registration
설립등기 registration of incorporation
이전등기 registration of a (land) transfer

등기부 register (book)
　등기부등본 certified copy of the register
　□ 부동산 등기부등본을 열람하다 view a certified copy of the real estate register

법원

법원 court (of law); courthouse; law court

검사 (public) prosecutor; prosecuting attorney; (집합적) the prosecution ❶

공증인 notary (public)

법무사 judicial scrivener

변호사, 변호인 lawyer; counsel; [AE] attorney; [BE] solicitor
　□ 당신은 변호사를 선임할 권리가 있다. You have the right to an attorney.

재판관, 판사 judge; [f] jurist
　□ 판사는 피고에게 징역 10년을 선고했다.
　　The judge sentenced the defendant to 10 years in prison.

집달리, 집행관 bailiff

세무서

세무서 tax office

납세자 taxpayer

세금, 조세 tax
　세금 징수원 taxman

세무 tax affairs
　세무조사 tax investigation[audit]
　□ 그 회사는 탈세 혐의로 세무조사를 받고 있다.
　　The company is being subjected to a tax audit for tax evasion.

세무사 (licensed) tax accountant

---

❶ 미국의 검찰 조직

미국의 검찰 조직은 연방 검찰청 Federal Attorney's Office과 지방 검찰청 District Attorney's Office으로 구분된다. 주마다 1개의 연방 검찰청이 있는 것이 일반적이지만, 캘리포니아처럼 규모가 큰 주에는 4개의 연방 검찰청이 있기도 하다. 그리고 각 주의 카운티county마다 지방 검찰청이 있는데, 여러 개의 소규모 카운티를 통합하여 하나의 지방 검찰청이 있기도 하다.

연방 검찰청의 수장인 연방 검사장United States Attorney은 대통령이 임명하고 상원의 동의를 얻어 선출되는데, 임기는 4년이다. 연방 검사장은 휘하에 법무부 장관Attorney General에 의해 임명된 여러 명의 부장 검사assistant US attorney와 수십 명의 검사를 지휘 감독한다. 우리나라는 검사와 변호사가 엄격히 구분되지만, 미국은 검사가 변호사를 겸하기도 하는데, 연방 검찰청에서 일하는 검사는 변호사 자격증을 취득한 후 실무 경험을 쌓기 위해 잠시 머무는 경향이 많다. 평생 검사로 남으려는 직업 검사career prosecutor를 희망하는 이는 매우 드물고, 대부분 연방 검사의 경력을 바탕으로 판사로 진출하거나 개인 변호사 사무실을 여는 편이다.

지방 검찰청의 수장인 지방 검사장district attorney은 대부분 선거를 통해 선출되며, 임기는 연방 검사장과 마찬가지로 4년이다. 지방 검사장은 주지사나 연방의원 등 정계로 진출할 수 있는 역량을 키울 수 있는 자리로 여겨지는데, 자기가 필요한 만큼의 부하 검사deputy district attorney를 채용할 수 있으며, 이렇게 채용된 검사는 지방 검사장의 명령을 받아 검찰 업무를 수행한다. 뉴욕이나 LA, 샌프란시스코와 같은 대도시에서는 지방 검사를 평생 직업으로 하려는 사람이 많지만, 인구가 적은 소도시는 근무 여건이 좋지 않아 본업으로는 변호사를 하면서 부업으로 검사직을 수행하는 이들도 많다고 한다.

법과 정의를 상징하는 정의의 여신 Lady Justice

소방서

소방서 (조직) fire department; (건물) fire station; `AE` firehouse

소방관, 소방대원 firefighter; (남성) fireman; (여성) firewoman

소방선 fire boat

소방차 fire engine[truck]
- 시내에 화재가 나서 소방차가 출동했다.
  The fire engine responded to the fire in town.

소방호스 fire hose

소화기 (fire) extinguisher
- 소화기로 불을 끄다 put the fire out with a fire extinguisher

소화전 (fire) hydrant; fireplug

우체국

우체국 post office

우체국장 (남성) postmaster; (여성) postmistress

우체부, 집배원 `AE` mailman; mail carrier; `BE` postman

우체통 mailbox; postbox; letterbox
- 우체통에 편지를 넣다 put a letter in the mailbox

우편낭 `AE` mailbag; `BE` postbag

전화국

전화국 telephone company, **통신회사** telecommunications company

교환국 telephone central office; telephone exchange

교환기 switchboard

교환원 (switchboard) operator; `BE` telephonist

전봇대, 전신주 telephone pole; telegraph pole

전선 telephone wire; telegraph wire

1.3 관련표현

도장, 인감, 인장 seal
- 도장을 파다 get a seal made / make a seal
  - 인주 seal paste; inkpad

등본 (certified) copy
- 주민등록등본 certified copy of (*one's*) residence

민원 civil complaint
- 민원을 제기하다 file a civil complaint

본적 *one's* place of family register

서명, 사인 signature; `inf` John Hancock; (유명인의 자필 서명) autograph ❶
- 사인하다 sign; put one's signature; (유명인이) autograph
- 여기에 사인해 주세요. Please sign here.
- 사인 한 장 받을 수 있을까요? Can I get your autograph?
  - 전자서명 digital signature; e-signature

소인, 스탬프 (rubber) stamp

수입인지, 인지 (revenue) stamp

신분증, 주민등록증 identification (card); ID (card); identity card
- 사회보장번호 Social Security Number `abb` SSN
- 사회보장카드 social security card
- 주민등록번호 resident registration number; Korean Identification Number
  - 주민등록번호가 어떻게 되세요? What is your Korean Identification Number?

증명서 certificate
- 가족관계증명서 family (relation) certificate
  - 동사무소에서 가족관계증명서를 한 통 떼었다.
    I got a copy of my family certificate issued at the dong office.
- 출생증명서 birth certificate
- 혼인증명서 marriage license; marriage certificate

지장 thumbprint
- 서류에 지장을 찍다 thumbprint the document / put a thumbprint on the document
- 지문검사, 지문날인 fingerprint identification
  - 일본에 입국하는 외국인은 지문날인을 해야 한다.
    Any foreigners entering Japan must provide fingerprint identification.

행정구역 administrative district[division; section]; `AE` precinct

❶ 사인이 John Hancock인 이유

John Hancock은 미국의 정치가로서 독립선언문 the Declaration of Independence에 최초로 서명을 한 사람이다. 그의 서명은 마치 인쇄를 한 것처럼 크직하고 알아보기 쉬웠는데, 그때부터 John Hancock이라는 단어가 서명signature이라는 뜻으로 쓰이게 되었다.

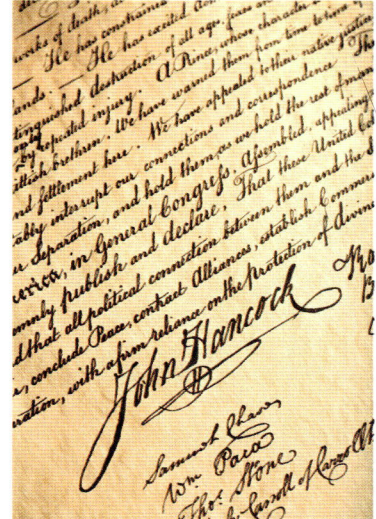

미국의 사회보장번호

사회보장번호란?

미국에는 한국의 주민등록번호와 비슷한 사회보장번호Social Security Number라는 것이 있다. 사회보장번호는 1936년부터 발급되기 시작했는데, 사회보장연금 social security program이라는 돈을 지급받기 위한 일종의 개인계좌번호라고 할 수 있다. 사회보장연금을 받기 위해서는 65세 이전까지 최소 10년 이상 개인소득 individual income에 대한 연방 사회보장세Social Security Tax를 납부해야 한다. 사회보장번호는 미국 시민권자와 영주권자, 그리고 법적으로 문제가 없는 단기 체류자에게도 발급된다.

사회보장번호의 구조

사회보장번호는 9자리 숫자로 구성된다. 첫 번째 3자리 숫자는 Area Number라고 하는데, 사회보장번호와 카드를 신청한 지역의 우편번호를 가리킨다. 만약 거주지가 뉴욕인데 LA에서 사회보장번호를 신청했다면 LA의 우편번호가 Area Number가 된다. Area Number는 미국 북동부 지역이 제일 낮고 서부와 남부로 갈수록 숫자가 올라가기 때문에 Area Number를 통해 그 사람의 거주지를 짐작할 수도 있다. 그 다음 두 자리 숫자는 01부터 99까지의 Group Number이고, 마지막 네 자리 숫자는 Serial Number라고 하는데, 각각의 Group Number를 0001부터 9999까지 분류한 번호이다. 사회보장카드에는 'This Number Has Been Established For'라는 문구 밑에 그 사람의 이름이 적혀 있다.

사회보장번호의 용도

사회보장번호는 1970년대부터는 미국의 신분을 증명할 수 있는 일종의 개인 신분번호로 사용되기 시작했지만, 1980년대까지만 해도 지금처럼 광범위하게 사용되지는 않았다. 그러다가 점차 사회 각 분야에 보급되기 시작해서 현재는 합법적인 미국 거주자의 대부분이 사회보장번호를 소유하고 있다. 사회보장번호는 미국인의 개인 신분번호로 간주되기 때문에 자동차 운전면허증을 발급 받거나 은행에서 계좌를 개설할 때, 신용카드를 신청할 때, 은행에서 주택 구입 자금을 융자받을 때 해당 서류에 사회보장번호를 기재해야 한다. 사회보장번호는 그 밖에도 연방세무국Internal Revenue Service의 개인 세금 납부번호individual tax return number로도 쓰이고 있다.

사회보장카드와 신분증

사회보장번호가 적혀 있는 사회보장카드social security card에는 사진이 붙어 있지 않기 때문에 신분증으로는 사용할 수 없다. 그렇기 때문에 일반적으로 사회보장카드는 가정에 보관하고 단지 그 번호만 암기하여 필요할 때 번호를 기록하거나 알려 주기만 하면 된다. 일상생활에서는 사진이 부착된 운전 면허증이나, 학생증 등이 신분증ID card으로 사용된다.

02 문화시설

2.1 영화관 theater; cinema

영화관 ❶

개봉관 first-run theater ➡ 재개봉관 second-run theater
독립영화관, 예술영화관 art house[theater]
복합상영관, 멀티플렉스 multiplex (cinema); (규모가 큰) megaplex
자동차극장 drive-in theater

영화 – 장르

영화 [AE] movie; (motion) picture; [BE] film; [inf] flick
- 요즘 볼 만한 영화 있니? Are there any good movies these days?
- 주말에 영화 보러 갈까? Would you like to go to a movie on the weekend?

가족영화 family movie[film]
갱영화 gangster movie[film] ❷
공상과학영화, SF영화 science fiction movie[film]; sci-fi[SF] movie[film]
공포영화, 괴기영화 horror movie[film]; (슬래셔 무비) slasher movie; splatter movie
기록영화, 다큐멘터리 documentary film[movie]
로맨스영화, 멜로영화 drama; romance film; (눈물을 쏙 빼는) tearjerker; (여성 취향의) chick flick
만화영화, 애니메이션 animation; animated movie[film]
무협영화 martial arts (action) movie
뮤지컬영화 musical movie[film]
미스터리영화 mystery (film; movie); whodunit
버디무비 buddy movie[film] ◀ 두 명의 남자 주인공이 등장하는 영화. 두 명의 여자 주인공이 등장하는 영화는 female buddy movie.
범죄영화 crime movie[film]
복수극 revenge movie[film]

---

❶ **미국 영화관에는 좌석 번호가 없다?**

일반적인 미국의 영화관은 여러 개의 상영관이 있는 복합상영관multiplex이다. 영화표는 우리나라와 마찬가지로 매표소box office에서 구입하거나, 웹사이트를 통해 미리 예매해 두었다가 영화관에 설치된 self-service kiosk, 즉 자동 티켓 교환기계에서 교환할 수 있다. 미국에도 한국의 조조할인과 같은 할인제도가 있는데, 그 중 마티니matinee라는 것은 오후 5시 이전에 입장하면 요금을 할인해 주는 제도를 말한다. 마티니는 요금이 저렴한 노인이나 어린이 요금에는 해당이 안되고 성인 요금에만 적용된다. 그 밖에도 cheap Tuesday라고 하여 화요일에 할인 혜택을 주기도 하고, 지역과 극장에 따라 early bird discount라고 하여 각기 다른 시간과 요일에 할인을 해 주기도 하므로 영화표를 구매할 때에는 미리 확인을 해야 한다.

한국과 미국 영화관의 가장 큰 차이점은 바로 좌석이 지정되어 있지 않다는 점이다. 미국은 지역마다 영화관이 잘 갖춰져 있어 개봉작new release이라 하더라도 한국만큼 붐비지 않는데, 좋은 자리에 앉으려면 남들보다 일찍 영화관에 도착하면 된다. 미국 영화관의 또 한 가지 특징은 Dollar Movie theater라는 극장인데, 이곳에서는 주로 개봉한 지 3~4개월이 지났거나 그보다 더 오래된 영화를 상영하며, 요금은 1달러이고, 할인이 적용되는 시간에 가면 75센트로도 영화를 즐길 수 있다.

❷ **갱영화**

❌ gang movie ➡ ⭕ gangster movie
갱영화 중에서도 1940년대와 50년대의 갱영화를 필름 느아르film noir라고 부른다. film noir는 프랑스어로 black film이라는 뜻이며, 전반적으로 우울하고 어두운 영상이 필름 느아르의 특징이다.

서부영화 western (movie) ❶

성인영화 adult movie[film]; X-rated movie[film], 에로영화 erotic movie; erotica

스릴러 thriller

스파이영화, 첩보영화 spy movie[film]; espionage movie[film]

스포츠영화 sports movie[film]

액션영화, 활극 action movie[film]

어드벤처 adventure movie[film]

어린이영화 children's film

예술영화 art movie[film]

음란영화, 포르노 pornography; pornographic movie; inf porn(o); smut

재난영화 disaster movie[film]

전기영화 biographical film; inf biopic

전쟁영화 war movie

컬트영화 cult movie

코미디영화 comedy movie[film]

판타지영화 fantasy movie[film]

> ❶ 스파게티 웨스턴
>
> 1960년대에는 이탈리아인 감독들이 연출한 서부영화가 큰 인기를 끌었다. 이런 영화를 스파게티 웨스턴spaghetti western이라고 하는데, 스파게티가 이탈리아의 대표적인 음식이기 때문이다. 대표적인 스파게티 웨스턴으로는 〈황야의 무법자A fistful of Dollars〉, 〈석양의 건맨For a Few Dollars More〉, 〈석양의 무법자The Good, The Bad And The Ugly〉 등이 있고, 대표적인 감독과 배우로는 세르지오 레오네Sergio Leone와 클린트 이스트우드Clint Eastwood를 들 수 있다. 스파게티 웨스턴은 미국 본토가 아닌 스페인의 사막 지역을 로케이션으로 촬영되었으며, 정통 서부영화에 비해 폭력 장면이 많고 다소 정의롭지 못한 주인공들이 등장하는 것이 특징이다.

영화 – 성격, 형태

B급 영화 B movie; B-feature, 삼류영화 third-rate movie[film]

개봉작 new release; new-release movie[film]

국산영화, 한국영화 Korean movie[film]

단편영화 short film ↔ 장편영화 feature(-length) film; full-length film

독립영화 independent film; indie movie

디렉터스 컷 director's cut

무성영화 silent movie[film] ↔ 유성영화 talkie; sound movie[film]

심야영화 late-night movie[film]

☐ 심야영화를 봤더니 무척 피곤하다.
  I am very tired because I watched a late-night movie.

아이맥스영화 IMAX (Image Maximum의 약자)

외국영화, 외화 foreign movie[film]; (미국의) American movie

입체영화 3-D movie

저예산영화 low-budget movie[film]

전편 first[original] movie[film] ⬤ 속편, 후편 sequel; prequel ❶

흑백영화 monochrome movie; black-and-white movie

흥행작 (huge) box office hit[success]; blockbuster

☐ 2010년 상반기 한국 영화계에는 이렇다 할 흥행작이 없었다.
There were no significant Korean blockbuster movies in early 2010.

관련표현

동시상영 (2편) double feature[bill]; (3편) triple feature

스크린, 영사막 screen

영사기 (film; cine; movie) projector; cinematograph

영사실 projection booth[room]

영화음악, 사운드트랙 (movie) soundtrack

조조할인 reduced admission fee for early morning

☐ 일요일에는 조조할인으로 영화를 한 편 봤다. On Sunday I paid a reduced rate admission fee for the early morning movie.

미성년자가 보기에 부적당한 영화

미국은 영화를 5개의 등급으로 분류한다. 이중 R과 NC-17은 미성년자가 관람하기에 부적절한 영화에 붙는 등급인데, NC-17 등급을 받으면 흥행에 지장이 있기 때문에 R등급을 받기 위해 영화사에서 자진해서 특정 장면을 삭제하기도 한다.

G (General Audiences) 전체 관람가, 연소자 관람가
PG (Parental Guidance Suggested) 연령 제한 없으나 보호자의 지도 필요
PG-13 (Parental Guidance Under 13) 13세 미만 아동은 보호자의 엄격한 지도 필요
R (Restricted) 17세 미만은 보호자 동반 시 관람 가능
NC-17 (No Children Under 17) 17세 미만 미성년자 관람 불가

❶ sequel과 prequel

시퀄 sequel은 전편에 이어지는 내용이 담긴 속편을 가리키고, 프리퀄 prequel은 전편보다 시간적으로 앞선 이야기를 다룬 속편을 뜻한다. 예를 들어 영화의 1편에서는 주인공의 20대의 이야기를 다루고, 후편에서는 30대의 이야기를 다룬다면 그 후편은 sequel이 되고, 시간을 거슬러 올라가 10대의 이야기를 다룬다면 그 후편은 prequel이 된다. SF영화의 고전인 〈스타워즈〉 시리즈는 1977년부터 3년 간격으로 세 편의 영화가 개봉되었는데, 그로부터 16년이 지난 1999년에 다시 3년 간격으로 세 편의 prequel이 개봉되었다. 즉 1999년에 개봉된 영화가 시리즈의 1편이고, 1977년에 개봉된 영화가 시리즈의 4편인 셈이다. 〈스타워즈〉의 감독인 조지 루카스 George Lucas는 1970년대에는 자신의 상상력을 스크린에 구현할 수 있는 기술이 없었기 때문에 시리즈를 이렇게 구성했다고 밝힌 바 있다.

1999년에 개봉된 Star Wars Episode I: The Phantom Menace (스타워즈 에피소드 1 – 보이지 않는 위험)

2.2 공연장, 박물관, 전시회

공연장

공연장, 극장 AE theater; BE theatre; (이름에 쓰여) playhouse
  노천극장 open-air theater
  소극장 small theater; little theater
  오페라극장 opera house
  원형극장 AE amphitheater; BE amphitheatre
연주회장, 콘서트홀 concert hall

박물관

박물관 museum
가상박물관 virtual museum
과학관, 과학박물관 science museum
국립박물관 national museum
미술관, 화랑 art museum[gallery]; gallery
밀랍박물관 wax museum ❶
역사박물관 history museum
자연사 박물관 natural history museum
전쟁기념관, 전쟁박물관 war museum; military museum
해양박물관 maritime museum

공연예술의 종류
- 가극, 오페라 opera
- 무용, 춤 dance; dancing
  발레 ballet
- 뮤지컬 musical
- 연극 play; drama; theater

연극의 종류
- 가면극 masque
- 단막극 one-act play
- 모노드라마, 일인극 monodrama
- 무언극, 팬터마임 mime; pantomime; dumb show
- 비극 tragedy
- 신파극 melodrama
- 인형극 puppet show[play]
- 창작극 creative play; original play
- 해학극 farce; burlesque
- 희극, 코미디 comedy
- 희비극 tragicomedy

❶ **밀랍인형이란?**

밀랍인형waxwork은 벌집을 만들기 위해 꿀벌이 분비하는 밀랍wax이라는 물질에 양초의 재료인 파라핀paraffin과 색소 등을 섞어 만든다. 세계적으로 유명한 밀랍박물관으로는 마담투소 밀랍인형 전시관 Madame Tussaud's Wax Museum을 들 수 있는데, 유명 인사들의 실물 크기의 밀랍 인형을 볼 수 있다.

전시회

모터쇼 motor show; auto show ❶
박람회 exposition; fair
　만국박람회, 세계박람회 world fair; world's fair; world exposition; inf Expo

> 최초의 세계박람회는 1851년 영국 런던에서 The Great Exhibition이라는 이름으로 개최되었다.

에어쇼 air show
전람회, 전시회 exhibition; show; exhibit
　개인전 private exhibition
　　☐ 개인전을 열다 open a private exhibition
　공모전 competition exhibition; contest exhibit
　국전 National Art Exhibition
　도서 전시회 book fair
　사진전 photo exhibition
　작품전 exhibition (of works)
　회고전 retrospective (exhibition; exhibit)
전시장 exhibition hall; (상품 전시장) showroom; salesroom
패션쇼 fashion show ❷
　모델, 패션모델 fashion model; (유명한) supermodel
　캣워크 catwalk; AE runway

❷ 패션쇼와 패션위크

패션위크fashion week는 유명 디자이너들의 작품 발표회, 즉 패션쇼fashion show가 집중적으로 열리는 한 주week를 가리킨다. 패션위크는 뉴욕New York과 런던London, 이탈리아의 밀라노Milan, 그리고 파리Paris와 같은 주요 패션 중심 도시에서 순차적으로 개최되는데, 이 4개 도시에서 열리는 패션위크를 세계 4대 패션위크라고 한다. 패션쇼는 현재의 패션 트렌드를 반영하는 행사가 아니라 앞으로 유행할 패션을 선보이는 자리이고, 또 일반 고객들을 대상으로 열리는 것이 아니라 세계 각국의 바이어들을 위해 열리는 행사이기 때문에 패션쇼의 모델이 선보이는 의상은 일상적으로 입고 다니기 어려운 디자인인 경우가 많다. 캣워크는 모델들이 워킹을 하는 좁은 통로를 가리키는데, 고양이처럼 조심해서 걷지 않으면 밑으로 떨어질 수 있기 때문에 이런 이름이 붙었다. 캣워크는 무대장치 사이를 연결하는 좁은 통로를 가리키기도 한다.

❶ 세계 5대 모터쇼

- Paris Motor Show 파리 모터쇼 1898년부터 시작된 세계 최초의 모터쇼. 프랑스어로는 Mondial de l'Automobile이라고 하며, 2년에 한 번씩 열린다.
- Frankfurt Motor Show 프랑크푸르트 모터쇼 2년에 한 번씩 열리는 세계 최대의 모터쇼로서 International Motor Show 혹은 Internationale Automobil-Ausstellung이라고도 불린다.
- North American International Auto Show 북미 국제 오토쇼 원래 명칭은 디트로이트 오토쇼Detroit Auto Show이며 해마다 미국 자동차의 메카인 디트로이트에서 열린다.
- Tokyo Motor Show 도쿄 모터쇼 2년에 한 번 10월과 11월 사이에 일본 지바Chiba에서 열린다.
- Geneva Motor Show 제네바 모터쇼 해마다 3월에 열리는 모터쇼로서 정식 명칭은 International Geneva Motor Show이다.

2.3 도서관 library

관련자
도서관장 chief librarian
도서관원, 사서 librarian

종류
개인도서관, 사설도서관 private library
공공도서관, 공립도서관 public library
국립도서관 national library
국회도서관 the National Assembly Library; (미국의) the Library of Congress
대학도서관 academic library
시립도서관 city library; municipal library
이동도서관 bookmobile; mobile library
전자도서관 digital library
학교도서관 school library

구조
서가, 책장 bookcase; bookshelf
- 서가에 책을 꽂다 put books in the bookcase / put books on the bookshelf
북엔드 bookends
서고 library; (기록 보관소) archive
열람실 reading room
참고도서실 reference library

미국 도서관 이용법
미국은 어디를 가던지 공공도서관 시설이 잘 갖춰져 있고, 그런 도서관은 많은 지역 주민들이 즐겨 찾는 공공시설 중 하나다. 도서관을 이용하려면 우선 도서관 이용카드 library card를 만들어야 하는데, 사서 librarian에게 신청서를 받아 작성해서 신분증과 함께 제출하면 그 자리에서 이용카드를 발급받을 수 있다. 도서관은 크게 성인, 청소년, 어린이용 공간으로 구분되어 있는데, 각 공간은 도서뿐만 아니라 오디오와 비디오, 그리고 컴퓨터 사용 공간으로 나뉘어져 있다. 도서관에서는 팩스나 복사기를 사용할 수 있고, 영화를 상영하기도 하고, 도서를 할인 판매하는 행사를 열기도 하고 회의실이나 공부방을 제공하기도 한다. 어린이용 공간은 부모와 함께 책을 읽을 수 있도록 책상과 소파들이 놓여 있고, 한쪽에는 컴퓨터가 마련되어 있어 교육용 프로그램이나 인터넷을 사용할 수 있다. 도서관 한편에 마련된 독립된 공간에서는 주중이나 주말에 도서관의 사서나 책의 저자가 와서 3~5살의 어린이를 대상으로 직접 책을 읽어 주는 story time을 갖기도 한다.

관련표현

대출하다 borrow (a book); check out (a book)
- 책을 한 권 대출하고 싶습니다. I would like to borrow a book.
- 그 책은 지금 대출 중이다. At this time the book is already checked out.

반납하다 return (a book)

한국십진분류표

1876년에 Melvil Dewey라는 사람이 듀이십진분류표Dewey Decimal Classification, 줄여서 DDC라는 도서관 자료 분류 체계를 고안했다. 현재 130여 개 국가가 DDC를 사용하고 있는데, 우리나라는 DDC와 흡사한 한국십진분류표Korean Decimal Classification이라는 기준으로 도서관의 자료를 분류하고 있다. 외국에서는 DDC, 한국에서는 KDC만 잘 알고 있어도 도서관에서 쉽게 책을 찾을 수 있다.

Korean Decimal Classification

000	총류	340	정치학	680	연극		
010	도서학, 서지학	350	행정학	690	오락, 운동		
020	문헌정보학	360	법학	700	언어		
030	백과사전	370	교육학	710	한국어		
040	강연집, 수필집 등	380	풍속, 민속학	720	중국어		
050	일반연속간행물	390	국방, 군사학	730	일본어		
060	일반 학회, 단체, 협회 등	400	순수과학	740	영어		
070	신문, 언론, 저널리즘	410	수학	750	독일어		
080	일반 전집, 총서	420	물리학	760	프랑스어		
090	향토자료	430	화학	770	스페인어		
100	철학	440	천문학	780	이탈리아어		
110	형이상학	450	지학	790	기타 제어		
120		460	광물학	800	문학		
130	철학의 세계	470	생물과학	810	한국문학		
140	경학	480	식물학	820	중국문학		
150	아시아철학, 사상	490	동물학	830	일본문학		
160	서양철학	500	기술과학	840	영미문학		
170	논리학	510	의학	850	독일문학		
180	심리학	520	농업, 농학	860	프랑스문학		
190	윤리학, 도덕철학	530	공학, 공업일반	870	스페인문학		
200	종교	540	건축공학	880	이탈리아문학		
210	비교종교	550	기계공학	890	기타 제문학		
220	불교	560	전기공학, 전자공학	900	역사		
230	기독교	570	화학공학	910	아시아		
240	도교	580	제조업	920	유럽		
250	천도교	590	가정학 및 가정생활	930	아프리카		
260	신도	600	예술	940	북아메리카		
270	바라문교, 인도교	610	건축술	950	남아메리카		
280	회교 (이슬람교)	620	조각	960	오세아니아		
290	기타 제종교	630	공예, 장식미술	970	양극지방		
300	사회과학	640	서예	980	지리		
310	통계학	650	회화, 도화	990	전기		
320	경제학	660	사진술				
330	사회학, 사회문제	670	음악				

Dewey Decimal Classification

000	Generalities	500	Natural sciences & mathematics
010	Bibliographies & catalogs	510	Mathematics
020	Library & information sciences	520	Astronomy & allied sciences
030	General encyclopedic works	530	Physics
040	Unassigned	540	Chemistry & allied sciences
050	General serials & their indexes	550	Earth sciences
060	General organizations & museology	560	Paleontology, Paleozoology
070	News media, journalism, publishing	570	Life sciences
080	General collections	580	Botanical sciences
090	Manuscripts & rare books	590	Zoological sciences
100	Philosophy and Psychology	600	Technology (Applied sciences)
110	Metaphysics	610	Medical sciences and medicine
120	Epistemology, causation, humankind	620	Engineering & allied operations
130	Paranormal phenomena, Occult	630	Agriculture
140	Specific philosophical schools	640	Home economics & family living
150	Psychology	650	Management & auxiliary services
160	Logic	660	Chemical engineering
170	Ethics (moral philosophy)	670	Manufacturing
180	Ancient, medieval, Oriental philosophy	680	Manufacture for specific uses
190	Modern Western philosophy	690	Buildings
200	Religion	700	The Arts
210	Natural theology	710	Civic & landscape art
220	Bible	720	Architecture
230	Christian theology	730	Plastic arts, sculpture
240	Christian moral & devotional theology	740	Drawing & decorative arts
250	Christian orders & local church	750	Painting & paintings
260	Christian social theology	760	Graphic arts, printmaking & prints, postage stamps
270	Christian church history	770	Photography & photographs
280	Christian denominations & sects	780	Music
290	Other & comparative religions	790	Recreational & performing arts
300	Social sciences	800	Literature & rhetoric
310	General statistics	810	American literature
320	Political science	820	English & Old English literatures
330	Economics	830	Literatures of Germanic languages
340	Law	840	Literatures of Romance languages
350	Public administration	850	Italian, Romanian literatures
360	Social services; associations	860	Spanish & Portuguese literatures
370	Education	870	Italic literatures, i.e., Latin
380	Commerce, communications, transport	880	Hellenic literatures, i.e., Classical Greek
390	Customs, etiquette, folklore	890	Literatures of other languages
400	Language	900	Geography & History
410	Linguistics	910	Geography & travel
420	English & Old English	920	Biography, genealogy, insignias
430	Germanic languages, i.e., German	930	History of the ancient world
440	Romance languages, i.e., French	940	General history of Europe
450	Italian, Romanian languages	950	General history of Asia & Far East
460	Spanish & Portuguese languages	960	General history of Africa
470	Italic languages, i.e., Latin	970	General history of North America
480	Hellenic languages, i.e., Classical Greek	980	General history of South America
490	Other languages	990	General history of other areas

2.4 관련시설, 관련표현

관련자

관객, 관람객, 청중 audience; visitor; (영화의) moviegoer
큐레이터 curator

객석

객석, 관람석, 방청석 auditorium
    귀빈석 VIP seat; seat
    예약석, 지정석 reserved seat
    입석 standing room
    좌석 seat
좌석 배치도 seating chart; seating plan ❶
좌석수 seating capacity

무대 stage

막 curtain; theater curtain
무대감독 stage director
무대공포증 stage fright
배경막 backdrop; backcloth
오케스트라 박스 orchestra pit
조명 lighting
    각광 footlights
    스포트라이트 spotlight; limelight
        □ 그 여배우는 요즘 언론의 스포트라이트를 받고 있다.
        The actress is in the media's spotlight these days.

연극의 단락 구분
막(幕) act
장(場) scene

❶ 극장의 좌석배치도

한국에서는 극장의 좌석을 무대와의 거리에 따라 VIP석, R석, S석, A석 등으로 구분한다. R석의 R은 royal, S석의 S는 superior, A석의 A는 A-grade를 뜻한다고 알려져 있다. 하지만 이런 좌석 구분은 우리나라에서만 사용되며, 외국에서는 전혀 다른 방식으로 좌석 등급을 구분한다. 외국의 극장에는 무대 바로 앞에 오케스트라가 음악을 연주하는 오케스트라석 orchestra pit이 있는데, 그 바로 뒤의 VIP석을 dress circle, dress circle 뒤의 1층 뒷좌석은 stalls 혹은 orchestra, 1층과 2층 사이의 1.5층 관람석은 mezzanine, 2층 관람석은 balcony 등으로 부른다. balcony는 미국에서는 2층 관람석, 영국에서는 4층 관람석을 의미하기 때문에 주의해야 한다. mezzanine과 balcony의 측면에는 box라는 특등석이 있는데, 무대가 바로 내려다 보이기 때문에 VIP들이 이용한다. 영화〈제5원소〉의 무대가 되었던 영국 런던의 로열 오페라 하우스 Royal Opera House는 5층까지 객석이 있는데, 1~5층을 각각 Orchestra Stalls, Stalls Circle, Grand Tier, Balcony, Amphitheatre라고 부른다. 맨 꼭대기 층인 Amphitheatre는 현기증이 날 정도로 높은데, 무대가 잘 안 보이기 때문에 가격이 가장 싼 편이다.

입장권

입장권, 티켓, 표 ticket
- 영화 표 2장을 예매해 놓았다. I advance purchased two movie tickets.

공짜표 free ticket; complimentary ticket

암표 illegal ticket; scalper's ticket
- 남아공 월드컵의 암표가 인터넷에서 거래되고 있다. Scalper's tickets are being sold online for the South African World Cup.

암표상 scalper; (ticket) tout

정기권, 시즌권 season ticket

초대권 invitation ticket

기타

개관 opening
- 개관하다 open

귀중품 (집합적) valuables
- 귀중품은 카운터에 보관해 주세요. Please leave your valuables at the counter.

매진 sellout
- 매진되다 be sold out
- 아침 일찍 경기장에 갔지만 표는 이미 매진된 상태였다. Tickets were already sold out even though I went to the stadium early in the morning.

매표소 ticket office; box office; BE booking office

물품보관소, 보관소 checkroom; cloakroom

오디오 가이드 audio guide; audio tour

오페라안경 opera glasses

커튼콜 curtain call
- 그 피아니스트는 공연이 끝난 후 세 번의 커튼콜을 받았다. Following his performance the pianist had three curtain calls.

폐관, 휴관 closure
- 폐관하다, 휴관하다 close; be closed

공연장의 드레스코드

엔터테인먼트 산업의 메카인 미국에는 공연뿐만 아니라 격식을 갖춘 파티에서도 특정한 드레스 코드dress code, 즉 복장 규정이 있다. 요즘은 예전에 비해 드레스 코드가 엄격하지 않지만 많은 발레 애호가들은 여전히 공연장에 갈 때 격식을 갖춰 옷을 입는다.

- **White tie** 가장 격식을 갖춘 복장 규정. 남성은 연미복tailcoat과 흰색 셔츠에 조끼, 그리고 하얀 나비넥타이를 매며, 여성은 긴 드레스를 입는다.

- **Black tie** 남성은 턱시도tuxedo를 입고 까만 나비넥타이를 매고, 여성은 무릎까지 내려오는 드레스knee-length dress 또는 긴 드레스를 입는다.

- **Semi-formal** 남성은 짙은 색의 정장과 넥타이를 매며, 여성은 무릎 길이의 드레스를 입는다.
- **Cocktail** 남성은 짙은 색의 정장을 입고, 여성은 무릎 길이의 드레스나 치마skirt를 입는다.
- **Dressy casual** 남성은 재킷이나 칼라가 있는 셔츠collared shirt에 정장 바지를 입고, 여성은 치마나 정장바지dressy pants를 입는다.
- **Business casual** 남성은 칼라가 있는 셔츠에 카키색의 바지를 입고, 여성은 정장바지나 치마를 입는다.
- **Casual** 가장 격식을 차리지 않은 복장 규정. 어떤 옷을 입어도 상관없다.

03 복지시설 welfare facilities

경로당, 노인정 senior citizen's (community) center

고아원, 보육원 orphanage
- 그 아이는 부모가 죽고 난 후 고아원으로 보내졌다.
  The kid was sent to an orphanage following his parents' death.
  - 고아 orphan

놀이방 playroom

마을회관 village hall, 시민회관 civic center; community center

보호소 shelter
- 노숙자보호소 homeless shelter
- 미아보호소 center for missing[lost] children
- 여성보호소 women's shelter

분실물 센터 lost-and-found; BE lost property
- 분실물 lost property; lost[missing] article

양로원 old people's home; (의료 시설) nursing home
- 독거노인, 무의탁 노인 senior citizen who lives alone; elderly person with no one to rely on

어린이집, 탁아소 day care center; day nursery; BE crèche
- 그 부부는 아이를 어린이집에 맡기고 출근한다.
  The couple leave their kid at the day care center to go to work.

재활원 rehabilitation[rehab] facility[center]; halfway house

미국의 노인 복지제도

한국과 달리 미국의 부모는 법적으로 기혼 자녀의 가족 구성원이 될 수 없다. 즉 결혼한 자녀와 함께 사는 노부모는 법적으로는 독립된 가족으로 간주된다. 그렇기 때문에 자녀가 가입한 의료보험의 혜택을 볼 수 없고, 별도의 의료보험을 가지고 있어야 한다. 은퇴 준비를 잘한 사람이라면 65세 이후 401K로 불리는 봉급자 개인연금 또는 자영업자 개인연금IRA (Individual Retirement Arrangement의 약자)과 사회보장연금social security program을 수령해서 자녀의 도움 없이도 생활비를 해결할 수 있다. 또한 10년 이상 미국의 의료보험인 Medicare 보험료를 납부했다면 의료보험 혜택을 입을 수 있다. 은퇴 준비를 하지 못한 노인은 연방정부와 주정부로부터 경제적인 복지 혜택을 받을 수 있다. 예를 들어 경제적인 도움이 필요한 65세 이상의 미국 시민권자에게는 연방 보조금SSI (Supplemental Security Income의 약자)으로 매달 $700~900가 지급되고 있으며, Medicaid와 같은 의료보험을 지원하고 있다. 주정부에서는 연방 보조금을 받는 노인이 노인 아파트senior apartment에서 실비로 거주할 수 있도록 지원하고 있으며, 노인 회관senior community center이나 지역 주민회관local community center 등에서 제공하는 각종 노인 관련 프로그램을 저렴한 가격에 이용할 수 있도록 돕고 있다. 신체적, 정신적인 질환으로 독자적인 생활이 불가능한 노인은 nursing home이라고 하는 전문 요양 의료시설에서 전문적인 치료를 받을 수 있다.

04 위락시설, 편의시설

4.1 놀이동산, 놀이터

놀이동산, 유원지 amusement park
놀이터 playground
테마공원, 테마파크 theme park

놀이기구 ride

거울의 집 house of mirrors

그네 swing
  그네를 타다 play on the swings

대관람차 AE Ferris wheel; BE big wheel

롤러코스터 roller coaster; BE switchback
  롤러코스터를 타다 ride the roller coaster

미끄럼틀 slide
  미끄럼틀을 타다 go down the slide / slide[play] on a slide

바이킹 pirate ship (ride)

범퍼카 bumper car

시소 seesaw; teeter-totter
  시소를 타다 play on a seesaw / seesaw

유령의 집 funhouse; fun house

자이로드롭 drop tower (ride)

정글짐 jungle gym

회전목마 merry-go-round; carousel; BE roundabout
  회전목마를 타다 ride a merry-go round

후룸라이드 log flume (rides)

4.2 기타 위락시설

공원 park
  국립공원 national park
  근린공원 neighborhood park
  도립공원 provincial park
  주립공원 state park
  해상공원 marine park; sea park

광장 square; plaza; (이탈리아의) piazza

누각, 정자 pavilion; gazebo; (나무그늘) arbor; pergola

동물원 zoo; zoological garden; (동물을 직접 만질 수 있는) petting zoo; (사파리공원) safari park
  조련사 (animal) trainer; (dog) handler; (수족관의) aquarist

분수 fountain

수목원 arboretum

수족관 aquarium

식물원 botanical garden; botanic garden

온천 hot spring; thermal spring
  □ 온천에서 온천욕을 하다 soak in a hot spring / relax in a hot spring
  노천온천 open-air hot spring
  유황온천 sulphur[sulfur] spring

전망대 observatory; observation platform[tower]
  □ 전망대에 올라가니 도시의 모습이 한눈에 들어왔다.
  I could view the entire city from the observatory.

pavilion

arbor

군사용 망루
watchtower

도시의 전망대
observatory

천문대
(astronomical) observatory

index 발음기호

A

abacus [ǽbəkəs]
abbreviation [əbriviéiʃən]
abdominal [æbdάmənəl]
abdominoplasty [æbdάmənəplǽsti]
Abel [eíbəl]
abolish [əbάliʃ]
abominable [əbάmənəbəl]
abortion [əbɔ́ːrʃən]
abracadabra [æ̀brəkədǽbrə]
abscess [ǽbses]
absinthe [ǽbsinθ]
absorb [əbzɔ́ːrb]
absorber [əbzɔ́ːrbər]
abstract [ǽbstrækt]
abuse [əbjúːz]
acacia [əkéiʃə]
academy [əkǽdəmi]
acceleration [æksèləréiʃən]
accelerator [æksélərèitər]
access [ǽkses]
accordion [əkɔ́ːrdiən]
acellular [eisélələr]
acetone [ǽsətoun]
acid [ǽsid]
acne [ǽkni]
acorn [éikɔːrn]
acoustic [əkúːstik]
acquaintance [əkwéintəns]
acquire [əkwáiər]
acromegaly [æ̀krouméɡəli]
acromicria [æ̀krəmíkria]
acronym [ǽkrənim]
acrophobia [æ̀krəfóubiə]
acupressure [ǽkjuprèʃər]
acupuncture [ǽkjupʌ̀ŋktʃər]
acupuncturist [ǽkjupʌ̀ŋktʃərist]
acute [əkjúːt]
adage [ǽdidʒ]
addiction [ədíkʃən]

addressee [æ̀dresíː]
adhesive [ædhíːsiv]
adjectival [æ̀dʒiktáivəl]
adjust [ədʒʌ́st]
adjustable [ədʒʌ́stəbl]
adoptee [ədɑptíː]
adoption [ədάpʃən]
adoptive [ədάptiv]
adultery [ədʌ́ltəri]
adverbial [ædvə́ːrbiəl]
adversary [ǽdvərsèri]
adverse [ædvə́ːrs]
adzuki bean [ədzúːki biːn]
aerial [ɛ́əriəl]
aerobatics [ɛ̀ərəbǽtiks]
aerodrome [ɛ́ərədròum]
aerogram [ɛ́ərəɡræ̀m]
aeronautics [ɛ̀ərənɔ́ːtiks]
aerophobia [ɛ̀ərəfóubiə]
affair [əfɛ́ər]
affective [əféktiv]
affidavit [æ̀fədéivit]
affirmative [əfə́ːrmətiv]
agency [éidʒənsi]
aggressive [əɡrésiv]
agony [ǽɡəni]
agoraphobia [æ̀ɡərəfóubiə]
agricultural [æ̀ɡrikʌ́ltʃərəl]
agriculture [ǽɡrikʌ̀ltʃər]
aide [eid]
aikido [ɑikíːdou]
airstair [ɛ́ərstɛər]
airstrip [ɛ́ərstrip]
airtight [ɛ́ərtàit]
aisle [ail]
à la carte [a la kart]
albinism [ǽlbənizəm]
albuminuria [ælbjùːmənjúəriə]
alcohol [ǽlkəhɔ̀ːl]
alcoholic [æ̀lkəhɔ́(ː)lik]
ale [eil]

algorithm [ǽlɡəriðəm]
alias [éiliəs]
alignment [əláinmənt]
alimony [ǽləmòuni]
allegory [ǽləɡɔ̀ːri]
Allen [ǽlən]
allergen [ǽlərdʒən]
allergic [ələ́ːrdʒik]
allergy [ǽlərdʒi]
alley [ǽli]
allied [əláid]
alligator [ǽliɡèitər]
almanac [ɔ́ːlmənæ̀k]
almond [άːmənd]
aloha [əlóuə]
alopecia areata [æ̀ləpíːʃə ærieitə]
alter ego [ɔ́ːltər íːɡou]
alternative [ɔːltə́ːrnətiv]
altimeter [æltímitər]
alumna [əlʌ́mnə]
alumnae [əlʌ́mne]
alumni [əlʌ́mni]
alumnus [əlʌ́mnəs]
amalgam [əmǽlɡəm]
amateur [ǽmətʃùər, ǽmətər]
amber [ǽmbər]
amberjack [ǽmbərdʒæ̀k]
amblyopia [æ̀mblióupiə]
amenorrhea [eimènəríːə]
amethyst [ǽməθist]
amigo [əmíːɡou]
amnesia [æmníːʒə]
amphibian [æmfíbiən]
amphibious [æmfíbiəs]
amphitheatre [ǽmfəθìːətər]
ampoule [ǽmpuːl, ǽmpjuːl]
amputate [ǽmpjutèit]
amputation [æ̀mpjutéiʃən]
amusement [əmjúːzmənt]
amyotrophic [æ̀miatrάfik]
analgesics [æ̀nəldʒíːziks]

anchorage [ǽŋkəridʒ]
anchovy [ǽntʃouvi]
anecdote [ǽnikdòut]
anemia [əníːmiə]
anemone [ənéməni]
anesthesia [ænəsθíːʒə]
anesthesiologist [ænəsθìːziálədʒist]
anesthesiology [ænəsθìːziálədʒi]
anesthetic [ænəsθétik]
anesthetist [ənésθətist]
angina [ændʒáinə]
angiography [ændʒiágrəfi]
angioma [ændʒióumə]
anglerfish [ǽŋglərfiʃ]
anglicism [ǽŋgləsìzəm]
anodyne [ǽnoudàin]
anonym [ǽnənìm]
anonymous [ənánəməs]
anorak [ǽnəræk]
anorexia nervosa
 [ænəréksiə nərvóusə]
antenna [ænténə]
anthelmint(h)ic [ænθelmíntik]
anthrax [ǽnθræks]
anthropophobia [ænθrəpəfóubiə]
antacid [æntǽsid]
antibiotic [æntibaiátik]
antibody [ǽntibàdi]
anticarcinogenic [æntikaːsnədʒénik]
anticoagulant [æntikouǽgjələnt]
antidepressant [æntidiprésənt]
antidote [ǽntidòut]
antifebrile [æntifíːbrəl]
antifreeze [ǽntifrìːz]
antigen [ǽntidʒən]
antihistamine [æntihístəmìːn]
antilock [ǽntilak]
antipyretic [æntipairétikl]
antique [æntíːk]
antiseptic [æntəséptik]
antivirus [æntiváirəs]
antler [ǽntlər]

antonym [ǽntənìm]
anvil [ǽnvil]
apheresis [əférəsis]
aphorism [ǽfərìzəm]
aphrodisiac [æfroudíziæ̀k]
aplastic [ɑplǽstik]
apnea [æpníːə]
apology [əpálədʒi]
apostrophe [əpástrəfi]
apparel [əpǽrəl]
appendectomy [æpəndéktəmi]
appendicitis [əpèndəsáitis]
appendix [əpéndiks]
appetite [ǽpitàit]
appetizer [ǽpitàizər]
applaud [əplɔ́ːd]
appliance [əpláiəns]
application [æplikèiʃən]
appliqué [æplikéi]
appraisal [əpréizəl]
appreciation [əprìːʃiéiʃən]
apricot [éiprikɑ̀t]
aptitude [ǽptitùːd]
Aqualung [ǽkwəlʌ̀ŋ]
aquamarine [ækwəməríːn]
aquaphobia [ækwəfóubiə]
aquarist [əkwɛ́ərist]
aquarium [əkwɛ́əriəm]
Arabic [ǽrəbik]
arbor [áːrbər]
arboretum [àːrbəríːtəm]
arcade [ɑːrkéid]
archaic [ɑːrkéiik]
archaism [áːrkeiìzəm]
architecture [áːrkətèktʃər]
archive [áːrkaiv]
archrival [ɑ̀ːrtʃráivəl]
arctic [áːrktik]
argot [áːrgou]
armored [áːrmərd]
aromatherapy [əròuməθérəpi]
arrearage [əríərridʒ]

arrears [əríərs]
arrhythmia [əríðmiə]
arteriosclerosis [ɑːrtiəriòuskləróusis]
artery [áːrtəri]
arthritis [ɑːrθráitis]
artichoke [áːrtitʃòuk]
articulate [ɑːrtíkjəlèit, ɑːrtíkjulət]
articulated [ɑːrtíkjəlèitid]
asbestosis [æsbestóusis]
ascent [əsént]
Asclepius [əsklíːpiəs]
aseptic [əséptik]
aside [əsáid]
asparagus [əspǽrəgəs]
aspirin [ǽspərin]
assassin [əsǽsin]
assume [əsjúːm]
asterisk [ǽstərìsk]
asthma [ǽzmə]
astigmatism [əstígmətìzəm]
astronomical [æstrənámikəl]
astronomy [əstránəmi]
asymmetric [èisimétrik]
athlete [ǽθliːt]
athletic [æθlétik]
atlas [ǽtləs]
atopic [eitápik]
atopy [ǽtəpi]
atrichia [eitríkiə]
attach [ətǽtʃ]
attachment [ətǽtʃmənt]
attendant [əténdənt]
attorney [ətɔ́ːrni]
aubergine [óubərʒìːn]
audience [ɔ́ːdiəns]
audit [ɔ́ːdit]
auditorium [ɔ̀ːditɔ́ːriəm]
auditory [ɔ́ːditɔ̀ːri]
aunt [ænt]
auspicious [ɔːspíʃəs]
authentic [ɔːθéntik]
authentication [ɔːθèntikéiʃən]

autism [ɔ́:tizəm]
autograph [ɔ́:təgræf]
autohypnosis [ɔ̀:touhipnóusis]
automated [ɔ́:təmèitd]
automobile [ɔ́:təməbì:l]
automotive [ɔ̀:təmóutiv]
autonym [ɔ́:tənìm]
auxiliary [ɔ:gzíljəri]
avatar [ǽvətɑ̀:r]
avenue [ǽvənjù:]
avian [éiviən]
avitaminosis [eivàitəmənóusis]
avocado [ævəkɑ́:dou]
awl [ɔ:l]
axial [ǽksiəl]
axle [ǽksəl]
ayu [ɑ́:ju]
azalea [əzéiljə]

B

baccarat [bǽkərɑ̀:]
bachelor [bǽtʃələr]
bachelorette [bæ̀tʃələrét]
bacillary [bǽsəlèri]
backbiting [bǽkbɑitiŋ]
backslash [bǽkslæʃ]
backstabbing [bǽkstæ̀biŋ]
backstitch [bǽkstìtʃ]
backstroke [bǽkstròuk]
bagel [béigəl]
baguette [bægét]
bailiff [béilif]
bailout [béilàut]
bald-faced [bɔ́:ldfeist]
ballet [bǽlei]
balm [bɑ:m]
baloney [bəlóuni]
balsam [bɔ́:lsəm]
bandage [bǽndidʒ]
bandanna [bændǽnə]

banjo [bǽndʒou]
bankruptcy [bǽŋkrʌpsi]
banter [bǽntər]
baptism [bǽptizəm]
barbecue [bɑ́:rbikjù:]
barge [bɑ:rdʒ]
barista [bərí:stə]
barium [bέəriəm]
barley [bɑ́:rli]
barrette [bərét]
barricade [bǽrəkèid]
barrier [bǽriər]
barrow [bǽrou]
bascule [bǽskju:l]
basin [béisən]
basket [bǽskit]
bass [beis]
bassinet [bæ̀sənét]
bassoon [bəsú:n]
basting [béistiŋ]
bather [béiðər]
bathhouse [bǽθhàus]
bathing [béiðiŋ]
bathtub [bǽθtʌ̀b]
batter [bǽtər]
bazaar [bəzɑ́:r]
bean [bi:n]
beanie [bí:ni]
Beaujolais Nouveau
  [bouʒəlei nuvou]
bedspread [bédsprèd]
bedstead [bédstèd]
Beelzebub [biélzəbʌ̀b]
beeper [bí:pər]
beet [bi:t]
beetroot [bí:tlrù(:)t]
beget [bigét]
begonia [bigóunjə]
bellhop [bélhɑ̀p]
bellows [bélouz]
bellyache [bélièik]
bendy [béndi]

beneficiary [bènəfíʃièri]
benign [bináin]
bereaved [birí:vd]
beret [bəréi]
berth [bə:rθ]
besom [bí:zəm]
beverage [bévəridʒ]
bibliography [bìbliɑ́grəfi]
bicker [bíkər]
bid [bid]
bidet [bidéi]
bifocals [bàifóukəls]
bigamy [bígəmi]
billiard [bíljərd]
binder [báindər]
binge [bindʒ]
biopic [bɑ́iouɒìk]
biopsy [bɑ́iɑpsi]
biplane [bɑ́iplèin]
bipolar [baipóulər]
birdie [bə́:rdi]
birthstone [bə́:rθstòun]
bistro [bí:strou]
biting [bɑ́itiŋ]
bladder [blǽdər]
blade [bleid]
blanch [blæntʃ]
blanket [blǽŋkit]
blatant [bléitənt]
blazer [bléizər]
bleach [bli:tʃ]
blessing [blésiŋ]
blimp [blimp]
blindfold [blɑ́indfòuld]
blinker [blíŋkər]
blister [blístər]
blockbuster [blɑ́kbʌ̀stər]
blowfish [blóufiʃ]
blue topaz [blu: tóupæz]
blurt [blə:rt]
blush [blʌʃ]
blusher [blʌ́ʃər]

boatswain [bóusən]
boatyard [bóutjà:rd]
bobbin [bábin]
bobby [bábi]
bogeyman [bóugimæ̀n]
bok choy [bak tʃói]
bollard [bálərd]
bolster [boulstər]
bomber [bámər]
bombshell [bámʃèl]
bondsman [bándzmən]
bongos [báŋgouz]
bonito [bəní:tou]
bonnet [bánit]
bonsai [bánsai]
boogeyman [búgimæ̀n]
bookmark [búkmà:rk]
bookmobile [búkmoubì:l]
bookrest [búkrèst]
booster [bú:stər]
boot [bu:t]
bootleg [bú:tlèg]
booze [bu:z]
borough [bə́:rou]
borrower [bɔ́(:)rouər]
bosom [búzəm]
bosun [bóusən]
botanic [bətǽnik]
botanical [bətǽnikəl]
bottleneck [bátlnèk]
boulevard [bú(:)ləvà:rd]
bounce [bauns]
bouncer [báunsər]
bouquet [boukéi, bu:kéi]
bourbon [búərbən]
boutique [bu:tí:k]
bowel [báuəl]
bowler [bóulər]
braces [breisiz]
bracket [brǽkit]
bradawl [brǽdɔ:l]
braid [breid]

braille [breil]
braise [breiz]
brassiere [brəzíər]
breadth [bredθ]
breakdown [bréikdàun]
bream [bri:m]
breaststroke [bréststròuk]
breathalyzer [bréθəlàizər]
brew [bru:]
brewage [brú:idʒ]
brewpub [bru:pʌp]
bridal [bráidl]
bride [braid]
bridegroom [bráidgrù(:)m]
bridesmaid [bráidzmèid]
briefs [bri:fs]
brine [brain]
brisket [brískət]
broadband [brɔ́:dbænd]
broccoli [brákəli]
brogues [brougz]
broil [brɔil]
bromhidrosis [brɔmidrósis]
bronchiectasis [bràŋkiéktəsis]
bronchitis [braŋkáitis]
broom [bru(:)m]
broth [brɔ(:)θ]
brownie [bráuni]
browse [brauz]
brucellosis [brù:səlóusis]
brunch [brʌntʃ]
bruxism [brʌ́ksizəm]
bubble [bʌ́bəl]
bubbly [bʌ́bli]
buck [bʌk]
bucket [bʌ́kit]
buckwheat [bʌ́khwì:t]
buddy [bʌ́di]
budget [bʌ́dʒit]
buffet [bʌféi]
bug [bʌg]
bugle [bjú:gəl]

bulimia nervosa [bjulímiə nə:rvɔ́sa]
bulk [bʌlk]
bullet [búlit]
bulletin [búlətin]
bullshit [búlʃit]
bump [bʌmp]
bumper [bʌ́mpər]
bun [bʌn]
bundle [bʌ́ndl]
bunk [bʌŋk]
burdock [bə́:rdàk]
bureau [bjúərou]
bureaucracy [bjuərákrəsi]
bureaucrat [bjúərəkræ̀t]
burlap [bə́:rlæp]
burlesque [bə:rlésk]
bush [buʃ]
bushel [búʃəl]
butcher [bútʃər]
butterscotch [bʌ́tərskàtʃ]
buttock [bʌ́tək]
buttonhole [bʌ́tnhòul]
buzz [bʌz]
buzzword [bʌ́zwə:rd]
bypass [báipæ̀s]

C

cabbage [kǽbidʒ]
cabbie [kǽbi]
cabinet [kǽbənit]
cabriolet [kæ̀briəléi]
cabstand [kǽbstænd]
cacao [kəká:ou]
cacography [kəkágrəfi]
caduceus [kədjú:siəs]
caesarean [sizɛ́əriən]
café au lait [kǽfei ou léi]
cafeteria [kæ̀fətíəriə]
caffeine [kǽfi:n]
caffé latte [kǽfei lǽtei]

Cain [kéin]
calabash [kǽləbæ̀ʃ]
calculus [kǽlkjələs]
caldron [kɔ́ːldrən]
calligraphy [kəlígrəfi]
camaraderie [kæməráːderi]
camellia [kəmíːljə]
camisole [kǽməsòul]
camper [kǽmpər]
camshaft [kǽmʃæft]
canal [kənǽl]
candyfloss [kǽndiflɔ(ː)s]
canine [kéinain]
canister [kǽnistər]
canker sore [kǽŋkər sɔːr]
canna [kǽnə]
cannabis [kǽnəbis]
canola [kǽnəla]
canopy [kǽnəpi]
cantaloupe [kǽntəlòup]
canteen [kæntíːn]
canvas [kǽnvəs]
capacity [kəpǽsəti]
capoeira [kàːpouéirə]
cappuccino [kæpətʃínou]
capsule [kǽpsəl]
capsulitis [kæpsəláitis]
caramel [kǽrəməl]
caravan [kǽrəvæ̀n]
carbon [káːrbən]
carburetor [káːrbərèitər]
carcinoma [kàːrsənóumə]
cardiac [káːrdiæ̀k]
cardigan [káːrdigən]
cardiologist [kàːrdiálədʒist]
cardiology [kàːrdiálədʒi]
cardiopulmonary [kàːrdioupʌ́lmənèri]
cardiothoracic [kaːrdiouθərǽsik]
cardiotonic [kàːrdioutánik]
caress [kərés]
caries [kǽəriːz]
carnation [kɑːrnéiʃən]

carousel [kærəsél]
carp [kɑːrp]
carpal [káːrpəl]
carriage [kǽridʒ]
carrot [kǽrət]
carte blanche [kɑːrt blænʃ]
cartilage [káːrtilidʒ]
carton [káːrtən]
cartoon [kɑːrtúːn]
cashew [kǽʃuː]
cashier [kæʃíər]
cashpoint [kæʃ pɔint]
casino [kəsíːnou]
cassava [kəsáːvə]
casserole [kǽsəròul]
cassette [kəsét]
cassia [kǽʃə]
castanets [kæ̀stənéts]
castaway [kǽstəwèi]
casualty [kǽʒuəlti]
catalog [kǽtəlɔ̀ːg]
catapult [kǽtəpʌ̀lt]
cataract [kǽtərækt]
categorize [kǽtəgəráiz]
caterpillar [kǽtərpìlər]
catfish [kǽtfiʃ]
cathode [kǽθoud]
catnap [kǽtnæ̀p]
cattle [kǽtl]
cauldron [kɔ́ːldrən]
cauliflower [kɔ́ːləflàuər]
causation [kɔːzéiʃən]
causeway [kɔ́ːzwèi]
cavity [kǽvəti]
celery [séləri]
celibacy [séləbəsi]
celibate [séləbət]
cello [tʃélou]
cellophane [séləfèin]
cellular [séljələr]
cement [simént]
censure [sénʃər]

cerebral [səríːbrəl]
certificate [sərtífəkit]
certified [sə́ːrtəfàid]
cervical [sə́ːrvikəl]
cesspool [séspùːl]
Ceylon [silán]
chamber [tʃéimbər]
chambermaid [tʃéimbərmèid]
champagne [ʃæmpéin]
charbroil [tʃáːrbrɔ̀il]
chard [tʃɑːrd]
charge [tʃɑːrdʒ]
chariot [tʃǽriət]
charter [tʃáːrtər]
chassis [ʃǽsi]
chastity [tʃǽstəti]
chauffeur [ʃóufər]
cheapjack [tʃíːpdʒæ̀k]
checkbook [tʃékbùk]
chemise [ʃəmíːz]
chemist [kémist]
chemistry [kémistri]
chemotherapy [kèmouθérəpi]
cheque [tʃek]
chick flick [tʃik flik]
chickenpox [tʃíkinpàks]
chicory [tʃíkəri]
chiffon [ʃifán]
chilblain [tʃílblèin]
chili [tʃíli]
chimney [tʃímni]
Chinese [tʃainíːz]
chips [tʃips]
chiropractic [kàirəprǽktik]
chiropractor [káirəpræktər]
chisel [tʃízl]
chitchat [tʃíttʃæ̀t]
chitlins [tʃítləns]
chitterlings [tʃítlinz]
chives [tʃaivz]
chock [tʃɑk]
cholelithiasis [koulǝliθáiǝsis]

cholera [kálərə]
chop [tʃɑp]
chop suey [tʃɑp súːi]
chopper [tʃɑ́pər]
chow mein [tʃáu mein]
chronic [kránik]
chrysanthemum [krisǽnθəməm]
chuck [tʃʌk]
churn [tʃəːrn]
cinematograph [sìnəmǽtəgrǽf]
cinnamon [sínəmən]
cipher [sáifər]
circular [sə́ːrkjələr]
circulation [sə̀ːrkjəléiʃən]
circumcision [sə̀ːrkəmsíʒən]
cirrhosis [siróusis]
cistern [sístərn]
citizen [sítəzən]
citrine [sitríːn]
citron [sítrən]
civic [sívik]
civil [sívəl]
clamor [klǽmər]
clamp [klǽmp]
clarinet [klæ̀rənét]
classification [klæ̀sifikéiʃən]
classified [klǽsəfàid]
clause [klɔːz]
claustrophobia [klɔ̀ːstrəfóubiə]
claw [klɔː]
cleanser [klénzər]
clearance [klíərəns]
cleft [kleft]
client [kláiənt]
clientele [klàiəntél]
clinical [klínikəl]
clipboard [klípbɔ̀ːrd]
clippers [klípərz]
cloak [klouk]
cloakroom [klóukrù(ː)m]
closeout [klóuzàut]
closet [klázit]

clot [klɑt]
clotheshorse [klóuðzhɔ̀ːrs]
clothespin [klóuðzpìn]
clove [klouv]
cluster [klʌ́stər]
clutch [klʌtʃ]
coarse [kɔːrs]
coaxial [kouǽksiəl]
cocaine [koukéin]
cockpit [kákpìt]
cockscomb [kákskòum]
coconut [kóukənʌ̀t]
cod [kɑd]
codfish [kɑ́dfìʃ]
coffin [kɑ́fin]
cognac [kóunjæk]
coinage [kɔ́inidʒ]
colander [kʌ́ləndər]
colitis [kəláitis]
collaborative [kəlǽbərèitiv]
collateral [kəlǽtərəl]
collateralize [kəlǽtərəlàiz]
colleague [kɑ́liːg]
collision [kəlíʒən]
colloquialism [kəlóukwiəlìzəm]
cologne [kəlóun]
colon [kóulən]
colonitis [kɑ̀lənáitis]
colorectal [kouləréktl]
column [kɑ́ləm]
comb [koum]
combustion [kəmbʌ́stʃən]
comedian [kəmíːdiən]
comedo [kɑ́mədòu]
comforter [kʌ́mfərtər]
commemorative [kəmémərèitiv]
commerce [kɑ́məːrs]
commercial [kəmə́ːrʃəl]
commissionaire [kəmìʃənɛ́ər]
commissioner [kəmíʃənər]
commitment [kəmítmənt]
communication [kəmjùːnəkéiʃən]

communiqué [kəmjúːnikèi]
commutation [kàmjətéiʃən]
commuter [kəmjúːtər]
compartment [kəmpɑ́ːrtmənt]
compass [kʌ́mpəs]
compilation [kàmpəléiʃən]
complainant [kəmpléinənt]
complaint [kəmpléint]
complementary [kàmpləméntəri]
complex [kəmpléks]
compliment [kɑ́mpləmənt]
complimentary [kàmpləméntəri]
composite [kɑmpɑ́zit]
compound [kɑ́mpaund]
compress [kəmprés]
compression [kəmpréʃən]
compulsive [kəmpʌ́lsiv]
computerize [kəmpjúːtəràiz]
comrade [kɑ́mræd]
concealer [kənsíːlər]
conception [kənsépʃən]
concierge [kɑ̀nsiɛ́ərʒ]
concoction [kɑnkɑ́kʃən]
concubine [kɑ́ŋkjəbàin]
concussion [kənkʌ́ʃən]
condemn [kəndém]
condemnation [kɑ̀ndəmnéiʃən]
condiment [kɑ́ndəmənt]
conditioner [kəndíʃənər]
condominium [kɑ̀ndəmíniəm]
conductor [kəndʌ́ktər]
cone [koun]
confectionery [kənfékʃənèri]
confide [kənfáid]
confidential [kɑ̀nfidénʃəl]
conger [kɑ́ŋgər]
congested [kəndʒéstid]
congratulatory [kəngrǽtʃələtɔ̀ːri]
congress [kɑ́ŋgris]
conjoined [kəndʒɔ́ind]
conjunctivitis [kəndʒʌ̀ŋktəváitis]
connotation [kɑ̀noutéiʃən]

conscript [kánskript]
consecutive [kənsékjətiv]
consignee [kànsainíː]
consolation [kànsəléiʃən]
console [kənsóul]
consommé [kànsəméi]
constable [kánstəbl]
constipation [kànstəpéiʃən]
consumable [kənsúːməbəl]
contagion [kəntéidʒən]
content [kəntént]
contingency [kəntíndʒənsi]
continuously [kəntínjuəsli]
contraband [kántrəbæ̀nd]
contrabass [kántrəbèis]
contraception [kàntrəsépʃən]
contraceptive [kàntrəséptiv]
contraction [kəntrǽkʃən]
controller [kəntróulər]
convertible [kənvə́ːrtəbəl]
conveyor [kənvéiər]
convict [kánvikt]
convulsion [kənvʎlʃən]
coolant [kúːlənt]
copayment [koupéimənt]
copilot [kóupàilət]
copper [kápər]
copter [káptər]
copyleft [kápileft]
copyright [kápiràit]
coral [kɔ́ːrəl]
cordless [kɔ́ːrdlis]
corduroys [kɔ́ːrdərɔ̀iz]
cornea [kɔ́ːrniə]
corneal [kɔ́ːrniəl]
corny [kɔ́ːrni]
correction [kərékʃən]
correctional [kərékʃənal]
correspondence [kɔ̀ːrəspándəns]
corset [kɔ́ːrsit]
cosmetic [kɑzmétik]
cosmetics [kɑzmétiks]

cosmos [kázməs]
costiveness [kástivnis]
costly [kɔ́ːstli]
cot [kɑt]
couch [kautʃ]
couchette [kuːʃét]
cough [kɔ(ː)f]
counsel [káunsəl]
counterfeit [káuntərfit]
counterpoison [káuntərpɔ̀izən]
county [káunti]
coup [kuː]
coupon [kjúːpɑn]
cousin [kʎzn]
couture [kuːtjúər]
coverlet [kʎvərlit]
cracker [krǽkər]
cramp [kræmp]
cramps [kræmps]
crankshaft [krǽŋkʃæ̀ft]
crap [kræp]
crape myrtle [kreip mə́ːrtl]
cravat [krəvǽt]
crawl [krɔːl]
creche [kreiʃ]
credential [kridénʃəl]
creditor [kréditər]
crepe [kreip]
Creutzfeldt-Jakob
  [krɔitsfelt jɑkɔb]
crew [kruː]
crib [krib]
crippleware [kríplwɛər]
crisp [krisp]
croaker [króukər]
crochet [krouʃéi]
croissant [krəsáːnt]
croquette [krouként]
crowbar [króubàːr]
crown daisy [kráun deizi]
crucian [krúːʃən]
crucify [krúːsəfài]

crude [kruːd]
cruise [kruːz]
cruller [krʎlər]
crutches [krʌtʃis]
cryptogram [kríptougræ̀m]
cryptonym [kríptənìm]
crystal [krístl]
cube [kjuːb]
cubic [kjúːbik]
cuckold [kʎkəld]
cuckoo [kú(ː)kuː]
cucumber [kjúːkʌmbər]
cul-de-sac [kʎldəsæ̀k]
culottes [kjuːláts]
cunnilingus [kʌnilíŋgəs]
curator [kjuəréitər]
curb [kəːrb]
curbstone [kə́ːrbstòun]
curio [kjúəriòu]
curl [kəːrl]
curler [kə́ːrlər]
curly [kə́ːrli]
currant [kə́ːrənt]
currency [kə́ːrənsi]
curry [kə́ːri]
curse [kəːrs]
cursive [kə́ːrsiv]
cushion [kúʃən]
custard [kʎstərd]
custody [kʎstədi]
customs [kʎstəmz]
cutlassfish [kʎtləsfiʃ]
cutoffs [kʎtɔ̀ːfz]
cyberspace [sáibərspeis]
cylinder [sílindər]
cylindrical [silíndrikəl]
cymbals [símbəlz]
cyst [sist]
cystitis [sistáitis]
cystolith [sístɔliθ]

D

daffodil [dǽfədìl]
dahlia [dǽljə]
daikon [dáikan]
daisy [déizi]
Danish [déniʃ]
darn [dɑːrn]
darts [dáːrts]
dashboard [dǽʃbɔːrd]
daughter [dɔ́ːtər]
debit [débit]
debtor [détər]
debut [deibjúː]
decaf [diːkǽf]
decaffeinated [diːkǽfinèitid]
deceased [disíːst]
decimal [désəməl]
decipher [disáifər]
deckhand [dékhænd]
declaration [dèkləréiʃən]
declarative [diklǽrətiv]
decoction [diːkákʃən]
decode [diːkóud]
decorative [dékərətiv, dékəreitiv]
decoy [díːkɔi]
decrypt [diːkrípt]
deerstalker [díərstɔ̀ːkər]
default [difɔ́ːlt]
defaulter [difɔ́ːltər]
defecate [défikèit]
defecation [dèfikéiʃən]
defective [diféktiv]
defendant [diféndənt]
defer [difə́ːr]
deficiency [difíʃənsi]
defrost [diːfrɔ́ːst]
delete [dilíːt]
deletion [dilíːʃən]
delicatessen [dèlikətésn]
delinquent [dilíŋkwənt]
delirium [dilíriəm]

delusion [dilúːʒən]
delusional [dilúːʒənal]
dementia [diménʃə]
demo [démou]
demon [díːmən]
demonstrator [démənstrèitər]
demoware [démouwɛər]
dengue [déŋgi]
denial [dináiəl]
denim [dénim]
denomination [dinàmənéiʃən]
denounce [dináuns]
density [dénsəti]
dentistry [déntistri]
dentures [déntʃərz]
denunciation [dinʌnsiéiʃən]
deodorant [diːóudərənt]
deodorizer [diːóudəràizər]
dependent [dipéndənt]
depilatory [dipílətɔ̀ːri]
depose [dipóuz]
deposit [dipázit]
deposition [dèpəzíʃən]
depository [dipázitɔ̀ːri]
deprecate [déprikèit]
depression [dipréʃən]
deprived [dipráivd]
depth [depθ]
derail [diréil]
derailment [diréilmənt]
derangement [diréindʒmənt]
derivative [dirívətiv]
derive [diráiv]
dermabrasion [də̀ːrməbréiʒən]
dermatitis [də̀ːrmətáitis]
dermatologist [də̀ːrmətálədʒist]
dermatology [də̀ːrmətálədʒi]
descendant [diséndənt]
descent [disént]
description [diskrípʃən]
descriptive [diskríptiv]
designate [dézignèit]

desktop [désktàp]
dessert [dizə́ːrt]
destination [dèstənéiʃən]
destructive [distrʌ́ktiv]
detached [ditǽtʃt]
detective [ditéktiv]
detention [diténʃən]
detergent [ditə́ːrdʒənt]
detour [díːtuər]
deviation [dìːviéiʃən]
device [diváis]
Devil [dévl]
devotional [divóuʃənəl]
devour [diváuər]
dhobi [dóubi]
diabetes [dàiəbíːtis]
diagnose [dáiəgnòus]
diagnosis [dàiəgnóusis]
diagnostic [dàiəgnástik]
dialect [dáiəlèkt]
dialysis [daiǽləsis]
diaper [dáiəpər]
diaphragm [dáiəfræ̀m]
diarrhea [dàiəríːə]
dice [dais]
diesel [díːzəl]
diethylamide [dɑieθəlǽmaid]
digestive [dɑidʒéstiv]
digit [dídʒit]
dignitary [dígniteri]
dim sum [dim sʌm]
dime [daim]
dine [dain]
diner [dáinər]
diphtheria [difθíəriə]
diplopia [diplóupiə]
directory [diréktəri]
dirigible [dírídʒəbəl]
dirt [də:rt]
disabled [diséibld]
discharge [distʃáːrdʒ]
disembark [dìsimbáːrk]

disembarkation [dìsembɑːrkéiʃən]
disinfect [dìsinfékt]
disinfectant [dìsinféktənt]
disinfection [dìsinfékʃən]
dislocation [dìsloukéiʃən]
dismissal [dismísəl]
dispensary [dispénsəri]
dispenser [dispénsər]
disperse [dispə́ːrs]
displacement [displéismənt]
disposable [dispóuzəbəl]
dissertation [dìsərtéiʃən]
distill [distíl]
distress [distrés]
distribute [distríbjuːt]
distributor [distríbjutər]
district [dístrikt]
disyllable [dáisiləbəl]
ditch [ditʃ]
diuretic [dàijuərétik]
dividers [diváidərz]
division [divíʒən]
divorce [divɔ́ːrs]
divorcé [divɔːrséi]
divorcée [divɔːrséi]
divulge [diváldʒ]
dock [dɑk]
doggie [dɔ́(ː)gi]
doggy [dɔ́(ː)gi]
doll [dɑl]
domain [douméin]
domestic [douméstik]
dominoes [dɑ́mənòus]
do-rag [duː rɑg]
dormant [dɔ́ːrmənt]
dose [dous]
dot [dɑt]
dough [dou]
dowry [dáuəri]
doze [douz]
dozy [dóuzi]
Dracula [drǽkjələ]

drag [dræg]
draisine [drǽsin]
drapery [dréipəri]
draught [drǽft]
drawbridge [drɔ́ːbrìdʒ]
dredge [dredʒ]
dredger [drédʒər]
drone [droun]
drowsy [dráuzi]
druggist [drʌ́gist]
drumstick [drʌ́mstìk]
duel [djúːəl]
duffel [dʌ́fəl]
dugout [dʌ́gàut]
dumb [dʌm]
dumbbell [dʌ́mbèl]
dummy [dʌ́mi]
dump [dʌmp]
dumpling [dʌ́mpliŋ]
Dumpster [dʌ́mpstər]
dungarees [dɔ̀ŋgəríːz]
duodenal [djùːədíːnəl]
duodenitis [djùːoudináitis]
durian [dúəriən]
dustbin [dʌ́stbìn]
dustcart [dʌ́stkɑːrt]
duster [dʌ́stər]
Dutch [dʌtʃ]
duvet [djuːvéi]
dwarfism [dwɔ́ːrfizəm]
dyke [daik]
dysentery [dísəntèri]
dysfunction [disfʌ́ŋkʃən]
dyspepsia [dispépʃə]
dyspnea [dispníːə]
dystrophy [dístrəfi]

E

eardrum [íərdrʌm]
earlobe [íərlòub]

earmuffs [íərmʌ̀fs]
earpiece [íərpìːs]
earthen [ə́ːrθən]
eavesdrop [íːvzdrɑ̀p]
eczema [éksəmə]
edelweiss [éidlvàis]
edible [édəbəl]
edition [edíʃən]
editorial [èdətɔ́ːriəl]
eel [iːl]
efficiency [ifíʃənsi]
eggplant [égplæ̀nt]
ejaculation [idʒæ̀kjəléiʃən]
ejection [idʒékʃən]
ejector [idʒéktər]
elderly [éldərli]
elective [iléktiv]
electricity [ilèktrísəti]
electrocardiogram
[ilèktroukɑ́ːrdiougræ̀m]
electroconvulsive [ilèktroukənvʌ́lsiv]
electroshock [iléktrouʃɑ̀k]
eligible [élidʒəbəl]
ellipsis [ilípsis]
eloquent [éləkwənt]
emailese [íːmeilis]
embark [imbɑ́ːrk]
embarkation [èmbɑːrkéiʃən]
embolism [émbəlìzəm]
embroider [embrɔ́idər]
embroidery [embrɔ́idəri]
emerald [émərəld]
emery [éməri]
emoticon [imóutikɑn]
emphysema [èmfəsíːmə]
emptier [émptiər]
en suite [ɑiŋ swiːt]
encephalitis [insèfəláitis]
enclose [inklóuz]
encouragement [inkə́ːridʒmənt]
encyclopedic [ensàikloupíːdik]
endemic [endémik]

endocrine [éndəkrin]
endocrinology [èndoukrənálədʒi]
endodontic [endoudántik]
endogamy [endágəmi]
endometritis [èndoumətráitis]
endorse [indɔ́ːrs]
endoscope [éndəskòup]
endoscopy [endáskəpi]
enema [énəmə]
enhance [inhǽns]
enhancer [inhǽnsər]
enlargement [enláːrdʒmənt]
enteric [entérik]
enteritis [èntəráitis]
entreaty [entríːti]
envelope [énvəlòup]
epidemic [èpədémik]
epidemiology [èpədìːmiálədʒi]
epigram [épigræm]
epilepsy [épəlepsi]
epileptic [èpəléptik]
epistemology [ipìstəmálədʒi]
epoxy [ipáksi]
equitable [ékwətəbəl]
eraser [iréisər]
erectile [iréktil]
erotic [irátik]
erotica [irátikə]
erotomania [iròutəméiniə]
erratum [irɑ́ːtəm]
eruption [irʌ́pʃən]
escapee [iskeipíː]
escrow [éskrou]
esophageal [isɑfədʒíːəl]
esophagitis [isɑ́fədʒitis]
esophagus [isɑ́fəgəs]
esotropia [èsoutrópiə]
Esperanto [èspərǽntou]
espionage [éspiənɑ̀ːʒ]
estate [istéit]
estimated [éstəmèitid]
ethics [éθiks]

etiquette [étikèt]
etymology [ètəmálədʒi]
euro [júərou]
evasion [ivéiʒən]
exaggerate [igzǽdʒərèit]
excavator [ékskəvèitər]
excess [iksés]
excise [éksaiz]
excision [eksíʒən]
exclamatory [iksklǽmətɔ̀ːri]
excrement [ékskrəmənt]
executable [éksəkjùːtəbəl]
executive [igzékjətiv]
exemption [igzémpʃən]
exfoliant [eksfóuliənt]
exhaust [igzɔ́ːst]
exhibit [igzíbit]
exhibition [èksəbíʃən]
exhibitionism [èksəbíʃənìzəm]
exogamy [ekságəmi]
exorbitant [igzɔ́ːrbətənt]
exotropia [eksətróupiə]
expectorant [ikspéktərənt]
expendable [ikspéndəbəl]
explanatory [iksplǽnətɔ̀ːri]
expletive [éksplətiv]
exposition [èkspəzíʃən]
expulsion [ikspʌ́lʃən]
extensible [iksténsəbəl]
extension [iksténʃən]
external [ikstə́ːrnəl]
extinguisher [ikstíŋgwiʃər]
extirpate [ékstərpeit]
extirpation [èkstərpéiʃən]
extol [ikstóul]
extract [ikstrǽkt, ékstrækt]
extraction [ikstrǽkʃən]
extramarital [èkstrəmǽrətəl]
extranet [ékstrənet]
extreme [ikstríːm]
eyeliner [áilàinər]

F

fable [féibəl]
fabric [fǽbrik]
facelift [féislift]
facsimile [fæksíməli]
faeces [fíːsiːz]
fag [fæg]
faggot [fǽgət]
fairy [fɛ́əri]
faithfully [féiθfəli]
Fallopian [fǽlopian]
falsies [fɔ́ːlsiz]
falter [fɔ́ːltər]
farce [fɑːrs]
fare [fɛər]
fatal [féitl]
fatigue [fətíːg]
fatsia [fǽtsia]
fatty [fǽti]
faulty [fɔ́ːlti]
febrifuge [fébrəfjùːdʒ]
feces [fíːsiːz]
federal [fédərəl]
fedora [fidɔ́ːrə]
fellatio [fəláːtiòu]
fellowship [félouʃip]
felony [féləni]
felt [felt]
feminine [fémənin]
fender [féndər]
ferment [fəːrmént]
fern [fəːrn]
Ferris wheel [féris hwiːl]
fertility [fəːrtíləti]
fetishism [fíːtiʃìzəm]
fiancé [fiːɑːnséi]
fiancée [fiːɑːnséi]
fib [fib]
fiber [fáibər]
fibroids [fáibrɔids]
fiddle [fídl]

fiddlehead [fídlhèd]
fidelity [fidéləti]
fig [fig]
filbert [fílbərt]
filefish [fáilfiʃ]
filename [fáilneim]
film noir [film nwar]
filthy [fílθi]
fink [fiŋk]
fireplug [fáiərplʌ̀g]
firewall [fáiərwɔːl]
firmware [fə́ːrmwɛ̀ər]
fishmonger [fíʃmʌ̀ŋgər]
fishnet [fíʃnet]
fixer [fíksər]
flake [fleik]
flame [fleim]
flamer [fléimər]
flannel [flǽnl]
flapjack [flǽpdʒæ̀k]
flares [flɛərz]
flask [flǽsk]
flathead [flǽthèd]
flats [flǽts]
flattery [flǽtəri]
flea market [fliː máːrkit]
fleece [fliːs]
flick [flik]
flier [fláiər]
flip-flops [flípflɑ̀ps]
flippers [flípərs]
flirt [fləːrt]
floppy [flápi]
florist [flɔ́(ː)rist]
floss [flɔ(ː)s]
flotsam [flátsəm]
flour [flauər]
flu [fluː]
fluid [flúːid]
fluke [fluːk]
flyer [fláiər]
foe [fou]

foghorn [fɔ́(ː)ghɔ̀ːrn]
folk [fóuk]
folklore [fóuklɔ̀ːr]
folktale [fóukteil]
fondle [fándl]
fondue [fɑndú]
foodism [fúːdizm]
footlight [fútlàit]
footloose [fútlùːs]
forbidden [fərbídn]
forceps [fɔ́ːrsəps]
forebears [fɔ́ːrbɛ̀ərz]
forefathers [fɔ́ːrfɑ̀ːðərz]
forename [fɔ́ːrnèim]
forensic [fərénsik]
forensics [fərénsiks]
forge [fɔːrdʒ]
forgery [fɔ́ːrdʒəri]
forklift [fɔ́ːrklìft]
format [fɔ́ːrmæt]
forsythia [fərsíθiə]
fortune-teller [fɔ́ːrtʃən télər]
founder [fáundər]
foxtail millet [fákstèil mílit]
fracture [frǽktʃər]
franchise [frǽntʃaiz]
franchisee [fræ̀ntʃaizíː]
franchiser [frǽntʃaizər]
fraternal [frətə́ːrnl]
fraudulent [frɔ́ːdʒulənt]
freak [friːk]
freebie [fríːbi]
freesia [fríːʒiə]
freezer [fríːzər]
freight [freit]
freighter [fréitər]
frequenter [frikwéntər]
fretsaw [fretsɔː]
Freudian [frɔ́idiən]
friar's lantern [fráiərs lǽntərn]
fries [fráiz]
frigidity [fridʒídəti]

Frisbee [frízbiː]
frostbite [frɔ́ːstbàit]
froyo [fróujou]
fuel [fúguː]
fugu [fúguː]
fulcrum [fúlkrəm]
fumigation [fjùːməɡéiʃən]
functional [fʌ́ŋkʃənəl]
funeral [fjúːnərəl]
fungus [fʌ́ŋɡəs]
funicular [fjuːníkjulər]
funnel [fʌ́nl]
fur [fəːr]
fuselage [fjuːsəlɑ́ːʒ]
futon [fjúːtan]

G

gab [gæb]
gabble [gǽbəl]
gaiter [géitər]
gallon [gǽlən]
galoshes [gəlɑ́ʃiz]
gambling [gǽmbəliŋ]
gangplank [gǽŋplæŋk]
gangster [gǽŋstər]
gangway [gǽŋwèi]
garage [gərɑ́ːʒ]
garbage [gɑ́ːrbidʒ]
gargle [gɑ́ːrgəl]
garland [gɑ́ːrlənd]
garlic [gɑ́ːrlik]
garment [gɑ́ːrmənt]
garnet [gɑ́ːrnit]
garnish [gɑ́ːrniʃ]
garters [gɑ́ːrtərz]
garter stitch [gɑ́ːrtər stitʃ]
gas [gæs]
gasoline [gǽsəlìːn]
gastric [gǽstrik]
gastritis [gæstráitis]

gastroenteritis [gæstrouèntəráitis]
gastroenterology
[gæstrouèntərálədʒi]
gastroptosis [gæstrɑptóusis]
gauge [geidʒ]
gauze [gɔːz]
gazebo [gəzíːbou]
gel [dʒel]
genealogy [dʒìːniǽlədʒi]
generalissimo [dʒènərəlísəmòu]
generality [dʒènərǽləti]
genuine [dʒénjuin]
geothermal [dʒìːouθə́ːrməl]
geranium [dʒəréiniəm]
geriatric [dʒèriǽtrik]
geriatrics [dʒèriǽtriks]
German [dʒə́ːrmən]
ghostwrite [góustràit]
giantism [dʒáiəntìzəm]
gibber [dʒíbər]
gibberish [dʒíbəriʃ]
gin [dʒin]
ginger [dʒíndʒər]
gingerbread man
[dʒíndʒərbrèd mæn]
gingivitis [dʒìndʒəváitis]
gingko [gíŋkou]
ginseng [dʒínseŋ]
girdle [gə́ːrdl]
giro [dʒáirou]
giveaway [gívəwèi]
gizzard [gízərd]
gizzard shad [gízərd ʃæd]
gladiolus [glædióuləs]
gland [glænd]
glaucoma [glɔːkóumə]
glaze [gleiz]
glib [glib]
globefish [glóubfiʃ]
glockenspiel [glákənspìːl]
gloss [glɔːs]
gloves [glʌvz]

glue [gluː]
glutinous [glúːtənəs]
glutton [glʌtn]
gluttony [glʌ́təni]
goblin [gáblin]
gobstopper [gábstàpər]
goby [góubi]
godparent [gádpɛ̀ərənt]
goggles [gágəls]
goiter [gɔ́itər]
gondola [gándələ]
gonorrhea [gànəríːə]
gooseberry [gúːsbèri]
gorge [gɔːrdʒ]
Gothic [gáθik]
gouge [gaudʒ]
gourd [guərd]
gout [gaut]
governor [gʌ́vərnər]
grab [græb]
graduate [grǽdʒuèit]
grandaunt [grǽndænt]
grandeur [grǽndʒər]
granduncle [grǽndʌ̀ŋkl]
grapefruit [gréipfrùːt]
graphics [grǽfiks]
grate [greit]
grater [gréitər]
gratuity [grətʃúːəti]
gravel [grǽvəl]
grease [griːs]
Greek [griːk]
greenback [gríːnbæ̀k]
greengrocer [gríːngròusər]
greeting [gríːtiŋ]
griddle [grídl]
gridiron [grídàiərn]
gridlock [grídlàk]
griffin [grífin]
grill [gril]
grille [gril]
grime [graim]

grind [graind]
grocery [gróusəri]
groom [gru(ː)m]
groomsman [grú(ː)mzmən]
guarantee [gæ̀rəntíː]
guarantor [gǽrəntɔːr]
guardian [gáːrdiən]
guardrail [gáːrdrèil]
guava [gwáːvə]
gull [gʌl]
gunnel [gʌ́nl]
gunny [gʌ́ni]
gunwale [gʌ́nl]
gurney [gə́ːrni]
gut [gʌt]
gygabyte [gígəbait]
gym [dʒim]
gymnasium [dʒimnéiziəm]
gynecology [gàinikálədʒi]
gypsophila [dʒipsáfiljə]

H

hacker [hǽkər]
hacksaw [hǽksɔ̀ː]
haematology [hemətálədʒi]
haemophilus [himɔ́ːfələs]
haggle [hǽgəl]
hail [heil]
hairpin [hɛ́ərpìn]
hairtail [hɛ́ərteil]
halfway [hǽfwéi]
halibut [hǽləbət]
hallucinogen [həlúːsənədʒən]
hammock [hǽmək]
hamper [hǽmpər]
handheld [hǽndheld]
handicapped [hǽndikæ̀pt]
handkerchief [hǽŋkərtʃif]
handset [hǽndsèt]
hangar [hǽŋər]

hanger [hǽŋər]
hank [hæŋk]
Hansen [hǽnsen]
hardtack [háːrdtæ̀k]
hardy [háːrdi]
harelip [hɛ́ərlip]
harmonium [hɑːrmóuniəm]
harpsichord [háːrpsikɔ̀ːrd]
hash [hæʃ]
hashish [hǽʃiʃ]
hatch [hætʃ]
hatchback [hǽtʃbæ̀k]
hatchet [hǽtʃit]
haul [hɔːl]
haute couture [outkuːtúər]
haystack [héistæ̀k]
hazard [hǽzərd]
hazelnut [héizəlnʌ̀t]
headache [hédèik]
hearse [həːrs]
Hebrew [híːbruː]
hectare [héktɛər]
heirloom [ɛ́ərlùːm]
helipad [hélɪpæ̀d]
heliport [hélɪpɔ̀ːrt]
Hellenic [helínik]
helm [helm]
helminth [hélminθ]
helmsman [hélmzmən]
hematology [hèmətálədʒi]
hematopoietic [himətəpoiétik]
hematuria [hìːmətjúəriə]
hemiplegia [hèmiplíːdʒiə]
hemophilia [hìːməfíliə]
hemorrhage [hémərɪdʒ]
hemorrhagic [hèmərǽdʒik]
hemorrhoids [hémərɔ̀idz]
hemostasis [hìːməstǽsis]
hemostatic [hìːməstǽtik]
hemp [hemp]
henna [hénə]
henpeck [hénpèk]

hepatitis [hèpətáitis]
herbal [hə́rbəl]
herbicide [hə́ːrbəsàid]
Hercules [hə́ːrkjəlìːz]
Hermes [hə́ːrmiːz]
hermitage [hə́ːrmitidʒ]
hernia [hə́ːrniə]
heroic [hiróuik]
heroin [hérouin]
herpes labialis [hə́ːrpiːz leibiéilis]
herpes simplex [hə́ːrpiːz símpleks]
herpes zoster [hə́ːrpiːz zástər]
herring [hériŋ]
hickey [híki]
hieroglyph [háiərəglíf]
hieroglyphics [háiərəglífiks]
highlighter [háilàitər]
Hindi [híndiː]
hinge [hindʒ]
hives [haivz]
hoard [hɔːrd]
hoarding [hɔ́ːrdiŋ]
hobgoblin [hábgàblin]
hocus pocus [hóukəspóukəs]
hog [hɔːg]
holler [hálər]
hollyhock [hálihàk]
homburg [hámbəːrg]
homeopathy [hòumiápəθi]
homoeroticism [hòuməirátəsìzəm]
homograph [háməgræ̀f]
homonym [hámənìm]
homophobia [hòuməfóubiə]
homosexual [hòuməsékʃuəl]
homosexuality [hòuməsekʃuǽləti]
honeydew [hʌ́nidjùː]
honorifics [ànərɪ́fiks]
hooded [húdid]
hookah [húkə]
hookworm [húkwəːrm]
horizontal [hɔ̀ːrəzántl]
hormone [hɔ́ːrmoun]

horoscope [hɔ́ːrəskòup]
horsepower [hɔ́ːrspàuər]
horseradish [hɔ́ːrsrædiʃ]
hospitalize [háspitəlàiz]
hostess [hóustis]
hostile [hástɪl]
household [háushòuld]
hovercraft [hʌ́vərkræ̀ft]
hubby [hʌ́bi]
hubcap [hʌ́bkæ̀b]
hugger [hʌ́gər]
hull [hʌl]
hump [hʌmp]
humpback [hʌ́mpbæ̀k]
Hungarian [hʌŋgɛ́əriən]
husband [hʌ́zbənd]
hyacinth [háiəsìnθ]
hybrid [háibrid]
hydrangea [haidréindʒiə]
hydrant [háidrənt]
hydroelectric [hàidrouiléktrik]
hydroelectricity [hàidrouiléktrisəti]
hydrofoil [háidroufɔ̀il]
hydrogen [háidrədʒən]
hydrophobia [hàidroufóubiə]
hydroplane [háidrouplèin]
hydrotherapy [hàidrəθérəpi]
hygienist [haidʒíːnist]
hymen [háimən]
hymenorrhaphy [háimənərəfe]
hype [haip]
hyperacidity [hàipərəsídəti]
hypercriticism [hàipərkrítisìzəm]
hyperglycemia [hàipərglaisíːmiə]
hyperhidrosis [háipərhidróusis]
hyperlink [háipərlìŋk]
hyperlipidemia [hàipərlìpədíːmiə]
hypermarket [hàipərmáːrkit]
hypersexuality [hàipərsékʃuǽləti]
hypertension [háipərtènʃn]
hypertext [háipərtèkst]
hyperthermia [háipərθəːmia]

hyperthyroidism [háipərθáirɔidizm]
hypertrichosis [háipərtrikóusis]
hyphen [háifən]
Hypnos [hípnɑs]
hypnosis [hipnóusis]
hypnotherapy [hìpnouθérəpi]
hypnotism [hípnətìzəm]
hypnotist [hípnətist]
hypnotize [hípnətàiz]
hypoallergenic [hàipouæ̀lərdʒénik]
hypochondria [hàipəkándriə]
hypochondriasis [hàipoukəndráiəsis]
hypodermic [hàipədə́rmik]
hypoglycemia [hàipəglaisí:miə]
hypotension [hàipəténʃən]
hypothermia [hàipəθə́:rmiə]
hypothyroidism [hàipəθáirɔidìzəm]
hypotrichosis [háipoutrikóusis]
hysterectomy [hìstəréktəmi]
hysteria [histíəriə]
hysterics [histériks]

I

ice lolly [aisláli]
icebreaker [áisbrèikər]
icterus [íktərəs]
ideogram [ídiəgræ̀m]
ideograph [ídiəgræ̀f]
ignis fatuus [ignis fǽtʃuəs]
ignition [igníʃən]
illegitimate [ìlidʒítəmit]
Illuminati [ilú:mənɑ:ti]
illustrate [íləstrèit]
immune [imjú:n]
immunization [ímjunizéiʃən]
immunogen [ìmjú:nədʒən]
immunology [ìmjunálədʒi]
impairment [impɛ́ərmənt]
imperative [impérətiv]
implore [implɔ́:r]

impotence [ímpətəns]
inactive [inǽktiv]
inarizushi [inɑrizʃ]
inarticulate [ìnɑ:rtíkjulət]
incantation [ìnkæntéiʃən]
incest [ínsest]
incineration [insìnəréiʃən]
incise [insáiz]
incision [insíʒən]
incisor [insáizər]
incline [inkláin]
inclined [inkláind]
income [ínkʌm]
incompatibility [ìnkəmpæ̀təbíləti]
incontinence [inkántənəns]
incorporation [inkɔ̀:rpəréiʃən]
incubator [ínkjubèitər]
indecent [indí:snt]
index [índeks]
indicate [índikèit]
indicator [índikèitər]
indie [índi]
indigenous [indídʒənəs]
indigestion [ìndidʒéstʃən]
infant [ínfənt]
infantile [ínfəntail]
infarction [infɑ́:rkʃən]
infect [infékt]
infection [infékʃən]
infectious [infékʃəs]
inferiority [infiəriɔ́(:)rəti]
infidelity [ìnfidéləti]
inflammation [ìnfləméiʃən]
inflammatory [inflǽmətɔ̀:ri]
inflate [infléit]
influence [ínfluəns]
influenza [ìnfluénzə]
infomercial [infəmə́:rʃəl]
informant [infɔ́:rmənt]
informer [infɔ́:rmər]
infrared [ìnfrəréd]
infusion [infjú:ʒən]

ingredient [ingrí:diənt]
initial [iníʃəl]
initialism [iníʃəlìzəm]
injection [indʒékʃən]
injector [indʒéktər]
inkjet [íŋkdʒèt]
inkpad [íŋkpæ̀d]
inmate [ínmèit]
inn [in]
inoculation [inàkjəléiʃən]
inpatient [ínpèiʃənt]
insecticide [inséktəsàid]
insignia [insígniə]
in-situ [in sáitju:]
insolvency [insálvənsi]
insomnia [insámniə]
insomniac [insámniæ̀k]
inspection [inspékʃən]
inspector [inspéktər]
inspirational [ìnspəréiʃənəl]
install [instɔ́:l]
installment [instɔ́:lmənt]
institute [ínstətjù:t]
insufficiency [ìnsəfíʃənsi]
intake [íntèik]
integrated [íntəgrèitid]
intelligence [intélədʒəns]
intensify [inténsəfài]
interface [íntərfèis]
interim [íntərim]
intermarriage [ìntərmǽridʒ]
internist [íntə:rnist]
internship [íntə:rnʃip]
interoperability [ìntərɑ̀pərəbílətil]
interpret [intə́:rprit]
interpretation [intə̀:rprətéiʃən]
interpreter [intə́:rprətər]
interpunct [íntə:rpʌŋkt]
interracial [ìntərréiʃəl]
interrogation [intèrəgéiʃən]
interrogative [ìntərágətiv]
intersection [ìntərsékʃən]

interstate [íntərstèit]
intonation [ìntənéiʃən]
intoxicated [intáksikèitid]
intramuscular [ìntrəmʌ́skjələr]
intranet [íntrənet]
intravenous [ìntrəví:nəs]
invalid [ínvəlid]
invective [invéktiv]
inverted [invə́:rtid]
investigation [invèstəgéiʃən]
invitation [ìnvətéiʃən]
invoice [ínvɔis]
iodine [áiədàin]
iris [áiris]
iron [áiərn]
ironmonger [áiərnmʌ̀ŋgər]
irregularity [irègjəlǽrəti]
irritable [írətəbəl]
irritation [ìrətéiʃən]
Italian [itǽljən]
itch [itʃ]

J

jab [dʒæb]
jackhammer [dʒǽkhæ̀mər]
jackpot [dʒǽkpàt]
Jacuzzi [dʒəkú:zi]
jade [dʒeid]
jalopy [dʒəlápi]
jam [dʒæm]
Japanese [dʒæ̀pəní:z]
jar [dʒɑ:r]
jargon [dʒɑ́:rgən]
jasmine [dʒǽzmin]
jaundice [dʒɔ́:ndis]
jawbreaker [dʒɔ́:brèikər]
jaywalk [dʒéiwɔ̀:k]
jersey [dʒə́:rzi]
jetfoil [dʒétfɔil]
jetsam [dʒétsəm]

jewel [dʒú:əl]
jeweler [dʒú:ələr]
jewellery [dʒú:əlri]
jewelry [dʒú:əlri]
jigsaw [dʒígsɔ̀:]
Job's tear [dʒabstiər]
jock [dʒak]
jockey [dʒáki]
Jolly Roger [dʒálirádʒər]
judicial [dʒu:díʃəl]
juggernaut [dʒʌ́gərnɔ̀:t]
jujube [dʒú:dʒu:b]
julienne [dʒù:lién]
jumble [dʒʌ́mbl]
junction [dʒʌ́ŋkʃən]
junk [dʒʌŋk]
junkyard [dʒʌ́ŋkjɑ̀:rd]
jurist [dʒúərist]
justification [dʒʌ̀stəfikéiʃən]
juvenile [dʒú:vənəl]

K

kabob [kəbáb]
kaleidoscope [kəláidəskòup]
kamikaze [kɑ̀:miká:zi]
kaoliang [kɑ̀:ouliǽŋ]
karaoke [kerióuki]
karate [kərá:ti]
kebab [kəbáb]
keel [ki:l]
keepsake [kí:psèik]
keg [keg]
kendo [kendou]
keratectomy [kerətéktəmi]
keratitis [kèrətáitis]
keratomileusis [kerətoumiliúsəs]
keratoplasty [kérətouplæ̀sti]
kernel [kə́:rnəl]
kerosene [kérəsì:n]
kettle [kétl]

keyboards [kí:bɔ̀:rdz]
kidney [kídni]
kilobyte [kíləbàit]
kindergarten [kíndərgɑ̀:rtn]
kiosk [kiɔsk]
kitten [kítn]
kleptomania [klèptəméiniə]
knead [ni:d]
knee [ni:]
knickers [níkərz]
knit [nit]
knock [nak]
knot [nat]
kudzu [kúdzu:]
kumquat [kʌ́mkwàt]

L

label [léibəl]
labyrinth [lǽbərìnθ]
lace-ups [léisʌ̀ps]
lacto [lǽktou]
ladle [léidl]
lager [lá:gər]
lame [leim]
landfill [lǽndfil]
landscape [lǽndskèip]
lane [lein]
lanyard [lǽnjərd]
laparoscope [lǽpərəskòup]
laparoscopy [læ̀pəráskəpi]
laptop [lǽptàp]
laryngeal [ləríndʒiəl]
laryngitis [læ̀rəndʒáitis]
larynx [lǽriŋks]
lasagna [ləzá:njə]
lasagne [ləzá:njə]
lateral [lǽtərəl]
lather [lǽðər]
Latin [lǽtin]
latte [látei]

launch [lɔːntʃ]
laundrette [lɔ́ːndret]
laundromat [lɔ́ːndrəmæ̀t]
laundry [láːndri]
lavatory [lǽvətɔ̀ːri]
lavender [lǽvəndər]
laxative [lǽksətiv]
layer [léiər]
lead [liːd]
leaded [liːdid]
leap [liːp]
leek [liːk]
leggings [léɡiŋz]
legionellosis [ledʒənelóusis]
legionnaire [lìːdʒənɛ́ər]
legitimate [lidʒítəmit]
lei [lei]
lengthen [léŋkθən]
leotard [líːətɑ̀ːrd]
leprosy [léprəsi]
lethal [líːθəl]
lettuce [létis]
leukemia [luːkíːmiə]
leukoderma [luːkədə́ːrmə]
leukorrhea [lùːkəríːə]
levitation [lèvətéiʃən]
liability [làiəbíliti]
liaison [líːəzɑ̀n]
libra [láibrə]
librarian [láibrɛ́əriən]
license [láisəns]
licorice [líkəriʃ]
ligation [laiɡéiʃən]
lime [laim]
limelight [láimlàit]
limousine [líməzìːn]
liner [láinər]
lingua franca [líŋɡwə frǽŋkə]
lingzhi [líŋzi]
linoleum [linóuliəm]
liposuction [lipəsʌ́kʃən]
liquid [líkwid]

liquor [líkər]
liquorice [líkəris]
litchi [líːtʃiː]
lithiasis [líθiəsis]
litter [lítər]
livestock [láivstɑ̀k]
loach [loutʃ]
loaf [louf]
loafers [lóufərz]
locator [loukéitər]
lockjaw [lɑ́kdʒɔ̀ː]
lockup [lɑ́kʌp]
locomotive [lòukəmóutiv]
log [lɔ(ː)ɡ]
log flume [lɔ(ː)ɡ fluːm]
loin [lɔin]
lollipop [lɑ́lipɑ̀p]
lolly [lɑ́li]
lone [loun]
lottery [lɑ́təri]
lotto [lɑ́tou]
lotus [lóutəs]
lozenge [lɑ́zindʒ]
Lucifer [lúːsəfər]
luggage [lʌ́ɡidʒ]
lumber [lʌ́mbər]
lump [lʌmp]
luncheon [lʌ́ntʃən]
luxation [lʌkséiʃən]
luxury [lʌ́kʃəri]
lychee [líːtʃiː]
Lycra [láikrə]
lysergic [laisə́ːrdʒik]

M

macaroni [mæ̀kəróuni]
macchiato [makiɑ́tou]
macerate [mǽsərèit]
Mach [mɑːk]
mackerel [mǽkərəl]

macro [mǽkrou]
magnesia [mæɡníːʃə]
magnetic [mæɡnétik]
magnolia [mæɡnóuliə]
Magyar [mǽɡjɑːr]
mahjong [mɑːdʒɔ́ːŋ]
maiden [méidn]
mainboard [méinbɔːrd]
maitre d' [meitrədíː]
maitre d'hotel [meitrədoutél]
maize [meiz]
makeshift [méikʃift]
makizushi [makizʃ]
malaria [məlɛ́əriə]
Malay [məléi]
malediction [mæ̀lədíkʃən]
malignant [məlíɡnənt]
mallet [mǽlit]
mallow [mǽlou]
malnutrition [mæ̀lnjuːtríʃən]
malocclusion [mæ̀ləklúːʒən]
malt [mɔːlt]
malware [mǽlweər]
mammogram [mǽməɡræ̀m]
mandarin [mǽndərin]
mandolin [mǽndəlin]
maneuver [mənúːvər]
mango [mǽŋɡou]
mangosteen [mǽŋɡəstìːn]
manicure [mǽnəkjùər]
manicurist [mǽnəkjùːrist]
mannequin [mǽnikin]
mannikin [mǽnikin]
manual [mǽnjuəl]
manufacturing [mæ̀njəfǽktʃəriŋ]
manuscript [mǽnjəskrìpt]
margarine [mɑ́ːrdʒərin]
margarita [mɑ̀ːrɡəríːtə]
marigold [mǽrəɡòuld]
marijuana [mæ̀rəhwɑ́ːnə]
marina [məríːnə]
marinate [mǽrənèit]

marionette [mæ̀riənét]
maritime [mǽrətàim]
marketable [máːrkitəbəl]
marketeer [màːrkitíər]
markup [mάːrkʌ̀p]
marriage [mǽridʒ]
marshmallow [mάːrʃmèlou]
martial art [mάːrʃəl ɑːrt]
martini [mɑːrtíːni]
mascara [mæskǽrə]
mascot [mǽskət]
masculine [mǽskjəlin]
mash [mæʃ]
masochism [mǽsəkìzəm]
mason [méisn]
masque [mæsk]
massage [məsάːʒ]
massager [məsάːʒər]
masseur [mǽsɛːr]
masseuse [mæsúːz]
mastectomy [mæstéktəmi]
mastitis [mæstáitis]
maternal [mətə́ːrnl]
maternity [mətə́ːrnəti]
mathematics [mæ̀θəmǽtiks]
matinee [mæ̀tənéi]
matriarch [méitriὰːrk]
matriarchy [méitriὰːrki]
matrimony [mǽtrəmòuni]
matrix [méitriks]
maturity [mətjúərəti]
maxim [mǽksim]
Mayday [méidèi]
mayor [méiər]
maze [meiz]
McCoy [məkɔ́i]
mead [miːd]
meal [miːl]
measles [míːzəlz]
mechanic [məkǽnik]
mechanical [məkǽnikəl]
median [míːdiən]

medic [médik]
medicinal [medísənəl]
medicine [médəsən]
medieval [mìːdiíːvəl]
medium [míːdiəm]
megabucks [mégəbʌ̀ks]
megabyte [mégəbàit]
megadose [mégədòuz]
megalomania [mègəlouméiniə]
megaplex [mégəplèks]
megastore [mégəstɔ̀ːr]
melanoma [mèlənóumə]
melee [méilei]
memento [miméntou]
memorandum [mèmərǽndəm]
menace [ménəs]
meningitis [mèniŋdʒáitis]
menopausal [mènəpɔ́ːzəl]
menstrual [ménstruəl]
merchant [mə́ːrtʃənt]
Mercury [mə́ːrkjəri]
meridian [mərídiən]
mesh [meʃ]
metabolism [mətǽbəlìzəm]
metaphysics [mètəfíziks]
methamphetamine [mèθæmfétəmìːn]
metric [métrik]
Mexican Aster [méksikən ǽstər]
mezzanine [mézəniːn]
microcredit [máikroukrèdit]
microlight [máikroulait]
microlite [máikrouláit]
microscope [máikrouskòup]
microwave [máikrouwèiv]
mileage [máilidʒ]
mileometer [mailάmitər]
milestone [máilstòun]
mill [mil]
millennium [miléniəm]
millet [mílit]
mime [maim]
mimetic [mimétik]

mimosa [mimóusə]
mince [mins]
minicab [mínəkæ̀b]
minimum [mínəməm]
misaligned [misəláind]
mischievous [místʃivəs]
misdiagnose [misdáiəgnòus]
misdiagnosis [misdaiəgnóusis]
missionary [míʃənèri]
misspelling [misspéliŋ]
mistletoe [mísltòu]
mistress [místris]
mittens [mítns]
mob [mɑb]
mobile [móubəl]
mobility [moubíləti]
moccasin [mάkəsin]
modem [móudèm]
modify [mάdəfài]
moisturizer [mɔ́istʃəràizər]
molar [móulər]
mole [moul]
monetary [mάnəteri]
moneylender [mʌ́nilèndər]
Mongolian [mɑŋgóuliən]
monkfish [mʌ́ŋkfiʃ]
monochrome [mάnoukroum]
monocle [mάnəkəl]
monocycle [mάnəsàikəl]
monodrama [mάnədrὰːmə]
monogamy [mənάgəmi]
monologue [mάnəlɔ̀ːg]
monomania [mὰnəméiniə]
monoplane [mάnəplèin]
monosemous [mάnəsìːməs]
monosemy [mάnəsìːmi]
monosyllable [mάnəsìləbəl]
monoxide [mɑnάksaid]
mooncake [múːnkeik]
moonstone [múːnstòun]
moor [muər]
mop [mɑp]

moped [móupèd]
morgue [mɔːrg]
Morpheus [mɔ́ːrfiəs]
morphine [mɔ́ːrfiːn]
Morse [mɔːrs]
mortal [mɔ́ːrtl]
mortar [mɔ́ːrtər]
mortgage [mɔ́ːrgidʒ]
mortuary [mɔ́ːrtjuəri]
motherboard [mʌ́ðərbɔ̀ːrd]
motorist [móutərist]
motorize [móutəràiz]
mottled [mátld]
motto [mátou]
mounter [máuntər]
mousse [muːs]
mouthpiece [máuθpìːs]
mouthwash [máuθwɔ̀(ː)ʃ]
moviegoer [múːvigòuər]
moxa [máksə]
moxibustion [màksəbʌ́stʃən]
Muay Thai [múːei tái]
mud [mʌd]
muddy [mʌ́di]
mudfish [mʌ́dfiʃ]
mudflap [mʌ́dflæp]
mudguard [mʌ́dgàːrd]
muffin [mʌ́fin]
muffler [mʌ́flər]
mugwort [mʌ́gwəːrt]
mulberry [mʌ́lbèri]
mullet [mʌ́lit]
multicast [mʌ́ltikæst]
multiple [mʌ́ltəpəl]
multiplex [mʌ́ltəplèks]
multiplication [mʌ̀ltəplikéiʃən]
multitasking [mʌ̀ltitǽskiŋ]
mum [mʌm]
mumps [mʌmps]
munchies [mʌ́ntʃiz]
mung bean [mʌ́ŋbiːn]
municipal [mjuːnísəpəl]

Murphy [mə́ːrfi]
muscular [mʌ́skjələr]
museology [mjùːziálədʒi]
mushroom [mʌ́ʃruː(ː)m]
musk [mʌsk]
muskmelon [mʌ́skmèlən]
mustard [mʌ́stərd]
myelitis [màiəláitis]
myelogenous [maiəládʒənəs]
myocardial [màiəkáːrdiəl]
myopia [maióupiə]
myringitis [mirindʒítis]
mysophobia [màisəfóubiə]
myth [miθ]
mythology [miθálədʒi]

N

nachos [nǽtʃouz]
naked [néikid]
namesake [néimsèik]
napa cabbage [nǽpə kǽbidʒ]
narcissus [naːrsísəs]
narcolepsy [náːrkəlèpsi]
narcotics [naːrkátiks]
narrate [nǽreit]
nasal [néizəl]
naturopathic [nèitʃərápəθik]
naturopathy [nèitʃərápəθi]
nautical [nɔ́ːtikəl]
navigation [nævəgéiʃən]
navigator [nǽvəgèitər]
neckerchief [nékərtʃif]
nectarine [nèktəríːn]
needlework [níːdlwəːrk]
negative [négətiv]
neologism [niálədʒìzəm]
neonatal [nìːounéitl]
nephew [néfjuː]
nephritis [nifráitis]
nephrology [nifrálədʒi]

nerd [nəːrd]
nervous [nə́ːrvəs]
netiquette [nétikèt]
nettle [nétl]
neuralgia [njuərǽldʒə]
neurasthenia [njùərəsθíːniə]
neurology [njuərálədʒi]
neuropsychiatrist [njùərousikáiətrist]
neuropsychiatry [njùərousikáiətri]
neurosis [njuəróusis]
neurosurgeon [njùərousə́ːrdʒən]
neurosurgery [njùərousə́ːrdʒəri]
neutral [njúːtrəl]
newlyweds [njúːliwèdz]
nickel [níkəl]
nickname [níkneim]
nicotine [níkətìːn]
niece [niːs]
nightspot [náitspàt]
nigirizushi [nigiriʒʃ]
nippers [nípərs]
nitpick [nítpìk]
nod [nad]
nonglutinous [nàŋglúːtənəs]
nonuplet [nánjəpəlet]
Norwegian [nɔːrwíːdʒən]
Nostradamus [nàstrədéiməs]
notary [nóutəriː]
nourishing [nə́ːriʃiŋ]
nuance [njúːɑːns]
numeral [njúːmərəl]
nuptial [nʌ́pʃəl]
nursery [nə́ːrsəri]
nutritional [njuːtríʃənal]
nyctalopia [nìktəlóupiə]

O

oarlock [ɔ́ːrlàk]
oat [out]
oath [ouθ]

oatmeal [óutmìːl]
obesity [oubíːsəti]
ob-gyn [oubidʒin]
oboe [óubou]
obscene [əbsíːn]
observatory [əbzə́ːrvətɔ̀ːri]
obsolete [àbsəlíːt]
obstetrics [əbstétriks]
obverse [ábvəːrs]
occult [əkʌ́lt]
occupancy [ákjəpənsi]
occupational [àkjəpéiʃənəl]
octuplet [ɑktə́ːplit]
odometer [oudámitər]
Odysseus [oudísiəs]
Odyssey [ádəsi]
officialdom [əfíʃəldəm]
officiant [əfíʃiənt]
offspring [ɔ́(ː)fsprìŋ]
ogre [óugər]
oilseed [ɔ́ilsiːd]
ointment [ɔ́intmənt]
olive [áliv]
omelet [ámələt]
omelette [ámələt]
oncology [ɑŋkálədʒi]
oneirology [ounɑiərɑlədʒi]
onomatopoeia [ànəmætəpíːə]
oolong [úːlɔ́(ː)ŋ]
opal [óupəl]
ophthalmia [ɑfθǽlmiə]
ophthalmic [ɑfθǽlmik]
ophthalmologist [àfθælmálədʒist]
ophthalmology [àfθælmálədʒi]
opiate [óupiit]
opium [óupiəm]
optical [áptikəl]
optician [ɑptíʃən]
optometrist [ɑptámətrist]
orderly [ɔ́ːrdərli]
organ [ɔ́ːrgən]
orgasm [ɔ́ːrgæzəm]

ornament [ɔ́ːrnəmənt]
orphan [ɔ́ːrfən]
orphanage [ɔ́ːrfənidʒ]
orthodox [ɔ́ːrθədɑ̀ks]
orthography [ɔːrθágrəfi]
orthopedics [ɔ̀ːrθoupíːdiks]
orthopedist [ɔ̀ːrθəpíːdist]
osmidrosis [ɔzmidróusis]
osteopathy [àstiápəθi]
osteoporosis [àstioupəróusis]
otitis media [outáitis míːdiə]
otolaryngologist [òutoulæ̀riŋgálədʒist]
otolaryngology [òutoulæ̀riŋgálədʒi]
otorhinolaryngology [òutourɑ̀inoulæ̀riŋgálədʒi]
ounce [auns]
outpatient [áutpèiʃənt]
output [áutpùt]
ovarian [ouvɛ́əriən]
overalls [óuvərɔ̀ːlz]
overdose [óuvərdòus]
overdue [òuvərdjúː]
overloaded [óuvərlóudid]
overwhelming [òuvərhwélmiŋ]
overwrite [òuvəráit]
oviduct [óuvədʌ̀kt]
ovo [ouvá]
ovulation [òuvjuléiʃən]
ovum [óuvəm]
oxfords [áksfərz]
oyster [ɔ́istər]
ozena [ɔːzéna]

P

pacemaker [peisméikər]
pachinko [pətʃínkou]
packet [pǽkit]
pad [pæd]
padded [pǽdid]

paddle [pǽdl]
paddy [pǽdi]
pagoda [pəgóudə]
pail [peil]
palanquin [pæ̀lənkíːn]
palate [pǽlit]
paleontology [pèiliəntálədʒi]
paleozoology [pèiliəzouálədʒi]
palimony [pǽləmòuni]
palindrome [pǽləndròum]
pallet [pǽlit]
palm [pɑːm]
palmist [pɑ́ːmist]
palmtop [pɑ́ːmtɑp]
palsy [pɔ́ːlzi]
panacea [pæ̀nəsíːə]
Panama [pǽnəmɑ̀ː]
pancreas [pǽŋkriəs]
pancreatic [pæ̀ŋkriǽtik]
pancreatitis [pæ̀ŋkriətáitis]
panel [pǽnl]
panic [pǽnik]
pannier [pǽnjər]
panties [pǽntiz]
pantomime [pǽntəmàim]
papaya [pəpɑ́ːiə]
paprika [pæpríːkə]
parachute [pǽrəʃùːt]
paradentitis [pærədentítəs]
paradoxical [pærədáksikəl]
paraffin [pǽrəfin]
paragraph [pǽrəgræ̀f]
paralysis [pərǽləsis]
paralyze [pǽrəlàiz]
paramedic [pæ̀rəmédik]
paranoia [pæ̀rənɔ́iə]
paranormal [pæ̀rənɔ́ːrməl]
paraphilia [pæ̀rəfília]
paraplegia [pæ̀rəplíːdʒiə]
parboil [pɑ́ːrbɔ̀il]
pare [pɛər]
paregoric [pæ̀rəgɔ́ːrik]

parental [pəréntl]
parenthesis [pərénθəsis]
parfait [pɑːrféi]
parka [páːrkə]
parlance [páːrləns]
parlor [páːrlər]
parotitis [pæ̀rətáitis]
parsley [páːrsli]
participial [pὰːrtəsípiəl]
pasqueflower [pǽskflàuər]
passerby [pǽsərbái]
pasta [páːstə]
paste [peist]
pastor [pǽstər]
pastry [péistri]
patch [pætʃ]
patchwork [pǽtʃwəːrk]
paternal [pətə́ːrnl]
paternity [pətə́ːrnəti]
pathology [pəθάlədʒi]
patisserie [pətísəri]
patois [pǽtwɑː]
patriarch [péitriὰːrk]
patriarchy [péitriὰːrki]
patron [péitrən]
pave [peiv]
paver [péivər]
pavilion [pəvíljən]
pawnbroker [pɔ́ːnbròukər]
pawnshop [pɔ́ːnʃὰp]
pawpaw [pɔ́ːpɔ̀ː]
payable [péiəbəl]
payware [péiwɛər]
pea [piː]
peach [piːtʃ]
peckish [pékiʃ]
pectoris [péktəris]
peddler [pédlər]
pedestrian [pədéstriən]
pediatric [pìːdiǽtrik]
pediatrician [pìːdiətríʃən]
pediatrics [pìːdiǽtriks]

pedicure [pédikjùər]
pedicurist [pédikjùərist]
pedigree [pédəgrìː]
pedlar [pédlər]
pedometer [pidάmitər]
pedophilia [pìːdouˈfíliə]
pee [piː]
peel [piːl]
peg [peg]
pejorative [pidʒɔ́rətiv]
pelican [pélikən]
penicillin [pènəsílin]
penitentiary [pènəténʃəri]
pepita [pəpíːtə]
pepper [pépər]
per annum [pəːr ǽnəm]
perch [pəːrtʃ]
percussion [pəːrkʌ́ʃən]
perfume [pə́ːrfjuːm]
pergola [pə́ːrgələ]
peridot [pérədὰt]
perilla [pəríːlə]
periscope [pérəskòup]
peritonitis [pèritənáitis]
periwig [périwìg]
perm [pəːrm]
permanent [pə́ːrmənənt]
pernicious [pəːrníʃəs]
peroxide [pərάksaid]
persecution [pə̀ːrsikjúːʃən]
Persian [pə́ːrʒən]
persimmon [pəːrsímən]
pertussis [pərtʌ́sis]
perusal [pərúːzəl]
peruse [pərúːz]
perversion [pərvə́ːrʒən]
pescetarian [peskətériən]
pesticide [péstəsàid]
pestle [péstl]
petition [pitíʃən]
petrol [pétrəl]
petrolatum [pètrəléitəm]

petroleum [petróuliəm]
petticoat [pétikòut]
pettitoes [pétitòuz]
petty [péti]
phantom [fǽntəm]
pharmaceutical [fὰːrməsúːtikəl]
pharmacist [fάːrməsist]
pharmacology [fὰːrməkάlədʒi]
pharmacy [fάːrməsi]
pharyngitis [fæ̀rindʒáitis]
pharyngolaryngitis
[fəriŋgəlærindʒáitis]
phenomena [finάmənə]
phenomenon [finάmənὰn]
phial [fáiəl]
philatelist [filǽtəlist]
philately [filǽtəli]
phillips [fílips]
phishing [píʃiŋ]
phlegm [flem]
pho [fóu]
phobia [fóubiə]
phonogram [fóunəgræ̀m]
phony [fóuni]
photocopier [fóutoukὰpiər]
photostat [fóutoustæ̀t]
phrenology [frinάlədʒi]
physician [fizíʃən]
physiological [fìziəlάdʒikəl]
physiotherapy [fìziouθérəpi]
pianoforte [piǽnəfɔ̀ːrt]
Pianola [pìːənóulə]
piazza [piǽzə]
piccolo [píkəlòu]
pickle [píkəl]
pictorial [piktɔ́ːriəl]
pier [piər]
piggy [pígi]
pigmentation [pìgməntéiʃən]
pike [paik]
piles [pailz]
pill [pil]

pillow [pílou]
pillowcase [pílo*u*kèis]
pimento [piméntou]
pimple [pímpl]
pince-nez [pǽnsnèi]
pincers [pínsərz]
pincushion [pínkùʃən]
pinup [pínʌp]
pinwheel [pín*h*wìːl]
pirate [páiərət]
pistachio [pistáːʃìou]
piston [pístən]
pitahaya [píːtəhaya]
pizzeria [pìːtsərí:ə]
placebo [pləsí:bou]
plague [pleig]
plaice [pleis]
plait [pleit]
plaque [plǽk]
plasma [plǽzmə]
plasmapheresis [plǽzməférəsəs]
plaster [plǽstər]
plateletpheresis [plèitlitfərí:sis]
platinum [plǽtənəm]
platter [plǽtər]
plea [pli:]
pleated [plí:tid]
pledge [pledʒ]
pleurisy [plúərəsi]
pleuritis [plurάitis]
pliers [pláiərz]
pluck [plʌk]
plum [plʌm]
plunger [plʌ́ndʒər]
pneumatic [nju:mǽtik]
pneumoconiosis
 [njù:mo*u*kòunióusis]
pneumology [njù:mάlədʒi]
pneumonia [nju:móunjə]
pod [pɑd]
poem [pó*u*im]
poetry [póuitri]

pogo [póugou]
poisonous [pɔ́izənəs]
Polaroid [póulərɔ̀id]
polio [póulìou]
poliomyelitis [pòulioumàiəláitis]
polish [pάliʃ]
pollack [pάlək]
pollakiuria [pɑləkijú:riə]
poltergeist [póultərgàist]
polyandry [pὰliǽndri]
polyclinic [pὰliklínik]
polygamy [pəlígəmi]
polygyny [pəlídʒəni]
polysemous [pὰlisí:məs]
polysemy [pάlisìːmi]
polystyrene [pὰlistáiəri:n]
polysyllable [pάlisìləbəl]
polyuria [pὰlijúəria]
pomegranate [pάməgrænit]
pomfret [pάmfrit]
pompom [pάmpɑm]
pone [poun]
pontoon [pɑntú:n]
ponytail [póunitèil]
poppy [pάpi]
Popsicle [pάpsikəl]
pore [pɔ:r]
porgy [pɔ́ːrgi]
porn [pɔ́ːrn]
porno [pɔ́ːrnou]
pornographic [pɔːrnəgrǽfik]
pornography [pɔːrnάgrəfi]
porridge [pɔ́ːridʒ]
portable [pɔ́ːrtəbl]
portal [pɔːrtl]
porthole [pɔ́ːrthòul]
portmanteau [pɔːrtmǽntou]
portrait [pɔ́ːrtrit]
portside [pɔ́ːrtsaid]
Portuguese [pɔ̀ːrtʃəgíːz]
postal [póustəl]
postcode [póustkòud]

posterity [pɑstérəti]
posthumous [pάstʃuməs]
postnatal [pòustnéitl]
postpartum [pòustpάːrtəm]
postscript [póustskrìpt]
pot [pɑt]
poultice [póultis]
pound [paund]
practitioner [præktíʃənər]
prank [præŋk]
precast [priːkǽst]
precinct [príːsiŋkt]
preeclampsia [prì:iklǽmpsiə]
preemie [prí:mi]
prefer [prifə́:r]
pregnancy [prégnənsi]
pregnant [prégnənt]
premarital [pri:mǽritl]
premenstrual [pri:ménstruəl]
premier [primíər]
premolar [pri:móulər]
prepaid [pri:péid]
preparatory [pripǽrətɔ̀:ri]
prepositional [prèpəzíʃənəl]
prequel [prí:kwəl]
presbyopia [prèzbióupjə]
preschool [pri:skú:l]
prescribe [priskráib]
prescription [priskrípʃən]
presidential [prèzidénʃəl]
pretext [prí:tekst]
pretzel [prétsəl]
prick [prik]
prickly [príkli]
priest [pri:st]
primer [práimər]
primrose [prímròuz]
printmaking [príntmèikiŋ]
priority [praiɔ́(:)rəti]
proclamation [prὰkləméiʃən]
proctitis [prɑktάitis]
proctological [prɑktάlədʒical]

proctologist [prɑktάlədʒist]
proctology [prɑktάlədʒi]
prohibit [prouhíbit]
promissory [prάməsɔ̀:ri]
promo [próumou]
propelling [prəpéliŋ]
prophet [prάfit]
prophetess [prάfitis]
prophylactic [pròufəlǽktik]
proprietor [prəpráiətər]
prosecuting [prάsikjù:tiŋ]
prosecution [prὰsikjú:ʃən]
prosecutor [prάsikjù:tər]
prostate [prάsteit]
prostatitis [prὰstətáitis]
prosthesis [prɑsθí:sis]
proteinuria [pròuti:njúriə]
protocol [próutəkɔl]
prototype [próutoutàip]
protractor [proutrǽktər]
proverb [prάvə:rb]
provincial [prəvínʃəl]
provision [prəvíʒən]
provisional [prəvíʒənəl]
proxy [prάksi]
pseudonym [sú:dənim]
psoriasis [sɔráiəsis]
psychiatric [sàikiǽtrik]
psychiatry [saikáiətri]
psychic [sáikik]
psycho [sáikou]
psychodrama [sàikoudrά:mə]
psychological [sàikəlάdʒikəl]
psychology [saikάlədʒi]
psychotherapy [sàikouθérəpi]
psychotic [saikάtik]
Pu'er [puə:r]
pudding [púdiŋ]
Pu-erh [puə:r]
puff [pʌf]
pulmonary [pʌ́lmənèri]
pulmonology [pʌlmənάlədʒi]

pulsation [pʌlséiʃən]
pumice [pʌ́mis]
pumpkin [pʌ́mpkin]
pumps [pʌ́mps]
pun [pʌn]
punctuation [pʌ̀ŋktʃuéiʃən]
puncture [pʌ́ŋktʃər]
puppet [pʌ́pit]
purchaser [pə́:rtʃəsər]
purgative [pə́:rgətiv]
purl [pə:rl]
purse [pə:rs]
pyelitis [pàiəláitis]

Q

quack [kwæk]
quad [kwɑd]
quadruplet [kwɑdrʌ́plit]
quantity [kwάntəti]
quarrel [kwɔ́:rəl]
quart [kwɔ:rt]
quarter [kwɔ́:rtər]
quay [ki:]
queer [kwiər]
query [kwíəri]
quilt [kwilt]
quince [kwins]
quint [kwint]
quintuplet [kwintʌ́plit]
quotation [kwoutéiʃən]
quote [kwout]

R

rabbi [rǽbai]
rabbit [rǽbit]
rabies [réibi:z]
racket, racquet [rǽkit]
radial [réidiəl]

radiator [réidièitər]
radical [rǽdikəl]
radiogram [réidiougræ̀m]
radiologist [rèidiάlədʒist]
radiology [rèidiάlədʒi]
radiotelegraph [rèidioutéləgræ̀f]
radiotherapy [rèidiouθérəpi]
radish [rǽdiʃ]
rag [ræg]
raisin [réizən]
Ramadan [ræ̀mədά:n]
ramble [rǽmbəl]
rambutan [ræmbú:tan]
rampant [rǽmpənt]
random [rǽndəm]
rape [reip]
rapid [rǽpid]
rash [ræʃ]
rasp [ræsp]
raspberry [rǽzbèri]
rave [reiv]
ravioli [rὰvióuli]
raw [rɔ:]
ray [rei]
razor [réizər]
realtor [rí:əltər]
realty [rí:əlti]
rear [riər]
rearview [riərvju:]
rebut [ribʌ́t]
rebuttal [ribʌ́tl]
receipt [risí:t]
receivable [risí:vəbəl]
receiver [risí:vər]
receptacle [riséptəkəl]
recipe [résəpì:]
recipient [risípiənt]
recite [risáit]
reckless [réklis]
recklessly [réklisli]
recommend [rèkəménd]
reconcile [rékənsàil]

reconciliation [rèkənsìliéiʃən]
rectal [réktl]
recumbent [rikʌ́mbənt]
redeem [ridíːm]
reed [riːd]
reef [riːf]
reek [riːk]
reel [riːl]
refectory [riféktəri]
refrigerator [rifrìdʒəréitər]
refuel [riːfjúːəl]
refund [ríːfʌnd, riːfʌ́nd]
refutation [rèfjutéiʃən]
refute [rifjúːt]
regimen [rédʒəmən]
regionalism [ríːdʒənəlìzəm]
register [rédʒistər]
registrar [rédʒistrɑ̀ːr]
registration [rèdʒistréiʃən]
registry [rédʒistri]
rehabilitation [rìːhəbìlətéiʃən]
rehabilitative [rìːhəbìlətéitiv]
reinstall [riːinstɔ́ːl]
rejection [ridʒékʃən]
remedy [rémədi]
reminder [rimáindər]
reminiscences [rèmənísənsis]
removal [rimúːvəl]
renal [ríːnəl]
render [réndər]
rendering [réndəriŋ]
replica [réplikə]
reprimand [réprəmæ̀nd]
reproach [ripróutʃ]
resect [risékt]
resection [risékʃən]
residence [rézidəns]
residency [rézidənsi]
resonance [rézənəns]
respiration [rèspəréiʃən]
respirator [réspərèitər]
respiratory [résprətɔ̀ːri]

restaurateur [rèstərətɑ́ːr]
resuscitation [risʌ̀sətéiʃən]
retail [ríːteil]
retainer [ritéinər]
retardation [ritɑːrdéiʃən]
retinitis [rètənáitis]
retort [ritɔ́ːrt]
retreat [riːtríːt]
retrieval [ritríːvəl]
retrospective [rètrəspéktiv]
revenge [rivéndʒ]
revengeful [rivéndʒəfəl]
revenue [révənjùː]
reverse [rivə́ːrs]
reversible [rivə́ːrsəbəl]
revocation [rèvəkéiʃən]
revolution [rèvəlúːʃən]
rhetoric [rétərik]
rhetorical [ritɔ́(ː)rikəl]
rheumatism [rúːmətìzəm]
rheumatology [rùːmətɑ́lədʒi]
rhinestone [ráinstòun]
rhinitis [raináitis]
rhinoceros [rainɑ́sərəs]
rhinoplasty [ráinəplæ̀sti]
ribaldry [ríbəldri]
ribbing [ríbiŋ]
rickets [ríkits]
ricksha [ríkʃɔː]
rickshaw [ríkʃɔː]
rind [raind]
ringtone [ríŋtoun]
ringworm [ríŋwə̀ːrm]
rip-off [rípɔ̀(ː)f]
risotto [risɔ́ːtou]
roadster [róudstər]
robbery [rɑ́bəri]
rockfish [rɑ́kfiʃ]
rod [rɑd]
roger [rɑ́dʒər]
rollover [róulòuvər]
roly poly [róulipóuli]

Romanian [rouméiniən]
rooibos [rɔ́ibos]
rotary [róutəri]
rotor [róutər]
rouge [ruːʒ]
roulette [ruːlét]
roundabout [ráundəbàut]
roundworm [ráundwə̀ːrm]
route [ruːt]
rubber [rʌ́bər]
rubbish [rʌ́biʃ]
rubdown [rʌ́bdàun]
rubella [ruːbélə]
rubeola [ruːbíːələ]
ruby [rúːbi]
rudder [rʌ́dər]
rug [rʌg]
rugby [rʌ́gbi]
ruler [rúːlər]
rummage [rʌ́midʒ]
rump [rʌmp]
rupture [rʌ́ptʃər]
Russian [rʌ́ʃən]
rye [rai]

S

saddle [sǽdl]
saddlebag [sǽdlbæ̀g]
sadism [sǽdizəm]
safari [səfɑ́ːri]
saffron [sǽfrən]
saga [sɑ́ːgə]
sage [seidʒ]
sailfin sandfish [séilfin sǽndfiʃ]
sailplane [séilplèin]
sake [seik]
salami [səlɑ́ːmi]
salesroom [séilzru(ː)m]
saline [séiliːn]
Salisbury [sɔ́ːlzbèri]

salmon [sǽmən]
salmonellosis [sæ̀lmənelóusis]
salon [səlán]
saloon [səlú:n]
saltine [sɔ:ltí:n]
saltpetre [sɔ́:ltpí:tər]
salve [sæ(:)v]
sanatorium [sæ̀nətɔ́:riəm]
sanitarium [sæ̀nətɛ́əriəm]
Sanskrit [sǽnskrit]
sapphire [sǽfaiər]
sarcoma [sɑ:rkóumə]
sardine [sɑ:rdí:n]
Sasquatch [sǽskwætʃ]
sass [sæs]
Satan [séitn]
satay [sátei]
satellite [sǽtəlàit]
satirical [sətírikəl]
sauce [sɔ:s]
saucepan [sɔ́:spæ̀n]
saury [sɔ́:ri]
sauté [soutéi]
sawbones [sɔ́:bòunz]
sax [sæks]
saxophone [sǽksəfòun]
scabies [skéibiì:z]
scald [skɔ:ld]
scallion [skǽljən]
scalpel [skǽlpəl]
scalper [skǽlpər]
scarlatina [skɑ̀:rlətí:nə]
scarlet [skɑ́:rlit]
scent [sent]
scheduled [skédʒu(:)ld]
schizophrenia [skìtsəfrí:niə]
scholastic [skəlǽstik]
sciatic [saiǽtik]
sciatica [saiǽtikə]
sci-fi [sáifái]
scissors [sízərz]
sclerosis [sklìəróusis]

scooter [skú:tər]
Scotch [skɑtʃ]
scour [skauər]
scraper [skréipər]
scrapyard [skrǽpjɑ̀:rd]
scratchpad [skrǽtʃpæ̀d]
scrawl [skrɔ:l]
screw [skru:]
scribble [skríbəl]
script [skript]
scrivener [skrívnər]
scroll [skroul]
scrub [skrʌb]
scrubs [skrʌbz]
scrub typhus [skrʌb táifəs]
scrunchie [skrʌ́ntʃi]
scull [skʌl]
sculpture [skʌ́lptʃər]
scurvy [skə́:rvi]
sea cucumber [si: kjú:kəmbər]
seal [si:l]
seamanship [sí:mənʃìp]
secretary [sékrətèri]
sect [sekt]
securities [sikjúəritiz]
security [sikjúəriti]
sedative [sidéitiv]
seesaw [sí:sɔ̀:]
seizure [sí:ʒər]
sellotape [sélətèip]
semaphore [séməfɔ̀:r]
semicolon [sémikòulən]
senile [sí:nail]
senior [sí:njər]
sepsis [sépsis]
septicemia [sèptəsí:miə]
septuplet [septʌ́plit]
sequel [sí:kwəl]
serum [síərəm]
server [sə́:rvər]
sesame [sésəmi]
sew [sou]

sewing [sóuiŋ]
sextuplet [sekstʌ́plit]
sexually [sékʃuəli]
sham [ʃæm]
shaman [ʃɑ́:mən]
shampoo [ʃæmpú:]
shank [ʃæŋk]
shareware [ʃɛ́ərwɛ̀ər]
Sharon [ʃǽrən]
shaver [ʃéivər]
sheepskin [ʃí:pskìn]
shell [ʃel]
shelter [ʃéltər]
shepherd [ʃépərd]
sherbet [ʃə́:rbət]
shiitake [ʃi:tǽki:]
shill [ʃil]
shin [ʃin]
shingles [ʃíŋgəls]
shipwreck [ʃíprèk]
shipyard [ʃípjɑ̀:rd]
shisha [ʃíʃə]
shoeblack [ʃú:blæ̀k]
shoemaker [ʃú:mèikər]
shorten [ʃɔ́:rtn]
shotgun [ʃátgʌ̀n]
shovel [ʃʌ́vəl]
showroom [ʃóurù(:)m]
shred [ʃred]
shriek [ʃri:k]
shrimp [ʃrimp]
shuttlecock [ʃʌ́tlkɑ̀k]
Siamese [sàiəmí:z]
sibling [síbliŋ]
sicklepod [síkəlpɑd]
siesta [siéstə]
sieve [siv]
sightseeing [sáitsìːiŋ]
sigmoidoscopy [sigmɔ́idəskòupi]
signature [sígnətʃər]
silencer [sáilənsər]
sillypant [sílipænt]

simmer [símər]
simplex [símpleks]
simultaneous [sàiməltéiniəs]
simultaneously [sàiməltéiniəsli]
sincerely [sinsíərli]
singlet [síŋglit]
sinus [sáinəs]
sinusitis [sàinəsáitis]
sip [sip]
sirloin [sə́:rlɔin]
skein [skein]
skewer [skjú:ər]
skillet [skílit]
skin-tight [skintait]
skip [skip]
skipper [skípər]
slander [slǽndər]
slasher [slǽʃər]
slaughter [slɔ́:tər]
sled [sled]
sledge [sledʒ]
sledgehammer [slédʒhæ̀mər]
sleepover [slí:pouvər]
sleeve [sli:v]
sleeveless [slí:vlis]
slingbacks [slíŋbæks]
slingshot [slíŋʃɑ̀t]
slipped [slipt]
slippery [slípəri]
slumber [slʌ́mbər]
smack [smæk]
smacker [smǽkər]
smallpox [smɔ́:lpɑ̀ks]
smartphone [smɑ́:rtfoun]
smear [smiər]
smelt [smelt]
smithy [smíθi]
smokestack [smóukstæ̀k]
smorgasbord [smɔ́:rgəsbɔ̀:rd]
smudge [smʌdʒ]
smuggle [smʌ́gəl]
smut [smʌt]

smutty [smʌ́ti]
snaggletooth [snǽgəltù:θ]
snakehead [snéikhèd]
snapper [snǽpər]
snapshot [snǽpʃɑ̀t]
sneak [sni:k]
sneakers [sní:kərz]
snitch [snitʃ]
snooze [snu:z]
snore [snɔ:r]
snowblower [snoublóuər]
snowplow [snóuplàu]
snuff [snʌf]
soak [souk]
soapsuds [sóupsʌ̀dz]
soapy [sóupi]
sole [soul]
solicitor [səlísətər]
solution [səlú:ʃən]
sommelier [sɑ̀məljéi]
somnambulism [sɑmnǽmbjəlìzəm]
somnambulist [sɑmnǽmbjəlist]
somniloquy [sɑmníləkwi]
Somnus [sɑ́mnəs]
sonogram [sɑ́nəgræ̀m]
sonography [sɑ́nəgræ̀fi]
soothsayer [sú:θsèiər]
sophism [sɑ́fizəm]
sophist [sɑ́fist]
sophistry [sɑ́fistri]
sorbet [sɔ́:rbit]
sorghum [sɔ́:rgəm]
sou'wester [su:wéstər]
sour [sáuər]
souvenir [sù:vəníər]
soybean [sɔ́ibì:n]
spacing [spéisiŋ]
spaghetti [spəgéti]
spam [spæm]
Spandex [spǽndex]
spasm [spǽzəm]
spatula [spǽtʃulə]

speakerphone [spí:kərfòun]
specialize [spéʃəlàiz]
specialty [spéʃəlti]
specific [spisífik]
specter [spéktər]
speedo [spí:dou]
speedometer [spi:dɑ́mitər]
spell [spel]
sperm [spə:rm]
spherical [sférikəl]
sphygmomanometer
 [sfigmoumənɑ́mitər]
spice [spais]
spinach [spínitʃ]
spinster [spínstər]
spiteful [spáitfəl]
splatter [splǽtər]
splint [splínt]
spoke [spouk]
sponge [spʌndʒ]
spook [spu:k]
spool [spu:l]
spoonerism [spú:nərìzəm]
spouse [spáus]
sprain [sprein]
sprawl [sprɔ:l]
spreadsheet [sprédʃit]
spur [spə:r]
sputum [spjú:təm]
spyware [spáiwɛər]
squabble [skwɑ́bəl]
squad [skwɑd]
square [skwɛər]
squat [skwɑt]
squeegee [skwí:dʒi:]
squeeze [skwi:z]
squeezebox [skwí:zbɑ̀ks]
squint [skwint]
squirt [skwə:rt]
stabilizer [stéibəlàizər]
stag [stæg]
stain [stein]

stall [stɔːl]
stammerer [stǽmərər]
standardized [stǽndərdàizd]
staple [stéipəl]
stapler [stéiplər]
starboard [stάːrbɔ̀ːrd]
starvation [stɑːrvéiʃən]
starve [stɑːrv]
stationery [stéiʃənəri]
stationmaster [stéiʃənmæ̀stər]
status [stéitəs]
statute [stǽtʃuːt]
steep [stiːp]
steer [stiər]
steersman [stíərsmæn]
stele [stíːli]
stench [stentʃ]
sterilization [stèrəlizéiʃən]
sterilize [stérəlàiz]
sterling [stə́ːrliŋ]
stern [stə́ːrn]
stethoscope [stéθəskòup]
stew [stjuː]
steward [stjúːərd]
stiletto [stilétou]
stimulant [stímjələnt]
stingray [stíŋrèi]
stir [stəːr]
stir-fry [stə́ːrfrái]
stitch [stitʃ]
stockfish [stάkfiʃ]
stockinette [stὰkənét]
stomachache [stʌ́məkèik]
stool [stuːl]
stormy [stɔ́ːrmi]
stout [staut]
strabismus [strəbízməs]
strainer [stréinər]
strap [stræp]
stretcher [strétʃər]
stripper [strípər]
stroke [strouk]

strop [strɑp]
stub [stʌb]
stuffed [stʌft]
stumble [stʌ́mbəl]
stupa [stúːpə]
stutter [stʌ́tər]
sty, stye [stai]
styptic [stíptik]
subcutaneous [sʌ̀bkjuːtéiniəs]
subdirectory [sʌbdiréktəri]
sub-epithelial [sʌbèpəθíːliəl]
submerged [sʌbmə́ːrdʒd]
subordinate [səbɔ́ːrdənit]
subscriber [sʌbskráibər]
subscription [sʌbskrípʃən]
subsidize [sʌ́bsidàiz]
substitute [sʌ́bstitjùːt]
sucker [sʌ́kər]
sufferer [sʌ́fərər]
suicide [súːəsàid]
suite [swiːt]
sulfur, sulphur [sʌ́lfər]
sunburn [sʌ́nbə̀ːrn]
sunken [sʌ́ŋkən]
superb [suːpə́ːrb]
supercomputer [sùːpərkəmpjúːtər]
superhighway [sùːpərháiwei]
superintendent [sùːpərinténdənt]
superior [səpíəriər]
supersonic [sùːpərsάnik]
supper [sʌ́pər]
supplement [sʌ́pləmənt]
supplemental [sʌ̀pləméntl]
suppository [səpάzətɔːri]
suppressant [sʌprésənt]
supreme [səpríːm]
surcharge [sə́ːrtʃὰːrdʒ]
surety [ʃúərti]
surgeon [sə́ːrdʒən]
surgery [sə́ːrdʒəri]
surgical [sə́ːrdʒikəl]
surname [sə́ːrnèim]

surrogate [sə́ːrəgèit]
sushi [súːʃi]
suspect [səspékt]
suspender [səspéndər]
suspenders [səspéndərs]
suspension [səspénʃən]
suture [súːtʃər]
swab [swɑb]
Swahili [swɑːhíːli]
swamp [swɑmp]
swap [swɑp]
swear [swɛər]
swearword [swɛərwə́ːrd]
sweatband [swétbænd]
sweepstakes [swíːpstèiks]
sweetbrier [swíːtbràiər]
sweetfish [swíːtfiʃ]
sweetheart [swíːthὰːrt]
swimsuit [swímsùːt]
switchback [swítʃbæ̀k]
switchboard [swítʃbɔ̀ːrd]
swung [swʌŋ]
syllable [síləbəl]
symptom [símptəm]
syndication [sindəkéiʃən]
syndrome [síndroum]
synonym [sínənim]
synthesizer [sínθəsàizər]
synthetic [sinθétik]
syphilis [sífəlis]
syringe [səríndʒ]
syrup [sírəp]
sysop [sísop]

T

tab [tæb]
tabasco [təbǽskou]
table d'hote [tάːbl dóut]
tablet [tǽblit]
tabloid [tǽblɔid]

tachometer [tækάmitər]
tack [tæk]
tacking [tǽkiŋ]
taco [tάːkou]
taffy [tǽfi]
tailpipe [téilpàip]
tambourine [tæ̀mbərí:n]
tandem [tǽndəm]
tangerine [tæ̀ndʒərí:n]
tanker [tǽŋkər]
tapeline [téiplàin]
tapeworm [téipwəːrm]
tariff [tǽrif]
taro [tάːrou]
tarot [tǽrou]
tart [tɑːrt]
tartar [tάːtər]
taskbar [tǽskbɑːr]
taximeter [tǽksimìːtər]
taxpayer [tǽkspéiər]
teakettle [tíːkètl]
teapot [tíːpὰt]
tearjerker [tíərdʒɚːrkər]
technocrat [téknəkrὰt]
technophobia [tèknəfóubiə]
teeter-totter [tíːtərtὰtər]
telecommunication
 [tèləkəmjùːnəkéiʃən]
telegraph [téləgrὰ̀f]
telephonist [təléfənist]
telescope [téləskòup]
teleshopping [tèləʃάpiŋ]
temaki [temaki]
tenderloin [téndərlɔ̀in]
tequila [təkíːlə]
terminology [tɚ̀ːrmənάlədʒi]
terminus [tɚ́ːrmənəs]
terrain [təréin]
territory [térətɔ̀ːri]
testicular [testíkjulər]
tetanus [tétənəs]
texture [tékstʃər]

Thai [tai]
Thanksgiving [θæ̀ŋksgíviŋ]
theft [θeft]
theme [θiːm]
theology [θiːάlədʒi]
therapeutic [θèrəpjúːtik]
therapist [θérəpist]
therapy [θérəpi]
thermal [θɚ́ːrməl]
thermals [θɚ́ːrməlz]
thermodynamics
 [θɚ̀ːrmoudainǽmiks]
thermometer [θərmάmitər]
Thermos [θɚ́ːrməs]
thermosphere [θɚ́ːrməsfìər]
thermotherapy [θɚ̀ːrmouθérəpi]
thigh [θai]
thimble [θímbəl]
thong [θɔ(ː)ŋ]
thoracic [θɔːrǽsik]
thornback [θɔ́ːrnbæ̀k]
thoroughfare [θɚ́ːrouffɛ̀ər]
thread [θred]
threaten [θrétn]
thrift [θrift]
throat [θrout]
thrombosis [θrɑmbóusis]
thumbprint [θʌ́mprìnt]
thumbtack [θʌ́mtæ̀k]
thyroid [θáirɔid]
thyroiditis [θàirɔidáitis]
tiara [tiɛ́ərə]
Tibetan [tibétən]
tic [tik]
timeshare [táimʃɛ̀ər]
timpani [tímpəni]
tinea [tíniə]
tinea cruris [tíniə krúəris]
tinea pedis [tíniə pédis]
tinnitus [tináitəs]
tobacconist [təbǽkənist]
toiletry [tɔ́ilitri]

toilette [twɑːlét]
tollway [tóulwèi]
tomogram [tóuməgræ̀m]
tomography [təmάgrəfi]
toner [tóunər]
tongs [tɔ(ː)ŋz]
tongue [tʌŋ]
tongued [tʌŋd]
tonnage [tʌ́nidʒ]
tonsil [tάnsil]
tonsillectomy [tὰnsəléktəmi]
tonsillitis [tὰnsəláitis]
toothbrush [túːθbrʌ̀ʃ]
toothpaste [túːθpèist]
toothpick [túːθpìk]
topaz [tóupæz]
torque [tɔːrk]
tortilla [tɔːrtíːjə]
toupee [tuːpéi]
tourmaline [túərməlin]
tourniquet [túərnikit]
tout [taut]
township [táunʃip]
toxemia [tɑksíːmiə]
tracheotomy [trèikiάtəmi]
tracing [tréisiŋ]
trackball [trǽkbɔːl]
trackless [trǽklis]
trafficking [trǽfikiŋ]
tragicomedy [trὰdʒəkάmədi]
trailing [tréiliŋ]
tramlines [trǽmlàinz]
trampoline [trǽmpəlìːn]
tramway [trǽmwèi]
tranquilizer [trǽŋkwəlàizər]
transcontinental [træ̀nskɑntənéntl]
transfer [trænsfɚ́ːr]
transfuse [trænsfjúːz]
transfusion [trænsfjúːʒən]
transit [trǽnsit]
translation [trænsléiʃən]
translator [trænsléitər]

transmission [trænsmíʃən]
transmit [trænsmítʃən]
transparent [trænspɛ́ərənt]
transplant [trænsplǽnt]
transplantation [trænsplæntéiʃən]
transsexual [trænssékʃuəl]
transvestism [trænsvéstizm]
trauma [trɔ́ːmə]
traumatic [trɔːmǽtik]
treadmill [trédmil]
treasury [tréʒəri]
terabyte [térəbait]
trews [truːz]
trial version [tráiəl və́ːrʒən]
triangle [tráiæŋɡəl]
tribute [tríbjuːt]
tricycle [tráisikəl]
trike [traik]
trilby [trílbi]
trimmer [trímər]
tripe [traip]
triplet [tríplit]
troll [troul]
trolley [tráli]
trolleybus [trálibʌs]
trombone [trɑmbóun]
troop [truːp]
trooper [trúːpər]
trotters [trátərs]
trousers [tráuzərz]
trout [traut]
truckle [trʌ́kəl]
truffle [trʌ́fəl]
trumpet [trʌ́mpit]
truncheon [trʌ́ntʃən]
trundle [trʌ́ndl]
tsutsugamushi [tsutsugəmúːʃi]
tuba [tjúːbə]
tubal [tjúːbəl]
tuberculin [tjuːbə́ːrkjulin]
tuberculosis [tjuːbə̀ːrkjəlóusis]
tuck [tʌk]

tuition [tjuːíʃən]
tulip [tjúːlip]
tummy [tʌ́mi]
tumor [tjúːmər]
tuner [tjúːnər]
turbojet [tə́ːrboudʒèt]
turnip [tə́ːrnip]
turnpike [tə́ːrnpàik]
turnstile [tə́ːrnstàil]
turquoise [tə́ːrkwɔiːz]
tutor [tjúːtər]
tweezers [twíːzərz]
twister [twístər]
typeface [táipfèis]
typhoid [táifɔid]
typhus [táifəs]
typo [táipou]
typographical [tàipəɡrǽfikəl]

U

ulcer [ʌ́lsər]
ultimatum [ʌ̀ltiméitəm]
ultrasonogram [ʌ̀ltrəsánəɡræ̀m]
ultrasonography [ʌ̀ltrəsánəɡræ̀fi]
ultraviolet [ʌ̀ltrəváiəlit]
umbilical [ʌmbílikəl]
umpire [ʌ́mpaiər]
unalienable [ʌ̀néiljənəbəl]
unassigned [ʌ̀nəsáind]
unattached [ʌ̀nətǽtʃt]
unconverted [ʌ̀nkənvə́ːrtid]
undergarment [ʌ́ndərɡàːrmənt]
underpass [ʌ́ndərpæ̀s]
underscore [ʌ̀ndərskɔ́ːr]
undersecretary [ʌ̀ndərsékrətèri]
undertaking [ʌ̀ndərtéikiŋ]
underwear [ʌ́ndərwɛ̀ər]
undulant [ʌ́ndʒulənt]
unglazed [ʌ̀nɡléizd]
unicycle [júːnəsàikəl]

unidentified [ʌ̀naidéntəfàid]
unintended [ʌ̀nintÉndid]
unintentionally [ʌ̀nintÉnʃənəli]
unleaded [ʌ̀nlédid]
unlicensed [ʌ̀nláisənst]
unmanned [ʌ̀nmǽnd]
unrefined [ʌ̀nrifáind]
unripened [ʌ̀nráipənd]
unsubsidize [ʌ̀nsʌ́bsədɑiz]
urban [ə́ːrbən]
uremia [juəríːmiə]
urethritis [jùərəθráitis]
urinal [júərənl]
urinalysis [juərənǽləsis]
urination [juərənéiʃən]
urine [júərin]
urolith [juəráliːθ]
urologist [juəráledʒist]
urology [juərálədʒi]
urticaria [ə́ːrtikɛ̀əriə]
uterine [júːtəràin]
uterus [júːtərəs]
utility [juːtíləti]
utter [ʌ́tər]
utterance [ʌ́tərəns]

V

vaccination [væ̀ksənéiʃən]
vacuum [vǽkjuəm]
vaginal [vədʒáinəl]
vaginitis [væ̀dʒənáitis]
valet [vǽlit, væléi]
valuable [vǽljuəbəl]
valvular [vǽlvjələr]
vampire [vǽmpaiər]
vanity [vǽnəti]
vapour [véipər]
variable [vɛ́əriəbəl]
varicella [væ̀rəsélə]
varicose [vǽrəkòus]

variola [vəráiələr]
varix [vɛ́əriks]
varnish [váːrniʃ]
vascular [vǽskjələr]
vasectomy [væséktəmi]
Vaseline [vǽsəlìːn]
vasovasostomy [vasovasóstəmi]
VAT [væt, vieití]
vault [vɔːlt]
vegan [víːgən]
Vegeburger [védʒəbə́ːrgər]
vegetarian [vèdʒətɛ́əriən]
veggie [védʒi(ː)]
vehicle [víːikəl]
vein [vein]
Velcro [vélkrou]
vellum [véləm]
vendor [véndər]
venereal [vəníəriəl]
verbal [və́ːrbəl]
verbalize [və́ːrbəlàiz]
vermifuge [və́ːrməfjùːdʒ]
vertical [və́ːrtikəl]
vertigo [və́ːrtigòu]
veteran [vétərən]
veterinarian [vètərənɛ́əriən]
veterinary [vétərənèri]
vial [váiəl]
vibrate [váibreit]
Vibrio Vulnificus Septicemia
 [víbriòu vʌ́lnifikəs sèptəsíːmiə]
vice [vais]
victim [víktim]
Vietnam [vietnáːm]
Vietnamese [vièstnəmíːz]
vine [vain]
vinegar [vínigər]
vintage [víntidʒ]
vinyl [váinəl]
viola [vióulə]
violet [váiəlit]
virgin [və́ːrdʒin]

virginity [vərdʒínəti]
Virgo [və́ːrgou]
virgule [və́ːrgjuːl]
virtual [və́ːrtʃuəl]
virtuous [və́ːrtʃuəs]
visceral [vísərəl]
vise [vais]
vista [vístə]
vitiligo [vitəláigou]
vituperation [vaitjùːpəréiʃən]
vocabulary [voukǽbjulèri]
voluptuous [vəlʌ́ptʃuəs]
vomit [vámit]
voucher [váutʃər]
voyage [vɔ́iidʒ]
voyeurism [vwaːjə́ːrizm]
vulgar [vʌ́lgər]

W

wad [wad]
wadding [wádiŋ]
waders [wéidərz]
wafer [wéifər]
waffle [wáfəl]
waiver [wéivər]
wake [weik]
wallpaper [wɔ́ːlpèipər]
walnut [wɔ́ːlnʌt]
walrus [wɔ́(ː)lrəs]
wand [wɑnd]
warden [wɔ́ːrdn]
wardrobe [wɔ́ːrdròub]
warranty [wɔ́(ː)rənti]
wax [wæks]
waxwork [wǽkswə̀ːrk]
weatherfish [wéðərfiʃ]
weave [wiːv]
webcam [wébkæm]
weblog [weblɔ́(ː)g]
wedge [wedʒ]

weedkiller [wíːdkìlər]
Welsh [welʃ]
wen [wen]
whale [hweil]
whaler [hwéilər]
wharf [hwɔːrf]
whatsername [hwʌ́tsərneim]
whatsisname [hwʌ́tsizneim]
wheat [hwiːt]
wheelbarrow [hwíːlbæ̀rou]
whip [hwip]
whirlpool [hwə́ːrlpùːl]
whisk [hwisk]
whiskey [hwíski]
whistle [hwísəl]
whitebait [hwáitbèit]
whitehead [hwáithed]
whiteout [hwáitàut]
whodunit [huːdʌ́nit]
wholesale [hóulsèil]
wholesaler [hóulsèilər]
whooping [húː(ː)piŋ]
widower [wídouər]
width [widθ]
wig [wig]
will o'the wisp [wiləðəwísp]
windbreaker [wíndbrèikər]
windcheater [wíndtʃiːtər]
windmill [wíndmìl]
windscreen [wíndskrìːn]
windshield [wíndʃìːld]
wingtips [wíŋtips]
wireless [wáiərlis]
wok [wɑk]
wolfberry [wúlfbèri]
womanize [wúmənàiz]
womb [wuːm]
wonton [wántan, wɔ́ntɔn]
woodchuck [wudtʃʌk]
workaholism [wə́ːrkəhɔ̀ːlizəm]
workstation [wə́ːrkstèiʃən]
wreath [riːθ]

wrecker [rékər]
wrench [rentʃ]
wringer [ríŋər]
wristband [rístbæ̀nd]
wushu [wʌ́ʃu]

X

Xanthippe [zæntípi]
xenophobia [zènəfóubiə]
xerophthalmia [zìərɑfθǽlmiə]
xerox [zíərɑks]
Xing [krɔ́ːsiŋ]
xylophone [záiləfòun]

Y

yacht [jɑt, jɔt]
yak [jæk]
yam [jæm]
yarn [jɑːrn]
yawn [jɔːn]
yellowtail [jélouteil]
yen [jen]
Yeti [jéti]
yield [jiːld]
yuan [júːan]
yuzu [júːzu]

Z

zebra [zíːbrə]
zeppelin [zépəlin]
zimmer [zíːməːr]
zip [zip]
zircon [zə́ːrkɑn]
zoological [zòuəlɑ́dʒikəl]
zoophobia [zòuəfóubiə]
zucchini [zu(ː)kíːni]

index 한글색인

1달러	164	TCP/IP	254	가발	55
1센트	164	TV수신카드	242	가변차선	186
1음절어	89	T자	64, 131	가보	154
10달러	164	UCC	255	가부장	16
10센트	164	UMPC	241	가사	56
100달러	165	URL	255	가산금리	171
2단 침대	69	USB 메모리	244	가상박물관	320
2달러	164	VDSL	253	가상현실	255
2음절어	89	XML	255	가속페달	207
2인승 차	197			가솔린엔진	210
2인용 자전거	217			가스충전소	128
20달러	164			가십	96
25센트	164	ㄱ		가오리	120
3일장	104			가운뎃점	93
5달러	164	가게	105	가위	131
5센트	164	가격	157	가위눌림	67, 288
5일장	104	가격경쟁	158	가이드북	132
50달러	164	가격 파괴	158	가자미	120
50센트	164	가격표	149	가장	16
7일장	104	가계대출	170	가정	16
ABS브레이크	209	가계도	17	가정의	270
ADSL	253	가계수표	162	가정의학과	281
B급 영화	318	가교	187	가정주부	16
B형 간염	282	가구	125	가족	16
CD롬 드라이브	244	가구점	125	가족관계증명서	315
CRT 모니터	242	가구주	16	가족실	145
DDoS	255	가다	191	가족영화	317
DVD 드라이브	244	가다랑어	120	가족제도	17
DVD방	149	가드레일	184	가죽바지	137
HTML	255	가라오케	146	가죽신	135
HTTP	251	가로등	184	가죽코트	137
ISDN	253	가루비누	57	가지	122
LA갈비	124	가루약	301	가축병원	272
LCD 모니터	242	가르마를 타다	55	가타가나	88
MID	241	가마	159, 237	가터벨트	133
PC방	147	가마꾼	237	가판대	125
PDA	241	가마니	159	가훈	17
PDF파일	247	가맹점	107	각괄호	93
PDP 모니터	242	가명	14	각광	325
RSS	255	가명계좌	173	각도기	131
SF영화	317	가문	17	각료	310
		가물치	120		

각막염	285
각막은행	273
각막이식수술	281
각반	138
각서	100
각성제	302
각질제거기	51
각질제거제	51
간경변	283
간경화	283
간니	293
간병인	271
간선	223
간선도로	182
간수	311
간식	46
간암	284
간염	282, 283
간이식당	108
간이역	223
간이 화장실	72
간질	288
간첩선	225
간청	80
간체자	88
간통	42
간통죄	42
간판	106
간호사	270
간호조무사	270
갈겨쓰다	86
갈다	61
갈림길	180
갈매기살	124
갈아타다	212
갈치	120
감	117
감귤	117
감기	285
감기약	302
감다	49

감람석	129
감사장	100
감사편지	263
감상문	94
감시선	225
감언이설	96
감염내과	281
감자	122
감탄문	92
갑상선 기능저하증	283
갑상선 기능항진증	283
갑상선암	284
갑상선염	283
갑상선종	283
갑판	227
갑판실	227
갑판원	224
갑판장	224
값	157
갓	122
갓길	182
강낭콩	122
강매	150
강박장애	291
강박증	291
강삭철도	221
강세	90
강심제	302
강장제	302
강적	31
강정	118
강제착륙	235
강조	80
개관	326
개꿈	67
개나리꽃	130
개다	57, 61
개봉관	317
개봉작	318
개썰매	237
개암	123

개업하다	148
개인도서관	322
개인병원	272
개인수표	162
개인용 컴퓨터	241
개인전	321
개인택시	220
개점 시간	148
개점하다	148
개조차	199
개찰구	223
객석	325
객실	145, 233
객실 청소부	145
객차	222
갤런	177
갱년기장애	283
갱영화	317
갹출하다	151
거금	161
거담제	302
거대상점	107
거들	133
거르다	47
거부반응	280
거상	105
거스름돈	161
거식증	291
거울의 집	328
거인증	283
거주자 우선 주차구역	193
거즈	304
거짓말	96
거품목욕	50
건널목	184
건망증	291
건반악기	136
건빵	118
건빵바지	137
건선	289
건어물상	116

건재상 ⋯⋯⋯⋯⋯⋯ 125	결핵 ⋯⋯⋯⋯⋯⋯⋯ 282	계모 ⋯⋯⋯⋯⋯⋯⋯⋯ 19
건조 ⋯⋯⋯⋯⋯⋯⋯ 228	결혼 ⋯⋯⋯⋯⋯⋯⋯⋯ 36	계부 ⋯⋯⋯⋯⋯⋯⋯⋯ 18
건조기 ⋯⋯⋯⋯⋯⋯⋯ 56	결혼기념일 ⋯⋯⋯⋯⋯ 37	계산 ⋯⋯⋯⋯⋯⋯⋯ 151
건조대 ⋯⋯⋯⋯⋯⋯⋯ 56	결혼반지 ⋯⋯⋯⋯⋯⋯ 40	계산대 ⋯⋯⋯⋯⋯⋯ 106
건조안 ⋯⋯⋯⋯⋯⋯ 285	결혼사진 ⋯⋯⋯⋯⋯⋯ 38	계산서 ⋯⋯⋯⋯⋯⋯ 149
건축자재 ⋯⋯⋯⋯⋯ 125	결혼식 ⋯⋯⋯⋯⋯⋯⋯ 39	계산원 ⋯⋯⋯⋯⋯⋯ 106
건포도 ⋯⋯⋯⋯⋯⋯ 117	결혼식장 ⋯⋯⋯⋯⋯⋯ 40	계선주 ⋯⋯⋯⋯⋯⋯ 229
걷다 ⋯⋯⋯⋯⋯⋯⋯⋯ 57	결혼정보업체 ⋯⋯⋯⋯ 37	계수 ⋯⋯⋯⋯⋯⋯⋯⋯ 23
걸레 ⋯⋯⋯⋯⋯⋯⋯⋯ 59	결혼행진곡 ⋯⋯⋯⋯⋯ 40	계약결혼 ⋯⋯⋯⋯⋯⋯ 36
검사 ⋯⋯⋯⋯⋯ 295, 313	겸자 ⋯⋯⋯⋯⋯⋯⋯ 276	계약금 ⋯⋯⋯⋯⋯⋯ 151
검색 ⋯⋯⋯⋯⋯⋯⋯ 252	경고문 ⋯⋯⋯⋯⋯⋯⋯ 94	계약서 ⋯⋯⋯⋯⋯⋯ 100
검색대 ⋯⋯⋯⋯⋯⋯ 236	경구 ⋯⋯⋯⋯⋯⋯⋯⋯ 96	계절성정서장애 ⋯⋯ 290
검색어 ⋯⋯⋯⋯⋯⋯ 252	경구 피임약 ⋯⋯⋯⋯ 303	계좌 ⋯⋯⋯⋯⋯⋯⋯ 173
검색엔진 ⋯⋯⋯⋯⋯ 251	경련 ⋯⋯⋯⋯⋯⋯⋯ 288	계좌번호 ⋯⋯⋯⋯⋯ 173
검안사 ⋯⋯⋯⋯⋯⋯ 127	경로당 ⋯⋯⋯⋯⋯⋯ 327	고가 ⋯⋯⋯⋯⋯⋯⋯ 157
검은콩 ⋯⋯⋯⋯⋯⋯ 122	경로석 ⋯⋯⋯⋯⋯⋯ 214	고가도로 ⋯⋯⋯⋯⋯ 182
검진 ⋯⋯⋯⋯⋯⋯⋯ 295	경멸어 ⋯⋯⋯⋯⋯⋯⋯ 89	고가 사다리 ⋯⋯⋯⋯ 200
검표원 ⋯⋯⋯⋯⋯⋯ 215	경비원 ⋯⋯⋯⋯⋯⋯ 106	고가품 ⋯⋯⋯⋯⋯⋯ 153
게스트하우스 ⋯⋯⋯ 144	경비행기 ⋯⋯⋯⋯⋯ 231	고객 ⋯⋯⋯⋯⋯⋯⋯ 149
게시판 ⋯⋯⋯⋯⋯⋯ 255	경석 ⋯⋯⋯⋯⋯⋯⋯⋯ 51	고공비행 ⋯⋯⋯⋯⋯ 234
게이트 ⋯⋯⋯⋯⋯⋯ 236	경어 ⋯⋯⋯⋯⋯⋯⋯⋯ 96	고관 ⋯⋯⋯⋯⋯⋯⋯ 310
게임중독 ⋯⋯⋯⋯⋯ 291	경유차 ⋯⋯⋯⋯⋯⋯ 202	고관대작 ⋯⋯⋯⋯⋯ 310
격납고 ⋯⋯⋯⋯⋯⋯ 236	경쟁자 ⋯⋯⋯⋯⋯⋯⋯ 31	고구마 ⋯⋯⋯⋯⋯⋯ 122
격려 ⋯⋯⋯⋯⋯⋯⋯⋯ 80	경적 ⋯⋯⋯⋯⋯⋯⋯ 207	고금리 ⋯⋯⋯⋯⋯⋯ 171
격언 ⋯⋯⋯⋯⋯⋯⋯⋯ 96	경적 소리 ⋯⋯⋯⋯⋯ 207	고급차 ⋯⋯⋯⋯⋯⋯ 201
견과류 ⋯⋯⋯⋯⋯⋯ 123	경전철 ⋯⋯⋯⋯⋯⋯ 221	고급품 ⋯⋯⋯⋯⋯⋯ 153
견본품 ⋯⋯⋯⋯⋯⋯ 153	경주용 오토바이 ⋯⋯ 217	고기 ⋯⋯⋯⋯⋯⋯⋯ 116
견인차 ⋯⋯⋯⋯⋯⋯ 200	경주용 자동차 ⋯⋯⋯ 200	고기요리 ⋯⋯⋯⋯⋯ 110
견적서 ⋯⋯⋯⋯⋯⋯ 100	경주용 자전거 ⋯⋯⋯ 217	고기파이 ⋯⋯⋯⋯⋯ 110
결막염 ⋯⋯⋯⋯⋯⋯ 285	경차 ⋯⋯⋯⋯⋯⋯⋯ 201	고깃배 ⋯⋯⋯⋯⋯⋯ 225
결명자차 ⋯⋯⋯⋯⋯ 113	경착륙 ⋯⋯⋯⋯⋯⋯ 235	고깃집 ⋯⋯⋯⋯⋯⋯ 108
결벽증 ⋯⋯⋯⋯⋯⋯ 290	경찰관 ⋯⋯⋯⋯⋯⋯ 312	고데기 ⋯⋯⋯⋯⋯⋯⋯ 54
결석 ⋯⋯⋯⋯⋯⋯⋯ 283	경찰복 ⋯⋯⋯⋯⋯⋯ 312	고도계 ⋯⋯⋯⋯⋯⋯ 233
결손가정 ⋯⋯⋯⋯⋯⋯ 16	경찰봉 ⋯⋯⋯⋯⋯⋯ 312	고등어 ⋯⋯⋯⋯⋯⋯ 120
결의문 ⋯⋯⋯⋯⋯⋯⋯ 94	경찰서 ⋯⋯⋯⋯⋯⋯ 312	고딕체 ⋯⋯⋯⋯⋯⋯⋯ 88
결장암 ⋯⋯⋯⋯⋯⋯ 284	경찰서장 ⋯⋯⋯⋯⋯ 312	고래 ⋯⋯⋯⋯⋯⋯⋯ 120
결장염 ⋯⋯⋯⋯⋯⋯ 283	경찰차 ⋯⋯⋯⋯⋯ 200, 312	고량주 ⋯⋯⋯⋯⋯⋯ 115
결제 ⋯⋯⋯⋯⋯⋯⋯ 151	경청하다 ⋯⋯⋯⋯⋯⋯ 85	고로케 ⋯⋯⋯⋯⋯⋯ 110
결제수단 ⋯⋯⋯⋯⋯ 161	경품 ⋯⋯⋯⋯⋯⋯⋯ 153	고리 ⋯⋯⋯⋯⋯⋯⋯ 171
결항 ⋯⋯⋯⋯⋯⋯⋯ 235	경험담 ⋯⋯⋯⋯⋯⋯⋯ 96	고모 ⋯⋯⋯⋯⋯⋯⋯⋯ 25
결항하다 ⋯⋯⋯⋯⋯ 230	계기판 ⋯⋯⋯⋯⋯ 207, 233	고모부 ⋯⋯⋯⋯⋯⋯⋯ 25

고모할머니	25	곡예비행	234	공상과학영화	317
고무망치	64	곤돌라	224	공수병	282
고무보트	224	골다공증	283	공연장	320
고무신	135	골동품	125	공영주차장	193
고무장갑	59	골동품상	125	공용어	76
고물	125, 227	골드카드	163	공원	329
고물상	125	골목	180	공장도 가격	157
고물차	201	골목길	180	공정가격	157
고백	80	골무	58	공중급유	232
고사리	123	골밀도 검사	295	공중급유기	232
고사성어	89	골반바지	137	공중전화	260
고서	132	골수이식수술	280	공중전화부스	260
고소공포증	290	골암	284	공중 화장실	72
고속도로	182	골프	146	공증인	313
고속버스	219	골프가방	134	공직자	310
고속차선	186	골프공	134	공짜	155
고속철도	221	골프 연습장	146	공짜표	326
고시가격	157	골프장	146	공책	131
고아	327	골프채	134	공처가	24
고아원	327	골프카	200	공치사	99
고액권	164	골프카트	200	공판장	104
고어	76, 89	곰인형	139	공포영화	317
고유어	89	곰장어	120	공포증	290
고정금리	171	곱셈표	92	공항	236
고조모	25	곱창	124	공항버스	219
고조부	25	곱창밴드	55	공항철도	221
고조부모	25	공	134	공황발작	290
고조할머니	25	공개서한	263	공황장애	290
고조할아버지	25	공개소스	249	과대망상	290
고종사촌	26	공개 소프트웨어	245	과민성대장증후군	283
고지서	100	공개편지	263	과부	43
고지혈증	283	공공도서관	322	과속	190
고철	125	공구	63	과속감시구역	184
고철상	125	공구상자	63	과속방지턱	184
고추	122	공동구매	150	과식	48
고추냉이	122	공동판매장	104	과용	307
고추잡채	112	공립도서관	322	과일	116, 117
고혈당증	283	공모전	321	과일가게	116
고혈압	284	공무원	310	과일주	115
고환암	284	공문서	100	과자	116, 118
곡괭이	63	공산품	153	과자점	116

과적검문소	184	교도관	311	구매가	157
과적차량	199	교도소	311	구매력	150
과학관	320	교도소장	311	구매욕	150
과학기술공포증	290	교본	132	구매자	149
과학박물관	320	교육감	312	구매확인서	149
관	177	교육위원회	312	구멍가게	107
관객	325	교육청	312	구명보트	224
관계사절	91	교차로	184	구명정	224
관계절	91	교통량	215	구문	95
관공서	311	교통비	214	구순포진	289
관광버스	219	교통사고	195	구아바	117
관광열차	221	교통신호	184	구애하다	32
관광호텔	144	교통체증	215	구어	76
관람객	325	교통카드	215	구입	150
관람석	325	교통표지판	184	구입가	157
관료	310	교환	152	구제금융	170
관료주의	310	교환국	314	구청	311
관리	310	교환권	161	구청장	311
관악기	136	교환기	314	구충제	302
관음증	291	교환원	314	구치소	312
관장	298	구	91	구형	154
관장약	304	구강성교	34	구형차	201
관제사	236	구강외과	278	국가 공무원	310
관제엽서	264	구강외과 의사	278	국가번호	259
관제탑	236	구강청결제	49, 304	국내공항	236
괄호	93	구권	164	국내선	235
광견병	282	구급상자	301	국내우편	262
광고 우편물	263	구급약	301	국내전화	258
광고판	106	구급차	200, 276	국도	182
광내다	59	구기자	117	국립공원	329
광섬유	253	구기자차	113	국립도서관	322
광어	120	구내식당	108	국립박물관	320
광장	329	구두	135, 140	국립병원	272
광장공포증	290	구두닦이	140	국립은행	169
광케이블	253	구두수선업자	140	국무총리	310
광통신	240	구두약	140	국문	94
광학 디스크 드라이브	244	구두점	93	국보	154
괴기영화	317	구둣방	140	국산영화	318
괴담	96	구둣솔	140	국산차	199
괴목	211	구름다리	187	국산품	153
교과서	132	구매	150	국소마취	294

국소마취제 … 305	귀담아듣다 … 85	글라이더 … 231
국어 … 76	귀띔 … 80	글러브 … 134
국전 … 321	귀리 … 121	글로브박스 … 207
국제결혼 … 37	귀마개 … 138	글씨체 … 88
국제공항 … 236	귀빈석 … 325	글자 … 87
국제선 … 235	귀성열차 … 221	글짓기 … 95
국제어 … 76	귀엣말 … 97	금 … 129
국제우편 … 262	귀이개 … 54	금강혼식 … 37
국제운전면허증 … 193	귀중품 … 326	금고 … 169
국제전화 … 258	귓속말 … 97	금고실 … 169
국제특급우편 … 262	규격품 … 153	금귤 … 117
국책은행 … 169	규칙서 … 132	금니 … 293
국철 … 223	귤 … 117	금리 … 171
국화 … 130	그네 … 328	금서 … 132
국화차 … 113	그래픽 디자이너 … 249	금식 … 47
국회도서관 … 322	그래픽 소프트웨어 … 246	금언 … 96
군것질거리 … 46	그래픽카드 … 242	금연보조제 … 304
군만두 … 112	그랜드피아노 … 136	금연석 … 109
군모 … 138	그램 … 177	금은방 … 125
군수 … 311	그릇 … 46	금잔화 … 130
군용기 … 232	그리스어 … 78	금전등록기 … 106
군용수송기 … 232	그림엽서 … 264	금혼식 … 37
군용열차 … 221	그림책 … 132	금화 … 164
군용차 … 200	그물침대 … 69	급발진 사고 … 195
군청 … 311	극비문서 … 100	급수차 … 200
군표 … 164	극약 … 305	급수탑 … 223
군함 … 225	극장 … 320	급우 … 30
군화 … 135	근 … 177	급정거하다 … 192
굴다리 … 184	근대 … 122	급체 … 283
굴뚝 … 227	근로계약서 … 100	급커브 … 183
굴비 … 120	근린공원 … 329	급행열차 … 221
굴절버스 … 219	근시 … 285	급회전하다 … 192
굶다 … 47	근시안 … 285	긍정문 … 92
굽다 … 62	근위축증 … 288	긍정어 … 89
권유 … 80	근육경련 … 288	기계번역 … 86
권장가격 … 157	근육주사 … 277	기관 … 210
권태기 … 42	근저당 … 170	기관사 … 221, 224
궤변 … 96	근친상간 … 34	기관절개술 … 279
궤변가 … 96	근친혼 … 37	기관지염 … 285
궤양 … 289	글 … 94	기관지확장증 … 285
귀금속 … 125	글라디올러스 … 130	

기관차	222	기초 화장품	52	꽃빵	112
기구	237	기침	285	꽃시장	104
기내	233	기침약	302	꿈	67
기내방송	233	기타	136	끈수영복	134
기내상영영화	233	기항지	229, 236	끈팬티	133
기내식	233	기혼 남성	43	끈	63
기념우표	265	기혼 여성	43	끓이다	62
기념품	125, 153	기혼의	43	낑깡	117
기념품점	125	기혼자	43		
기능성 화장품	52	기화기	209		
기도	106	긴급전화번호	259	**ㄴ**	
기도문	94	긴치마	137		
기도서	132	긴팔 셔츠	137	나눗셈표	92
기러기 아빠	18	길	180	나들목	184
기록영화	317	길동무	30	나룻배	225
기름종이	54	길몽	67	나리꽃	130
기면증	67	길벗	30	나막신	135
기면증	288	길이	176	나무망치	64
기밀문서	100	깁스	298	나물	123
기본요금	214	깊이	176	나병	282
기사문	94	까다	61	나비넥타이	138
기선	225	깎다	61	나사	63
기성화	135	깐쇼새우	112	나이트클럽	146
기술관료	310	깐풍기	112	나초	110
기어	209	깜빡이	205	나팔	136
기어스틱	207	깡통	159	나팔꽃	130
기억상실증	291	깨	122	나팔바지	137
기억장애	291	깨끗한	60	낙태수술	286
기원	146	깨다	68	낚싯배	225
기입하다	86	깨어나다	68	난관결찰술	286
기장	121, 231	깨우다	68	난소암	284
기재하다	86	깻잎	122	난시	285
기저귀발진	289	꺾음 괄호	93	난시안	285
기적	227	껌	118	난자은행	273
기준금리	171	꼬리날개	233	난파	230
기지국	266	꼬리치다	32	난파선	225
기차	221	꼬치 오뎅	111	난파자	230
기차역	223	꼭두각시인형	139	난폭운전	190
기착	235	꽁치	120	난폭운전자	190
기창	233	꽃	125, 130	날개	233
기체	233	꽃가게	125	남동생	23

남방셔츠	137	네커치프	138	놀이동산	328
남옥	129	네트워크	253	놀이방	327
남용	307	네트워크 관리자	251	놀이터	328
남자 가장	16	네티즌	251	농구공	134
남자 승무원	231	네티켓	251	농구화	135
남자 화장실	72	넥타이	138	농담	97
남편	24	넥타이핀	138	농산물시장	104
납세자	313	넷북	241	농어	120
낫토	111	노가리	120	높이	176
낭독하다	85	노래방	146	높임말	96
낮잠	66	노래책	132	뇌경색	284
내과	281	노르웨이어	78	뇌막염	282
내과 의사	281	노모	19	뇌성마비	288
내려받기	248	노부모	18	뇌수막염	282
내리막길	180	노부부	24	뇌수술	280
내뱉다	80	노선	216, 235	뇌일혈	284
내복	133	노선도	216	뇌졸중	284
내분비내과	281	노숙자보호소	327	뇌종양	284
내분비 질환	283	노숙하다	66	뇌출혈	284
내비게이션	216	노안	285	누각	329
내사시	285	노약자석	214	누나	23
내선번호	259	노이로제	290	누드 브라	133
내시경	276	노인과	281	누리꾼	251
내시경검사	295	노인정	327	누비이불	71
내연기관	210	노점	125	누이동생	23
냉각기	209	노점상	105	눈깔사탕	118
냉각수	209	노처녀	43	눈병	285
냉동차	200	노천극장	320	눈썹연필	53
냉방병	282	노천온천	329	눈화장	52
냉이	123	노천카페	109	눕다	68
냉찜질팩	305	노총각	43	뉘앙스	90
냉커피	113	노출증	291	느낌표	93
냥	177	노트	131, 228	느타리버섯	123
너비	176	노트북	241	늑막염	285
너트	63	녹내장	285	늦둥이	20
널다	57	녹두	122	늦잠	66
넓이	176	녹차	113	니퍼	63
넘기다	55	논설문	94		
넙치	120	논술학원	146		
네온사인	106	논평	80		
네일아트점	140	놀이기구	328		

ㄷ

다독	85
다듬다	61
다랑어	120
다래	117
다래끼	289
다리	187
다리미	57
다리미판	57
다림질	57
다모증	289
다발	159
다방	108
다용도칼	63
다운되다	249
다운로드	248
다음절어	89
다의어	89
다이아몬드	129
다이어리	131
다이어트	47
다이얼	260
다중인격	290
다지다	61
다큐멘터리	317
다크초콜릿	118
다툼	33
다트	139
다한증	289
닦다	49, 59
단가	157
단거리비행	234
단골	149
단골가게	107
단기대출	170
단꿈	67
단락	95
단란주점	114
단리	171
단말기	241
단무지	111
단문	92, 94
단발기	231
단속카메라	184
단식	47
단어	89
단언	80
단엽기	231
단음절어	89
단의어	89
단일어	89
단잠	66
단짝	30
단축번호	259
단축어	89
단축키	255
단층사진	296
단편영화	318
단화	135
달래	123
달러	164
달러화	164
달리아	130
달맞이꽃	130
달필	88
닭가슴살	124
닭갈비	124
닭고기	124
닭껍질	124
닭날개	124
닭다리	124
닭똥집	124
닭발	124
담배	125
담배가게	125
담보	170
담보대출	170
담석증	283
담소	97
담요	71
담합	158
담화문	94
답글	252
답변	80
답신	263
답장	263
당구	146
당구장	146
당근	122
당뇨병	283
당숙	26
당숙모	26
당신	31
당좌수표	162
당좌예금	173
당질	26
당질부	26
닻	227
대가족	16
대걸레	59
대고모	25
대관람차	328
대괄호	93
대구	120
대기모드	249
대기자 명단	100
대답	80
대량구매	150
대량우편	262
대로	180
대륙횡단철도	221
대리모	19
대리운전	190
대리운전자	190
대리점	107
대리주차	192
대마초	306
대못	64
대문자	87
대변	72
대변검사	295
대상포진	289

대수술	298	더블데이트	32	도매가	157
대시	93	더블룸	145	도매상	105
대야	51	더치페이	151	도매시장	104
대여금고	169	더플코트	137	도매점	107
대용품	153	더하기표	92	도메인	255
대인공포증	290	덕담	97	도미	120
대인기피증	290	덤벨	134	도미노	139
대장간	125	덤프트럭	199	도박중독	291
대장암	284	덧니	293	도벽	290
대장염	283	덧셈표	92	도복	134
대장장이	125	덧신	135	도서관	322
대장항문외과	278	덮어쓰다	248	도서관원	322
대창	124	데니시 페이스트리	119	도서관장	322
대청소	59	데리야끼	111	도서대	131
대추	117	데릴사위	28	도서대여점	140
대추야자	117	데모 버전	245	도서상품권	162
대추차	113	데스크톱 (컴퓨터)	241	도서 전시회	321
대출	170	데시리터	177	도선사	224
대출금	171	데우다	62	도어맨	145
대출이자	171	데이지	130	도장	146, 315
대출하다	323	데이터	246	도전장	100
대출 한도	171	데이터베이스	246	도지사	311
대통령	310	데이터베이스 관리시스템	246	도착	212
대통령 전용기	232	데이터베이스 관리자	249	도착예정시간	212
대패	63	데이터통신	240	도청	311
대필자	86	데이트	32	도토리	123
대필작가	86	데치다	62	도핑검사	295
대필하다	86	뎅기열	282	독감	282
대학도서관	322	도가니	124	독거노인	327
대학병원	272	도감	132	독려	80
대합실	223	도개교	187	독립영화	318
대항외과	278	도끼	63	독립영화관	317
대형서점	126	도넛	119	독백	97
대형차	201	도둑결혼식	39	독서실	146
대화	81	도라지	123	독설	97
대화명	252	도량형	176	독신	43
대화창	252	도련님	28	독신가정	16
댓글	252	도로	182	독신주의	43
더듬다	81	도로주행	193	독신주의자	43
더러운	60	도루묵	120	독약	305
더블	70	도립공원	329	독어	78

독일어 … 78	동의어 … 89	뒷골목 … 180
독자 … 21	동장 … 311	뒷다리살 … 124
독촉장 … 100	동전 … 164	뒷담화 … 97
독파하다 … 85	동전교환기 … 169	뒷면 … 164
독해 … 85	동정 … 43	뒷문 … 203
독후감 … 94	동종요법 … 298	뒷바퀴 … 205
돈 … 161, 177	동지 … 30	뒷좌석 … 208
돈가스 … 110	동지애 … 30	드라이버 … 63, 246
돈부리 … 111	동창생 … 30	드라이브인 식당 … 109
돌다리 … 187	동체 … 233	드라이어 … 55
돌림자 … 14	동체착륙 … 235	드라이클리닝 … 142
돌침대 … 70	동축 케이블 … 253	드래그 앤드 드롭 … 249
돌팔이 의사 … 270	동충하초 … 123	드럼 … 136, 159
돔 … 120	동침하다 … 34	드럼세탁기 … 56
동굴호텔 … 144	동태 … 120	드럼통 … 159
동동주 … 115	동형이의어 … 89	드레스 … 137
동료 … 30	동화 … 97	드릴 … 63
동료애 … 30	동화책 … 132	드립커피 … 113
동맥경화증 … 284	돛 … 224	듣기 … 85
동명이인 … 15	돛단배 … 224	들것 … 276
동문 … 30	돛대 … 224	들러리 … 39
동물공포증 … 290	돼지갈비 … 124	들장미 … 130
동물병원 … 272	돼지고기 … 124	등 … 205
동물원 … 329	돼지곱창 … 124	등기 … 313
동반자 … 30	돼지껍질 … 124	등기부 … 313
동백꽃 … 130	돼지꿈 … 67	등기부등본 … 313
동봉하다 … 265	돼지머리 … 124	등기소 … 313
동사구 … 91	돼지저금통 … 175	등기우편 … 262
동사무소 … 311	되 … 177	등대 … 229
동생 … 23	두건 … 138	등대선 … 229
동서 … 28	두드러기 … 289	등본 … 315
동성결혼 … 37	두루마리 … 159	등산복 … 134
동성애혐오증 … 290	두릅 … 123	등산화 … 135
동성 커플 … 31	두리안 … 117	등심 … 124
동승자 … 190	두문자어 … 89	디렉터리 … 247
동시상영 … 319	두발자전거 … 217	디렉터스 컷 … 318
동시통역 … 86	두창 … 282	디스코 … 146
동시통역사 … 86	두통 … 288	디스크자키 … 146
동영상파일 … 247	두통약 … 302	디젤엔진 … 210
동음이의어 … 89	둘째 … 20	디젤차 … 202
동의서 … 100	뒤척이다 … 66	디지털피아노 … 136

디카프커피 … 113	라섹수술 … 281	렌치 … 63
디폴트 … 255	라식수술 … 281	렌터카 … 200
디프테리아 … 282	라운지 … 236	로고 … 203
따옴표 … 93	라이벌 … 31	로그아웃 … 256
딱지 … 196	라이트 버전 … 245	로그인 … 256
딸 … 21	라일락 … 130	로드킬 … 195
딸기 … 117	라임 … 117	로마 숫자 … 87
딸기주 … 115	라자냐 … 110	로마자 … 87
땀과다증 … 289	라켓 … 134	로맨스영화 … 317
땀띠 … 289	라텍스 매트리스 … 70	로봇청소기 … 60
땅문서 … 100	라틴어 … 78	로션 … 53
땅콩 … 123	락교 … 111	로제 와인 … 115
땋다 … 55	람부탄 … 117	로터리 … 184
때 … 60	랜 … 253	로퍼 … 135
때밀이 … 140	랜딩기어 … 233	롤 … 159
때수건 … 51	랜선 … 253	롤러스케이트 … 134
땡처리 … 150	랜카드 … 242	롤러코스터 … 328
떠들다 … 81	램 … 242	롤빵 … 119
떡 … 116	램프 … 183	롱코트 … 137
떡집 … 116	램프웨이 … 183	뢴트겐선 … 296
뗏목 … 224	랩톱 (컴퓨터) … 241	루게릭병 … 288
또띠아 … 119	러닝머신 … 134	루비 … 129
똥 … 72	러닝셔츠 … 133	루빅스큐브 … 139
똥차 … 201	러시아어 … 78	루이보스티 … 113
뚜껑 … 159	러시아워 … 215	룸메이트 … 30
뚫어뻥 … 73	럭비공 … 134	룸미러 … 207
뜨개바늘 … 58	럼주 … 115	룸살롱 … 114
뜨개질 … 58	레고 … 139	룸서비스 … 145
뜸 … 298	레그워머 … 133	류머티스내과 … 281
뜸 들이다 … 62	레깅스 … 137	리 … 176
띄어쓰기 … 95	레드 와인 … 115	리눅스 … 245
	레모네이드 … 113	리무진 … 197
	레몬 … 117	리스트 … 100
ㄹ	레몬차 … 113	리어카 … 64
	레미콘차 … 200	리조또 … 110
라거 … 115	레이디얼타이어 … 205	리조트호텔 … 144
라디에이터 … 209	레이싱카 … 200	리치 … 117
라디에이터 그릴 … 203	레이저프린터 … 244	리컴번트 … 217
라떼 … 113	레일바이크 … 237	리코더 … 136
라벤더 … 130	레지오넬라증 … 282	리터 … 177
라비올리 … 110	레커차 … 200	리포트 … 101

리필 … 109	마조히즘 … 291	만화영화 … 317
린스 … 51	마지기 … 176	만화책 … 132
립글로스 … 53	마차 … 237	맏이 … 20
립밤 … 53	마취 … 294	말 … 96, 177
립스틱 … 53	마취과 … 294	말다툼 … 33
링거 … 305	마취과 의사 … 294	말단비대증 … 283
링거주사 … 277	마취제 … 305	말대꾸 … 81
링크 … 256	마취주사 … 277	말라리아 … 282
	마침표 … 93	말레이어 … 78
	마카로니 … 110	말리다 … 55, 57
ㅁ	마티니 … 115	말버릇 … 84
	마파두부 … 112	말솜씨 … 84
마가리타 … 115	막 … 325	말실수 … 97
마개 … 159	막걸리 … 115	말싸움 … 33
마끼아또 … 113	막내 … 20	말장난 … 84
마네킹 … 106	막내딸 … 21	말줄임표 … 93
마늘 … 122	막내아들 … 21	말투 … 84
마늘빵 … 119	막다른 골목 … 180	말하기 … 80
마늘종 … 122	막다른 길 … 180	말하다 … 80
마담 … 114	막대사탕 … 118	망고 … 117
마더보드 … 242	막말 … 97	망고스틴 … 117
마력 … 211	막차 … 212	망둑어 … 120
마른버짐 … 289	막창 … 124	망둥이 … 120
마른안주 … 114	만국박람회 … 321	망루 … 227
마리화나 … 306	만기일 … 172	망막염 … 285
마마 … 282	만년필 … 131	망발 … 97
마부 … 237	만능공구 … 63	망사스타킹 … 133
마비 … 288	만담 … 97	망언 … 97
마사지 … 143	만담가 … 97	망치 … 64
마사지기 … 143	만돌린 … 136	망토 … 137
마사지사 … 143	만두 … 112	맞벌이 가정 … 16
마스카라 … 53	만둣국 … 112	맞벌이 부부 … 24
마스크팩 … 54	만물상 … 107	맞선 … 32
마시다 … 48	만병통치약 … 301	맞수 … 31
마시멜로 … 118	만보기 … 134	맞춤법 … 88
마약 … 306	만성피로증후군 … 288	맞춤법검사프로그램 … 246
마우스 … 244	만찬 … 46	매너모드 … 261
마우스 패드 … 244	만혼 … 37	매뉴얼 … 132
마을회관 … 327	만화 … 147	매니저 … 106
마일 … 176	만화경 … 139	매니큐어 … 53
마일리지 … 216	만화방 … 147	매니큐어 제거제 … 53

매독 282	먼지떨이 59	면적 176
매부 29	멀티미디어 246	면책조항 100
매실 117	멀티캐스트 254	면허시험 193
매실주 115	멀티태스킹 256	면허정지 196
매점 107	멀티플렉스 317	면허증 193
매점매석 151	메기 120	면허취소 196
매직 131	메뉴 109	멸치 120
매진 150, 326	메뉴바 250	명단 100
매크로 246	메모리카드 244	명령 81
매크로바이러스 246	메모장 131	명령문 92
매트리스 70	메모지 131	명령어 256
매트리스 커버 70	메밀 121	명명식 228
매표소 223, 326	메스 276	명사구 91
매표원 223	메시지 99, 261	명사절 91
매화 130	메신저 252	명언 97
맥 OS 245	메이크업 52	명의 270
맥가이버칼 63	메이크업베이스 53	명조체 88
맥고모자 138	메이크업 아티스트 52	명태 120
맥주 115	메인보드 242	명품 153
맥줏집 114	메일박스 250	명품족 153
맨드라미 130	멘토 99	명필 88
맨홀 185	멜로영화 317	모계제도 17
맨홀 뚜껑 185	멜론 117	모과 117
맹세 81	멜빵 138	모과차 113
맹장수술 280	멜빵바지 137	모국어 76
맹장염 283	멤버십 카드 163	모국어 사용자 76
머드팩 54	멥쌀 121	모기장 71
머루 117	며느리 28	모기지론 170
머리끈 55	면도 50	모노레일 221
머리띠 55	면도기 50	모눈종이 131
머리받침 208	면도날 50	모니터 242
머리판 70	면도솔 50	모닝콜 145, 258
머리핀 55	면도칼 50	모델 321
머스크멜론 117	면도 크림 50	모뎀 242
머플러 204	면바지 137	모래찜질 50
머피침대 69	면봉 54	모루 125
머핀 119	면사무소 311	모르핀 306
먹다 48	면사포 40	모바일뱅킹 174
먹자골목 180	면세점 107	모발이식수술 287
먹장어 120	면세품 153	모범택시 220
먼지 60	면장 311	모스부호 266

모자 … 138	무 … 122	무인자동차 … 199
모조지 … 131	무개차 … 197	무인카메라 … 184
모조품 … 153	무게 … 177	무인판매대 … 107
모찌 … 111	무궁화 … 130	무인항공기 … 232
모친 … 19	무궤도전차 … 219	무임승차권 … 215
모카신 … 135	무균실 … 275	무자격 의사 … 270
모터 … 210	무기명 계좌 … 173	무전 … 266
모터보트 … 224	무남독녀 … 21	무전기 … 266
모터쇼 … 321	무단횡단 … 196	무좀 … 289
모텔 … 144	무단횡단자 … 196	무지개다리 … 187
모피코트 … 137	무당 … 143	무허가 업소 … 107
모험담 … 97	무대 … 325	무허가 영업 … 148
모형 … 139	무대감독 … 325	무협영화 … 317
모형 기차 … 139	무대공포증 … 290, 325	무협지 … 132
모형 비행기 … 139	무료식당 … 108	무화과 … 117
모형 자동차 … 139	무료통화 … 258	묵독하다 … 85
목각인형 … 139	무릎 양말 … 133	묵은쌀 … 121
목감기 … 285	무면허운전 … 190	묵음 … 90
목격담 … 97	무면허차량 … 199	묶다 … 55
목도리 … 138	무명의 … 15	문 … 203
목돈 … 161	무모증 … 289	문구 … 126, 131
목련 … 130	무보험차량 … 199	문구점 … 126
목록 … 100	무빙워크 … 237	문단 … 95
목마 … 139	무선국 … 266	문방구 … 126
목발 … 276	무선 데이터통신 … 240	문법책 … 132
목살 … 124	무선 인터넷 … 254	문서 … 100
목심 … 124	무선전보 … 266	문어 … 76
목욕 … 50	무선전신 … 266	문자 … 87
목욕가운 … 51	무선전화 … 260	문자 메시지 … 261
목욕수건 … 51	무선통신 … 240	문장 … 92
목욕탕 … 140	무성영화 … 318	문장부호 … 93
목적지 … 213	무속인 … 143	문제집 … 132
목침 … 71	무술 … 146	문지기 … 106
목캔디 … 118	무스 … 55, 118	문지르다 … 59
몰트위스키 … 115	무스탕 … 137	문화상품권 … 162
못 … 64	무역상 … 105	물가통제 … 158
몽골어 … 78	무역항 … 229	물결표 … 93
몽유병 … 67, 288	무예 … 146	물고기 … 116
몽유병 환자 … 67	무용담 … 97	물공포증 … 290
묘기용 자전거 … 217	무월경 … 283	물길 … 181
묘사 … 81	무의탁 노인 … 327	물레방아 … 140

물리치료	298
물리치료사	298
물만두	112
물망초	130
물방앗간	140
물수건	51
물안경	134
물약	301
물음표	93
물집	289
물총	139
물침대	70
물탱크	73
물품보관소	326
뮤지컬영화	317
미꾸라지	120
미끄럼틀	328
미끼상품	153
미나리	122
미니바	145
미니밴	197
미니버스	197
미니스커트	137
미니홈피	251
미담	98
미들네임	14
미등	205
미로	180
미망인	43
미모사	130
미백치료	292
미백치약	49
미백 화장품	52
미션오일	209
미소시루	111
미술관	320
미술품	153
미술학원	146
미스터리영화	317
미싱	58
미아보호소	327
미용사	140
미용실	140
미익	233
미장원	140
미터	176
미터기	220
미터법	176
미트	134
미트볼	110
미팅	32
미혼 남성	43
미혼모	19
미혼 여성	43
미혼자	43
민간요법	298
민간항공기	232
민담	98
민박	144
민소매 셔츠	137
민어	120
민원	315
민항기	232
밀	121
밀가루	121
밀담	98
밀랍박물관	320
밀리그램	177
밀리리터	177
밀리미터	176
밀서	263
밀수선	225
밀어	98
밀짚모자	138
밀크초콜릿	118
밀크커피	113
밀크티	113
밍크코트	137
밑줄	93

ㅂ

바	114
바가지	150
바게트	119
바겐세일	150
바구니	159
바깥사돈	28
바나나	117
바느질	58
바늘	58
바늘꽂이	58
바닷길	181
바둑	146
바디스크럽	51
바람개비	139
바람맞히다	33
바람잡이	106
바리스타	109
바리케이드	185
바벨	134
바비큐	110
바셀린	304
바순	136
바우처	161
바이러스	246
바이올린	136
바이킹	328
바인더	131
바자회	104
바지	137
바지선	224
바코드	155
바퀴	205, 218
바퀴살	218
바탕화면	250
바텐더	114
박	122
박람회	321
박물관	320
박스	159

박스차	199	발신자표시	261	배기구	203
박피술	287	발언	81	배기량	211
박하사탕	118	발음	81	배꽃	130
반값	157	발작	288	배달	155
반납하다	323	발진	289	배달불능편지	263
반다나	138	발진티푸스	282	배란촉진제	302
반대말	89	발토시	133	배럴	177
반려동물	127	발톱 관리사	52	배서	162
반려자	24	발톱 손질	52	배송	155
반말하다	98	발판	70, 203	배송비	155
반바지	137	발효시키다	61	배수량	228
반박	81	밤	123	배앓이	283
반사경	185	밤차	212	배우자	24
반성문	94	밤참	46	배추	122
반신마비	288	밥상	46	배터리	209
반신봉투	265	방광암	284	배트	134
반신욕	50	방망이	134	백금	129
반신욕조	51	방사선과	294	백내장	285
반신용 우표	265	방사선과 의사	294	백모	26
반쌍점	93	방사선치료	298	백미	121
반영구화장	52	방수모	138	백미러	203
반의어	89	방수바지	137	백반증	289
반죽하다	61	방수화	135	백부	26
반짇고리	58	방안지	131	백색증	289
반창고	304	방앗간	140	백서	101
반코트	137	방어	120	백신 프로그램	246
반팔 셔츠	137	방어운전	190	백업	248
반품	152	방언	76	백일해	282
받아쓰기	86	방역차	200	백일홍	130
받침대	218	방울	139	백조부	25
발가락 양말	133	방청석	325	백지수표	162
발 관리	52	방풍 점퍼	137	백파이프	136
발달장애	291	방한모	138	백합	130
발레파킹	192	방한화	135	백혈병	284
발명품	153	방향지시등	205	백화점	126
발모제	53, 304	방향타	227	백화점 상품권	162
발목 양말	133	방현재	227	밴	197
발설하다	81	방화벽	254	밴댕이	120
발신음	261	배	118, 224	밴드	304
발신인	265	배경막	325	밴드스타킹	133
발신자	261, 265	배구공	134	밴조	136

뱀장어 120	벚꽃 130	보건소 272
뱃길 181	베개 71	보고 82
뱃머리 227	베갯잇 71	보고서 101
뱃사공 224	베고니아 130	보관소 326
뱃사람 224	베레모 138	보닛 138, 204
뱃삯 214	베스트셀러 132	보도 180
뱃전 227	베이글 119	보도블록 180
뱅어 120	베이비오일 53	보드카 115
버그 256	베이스 기타 136	보디랭귀지 76
버디무비 317	베일 138	보디빌딩 147
버무리다 61	베타 버전 245	보딩패스 215
버번 115	베트남어 78	보따리 159
버섯 123	벨보이 145	보따리장수 105
버스 219	벨소리 261	보리 121
버스기사 219	벨트 138	보리차 113
버스전용차선 186	벼룩시장 104	보물 154
버짐 289	벽지 128	보석 125, 129
버찌 117	변기 73	보석상 125
버클 138	변기솔 73	보세품 154
버튼 260	변기 시트 73	보습제 53
번역 86	변동금리 171	보습학원 146
번역가 86	변명 82	보안검색대 236
번역본 132	변비 283	보육원 327
번호판 204	변속기 209	보이차 113
벌금 196	변태성욕 291	보자기 159
벌꿀술 115	변호사 313	보조좌석 208
벌점 196	변호인 313	보졸레누보 115
벌크선 226	별명 14	보증 155, 171
범선 224	별표 93	보증서 101, 155
범죄영화 317	병 159	보증수표 162
범칙금 196	병맥주 115	보증인 171
범칙금고지서 196	병목구간 215	보철 292
범퍼 204	병목현상 215	보타이 138
범퍼카 328	병상 276	보통예금 173
법무사 313	병실 275	보통우편 262
법원 313	병어 120	보트 224
법인차 200	병원 272	보행보조기 276
법전 132	병원비 300	보행자 180
법조문 94	병원선 225	보호소 327
벙거지모자 138	병원침대 276	복 120
벙어리장갑 138	병자 271	복강경 276

복강경검사	295	볼터치	53	부채	171
복권	126	볼트	63	부추	122
복권 판매점	126	볼펜	131	부츠	135
복덕방	141	봉고	136	부친	18
복리	171	봉사료	148	부케	40
복막염	283	봉선화	130	부탁	82
복문	92	봉숭아	130	부통령	310
복부주름제거수술	280	봉제인형	139	부팅하다	249
복분자	117	봉지	159	부표	228
복분자주	115	봉투	159	부피	177
복사	248	봉합사	276	부항	298
복사용지	131	봉합하다	279	북경오리	112
복수극	317	봉화	266	북스탠드	131
복숭아	117	부계제도	17	북어	120
복숭아꽃	130	부교	187	북엔드	322
복시	285	부기장	231	분	53
복어	120	부대	159	분기점	184
복엽기	231	부도수표	162	분뇨차	200
복용하다	307	부동산	141	분만실	275
복원	248	부동산 중개인	141	분사구	91
복장도착	291	부동액	209	분사구문	95
복지시설	327	부동항	229	분수	329
복채	143	부두	229	분식집	108
복통	283	부르다	82	분실물	327
복합상영관	317	부모	18	분실물 센터	327
복합어	89	부목	276	분점	107
볶다	62	부부	24	분첩	53
볶음국수	112	부비강염	285	불도장	112
본드	131	부사구	91	불량품	154
본딧말	89	부사절	91	불리다	61
본명	14	부셸	177	불면증	67, 288
본선	223	부수	88	불면증 환자	67
본적	315	부스럼	289	불법 소프트웨어	245
본점	107	부실채권	172	불법 주차	192
본처	24	부양가족	16	불시착	235
볼거리	282	부유물	225	불어	78
볼드체	88	부인과	286	불임수술	286
볼로타이	138	부작용	307	불화	33
볼링	147	부정교합	292	불효자	21
볼링공	134	부정문	92	붓꽃	130
볼링장	147	부정어	89	붕대	304

붕어 ⋯⋯⋯⋯⋯⋯⋯⋯⋯⋯ 120	비디오가게 ⋯⋯⋯⋯⋯⋯⋯ 142	빗금 ⋯⋯⋯⋯⋯⋯⋯⋯⋯⋯ 93
붕장어 ⋯⋯⋯⋯⋯⋯⋯⋯⋯ 120	비디오게임 ⋯⋯⋯⋯⋯⋯⋯ 147	빗길 ⋯⋯⋯⋯⋯⋯⋯⋯⋯⋯ 181
붙여넣기 ⋯⋯⋯⋯⋯⋯⋯⋯ 248	비디오대여점 ⋯⋯⋯⋯⋯⋯ 142	빗다 ⋯⋯⋯⋯⋯⋯⋯⋯⋯⋯ 55
붙임표 ⋯⋯⋯⋯⋯⋯⋯⋯⋯ 93	비디오방 ⋯⋯⋯⋯⋯⋯⋯⋯ 147	빗자루 ⋯⋯⋯⋯⋯⋯⋯⋯⋯ 59
뷔페 ⋯⋯⋯⋯⋯⋯⋯⋯⋯⋯ 108	비만 ⋯⋯⋯⋯⋯⋯⋯⋯⋯⋯ 283	빙과류 ⋯⋯⋯⋯⋯⋯⋯⋯⋯ 116
뷰러 ⋯⋯⋯⋯⋯⋯⋯⋯⋯⋯ 54	비밀계좌 ⋯⋯⋯⋯⋯⋯⋯⋯ 173	빙모 ⋯⋯⋯⋯⋯⋯⋯⋯⋯⋯ 29
브라 ⋯⋯⋯⋯⋯⋯⋯⋯⋯⋯ 133	비밀번호 ⋯⋯⋯⋯⋯⋯⋯⋯ 173	빙부 ⋯⋯⋯⋯⋯⋯⋯⋯⋯⋯ 29
브라우니 ⋯⋯⋯⋯⋯⋯⋯⋯ 119	비밀통로 ⋯⋯⋯⋯⋯⋯⋯⋯ 181	빙어 ⋯⋯⋯⋯⋯⋯⋯⋯⋯⋯ 120
브래지어 ⋯⋯⋯⋯⋯⋯⋯⋯ 133	비브리오패혈증 ⋯⋯⋯⋯⋯ 282	빙판길 ⋯⋯⋯⋯⋯⋯⋯⋯⋯ 181
브래지어 패드 ⋯⋯⋯⋯⋯⋯ 133	비비총 ⋯⋯⋯⋯⋯⋯⋯⋯⋯ 139	빛 ⋯⋯⋯⋯⋯⋯⋯⋯⋯⋯⋯ 171
브랜드 ⋯⋯⋯⋯⋯⋯⋯⋯⋯ 156	비상등 ⋯⋯⋯⋯⋯⋯⋯⋯⋯ 205	빠른우편 ⋯⋯⋯⋯⋯⋯⋯⋯ 262
브랜디 ⋯⋯⋯⋯⋯⋯⋯⋯⋯ 115	비상약 ⋯⋯⋯⋯⋯⋯⋯⋯⋯ 301	빨간 불 ⋯⋯⋯⋯⋯⋯⋯⋯⋯ 184
브러시 ⋯⋯⋯⋯⋯⋯⋯⋯⋯ 54	비상전화 ⋯⋯⋯⋯⋯⋯⋯⋯ 260	빨다 ⋯⋯⋯⋯⋯⋯⋯⋯⋯⋯ 57
브런치 ⋯⋯⋯⋯⋯⋯⋯⋯⋯ 46	비상전화번호 ⋯⋯⋯⋯⋯⋯ 259	빨래 ⋯⋯⋯⋯⋯⋯⋯⋯⋯⋯ 56
브레이크 ⋯⋯⋯⋯⋯⋯⋯⋯ 209	비상착륙 ⋯⋯⋯⋯⋯⋯⋯⋯ 235	빨래건조대 ⋯⋯⋯⋯⋯⋯⋯ 56
브레이크 라이닝 ⋯⋯⋯⋯⋯ 209	비스킷 ⋯⋯⋯⋯⋯⋯⋯⋯⋯ 118	빨래바구니 ⋯⋯⋯⋯⋯⋯⋯ 56
브레이크 오일 ⋯⋯⋯⋯⋯⋯ 209	비싼 ⋯⋯⋯⋯⋯⋯⋯⋯⋯⋯ 158	빨래방 ⋯⋯⋯⋯⋯⋯⋯⋯⋯ 142
브레이크 (페달) ⋯⋯⋯⋯⋯ 207	비염 ⋯⋯⋯⋯⋯⋯⋯⋯⋯⋯ 285	빨래집게 ⋯⋯⋯⋯⋯⋯⋯⋯ 56
브로콜리 ⋯⋯⋯⋯⋯⋯⋯⋯ 122	비올라 ⋯⋯⋯⋯⋯⋯⋯⋯⋯ 136	빨래판 ⋯⋯⋯⋯⋯⋯⋯⋯⋯ 56
브루셀라병 ⋯⋯⋯⋯⋯⋯⋯ 282	비즈니스석 ⋯⋯⋯⋯⋯⋯⋯ 214	빨랫감 ⋯⋯⋯⋯⋯⋯⋯⋯⋯ 56
블라우스 ⋯⋯⋯⋯⋯⋯⋯⋯ 137	비취 ⋯⋯⋯⋯⋯⋯⋯⋯⋯⋯ 129	빨랫방망이 ⋯⋯⋯⋯⋯⋯⋯ 56
블랙리스트 ⋯⋯⋯⋯⋯⋯⋯ 100	비키니 수영복 ⋯⋯⋯⋯⋯⋯ 134	빨랫비누 ⋯⋯⋯⋯⋯⋯⋯⋯ 57
블랙박스 ⋯⋯⋯⋯⋯⋯⋯⋯ 233	비타민제 ⋯⋯⋯⋯⋯⋯⋯⋯ 302	빨랫줄 ⋯⋯⋯⋯⋯⋯⋯⋯⋯ 56
블랙베리 ⋯⋯⋯⋯⋯⋯⋯⋯ 117	비트 ⋯⋯⋯⋯⋯⋯⋯⋯⋯⋯ 122	빵 ⋯⋯⋯⋯⋯⋯⋯⋯⋯ 116, 119
블랙커피 ⋯⋯⋯⋯⋯⋯⋯⋯ 113	비포장도로 ⋯⋯⋯⋯⋯⋯⋯ 182	빵집 ⋯⋯⋯⋯⋯⋯⋯⋯⋯⋯ 116
블러디메리 ⋯⋯⋯⋯⋯⋯⋯ 115	비표준어 ⋯⋯⋯⋯⋯⋯⋯⋯ 76	빼기표 ⋯⋯⋯⋯⋯⋯⋯⋯⋯ 92
블로그 ⋯⋯⋯⋯⋯⋯⋯⋯⋯ 251	비프가스 ⋯⋯⋯⋯⋯⋯⋯⋯ 110	뺄셈표 ⋯⋯⋯⋯⋯⋯⋯⋯⋯ 92
블루레이 드라이브 ⋯⋯⋯⋯ 244	비프커틀릿 ⋯⋯⋯⋯⋯⋯⋯ 110	뺑소니 ⋯⋯⋯⋯⋯⋯⋯⋯⋯ 195
블루베리 ⋯⋯⋯⋯⋯⋯⋯⋯ 117	비행 ⋯⋯⋯⋯⋯⋯⋯⋯⋯⋯ 234	뺑소니 차량 ⋯⋯⋯⋯⋯⋯⋯ 195
블루 토파즈 ⋯⋯⋯⋯⋯⋯⋯ 129	비행갑판 ⋯⋯⋯⋯⋯⋯⋯⋯ 227	뻐드렁니 ⋯⋯⋯⋯⋯⋯⋯⋯ 293
비 ⋯⋯⋯⋯⋯⋯⋯⋯⋯⋯⋯ 59	비행공포증 ⋯⋯⋯⋯⋯⋯⋯ 290	뻥튀기 ⋯⋯⋯⋯⋯⋯⋯⋯⋯ 118
비규격품 ⋯⋯⋯⋯⋯⋯⋯⋯ 153	비행금지구역 ⋯⋯⋯⋯⋯⋯ 235	뾰두라지 ⋯⋯⋯⋯⋯⋯⋯⋯ 289
비난 ⋯⋯⋯⋯⋯⋯⋯⋯⋯⋯ 82	비행기 ⋯⋯⋯⋯⋯⋯⋯⋯⋯ 231	뾰루지 ⋯⋯⋯⋯⋯⋯⋯⋯⋯ 289
비뇨기과 ⋯⋯⋯⋯⋯⋯⋯⋯ 286	비행기록장치 ⋯⋯⋯⋯⋯⋯ 233	삐끼 ⋯⋯⋯⋯⋯⋯⋯⋯⋯⋯ 106
비뇨기과 의사 ⋯⋯⋯⋯⋯⋯ 286	비행선 ⋯⋯⋯⋯⋯⋯⋯⋯⋯ 231	삐삐 ⋯⋯⋯⋯⋯⋯⋯⋯⋯⋯ 266
비누 ⋯⋯⋯⋯⋯⋯⋯⋯⋯⋯ 51	비행일지 ⋯⋯⋯⋯⋯⋯⋯⋯ 235	
비누 거품 ⋯⋯⋯⋯⋯⋯⋯⋯ 51	비행장 ⋯⋯⋯⋯⋯⋯⋯⋯⋯ 236	
비눗물 ⋯⋯⋯⋯⋯⋯⋯⋯⋯ 51	비화 ⋯⋯⋯⋯⋯⋯⋯⋯⋯⋯ 98	
비눗방울 ⋯⋯⋯⋯⋯⋯⋯⋯ 51	빈말 ⋯⋯⋯⋯⋯⋯⋯⋯⋯⋯ 98	
비니 ⋯⋯⋯⋯⋯⋯⋯⋯⋯⋯ 138	빈혈 ⋯⋯⋯⋯⋯⋯⋯⋯⋯⋯ 284	
비데 ⋯⋯⋯⋯⋯⋯⋯⋯⋯⋯ 73	빗 ⋯⋯⋯⋯⋯⋯⋯⋯⋯⋯⋯ 55	

ㅅ

사각팬티	133
사거리	184
사골	124
사공	224
사과	117
사과문	94
사과주	115
사과편지	263
사기결혼	37
사내 연애	32
사냥모	138
사다리	64
사다리차	200
사돈	28
사디즘	291
사랑니	293
사륜구동	202
사륜구동차	202
사륜차	202
사막화	135
사무용품	126
사무용품점	126
사문서	100
사범	146
사부인	28
사생아	20
사서	322
사서함	265
사설도서관	322
사설탐정	142
사스	282
사시	285
사시안	285
사어	76, 89
사우나	140
사운드카드	242
사운드트랙	319
사위	28
사은품	153
사이드미러	203
사이드브레이크	207
사이드카	218
사이버스페이스	256
사이코드라마	299
사이클	217
사이트맵	256
사인	76, 315
사인펜	131
사장	28
사재기	151
사전	132
사주단자	38
사진	142
사진관	142
사진전	321
사진집	132
사채	170
사철	223
사출좌석	233
사치품	154
사탕	118
사탕무	122
사탕수수	121
사태	124
사테	110
사투리	76
사파리 점퍼	137
사파이어	129
사포	64
사프란	130
사회보장번호	315
사회보장카드	315
사후 피임약	303
삭제	248
산과	286
산길	180
산딸기	117
산부인과	286
산부인과 병동	275
산부인과 의사	286
산소마스크	276
산소텐트	276
산소호흡기	276
산스크리트어	78
산악오토바이	197
산악자전거	217
산악철도	221
산지	155
산책로	180
산후우울증	290
살구	117
살구꽃	130
살모넬라증	282
살수차	200
삶다	57, 62
삼각관계	32
삼각 수영복	134
삼각자	64, 131
삼각팬티	133
삼거리	184
삼겹살	124
삼등석	214
삼류영화	318
삼륜차	202
삼촌	26
삼치	120
삽	64
상가	148
상비약	301
상사병	290
상선	225
상소리	98
상수리	123
상어	120
상업은행	169
상용 소프트웨어	245
상용어	89
상위 디렉터리	247
상인	105
상자	159
상점	105

상추	122	생맥주	115	서스펜션	209
상태표시줄	250	생명유지장치	276	서약	81
상표	156	생모	19	서약서	100
상품	153	생부	18	서양고추	122
상품권	162	생부모	18	서자	21
상향등	205	생산지	155	서적	126
상형문자	87	생선	116, 120	서점	126
상호	148	생선가게	116	서체	88
상환	172	생선가스	110	서행하다	191
상환기일	172	생선장수	116	석류	117
새빨간 거짓말	96	생선회	111	석류석	129
새색시	43	생식	47	석면증	285
새송이버섯	123	생식주의자	47	석식	46
새신랑	43	생일케이크	119	섞다	61
새아버지	18	생질	26	선	32
새어머니	19	생체검사	296	선두	227
새우잠	66	생크림케이크	119	선로	223
새차	201	생태	120	선루프	204
새참	46	생필품	154	선물	126, 154
새총	139	생활자전거	217	선물가게	126
색맹	285	생활필수품	154	선미	227
색소결핍증	289	샤브샤브	111	선박	224
색소침착	289	샤워	49	선박우편	262
색소폰	136	샤워젤	51	선불카드	163
색약	285	샤워캡	51	선실	227
색연필	131	샤프	131	선언문	94
색전증	284	샤프심	131	선원	224
색조 화장품	52	샤프펜슬	131	선의의 거짓말	96
색종이	131	샥스핀	112	선잠	66
샌드위치	110	샴쌍둥이	20	선장	224
샌들	135	샴페인	115	선장실	227
샐러드	110	샴푸	51	선적	228
샐러드바	109	섀시	209	선조	25
샐비어	130	서가	322	선주	224
샘플	153	서고	322	선지	124
샛길	180	서류	100	선지자	83
생강	122	서명	315	선착장	229
생강과자	118	서반아어	78	선창	229
생강차	113	서버	241	선체	227
생니	293	서부영화	318	선친	18
생리식염수	305	서빙하다	108	선탠로션	53

설거지 · · · · · · · · · · · · · · · · · · · 62	세면기 · · · · · · · · · · · · · · · · · · · 51	소독 · · · · · · · · · · · · · · · · · · · 298
설거지거리 · · · · · · · · · · · · · · 62	세면대 · · · · · · · · · · · · · · · · · · · 51	소독약 · · · · · · · · · · · · · · · · · · 304
설도 · 124	세면도구 · · · · · · · · · · · · · · · · 51	소득 신고서 · · · · · · · · · · · · · 101
설득 · 82	세무 · 313	소리치다 · · · · · · · · · · · · · · · · · 82
설명 · 82	세무사 · · · · · · · · · · · · · · · · · · 313	소매가 · · · · · · · · · · · · · · · · · 157
설명문 · · · · · · · · · · · · · · · · · · · 94	세무서 · · · · · · · · · · · · · · · · · · 313	소매상 · · · · · · · · · · · · · · · · · 105
설명서 · · · · · · · · · · · · · · · · · · 101	세무조사 · · · · · · · · · · · · · · · · 313	소매시장 · · · · · · · · · · · · · · · 104
설사 · 283	세미콜론 · · · · · · · · · · · · · · · · · 93	소매점 · · · · · · · · · · · · · · · · · 107
설사약 · · · · · · · · · · · · · · · · · · 303	세발자전거 · · · · · · · · · · · · · 217	소모품 · · · · · · · · · · · · · · · · · 154
설상차 · · · · · · · · · · · · · · · · · · 200	세수하다 · · · · · · · · · · · · · · · · · 49	소문자 · · · · · · · · · · · · · · · · · · 87
설상화 · · · · · · · · · · · · · · · · · · 135	세숫대야 · · · · · · · · · · · · · · · · · 51	소믈리에 · · · · · · · · · · · · · · · · 114
설화 · 98	세숫비누 · · · · · · · · · · · · · · · · · 51	소바 · · · · · · · · · · · · · · · · · · · 111
섬유유연제 · · · · · · · · · · · · · · · 57	세일 · 150	소방관 · · · · · · · · · · · · · · · · · 314
성 · 14	세제 · · · · · · · · · · · · · · · · 57, 62	소방대원 · · · · · · · · · · · · · · · 314
성격장애 · · · · · · · · · · · · · · · · 291	세제곱미터 · · · · · · · · · · · · · · 176	소방서 · · · · · · · · · · · · · · · · · 314
성공담 · · · · · · · · · · · · · · · · · · · 98	세차 · 142	소방선 · · · · · · · · · · · · · 225, 314
성 관계 · · · · · · · · · · · · · · · · · · · 34	세차장 · · · · · · · · · · · · · · · · · · 142	소방차 · · · · · · · · · · · · · 200, 314
성교 · 34	세척제 · · · · · · · · · · · · · · · · · · · 57	소방호스 · · · · · · · · · · · · · · · · 314
성도착 · · · · · · · · · · · · · · · · · · 291	세탁 · 56	소변 · 72
성명 · 94	세탁기 · · · · · · · · · · · · · · · · · · · 56	소변검사 · · · · · · · · · · · · · · · · 296
성명서 · · · · · · · · · · · · · · · · · · 101	세탁망 · · · · · · · · · · · · · · · · · · · 56	소변기 · · · · · · · · · · · · · · · · · · · 73
성병 · 282	세탁물 · · · · · · · · · · · · · · · · · · · 56	소비자 · · · · · · · · · · · · · · · · · 149
성씨 · 14	세탁소 · · · · · · · · · · · · · · · · · · 142	소비자가격 · · · · · · · · · · · · · · 157
성인영화 · · · · · · · · · · · · · · · · 318	세트메뉴 · · · · · · · · · · · · · · · · 109	소설책 · · · · · · · · · · · · · · · · · 132
성인용품 · · · · · · · · · · · · · · · · 126	섹스 · 34	소셜 네트워크 서비스 · · · · 251
성인용품점 · · · · · · · · · · · · · · 126	섹스중독 · · · · · · · · · · · · · · · · 291	소스코드 · · · · · · · · · · · · · · · · 249
성전환 수술 · · · · · · · · · · · · · · 280	센티리터 · · · · · · · · · · · · · · · · 177	소식하다 · · · · · · · · · · · · · · · · · 48
성조 · 76	센티미터 · · · · · · · · · · · · · · · · 176	소실 · 24
성조언어 · · · · · · · · · · · · · · · · · 76	셀러리 · · · · · · · · · · · · · · · · · · 122	소아과 · · · · · · · · · · · · · · · · · · 281
성형수술 · · · · · · · · · · · · · · · · 280	셀로판지 · · · · · · · · · · · · · · · · 131	소아과 의사 · · · · · · · · · · · · · 281
성형외과 · · · · · · · · · · · · · · · · 278	셀프세차(장) · · · · · · · · · · · · 142	소아기호증 · · · · · · · · · · · · · · 291
성형외과 의사 · · · · · · · · · · · 278	셀프 주유소 · · · · · · · · · · · · · 128	소아마비 · · · · · · · · · · · · · · · · 282
성홍열 · · · · · · · · · · · · · · · · · · 282	셔츠 · 137	소아애호증 · · · · · · · · · · · · · · 291
세계박람회 · · · · · · · · · · · · · · 321	셔틀버스 · · · · · · · · · · · · · · · · 219	소액 · 161
세계어 · · · · · · · · · · · · · · · · · · · 76	셔틀콕 · · · · · · · · · · · · · · · · · · 134	소액권 · · · · · · · · · · · · · · · · · 164
세균성이질 · · · · · · · · · · · · · · 282	셰어웨어 · · · · · · · · · · · · · · · · 245	소액대출 · · · · · · · · · · · · · · · · 170
세금 · 313	소개장 · · · · · · · · · · · · · · · · · · 101	소액환 · · · · · · · · · · · · · · · · · 162
세금 계산서 · · · · · · · · · · · · · 149	소개팅 · · · · · · · · · · · · · · · · · · · 32	소염제 · · · · · · · · · · · · · · · · · 303
세금 징수원 · · · · · · · · · · · · · 313	소극장 · · · · · · · · · · · · · · · · · · 320	소울메이트 · · · · · · · · · · · · · · · 30
세단 · 197	소꿉동무 · · · · · · · · · · · · · · · · · 30	소음기 · · · · · · · · · · · · · · · · · 204
세대주 · · · · · · · · · · · · · · · · · · · 16	소년원 · · · · · · · · · · · · · · · · · · 311	소인 · · · · · · · · · · · · · · · 265, 315

소인증 283	손톱깎이 54	수동 변속기 209
소재 95	손톱 손질 52	수동 변속기 차량 202
소주 115	손톱줄 54	수동차 202
소파베드 69	솔 59	수두 282
소포 264	솔질하다 59	수레 64
소프트웨어 245	솜바지 137	수련 130
소형차 201	솜사탕 118	수련의 270
소화기 314	솜이불 71	수로 181
소화기내과 281	송곳 64	수륙양용기 231
소화기질환 283	송곳니 293	수리공 143
소화물 264	송금 174	수리비 142
소화불량 283	송로버섯 123	수리업자 142
소화전 314	송어 120	수리점 142
소화제 303	송이 159	수면마비 67, 288
속달 262	송이버섯 123	수면무호흡증 67, 288
속담 96	송화단 112	수면안대 68
속도계 207	쇄빙선 225	수면장애 67, 288
속도위반 196	쇠갈비 124	수면제 68, 303
속도위반 딱지 196	쇠고기 124	수목원 329
속독 85	쇠꼬리 124	수박 117
속삭이다 82	쇠머리 124	수산시장 104
속설 98	쇠뼈 124	수상 310
속어 89	쇠톱 65	수상가옥 226
속옷 126, 133	쇼윈도 106	수상비행기 231
속옷 가게 126	쇼크 290	수상택시 220
속치마 133	쇼핑 149	수석 웨이터 108
속편 319	쇼핑객 149	수선료 142
손 관리 52	쇼핑리스트 149	수선점 142
손녀 22	쇼핑몰 126	수선화 130
손녀사위 28	쇼핑센터 126	수성펜 131
손님 149	쇼핑카트 149	수세미 62
손도끼 63	숄 138	수세식 화장실 72
손빨래하다 57	수 58	수소자동차 202
손세차 142	수간호사 270	수송기 232
손수건 138	수감자 311	수송선 226
손수레 64	수건 51	수수 121
손자 22	수경 134	수술 298
손자며느리 28	수국 130	수술대 275
손톱 65	수군거리다 82	수술복 276
손톱가위 54	수기신호 266	수술실 275
손톱 관리사 52	수나사 63	수술용 마스크 276

수술용 장갑	276	수하물	216	스니커즈	135
수신인	265	수하물 수취대	236	스릴러	318
수신자부담전화	258	수하물표	216	스마트카드	163
수신자부담전화번호	259	수험서	132	스와핑	291
수신호	266	수혈	298	스와힐리어	78
수실	58	수화	76	스웨터	137
수양딸	21	수화기	260	스위트룸	145
수양아들	21	숙독	85	스카이콩콩	139
수영	147	숙면	66	스카치위스키	115
수영모	134	숙모	26	스카치캔디	118
수영복	134	숙박부	145	스카치테이프	131
수영장	147	숙박비	145	스카프	138
수의사	270	숙박업소	144	스캐너	244
수입상	105	숙부	26	스케이트	134
수입인지	315	숙조부	25	스케이트보드	134
수입차	199	순간접착제	131	스케일링	292
수입품	127, 154	순결	43	스쿠터	217
수전증	288	순무	122	스쿨버스	219
수정	129	순시선	225	스크롤바	250
수정액	131	순차통역	86	스크류드라이버	115
수제품	154	순찰차	200, 312	스크린	319
수제화	135	순환기내과	281	스키니팬츠	137
수족관	329	순환도로	182	스키복	134
수족구병	282	숟가락	46	스키 부츠	134
수준기	64	술	114	스키판	134
수중익선	225	술집	114	스키폴	134
수지침	300	술친구	30	스키화	134
수직 이착륙기	231	숫처녀	43	스킨	54
수집상	105	숫총각	43	스킨십	35
수첩	131	숭어	120	스타우트	115
수출상	105	쉼표	93	스타킹	133
수출품	154	슈미즈	133	스탠드	218
수취인	265	슈크림	118	스탬프	265, 315
수치료법	298	슈퍼마켓	126	스테이션왜건	197
수트	138	슈퍼싱글	70	스테이크	110
수틀	58	슈퍼카	201	스테이플러	131
수평기	64	슈퍼컴퓨터	241	스톱오버	235
수포	289	스노모빌	200	스튜어드	231
수표	162	스노보드	134	스튜어디스	231
수표책	162	스노우체인	205	스트레스	290
수프	110	스노우타이어	205	스트리밍	254

스티커 사진관 … 142	승마복 … 134	시외전화 … 258
스틸레토힐 … 135	승마화 … 135	시운전 … 190
스팀다리미 … 57	승무원 … 231	시운전자 … 190
스팀청소기 … 60	승선 … 212	시작메뉴 … 250
스파 … 140	승용차 … 199	시장 … 104, 311
스파게티 … 110	승차 … 212	시장가격 … 157
스파이영화 … 318	승차권 … 215	시제품 … 154
스파이웨어 … 246	승합차 … 197	시즌권 … 326
스파이크화 … 135	시가전차 … 221	시집 … 28, 132
스패너 … 63	시각 장애 … 285	시청 … 311
스팸 메시지 … 261	시간표 … 216	시체안치소 … 275
스팸메일 … 252	시거잭 … 207	시트 … 71
스팸전화 … 258	시금치 … 122	시폰케이크 … 119
스펀지 … 51	시내버스 … 219	시험비행 … 234
스펀지 수세미 … 62	시내전화 … 258	시험판 … 245
스펀지케이크 … 119	시누이 … 28	식권 … 162
스페어타이어 … 205	시댁 … 28	식당가 … 109
스페인어 … 78	시동모터 … 209	식당 주인 … 108
스펠링 … 88	시동생 … 28	식당차 … 222
스포츠영화 … 318	시동을 걸다 … 191	식도암 … 284
스포츠용품 … 126, 134	시동키 … 208	식도염 … 283
스포츠용품점 … 126	시럽 … 301	식료품 상인 … 116
스포츠의학 … 294	시력검사 … 296	식료품점 … 116
스포츠카 … 197	시력검사표 … 276	식물원 … 329
스포트라이트 … 325	시립도서관 … 322	식빵 … 119
스푼 … 46	시립병원 … 272	식사 … 46
스프레드시트 … 246	시말서 … 101	식성 … 48
스프레이 … 55	시민회관 … 327	식습관 장애 … 291
스프링 매트리스 … 70	시발역 … 223	식염수 … 305
스피드건 … 184	시부모 … 18, 28	식욕 … 48
스피커폰 … 260	시세 … 157	식욕억제제 … 303
슬래시 … 93	시소 … 328	식이요법 … 299
슬랭 … 89	시숍 … 251	식중독 … 283
슬리퍼 … 135	시스템 … 249	식탁 … 46
슬립 … 133	시스템 엔지니어 … 249	식탐 … 48
슬링백 … 135	시승차 … 199	식품점 … 116
습자지 … 131	시시덕거리다 … 82	신간 … 132
습진 … 289	시아버지 … 28	신경과 … 286
습포제 … 304	시아주버니 … 28	신경과민 … 290
승강기 … 237	시어머니 … 28	신경쇠약 … 290
승객 … 216	시외버스 … 219	신경안정제 … 303

신경외과	278	신탁은행	169	십자수	58
신경외과 의사	278	신형	154	싱글	70
신경정신과	286	신형차	201	싱글룸	145
신경정신과 의사	286	신호등	184	싸구려	154
신경증	290	신호위반	196	싸리비	59
신경질환	288	신혼부부	24	싸움	33
신경치료	292	신혼여행	38	싼	158
신경통	288	신혼여행객	38	쌀	116, 121
신고서	101	신혼여행지	38	쌀가게	116
신권	164	신화	98	쌀국수	110
신랑	39, 43	실	58	쌍꺼풀수술	280
신문	126	실내수영장	147	쌍두마차	237
신문판매점	126	실내화	135	쌍둥이	20
신발	127, 135	실로폰	136	쌍발기	231
신발가게	127	실린더	210	쌍생아	20
신부	39, 43	실명	14	쌍엽기	231
신부화장	52	실선	186	쌍점	93
신분증	315	실언	97	쌍화차	113
신사복	138	실용서	132	썬바이저	207
신상품	154	실크해트	138	썬캡	138
신생아실	275	실타래	58	썬팅	204
신생아 중환자실	275	실톱	65	썰다	61
신시사이저	136	실패	58	썰매개	237
신앙요법	299	실행파일	247	쏘가리	120
신앙요법가	299	실화	98	쑥	123
신약	301	심기증	290	쑥갓	122
신어	89	심리극	299	쓰기	86
신용	170	심리치료	299	쓰레기차	200
신용대출	170	심벌즈	136	쓰레기통	59
신용도	170	심부름센터	142	쓰레받기	60
신용등급	170	심야영화	318	쓸다	59
신용불량자	170	심장내과	281	씻다	49
신용조회	170	심장수술	280		
신용카드	163	심장외과	278		
신장내과	281	심장외과 의사	278		
신장이식수술	280	심장이식수술	280	**ㅇ**	
신제품	154	심전도검사	296		
신조어	89	심폐소생술	299	아귀	120
신종플루	282	십이지장궤양	283	아내	24
신차	201	십이지장염	283	아네모네	130
신청서	101	십자 드라이버	63	아들	21

아라비아 숫자 ··· 87	아포스트로피 ··· 93	안창살 ··· 124
아랍어 ··· 78	악기 ··· 127, 136	안테나 ··· 266
아랫니 ··· 293	악기점 ··· 127	알고리즘 ··· 256
아령 ··· 134	악담 ··· 97	알레르기 면역내과 ··· 281
아로마테라피 ··· 300	악몽 ··· 67	알레르기성 비염 ··· 285
아마추어 무선통신사 ··· 266	악성빈혈 ··· 284	알사탕 ··· 118
아말감 ··· 292	악성 종양 ··· 284	알약 ··· 301
아메리카노 ··· 113	악성 채무 ··· 171	알츠하이머병 ··· 288
아몬드 ··· 123	악성코드 ··· 246	알타리무 ··· 122
아무개 ··· 15	악센트 ··· 90	알파 버전 ··· 245
아바타 ··· 256	악처 ··· 24	알피엠 ··· 211
아버지 ··· 18	악플러 ··· 251	암 ··· 284
아보카도 ··· 117	악필 ··· 88	암나사 ··· 63
아부 ··· 99	안개꽃 ··· 130	암모니아 ··· 305
아빠 ··· 18	안개등 ··· 205	암시장 ··· 104
아세톤 ··· 53	안경 ··· 127	암실 ··· 142
아스파라거스 ··· 122	안경상인 ··· 127	암표 ··· 215, 326
아스팔트길 ··· 182	안경점 ··· 127	암표상 ··· 326
아스피린 ··· 303	안과 ··· 281	암호 ··· 87
아우 ··· 23	안과 의사 ··· 281	암호명 ··· 14
아욱 ··· 122	안구건조증 ··· 285	압박붕대 ··· 304
아이라이너 ··· 53	안구은행 ··· 273	압생트 ··· 115
아이맥스영화 ··· 319	안내문 ··· 94	압정 ··· 131
아이섀도 ··· 53	안대 ··· 305	압축파일 ··· 247
아이쇼핑 ··· 149	안마 ··· 143	압핀 ··· 131
아이스크림 ··· 116	안마기 ··· 143	앞니 ··· 293
아이스크림 가게 ··· 116	안마사 ··· 143	앞다리 ··· 124
아이콘 ··· 250	안마시술소 ··· 143	앞다리살 ··· 124
아이크림 ··· 53	안면경련 ··· 288	앞면 ··· 164
아이피주소 ··· 254	안면마비 ··· 288	앞문 ··· 203
아점 ··· 46	안면홍조증 ··· 289	앞바퀴 ··· 205
아주버니 ··· 28	안사돈 ··· 28	앞유리 ··· 204
아첨 ··· 99	안심 ··· 124	앞지르기 ··· 192
아치교 ··· 187	안약 ··· 304	애니메이션 ··· 317
아침(식사) ··· 46	안염 ··· 285	애드웨어 ··· 246
아카시아꽃 ··· 130	안장 ··· 218	애무 ··· 35
아코디언 ··· 136	안전면도기 ··· 50	애완동물 ··· 127
아토피 ··· 289	안전모드 ··· 249	애완동물점 ··· 127
아토피 피부염 ··· 289	안전벨트 ··· 207	애원 ··· 80
아티초크 ··· 122	안전운전 ··· 190	애인 ··· 31
아편 ··· 306	안주 ··· 114	애장품 ··· 154

애처가 … 24	약병 … 307	양장본 … 132
애칭 … 14	약사 … 127	양장점 … 127
애프터서비스 … 156	약속 … 83	양장피 … 112
애플파이 … 110	약솜 … 304	양조주 … 115
액세서리 … 138	약시 … 285	양지머리 … 124
액셀러레이터 … 207	약어 … 89	양치질하다 … 49
액션영화 … 318	약자 … 89	양파 … 122
액션피겨 … 139	약장 … 307	양품점 … 127
액정화면 … 260	약장수 … 105	양해각서 … 100
액체비누 … 51	약정서 … 100	어감 … 90
액체세제 … 57	약혼 … 36	어눌한 … 84
액취증 … 289	약혼반지 … 36	어드벤처 … 318
앨범 … 127	약혼식 … 36	어린이영화 … 318
앰뷸런스 … 200, 276	약혼자 … 36	어린이집 … 327
앰풀 … 307	약효 … 307	어머니 … 19
앱스토어 … 256	얌 … 122	어묵 … 111
앵두 … 117	양가죽 코트 … 137	어물전 … 116
앵초 … 130	양귀비 … 130	어민 … 224
야간금고 … 169	양날톱 … 65	어버이 … 18
야간비행 … 234	양녀 … 21	어부 … 224
야간열차 … 221	양동이 … 160	어선 … 225
야구공 … 134	양로원 … 327	어순 … 90
야구모자 … 138	양말 … 133	어시장 … 104
야드 … 176	양면테이프 … 131	어원 … 90
야맹증 … 285	양모 … 19	어조 … 90
야시장 … 104	양배추 … 122	어지럼증 … 288
야식 … 46	양변기 … 73	어투 … 84
야외 결혼식 … 39	양복 … 138	어학서 … 132
야외수영장 … 147	양복점 … 127	어항 … 229
야전병원 … 272	양부 … 18	어휘 … 89
야전침대 … 69	양부모 … 18	어휘력 … 90
야참 … 46	양성 종양 … 284	억양 … 90
야채 … 116	양송이버섯 … 123	언급 … 83
야채가게 … 116	양식집 … 108	언니 … 23
야회복 … 138	양아버지 … 18	언변 … 84
약 … 127, 301	양약 … 301	언어치료 … 299
약과 … 118	양어머니 … 19	언어치료사 … 299
약관 … 100	양육권 … 42	언어듣다 … 85
약국 … 127	양육비 … 42	얼그레이 … 113
약물검사 … 295	양자 … 21	얼룩 … 60
약방 … 127	양장 … 138	얼룩덜룩한 … 60

얼음주머니 305	여드름 289	연애편지 263
얼음호텔 144	여보 31	연어 120
엄마 19	여성보호소 327	연이율 173
업그레이드 249	여성청결제 304	연인 31
업데이트 249	여자 가장 16	연자방아 140
업로드 248	여자 승무원 231	연장통 63
업주 105	여자 화장실 72	연적 32
에누리 152	여행안내서 132	연주회장 320
에델바이스 130	여행자수표 162	연착 212
에러 256	역 223	연착료 235
에로영화 318	역기 134	연체되다 171
에메랄드 129	역마차 237	연체액 171
에센스 53	역무원 221	연체이자 171
에스컬레이터 237	역사 223	연체자 171
에스페란토 78	역사박물관 320	연탄가스 중독 285
에스프레소 113	역사책 132	연필 131
에어 매트리스 70	역술가 143	연필깎이 131
에어백 207	역술원 143	연하장 264
에어쇼 321	역슬래시 93	열기구 237
에어 택시 232	역장 221	열람실 322
에이즈 282	역주행하다 191	열람하다 85
에이커 176	연감 132	열무 122
에일 115	연고 301	열차 221
에피소드 98	연근 122	염가 157
엑스레이검사 296	연대보증인 171	엽서 264
엑스레이사진 296	연락병 266	엽전 164
엑스선 296	연락선 225	엿 118
엑스터시 306	연료계 207	엿듣다 85
엔 165	연료 분사기 209	영구차 200
엔진 210	연료 분사장치 209	영구치 293
엔진오일 210	연료탱크 209	영국식 아침식사 46
엔화 165	연료필터 209	영매 143
엘리베이터 237	연륙교 187	영문 94
엘에스디 306	연리 171	영사기 319
엠블럼 203	연미복 138	영사막 319
여객 216	연비 211	영사실 319
여객기 232	연석 185	영수증 149
여객선 226	연설문 94	영안실 275
여관 144	연안 여객선 226	영양실조 283
여권심사대 236	연애 32	영양제 302
여동생 23	연애결혼 37	영어 78

영어 회화 · · · · · · · · · · · · · · · · 81	오디오북 · · · · · · · · · · · · · · · 132	옥 · 129
영업 · · · · · · · · · · · · · · · · · · · 148	오뚝이 · · · · · · · · · · · · · · · · · 139	옥수수 · · · · · · · · · · · · · · · · · · 121
영업시간 · · · · · · · · · · · · · · · · 148	오락실 · · · · · · · · · · · · · · · · · 147	옥수수빵 · · · · · · · · · · · · · · · · 119
영업일 · · · · · · · · · · · · · · · · · 148	오랄섹스 · · · · · · · · · · · · · · · · 34	옥수수수염차 · · · · · · · · · · · · · 113
영업택시 · · · · · · · · · · · · · · · · 220	오랑캐꽃 · · · · · · · · · · · · · · · · 130	옥수수차 · · · · · · · · · · · · · · · · 113
영웅담 · · · · · · · · · · · · · · · · · · 97	오렌지 · · · · · · · · · · · · · · · · · 117	옥스퍼드 · · · · · · · · · · · · · · · · 135
영작 · 95	오류 · · · · · · · · · · · · · · · · · · · 256	온라인뱅킹 · · · · · · · · · · · · · · · 174
영작문 · · · · · · · · · · · · · · · · · · 95	오류 메시지 · · · · · · · · · · · · · · 250	온라인서점 · · · · · · · · · · · · · · · 126
영지버섯 · · · · · · · · · · · · · · · · 123	오르가슴 · · · · · · · · · · · · · · · · 35	온라인쇼핑 · · · · · · · · · · · · · · · 149
영화 · · · · · · · · · · · · · · · · · · · 317	오르간 · · · · · · · · · · · · · · · · · 136	온라인쇼핑몰 · · · · · · · · · · · · · 149
영화관 · · · · · · · · · · · · · · · · · · 317	오르막길 · · · · · · · · · · · · · · · · 180	온스 · · · · · · · · · · · · · · · · · · · 177
영화음악 · · · · · · · · · · · · · · · · 319	오리발 · · · · · · · · · · · · · · · · · 134	온열요법 · · · · · · · · · · · · · · · · 299
옆길 · · · · · · · · · · · · · · · · · · · 180	오므라이스 · · · · · · · · · · · · · · · 110	온천 · · · · · · · · · · · · · · · · · · · 329
예금 · · · · · · · · · · · · · · · · · · · 173	오믈렛 · · · · · · · · · · · · · · · · · 110	온천욕 · · · · · · · · · · · · · · · · · · 50
예금액 · · · · · · · · · · · · · · · · · 175	오미자차 · · · · · · · · · · · · · · · · 113	올리다 · · · · · · · · · · · · · · · · · · 158
예금자 · · · · · · · · · · · · · · · · · · 175	오보에 · · · · · · · · · · · · · · · · · 136	올리브 · · · · · · · · · · · · · · · · · · 117
예금주 · · · · · · · · · · · · · · · · · · 175	오빠 · 23	올인원 · · · · · · · · · · · · · · · · · · 133
예금통장 · · · · · · · · · · · · · · · · 175	오솔길 · · · · · · · · · · · · · · · · · 180	올케 · 28
예단 · 38	오십견 · · · · · · · · · · · · · · · · · 288	옷 · · · · · · · · · · · · · · · · · 127, 137
예매 · · · · · · · · · · · · · · · 150, 151	오역 · 86	옷가게 · · · · · · · · · · · · · · · · · · 127
예명 · 14	오용 · · · · · · · · · · · · · · · · · · · 307	옷감 · · · · · · · · · · · · · · · · · · · 128
예물 · 38	오이 · · · · · · · · · · · · · · · · · · · 122	옷걸이 · · · · · · · · · · · · · · · · · · · 56
예방약 · · · · · · · · · · · · · · · · · 301	오자 · 87	옷을 입히다 · · · · · · · · · · · · · · · · 61
예방접종 · · · · · · · · · · · · · · · · 277	오줌 · 72	와이드 모니터 · · · · · · · · · · · · · 242
예방주사 · · · · · · · · · · · · · · · · 277	오진 · · · · · · · · · · · · · · · · · · · 295	와이맥스 · · · · · · · · · · · · · · · · 254
예술영화 · · · · · · · · · · · · · · · · 318	오찬 · 46	와이브로 · · · · · · · · · · · · · · · · 254
예술영화관 · · · · · · · · · · · · · · · 317	오침 · 66	와이셔츠 · · · · · · · · · · · · · · · · 137
예식장 · · · · · · · · · · · · · · · · · · · 40	오케스트라 박스 · · · · · · · · · · · 325	와이어 브라 · · · · · · · · · · · · · · 133
예약 · · · · · · · · · · · · · · · · · · · 152	오코노미야끼 · · · · · · · · · · · · · 111	와이파이 · · · · · · · · · · · · · · · · 254
예약석 · · · · · · · · · · · · · · · · · · 325	오토바이 · · · · · · · · · · · · · · · · 217	와이퍼 · · · · · · · · · · · · · · · · · · 204
예언 · 83	오토차 · · · · · · · · · · · · · · · · · 202	와인 · · · · · · · · · · · · · · · · · · · 115
예언자 · · · · · · · · · · · · · · · · · · · 83	오트밀 · · · · · · · · · · · · · · · · · 110	와인바 · · · · · · · · · · · · · · · · · · 114
예인선 · · · · · · · · · · · · · · · · · · 226	오팔 · · · · · · · · · · · · · · · · · · · 129	와일드카드 · · · · · · · · · · · · · · · 247
옛날 이야기 · · · · · · · · · · · · · · · 98	오퍼레이터 · · · · · · · · · · · · · · · 249	와플 · · · · · · · · · · · · · · · · · · · 118
옛말 · 76	오퍼상 · · · · · · · · · · · · · · · · · 105	왁스 · 55
옛 애인 · · · · · · · · · · · · · · · · · · 31	오페라극장 · · · · · · · · · · · · · · · 320	완구 · · · · · · · · · · · · · · · 127, 139
오거리 · · · · · · · · · · · · · · · · · · 184	오페라안경 · · · · · · · · · · · · · · · 326	완구점 · · · · · · · · · · · · · · · · · · 127
오누이 · · · · · · · · · · · · · · · · · · · 23	오프로드 오토바이 · · · · · · · · · 217	완두콩 · · · · · · · · · · · · · · · · · · 122
오뎅 · · · · · · · · · · · · · · · · · · · 111	오프로드 차량 · · · · · · · · · · · · 199	완선 · · · · · · · · · · · · · · · · · · · 289
오디 · · · · · · · · · · · · · · · · · · · 117	오픈카 · · · · · · · · · · · · · · · · · 197	완성품 · · · · · · · · · · · · · · · · · · 154
오디오 가이드 · · · · · · · · · · · · · 326	오향장육 · · · · · · · · · · · · · · · · 112	완제품 · · · · · · · · · · · · · · · · · · 154

완충기	209	외조부	27	우리다	61
왈가왈부하다	83	외조부모	27	우메보시	111
왕복승차권	215	외족	27	우설	124
왕진	295	외채	170	우스갯소리	97
왜건	197	외치다	82	우시장	104
왜소증	283	외투	137	우엉	122
외가	27	외할머니	27	우울증	290
외과	278	외할아버지	27	우울증 치료제	303
외국어	78	외항선	226	우족	124
외국어학원	146	외화	164, 319	우체국	314
외국영화	319	외환은행	169	우체국장	314
외국인기피증	290	요	71	우체부	314
외국인혐오증	290	요강	73	우체통	314
외길	180	요구	82	우편	262
외나무다리	187	요금소	182	우편낭	314
외도	42	요금표	214	우편번호	265
외동딸	21	요금함	220	우편봉투	265
외래어	89	요리	109	우편열차	221
외래환자	271	요리사	108	우편엽서	264
외박하다	66	요리책	132	우편요금	265
외발자전거	217	요리학원	146	우편주소	265
외벌이 가정	16	요양원	272	우편함	250
외부전화	258	요요	139	우편환	162
외사시	285	요정	108	우표	265
외사촌	27	요청	82	우현	227
외삼촌	27	요트	225	우화	98
외상	152	욕	98	우회로	180
외상장부	152	욕설	98	우회전	192
외상후스트레스장애	290	욕조	51, 140	운동복	134
외손녀	22	욕창	289	운동화	135
외손자	22	용골	227	운반선	226
외숙	27	용과	117	운영자	251
외숙모	27	용달차	200	운영체제	245
외식하다	48	용적 톤수	228	운임	214
외아들	21	우기다	83	운전	190
외자	14	우대금리	171	운전대	207
외자식	20	우동	111	운전면허증	193
외장하드	244	우둔	124	운전사	190
외제	154	우등버스	219	운전석	208
외제차	199	우럭	120	운전석 에어백	207
외조모	27	우롱차	113	운전자	190

운전학원	146, 193	웨이퍼	118	유가족	16
운하	181	웨지힐	135	유가증권	161
운항	213, 230, 234	웨하스	118	유과	118
운행	213	웹	251	유닉스	245
울면	112	웹 2.0	256	유람선	226
울샴푸	57	웹디자이너	256	유럽식 아침식사	46
웃돈	214	웹디자인	256	유령선	226
워드프로세서	246	웹마스터	251	유령의 집	328
워크스테이션	241	웹 브라우저	256	유로	165
워키토키	266	웹사이트	251	유로화	165
원	165	웹서핑	252	유료다리	187
원가	157	웹진	256	유료도로	182
원거리통신	240	웹캠	244	유료 주차장	193
원격통신	240	위궤양	283	유료 화장실	72
원고지	131	위로	83	유리병	159
원금	172	위문편지	263	유리창 청소기	60
원나잇스탠드	34	위산과다	283	유방암	284
원동기	210	위성전화	260	유방절제술	279
원두커피	113	위성통신	240	유방확대수술	280
원산지	155	위성항법장치	216	유복자	20
원서	101	위 세척기	276	유부남	43
원수	31	위스키	115	유부녀	43
원시	285	위안	165	유산슬	112
원시안	285	위안화	165	유서	101
원양어선	225	위암	284	유선 인터넷	253
원어민	76	위약	301	유선전화	260
원피스	137	위염	283	유선통신	240
원피스 수영복	134	위임장	101	유성영화	318
원형극장	320	위자료	42	유성펜	131
원형탈모증	289	위장병	283	유스호스텔	144
원화	165	위장약	303	유아 변기	73
월드와이드웹	251	위장염	283	유아침대	69
월병	118	위조수표	162	유언비어	98
월장석	129	위조지폐	164	유원지	328
월풀욕조	51	위조품	153	유의어	89
웜바이러스	246	위하수	283	유자	117
웨딩드레스	40	윈도브러시	204	유자차	113
웨딩촬영	38	윈도우	245	유전자검사	296
웨딩케이크	40, 119	윈도우쇼핑	149	유전자 요법	299
웨이터	108	윗니	293	유전자 치료	299
웨이트 트레이닝	147	윙팁	135	유조선	226

유조차 · 200	음악치료 · 299	이란성 쌍둥이 · 20
유족 · 16	음악치료사 · 299	이러닝 · 257
유창한 · 84	음악파일 · 247	이류 · 235
유채꽃 · 130	음주운전 · 191	이륜차 · 217
유치 · 293	음주운전자 · 191	이름 · 14
유치장 · 312	응급실 · 275	이메일 · 252
유턴 · 191	응급의료대원 · 270	이메일 주소 · 252
유통업자 · 105	응급의학과 · 294	이메일 폭탄 · 252
유행성이하선염 · 282	응급처치 · 299	이면도로 · 182
유행성출혈열 · 282	응용 프로그램 · 246	이모 · 27
유행어 · 89	의경 · 312	이모부 · 27
유황온천 · 329	의료사고 · 300	이모티콘 · 87, 250
육교 · 185	의료소송 · 300	이물 · 227
육로 · 181	의료진 · 270	이미지파일 · 247
육류 · 116	의무경찰 · 312	이발사 · 140
육상화 · 135	의문문 · 92	이발소 · 140
육식 · 47	의문부호 · 93	이별 · 33
육식주의자 · 47	의복 · 127	이복누나 · 23
육종 · 284	의부증 · 290	이복동생 · 23
육촌형제 · 26	의붓딸 · 21	이복언니 · 23
율무 · 121	의붓아들 · 21	이복오빠 · 23
율무차 · 113	의붓자식 · 20	이복형 · 23
융자 · 170	의붓형제 · 23	이복형제 · 23
융자금 · 171	의사 · 270	이불 · 71
으깨다 · 61	의상실 · 127	이비인후과 · 294
은 · 129	의성어 · 90	이비인후과 의사 · 294
은방울꽃 · 130	의술 · 300	이산가족 · 16
은어 · 89, 120	의약품 · 301	이삿짐차 · 200
은행 · 123, 169	의역 · 86	이상성욕 · 291
은혼식 · 37	의원 · 272	이서 · 162
은화 · 164	의정서 · 101	이성 교제 · 32
읊다 · 85	의처증 · 290	이식(수술) · 280
음경확대수술 · 286	의치 · 292	이쑤시개 · 49
음담패설 · 98	의태어 · 90	이야기 · 96
음란사이트 · 251	의형제 · 30	이야기책 · 132
음란영화 · 318	이갈이 · 67, 288	이웃 · 30
음란전화 · 258	이뇨제 · 303	이율 · 171
음반 · 127	이니셜 · 15	이자 · 171
음반가게 · 127	이동도서관 · 322	이정표 · 185
음성 메시지 · 261	이동통신 · 240	이종사촌 · 27
음식점 · 108	이등석 · 214	이중인격 · 290

이중주차	192	인증서	101	임시운전면허증	193
이질	282	인지	315	임신검사	296
이체	174	인척	28	임신 검사기	296
이층버스	219	인치	176	임신중절수술	286
이층침대	69	인큐베이터	275	임신촉진제	302
이코노미석	214	인터넷	251	임신 테스터	296
이탈리아어	78	인터넷뱅킹	174	임질	282
이탤릭체	88	인터넷 서핑	252	임플란트	292
이혼	42	인터넷쇼핑	149	입국심사대	236
이혼남	43	인터넷전화	260	입국하다	213
이혼녀	43	인터넷카페	147	입금	174
이혼소송	42	인터체인지	184	입금 전표	174
익명	14	인터페이스	250	입맛	48
익스트라넷	251	인트라넷	251	입맞춤	34
익히다	62	인플루엔자	282	입문서	132
인간광우병	282	인하하다	158	입방미터	176
인감	315	인형	139	입석	325
인격장애	291	인후염	285	입시학원	146
인공눈물	304	일등석	214	입양가정	16
인공심장박동기	276	일란성 쌍둥이	20	입양아	20
인공심폐기	276	일렬주차	192	입욕제	51
인공어	76	일반외과	278	입원	273
인공지능	257	일반외과 의사	278	입원실	275
인공호흡	299	일반의	270	입원환자	271
인도	180	일방통행로	182	입장권	326
인도교	187	일본뇌염	282	입체교차로	184
인두염	285	일본어	78	입체영화	319
인라인스케이트	134	일수	170	입항하다	230
인력거	237	일식집	108	잇몸질환	292
인력거꾼	237	일어	78	잉꼬부부	24
인사말	98	일어나다	68	잉어	120
인삼주	115	일자 드라이버	63	잉크	131
인삼차	113	일자바지	137	잉크젯 프린터	244
인상하다	158	일자형 면도기	50		
인스턴트커피	113	일중독	291		
인용구	91	일차선	186		
인용문	92	일화	98	ㅈ	
인용부호	93	일회용품	154		
인장	315	읽기	85	자	64, 131, 176
인조 다이아몬드	129	임명장	101	자가용	199
인주	315	임상병리과	294	자가용 기사	190

자가용 비행기 ······ 232	자술서 ······ 101	잔소리 ······ 98
자가진단 ······ 296	자습서 ······ 132	잔액 ······ 175
자가치료 ······ 299	자식 ······ 20	잘라내기 ······ 248
자갈길 ······ 181	자연사 박물관 ······ 320	잠 ······ 66
자궁경부암 ······ 284	자연어 ······ 76	잠꼬대 ······ 68
자궁암 ······ 284	자연언어 ······ 76	잠꾸러기 ······ 68
자궁적출술 ······ 279	자연요법 ······ 299	잠들다 ······ 66
자궁절제술 ······ 286	자외선 차단제 ······ 53, 305	잠버릇 ······ 68
자기개발서 ······ 132	자유무역항 ······ 229	잠수함 ······ 225
자기공명영상법 ······ 296	자유연애 ······ 32	잡곡 ······ 121
자기부상열차 ······ 221	자이로드롭 ······ 328	잡담 ······ 99
자기앞수표 ······ 162	자장면 ······ 112	잡상인 ······ 105
자기최면 ······ 300	자재 ······ 125	잡탕밥 ······ 112
자녀 ······ 20	자전거 ······ 128, 217	잡화점 ······ 107
자다 ······ 66	자전거도로 ······ 183	잣 ······ 123
자동길 ······ 237	자전거 보관대 ······ 218	장갑 ······ 138
자동 변속기 ······ 209	자전거 자물쇠 ······ 218	장갑차 ······ 200
자동 변속기 차량 ······ 202	자전거 장갑 ······ 218	장거리비행 ······ 234
자동세차장 ······ 142	자전거포 ······ 128	장거리전화 ······ 258
자동응답기 ······ 260	자판기 ······ 106	장관 ······ 310
자동이체 ······ 174	자폐증 ······ 291	장광설 ······ 99
자동조종장치 ······ 233	자필 ······ 88	장기대출 ······ 170
자동차 ······ 197	작명가 ······ 143	장난감 ······ 127
자동차경보기 ······ 209	작명소 ······ 143	장난감가게 ······ 127
자동차극장 ······ 317	작문 ······ 95	장난감 말 ······ 139
자동차번호 ······ 204	작업대 ······ 64	장난감 총 ······ 139
자동차 전용도로 ······ 182	작업요법 ······ 299	장난전화 ······ 258
자동차 정비공 ······ 143	작업치료 ······ 299	장날 ······ 104
자동차학원 ······ 146, 193	작업표시줄 ······ 250	장남 ······ 21
자동판매기 ······ 106	작은따옴표 ······ 93	장녀 ······ 21
자동피아노 ······ 136	작은딸 ······ 21	장도리 ······ 64
자두 ······ 117	작은아들 ······ 21	장모 ······ 29
자르다 ······ 61	작은아버지 ······ 26	장문 ······ 94
자리 ······ 214	작은어금니 ······ 293	장미 ······ 130
자매품 ······ 154	작은어머니 ······ 26	장바구니 ······ 159
자몽 ······ 117	작은할머니 ······ 25	장사 ······ 148
자백 ······ 80	작은할아버지 ······ 25	장사꾼 ······ 105
자선장터 ······ 104	작품전 ······ 321	장손 ······ 22
자손 ······ 20	잔 ······ 46	장식품 ······ 154
자수 ······ 58	잔고 ······ 175	장애인전용주차구역 ······ 193
자수정 ······ 129	잔돈 ······ 161	장어 ······ 120

장염 … 283	저금통장 … 175	전동차 … 221
장의차 … 200	저녁(식사) … 46	전동칫솔 … 49
장인 … 29	저녁시간 … 46	전동휠체어 … 277
장터 … 104	저렴한 … 158	전람회 … 321
장티푸스 … 282	저리 … 171	전령 … 266
장판 … 128	저상버스 … 219	전륜구동 … 202
장편영화 … 318	저속차선 … 186	전륜구동차 … 202
장학관 … 312	저예산영화 … 319	전립선암 … 284
장학사 … 312	저자극성 화장품 … 52	전망대 … 329
장화 … 135	저장장치 … 244	전문 … 94
재개봉관 … 317	저축 … 173	전문병원 … 272
재결합 … 33	저축액 … 175	전문서적 … 132
재고처분 … 150	저축예금 … 173	전문용어 … 90
재난영화 … 318	저축은행 … 169	전문의 … 270
재다 … 61	저혈당증 … 283	전보 … 266
재단사 … 127	저혈압 … 284	전복사고 … 195
재래시장 … 104	적 … 31	전봇대 … 266, 314
재래식 화장실 … 72	적금 … 173	전부인 … 24
재봉사 … 127	적립카드 … 163	전서구 … 266
재봉틀 … 58	적성검사 … 193	전선 … 314
재산 분할 … 42	적신호 … 184	전세기 … 232
재생불량성빈혈 … 284	적외선 치료기 … 276	전세버스 … 219
재생품 … 155	적자 … 21	전세택시 … 220
재소자 … 311	적정가격 … 157	전시물 … 106
재스민 … 130	적출 … 279	전시장 … 321
재잘거리다 … 83	전갱이 … 120	전시회 … 321
재종형제 … 26	전공의 … 270	전신 … 266
재킷 … 137	전기담요 … 71	전신마비 … 288
재판관 … 313	전기면도기 … 50	전신마취 … 294
재혼 … 37	전기석 … 129	전신마취제 … 305
재혼가족 … 16	전기영화 … 318	전신수영복 … 134
재활용품 수거함 … 60	전기자동차 … 202	전신주 … 266, 314
재활용품점 … 107	전기자전거 … 217	전어 … 120
재활원 … 327	전기장판 … 71	전언 … 99
재활의학과 … 294	전기충격 … 300	전업주부 … 16
책 … 211	전기톱 … 65	전염병 … 282
저가 … 157	전남편 … 24	전용기 … 232
저가품 … 154	전당포 … 143	전우 … 31
저공비행 … 234	전당포 업자 … 143	전우애 … 31
저금리 … 171	전동공구 … 63	전원공급장치 … 242
저금통 … 175	전동 드릴 … 63	전자기타 … 136

전자도서관 322	절단기 64	정기검진 295
전자상거래 257	절이다 61	정기권 215, 326
전자서명 257, 315	절전모드 249	정기승차권 215
전자수첩 241	절제 279	정기예금 173
전자오락 147	점 143	정기적금 173
전자오락실 147	점보기 232	정기항로 235
전자오르간 136	점선 186	정담 97
전자우편 252	점술 143	정독 85
전자책 132, 257	점술가 143	정돈하다 59
전자화폐 164	점심시간 46	정략결혼 36
전쟁기념관 320	점심(식사) 46	정력제 303
전쟁박물관 320	점원 106	정류장 220
전쟁영화 318	점자 87	정리하다 59
전쟁피로증후군 290	점자책 132	정맥류 284
전조등 205	점쟁이 143	정맥주사 277
전지 209	점집 143	정면충돌 195
전차 221, 237	점퍼 137	정미소 140
전처 24	점프선 211	정밀검사 295
전철 221	점프 스타트 211	정박지 230
전철역 223	점화스위치 208	정박하다 230
전치사구 91	점화플러그 210	정보검색 257
전통 혼례 39	접대부 114	정보 제공자 251
전투모 138	접속 257	정부중앙청사 311
전투신경증 290	접수계 145	정비사 143
전파사 128	접시 46	정비소 143
전편 319	접시꽃 130	정서장애 291
전함 225	접시닦이 108	정신과 286
전화 258	접시 안테나 266	정신박약 291
전화국 314	접이식 자전거 217	정신병 290
전화기 260	접이식 침대 69	정신병원 272
전화번호 259	접좌석 208	정신분열증 290
전화번호부 261	접착제 131	정신장애 291
전화벨 261	접촉사고 195	정신적 외상 290
전화선 260	젓가락 46	정신지체 291
전화요금 261	젓다 61	정신착란 290
전화카드 261	정 63	정액제 158
전희 35	정가 157	정어리 120
절 91	정거장 220	정육점 116
절개 279	정관복원수술 286	정육점 주인 116
절교편지 263	정관수술 286	정자 329
절단 279	정글짐 328	정자은행 273

정자체 …… 88	젤 …… 55	조카사위 …… 26
정장 …… 138	젤리 …… 118	조타수 …… 224
정장바지 …… 137	조 …… 121	조타실 …… 227
정적 …… 31	조기 …… 120	조혼 …… 37
정제 …… 301	조깅화 …… 135	조회 수 …… 257
정조대 …… 35	조끼 …… 137	족내혼 …… 37
정종 …… 115	조난 …… 230	족발 …… 124
정지 …… 191	조난신호 …… 230	족보 …… 17
정지등 …… 205	조난자 …… 230	족외혼 …… 37
정지선 …… 186	조련사 …… 329	족욕 …… 50
정차 …… 191	조류 인플루엔자 …… 282	족욕기 …… 51
정찰제 …… 158	조리 …… 109	족집게 …… 54
정체 …… 215	조리사 …… 108	족탕기 …… 51
정품 …… 155	조리샌들 …… 135	존댓말 …… 96
정형외과 …… 278	조명 …… 325	졸다 …… 66
정형외과 의사 …… 278	조모 …… 25	졸린 …… 68
젖니 …… 293	조부 …… 25	졸음운전 …… 191
제2외국어 …… 78	조부모 …… 25	졸이다 …… 62
제곱미터 …… 176	조사실 …… 312	종기 …… 289
제과점 …… 116	조상 …… 25	종속절 …… 91
제대혈은행 …… 273	조선소 …… 229	종손 …… 22
제동거리 …… 192	조세 …… 313	종숙 …… 26
제동등 …… 205	조수석 …… 208	종양 …… 284
제라늄 …… 130	조식 …… 46	종이 …… 131
제모수술 …… 287	조언 …… 99	종이비누 …… 51
제모제 …… 53	조언자 …… 99	종이인형 …… 139
제부 …… 29	조영술 …… 296	종점 …… 223
제분기 …… 141	조영제 …… 296	종질 …… 26
제분소 …… 140	조울증 …… 290	종착역 …… 223
제비꽃 …… 130	조잘거리다 …… 83	종합검사 …… 295
제비집 요리 …… 112	조제실 …… 127, 275	종합병원 …… 272
제빵사 …… 116	조제약 …… 301	좌골 신경통 …… 288
제산제 …… 303	조조할인 …… 319	좌변기 …… 73
제설차 …… 200	조종사 …… 231	좌석 …… 208, 214, 325
제수 …… 23	조종사 음성기록장치 …… 233	좌석 배치도 …… 325
제스처 …… 76	조종석 …… 233	좌석수 …… 325
제왕절개수술 …… 287	조직검사 …… 296	좌석칸 …… 222
제트기 …… 231	조찬 …… 46	좌약 …… 304
제트스키 …… 225	조카 …… 26	좌욕 …… 50
제트엔진 …… 233	조카딸 …… 26	좌우명 …… 99
제품 …… 153	조카며느리 …… 26	좌초되다 …… 230

좌현 227	주차요금기 193	중문 92, 94
좌회전 192	주차위반 196	중산모 138
죄수 311	주차위반 딱지 196	중식 46
죄수호송차 200	주차장 193	중식집 109
죔쇠 64	주차타워 193	중앙분리대 185
주간 고속도로 182	주치의 270	중앙선 186
주거래은행 169	주택담보대출 170	중앙은행 169
주례 39	주택청약저축 173	중앙 좌석 214
주류판매점 116	주판 131	중앙처리장치 242
주름제거수술 280	주행계 207	중언부언하다 83
주름치마 137	주행시험 193	중얼거리다 83
주립공원 329	주행하다 191	중절모 138
주립병원 272	주화 164	중증급성호흡기증후군 282
주말부부 24	죽마고우 30	중풍 284
주문 95, 152	죽부인 71	중형차 201
주문서 101	죽순 123	중환자 271
주민등록등본 315	준말 89	중환자실 275
주민등록번호 315	준설선 226	쥐 288
주민등록증 315	준중형차 201	쥐치 120
주방장 108	준치 120	즉석 사진관 142
주부 16	줄 64	즉석커피 113
주부습진 289	줄넘기 134	즐겨찾기. 257
주사 277	줄바늘 58	증기기관 210
주사기 277	줄사다리 64	증기기관차 221
주삿바늘 277	줄임표 93	증기선 225
주석 310	줄자 64, 131	증기자동차 202
주식계좌 173	줄표 93	증류주 115
주워듣다 85	중간보고서 101	증명서 315
주유구 뚜껑 204	중간상인 105	증손 22
주유기 128	중개인 105	증손녀 22
주유소 128	중계차 200	증손자 22
주유원 128	중고서점 126	증정본 132
주익 233	중고차 201	증조모 25
주장하다 83	중고품 128, 154	증조부 25
주전부리 46	중고품점 128	증조부모 25
주절 91	중괄호 93	증조할머니 25
주절거리다 83	중국어 78	증조할아버지 25
주제 95	중독 291	지게차 201
주차 192	중매 37	지구대 312
주차단속요원 196	중매결혼 37	지구대장 312
주차등 205	중매쟁이 37	지급보증 171

지급불능	172	지프	197	진주	129
지껄이다	81	지피에스	216	진찰	295
지능검사	296	지하도	180	진찰대	275
지능지수	296	지하주차장	193	진찰실	275
지도책	132	지하철	222	진토닉	115
지레	64	지하철역	223	진통제	303
지렛대	64	지하터널	185	진폐증	285
지렛목	64	지혈	299	진품	155
지로	174	지혈대	299	진흙목욕	50
지르콘	129	지혈제	299	진흙탕길	181
지름길	180	직계가족	16	질녀	26
지명통화	258	직매	150	질문	83
지문검사	315	직불카드	163	질부	26
지문날인	315	직업소개소	143	질서	26
지물포	128	직역	86	짐꾼	145
지방간	283	직영점	107	짐받이	218
지방 공무원	310	직장암	284	짐볼	134
지방도	182	직장염	283	집게	131
지방은행	169	직진하다	191	집단요법	299
지방흡입수술	280	직통전화	260	집단 히스테리	290
지배인	106	직판장	107	집달리	313
지불	151	직항편	235	집배	226
지사제	303	직행버스	219	집배원	314
지상관제	236	진	115, 137	집안일	56
지상근무요원	231	진공청소기	60	집행관	313
지선	223	진단	295	짓이기다	61
지시	81	진단방사선과	294	징검다리	187
지압	143	진단서	295	짚신	135
지압사	143	진달래꽃	130	짜다	61
지역번호	259	진담	99	짝퉁	153
지역정보통신망	253	진동	261	짬뽕	112
지우개	131	진료비	300	짬짜미	158
지원서	101	진료실	275	쯔쯔가무시	282
지인	31	진수식	229	찌다	62
지장	315	진술	83	찐만두	112
지점	107	진술서	101	찐빵	119
지정석	325	진열대	106	찔레꽃	130
지참금	38	진열장	106	찜질	50
지탄	82	진열품	106	찜질방	140
지팡이사탕	118	진입로	183		
지폐	164	진정제	303		

ㅊ

차 ······ 113
차관 ······ 310
차관보 ······ 310
차남 ······ 21
차녀 ······ 21
차다 ······ 33
차단기 ······ 184
차대 ······ 209
차도 ······ 182
차량진입금지석 ······ 185
차림표 ······ 109
차명계좌 ······ 173
차비 ······ 214
차선 ······ 186
차선위반 ······ 196
차용어 ······ 89
차용증 ······ 172
차장 ······ 215
차창 ······ 204
차체 ······ 209
차축 ······ 209
차표 ······ 215
착륙 ······ 235
착륙장치 ······ 233
착시 ······ 285
찬사 ······ 99
참 ······ 46
참고도서 ······ 132
참고도서실 ······ 322
참고서 ······ 132
참다래 ······ 117
참마 ······ 122
참말 ······ 99
참빗 ······ 55
참외 ······ 117
참치 ······ 120
찹쌀 ······ 121
찻길 ······ 182
찻집 ······ 108

창 ······ 250
창가쪽 좌석 ······ 214
창구 ······ 169
창문 ······ 233
채권 ······ 172
채권자 ······ 170
채권 추심원 ······ 172
채끝 ······ 124
채무 ······ 171
채무불이행 ······ 172
채무자 ······ 170
채소 ······ 116, 122
채송화 ······ 130
채식 ······ 47
채식 전문점 ······ 109
채식주의 ······ 47
채식주의자 ······ 47
채팅 ······ 252
채팅방 ······ 252
책 ······ 126, 132
책받침 ······ 131
책방 ······ 126
책장 ······ 322
처 ······ 24
처가 ······ 29
처남 ······ 29
처녀 ······ 43
처녀막 재생수술 ······ 287
처녀비행 ······ 234
처녀파티 ······ 38
처녑 ······ 124
처방 ······ 307
처방약 ······ 301
처방전 ······ 307
처부모 ······ 18
처제 ······ 29
처조카 ······ 29
처형 ······ 29
척 ······ 176
척수염 ······ 288
척추지압사 ······ 143

천 ······ 128
천도복숭아 ······ 117
천식 ······ 285
천연두 ······ 282
천연 화장품 ······ 52
천엽 ······ 124
철공소 ······ 125
철교 ······ 187
철길 ······ 223
철도건널목 ······ 184
철도원 ······ 221
철로 ······ 223
철물 ······ 128
철물점 ······ 128
철물점 주인 ······ 128
철수세미 ······ 62
철자 ······ 88
철자법 ······ 88
철재 ······ 128
철쭉꽃 ······ 130
철천지원수 ······ 31
철침 ······ 131
첨부파일 ······ 247
첨부하다 ······ 248
첩 ······ 24
첩보영화 ······ 318
첫째 ······ 20
첫차 ······ 212
청결한 ······ 60
청경채 ······ 122
청과물 ······ 116
청과물 상인 ······ 116
청구서 ······ 100
청바지 ······ 137
청백리 ······ 310
청소 ······ 59
청소기 ······ 60
청소 도구 ······ 59
청소차 ······ 200
청신호 ······ 184
청어 ······ 120

청원경찰 … 312	초콜릿 … 118	축약어 … 89
청원서 … 101	초콜릿케이크 … 119	축의금 … 40
청자 … 85	초혼 … 37	축전 … 266
청주 … 115	총 … 128	축하카드 … 264
청중 … 325	총각 … 43	춘권 … 112
청진기 … 276	총각무 … 122	출국하다 … 213
청첩장 … 38	총각파티 … 38	출금 … 174
청취 … 85	총기 … 128	출금 전표 … 174
청포도 … 117	총리 … 310	출납원 … 106
청혼 … 38	총알택시 … 220	출력 … 211
체납자 … 172	총채 … 59	출발 … 192, 213
체리 … 117	총통 … 310	출발역 … 223
체온계 … 277	총판 … 105	출발예정시간 … 213
체위 … 35	총포상 … 128	출발점 … 213
체인 … 218	최고가 … 157	출발지 … 213
체인점 … 107	최고급품 … 153	출생증명서 … 315
체조복 … 134	최고장 … 100	출입문 … 227
체증 … 283	최면 … 300	출장(서비스) … 148
체크바지 … 137	최면술 … 300	출장료 … 148
체크아웃 … 145	최면술사 … 300	출항하다 … 230
체크인 … 145	최면요법 … 300	충격 … 290
체크카드 … 163	최상위 디렉터리 … 247	충격요법 … 300
체험담 … 96	최상품 … 153	충고 … 99
첼로 … 136	최신형 … 154	충돌사고 … 195
초경량 항공기 … 231	최음제 … 305	충동구매 … 151
초고속 정보통신망 … 253	최저가 … 157	충동구매자 … 151
초과수하물 … 216	최후통첩 … 100	충수염 … 283
초대권 … 326	추가요금 … 214	충전물 … 160
초대장 … 101	추근거리다 … 32	충전소 … 128
초대편지 … 263	추신 … 265	충전재 … 292
초대형 여객기 … 232	추심 … 172	충치 … 292
초면 … 112	추어 … 120	췌장암 … 284
초보운전 … 191	추월 … 192	췌장염 … 283
초보운전자 … 191	추월차선 … 186	취조실 … 312
초본 … 101	추천서 … 101	취침하다 … 66
초소형 차 … 201	축가 … 40	측면 에어백 … 207
초소형 컴퓨터 … 241	축구공 … 134	치과 … 292
초음속기 … 232	축구화 … 135	치과의사 … 292
초음파검사 … 296	축농증 … 285	치기공사 … 270
초음파사진 … 296	축문 … 95	치료 … 298
초청장 … 101	축산물 … 116	치료방사선과 … 294

치료법	298	
치료비	300	
치마	137	
치마바지	137	
치매	288	
치사량	307	
치석	292	
치실	49	
치아	293	
치아교정기	292	
치약	49	
치열	293	
치우다	59	
치위생사	270	
치은염	292	
치주염	292	
치즈케이크	119	
치커리	122	
치통	292	
친가	25	
친구	30	
친권	42	
친누나	23	
친동생	23	
친딸	21	
친부모	18	
친사촌	26	
친서	263	
친손녀	22	
친손자	22	
친아들	21	
친아버지	18	
친어머니	19	
친언니	23	
친오빠	23	
친자식	20	
친자확인검사	296	
친정	29	
친족	25	
친척	25	
친필	88	

친한 친구	30	
친형	23	
칡	123	
칡뿌리	123	
칡차	113	
침	300	
침구	71	
침낭	71	
침대	69	
침대보	71	
침대차	222	
침몰선	225	
침몰하다	230	
침술	300	
침술사	300	
칫솔	49	
칭찬	99	

ㅋ

카고바지	137	
카네이션	130	
카드	163, 264	
카디건	137	
카레	110	
카레라이스	110	
카뷰레터	209	
카사바	122	
카센터	143	
카스텔라	119	
카시트	208	
카우보이모자	138	
카운터	106, 236	
카지노	147	
카카오	117	
카페	109	
카페라떼	113	
카페모카	113	
카페오레	113	
카페테리아	108	

카펫청소기	60	
카폰	260	
카푸치노	113	
칵테일	115	
칵테일바	114	
칸나	130	
칼	131	
캐노피	69	
캐노피 침대	69	
캐러멜	118	
캐럿	177	
캐리어	204	
캐미솔	133	
캐셔	106	
캐슈넛	123	
캐스터네츠	136	
캐주얼 재킷	137	
캔	159	
캔맥주	115	
캔버스화	135	
캠축	210	
캠퍼스 커플	31	
캠핑카	201	
캡슐	301	
캣워크	321	
커브	183	
커브길	183	
커서	250	
커스터드	118	
커터칼	131	
커튼콜	326	
커플	31	
커피	113	
커피숍	109	
커피 자판기	106	
컨버터블	197	
컨실러	53	
컨테이너	199	
컨테이너선	226	
컨테이너트럭	199	
컬러링	261	

컬트영화 ⋯⋯⋯⋯⋯⋯⋯⋯⋯ 318	콩 ⋯⋯⋯⋯⋯⋯⋯⋯⋯⋯⋯ 122	클래식 기타 ⋯⋯⋯⋯⋯⋯ 136
컴퍼스 ⋯⋯⋯⋯⋯⋯⋯⋯⋯ 131	콩소메 ⋯⋯⋯⋯⋯⋯⋯⋯⋯ 110	클래식카 ⋯⋯⋯⋯⋯⋯⋯ 197
컴퓨터 ⋯⋯⋯⋯⋯⋯⋯⋯⋯ 241	쾌속정 ⋯⋯⋯⋯⋯⋯⋯⋯⋯ 224	클러치 ⋯⋯⋯⋯⋯⋯⋯⋯⋯ 208
컴퓨터단층촬영 ⋯⋯⋯⋯⋯ 296	쿠키 ⋯⋯⋯⋯⋯⋯⋯⋯⋯⋯ 118	클럽 ⋯⋯⋯⋯⋯⋯⋯⋯⋯⋯ 134
컴퓨터중독 ⋯⋯⋯⋯⋯⋯⋯ 291	쿠페 ⋯⋯⋯⋯⋯⋯⋯⋯⋯⋯ 197	클리닉 ⋯⋯⋯⋯⋯⋯⋯⋯⋯ 272
컴퓨터학원 ⋯⋯⋯⋯⋯⋯⋯ 146	쿠폰 ⋯⋯⋯⋯⋯⋯⋯⋯⋯⋯ 162	클립 ⋯⋯⋯⋯⋯⋯⋯⋯⋯⋯ 131
컵 ⋯⋯⋯⋯⋯⋯⋯⋯⋯⋯⋯ 46	쿨러 ⋯⋯⋯⋯⋯⋯⋯⋯⋯⋯ 242	클립보드 ⋯⋯⋯⋯⋯⋯⋯ 131
컵케이크 ⋯⋯⋯⋯⋯⋯⋯⋯ 119	쿨링팬 ⋯⋯⋯⋯⋯⋯⋯⋯⋯ 242	키 ⋯⋯⋯⋯⋯⋯⋯⋯⋯⋯⋯ 227
케밥 ⋯⋯⋯⋯⋯⋯⋯⋯⋯⋯ 110	쿼트 ⋯⋯⋯⋯⋯⋯⋯⋯⋯⋯ 177	키높이 구두 ⋯⋯⋯⋯⋯⋯ 135
케이블 ⋯⋯⋯⋯⋯⋯⋯⋯⋯ 253	퀸 ⋯⋯⋯⋯⋯⋯⋯⋯⋯⋯⋯ 70	키보드 ⋯⋯⋯⋯⋯⋯ 136, 244
케이블카 ⋯⋯⋯⋯⋯⋯⋯⋯ 237	퀼트 ⋯⋯⋯⋯⋯⋯⋯⋯⋯⋯ 71	키보드 스킨 ⋯⋯⋯⋯⋯⋯ 244
케이스 ⋯⋯⋯⋯⋯⋯⋯⋯⋯ 242	큐레이터 ⋯⋯⋯⋯⋯⋯⋯⋯ 325	키스 ⋯⋯⋯⋯⋯⋯⋯⋯⋯⋯ 34
케이크 ⋯⋯⋯⋯⋯⋯⋯ 116, 119	큐브 ⋯⋯⋯⋯⋯⋯⋯⋯⋯⋯ 139	키스마크 ⋯⋯⋯⋯⋯⋯⋯ 34
케일 ⋯⋯⋯⋯⋯⋯⋯⋯⋯⋯ 122	크락션 ⋯⋯⋯⋯⋯⋯⋯⋯⋯ 207	키워드 ⋯⋯⋯⋯⋯⋯⋯⋯⋯ 252
코감기 ⋯⋯⋯⋯⋯⋯⋯⋯⋯ 285	크래커 ⋯⋯⋯⋯⋯⋯⋯ 118, 251	키위 ⋯⋯⋯⋯⋯⋯⋯⋯⋯⋯ 117
코골이 ⋯⋯⋯⋯⋯⋯⋯ 67, 288	크랭크축 ⋯⋯⋯⋯⋯⋯⋯⋯ 210	키튼힐 ⋯⋯⋯⋯⋯⋯⋯⋯⋯ 135
코냑 ⋯⋯⋯⋯⋯⋯⋯⋯⋯⋯ 115	크러뱃 ⋯⋯⋯⋯⋯⋯⋯⋯⋯ 138	키패드 ⋯⋯⋯⋯⋯⋯⋯⋯⋯ 260
코다리 ⋯⋯⋯⋯⋯⋯⋯⋯⋯ 120	크레페 ⋯⋯⋯⋯⋯⋯⋯⋯⋯ 110	킥보드 ⋯⋯⋯⋯⋯⋯⋯⋯⋯ 139
코듀로이 바지 ⋯⋯⋯⋯⋯ 137	크로이츠펠트-야콥병 ⋯⋯⋯ 282	킬로그램 ⋯⋯⋯⋯⋯⋯⋯⋯ 177
코르셋 ⋯⋯⋯⋯⋯⋯⋯⋯⋯ 133	크로켓 ⋯⋯⋯⋯⋯⋯⋯⋯⋯ 110	킬로미터 ⋯⋯⋯⋯⋯⋯⋯ 176
코미디영화 ⋯⋯⋯⋯⋯⋯⋯ 318	크루아상 ⋯⋯⋯⋯⋯⋯⋯⋯ 119	킬힐 ⋯⋯⋯⋯⋯⋯⋯⋯⋯⋯ 135
코바늘 ⋯⋯⋯⋯⋯⋯⋯⋯⋯ 58	크리스마스 카드 ⋯⋯⋯⋯⋯ 264	킹 ⋯⋯⋯⋯⋯⋯⋯⋯⋯⋯⋯ 70
코수술 ⋯⋯⋯⋯⋯⋯⋯⋯⋯ 280	크리스마스케이크 ⋯⋯⋯⋯ 119	
코스모스 ⋯⋯⋯⋯⋯⋯⋯⋯ 130	크림 ⋯⋯⋯⋯⋯⋯⋯⋯⋯⋯ 53	
코카인 ⋯⋯⋯⋯⋯⋯⋯⋯⋯ 306	크림빵 ⋯⋯⋯⋯⋯⋯⋯⋯⋯ 119	**E**
코코넛 ⋯⋯⋯⋯⋯⋯⋯⋯⋯ 117	큰길 ⋯⋯⋯⋯⋯⋯⋯⋯⋯⋯ 180	
코털 제거기 ⋯⋯⋯⋯⋯⋯ 54	큰누나 ⋯⋯⋯⋯⋯⋯⋯⋯⋯ 23	타다 ⋯⋯⋯⋯⋯⋯⋯⋯⋯⋯ 212
코트 ⋯⋯⋯⋯⋯⋯⋯⋯⋯⋯ 137	큰돈 ⋯⋯⋯⋯⋯⋯⋯⋯⋯⋯ 161	타로점 ⋯⋯⋯⋯⋯⋯⋯⋯⋯ 143
콘도 ⋯⋯⋯⋯⋯⋯⋯⋯⋯⋯ 144	큰따옴표 ⋯⋯⋯⋯⋯⋯⋯⋯ 93	타로카드 ⋯⋯⋯⋯⋯⋯⋯ 143
콘도미니엄 ⋯⋯⋯⋯⋯⋯⋯ 144	큰딸 ⋯⋯⋯⋯⋯⋯⋯⋯⋯⋯ 21	타악기 ⋯⋯⋯⋯⋯⋯⋯⋯⋯ 136
콘서트홀 ⋯⋯⋯⋯⋯⋯⋯⋯ 320	큰손자 ⋯⋯⋯⋯⋯⋯⋯⋯⋯ 22	타월 ⋯⋯⋯⋯⋯⋯⋯⋯⋯⋯ 51
콘시어지 ⋯⋯⋯⋯⋯⋯⋯⋯ 145	큰아들 ⋯⋯⋯⋯⋯⋯⋯⋯⋯ 21	타이 ⋯⋯⋯⋯⋯⋯⋯⋯⋯⋯ 138
콘트라베이스 ⋯⋯⋯⋯⋯⋯ 136	큰아버지 ⋯⋯⋯⋯⋯⋯⋯⋯ 26	타이르다 ⋯⋯⋯⋯⋯⋯⋯ 84
콜드크림 ⋯⋯⋯⋯⋯⋯⋯⋯ 53	큰어금니 ⋯⋯⋯⋯⋯⋯⋯⋯ 293	타이밍벨트 ⋯⋯⋯⋯⋯⋯ 210
콜레라 ⋯⋯⋯⋯⋯⋯⋯⋯⋯ 282	큰어머니 ⋯⋯⋯⋯⋯⋯⋯⋯ 26	타이어 ⋯⋯⋯⋯⋯⋯ 205, 218
콜렉트콜 ⋯⋯⋯⋯⋯⋯⋯⋯ 258	큰언니 ⋯⋯⋯⋯⋯⋯⋯⋯⋯ 23	타이어체인 ⋯⋯⋯⋯⋯⋯ 205
콜론 ⋯⋯⋯⋯⋯⋯⋯⋯⋯⋯ 93	큰오빠 ⋯⋯⋯⋯⋯⋯⋯⋯⋯ 23	타이츠 ⋯⋯⋯⋯⋯⋯⋯⋯ 134
콜리플라워 ⋯⋯⋯⋯⋯⋯⋯ 122	큰할머니 ⋯⋯⋯⋯⋯⋯⋯⋯ 25	타코 ⋯⋯⋯⋯⋯⋯⋯⋯⋯⋯ 110
콜택시 ⋯⋯⋯⋯⋯⋯⋯⋯⋯ 220	큰할아버지 ⋯⋯⋯⋯⋯⋯⋯ 25	타코야끼 ⋯⋯⋯⋯⋯⋯⋯ 111
콤팩트 ⋯⋯⋯⋯⋯⋯⋯⋯⋯ 53	큰형 ⋯⋯⋯⋯⋯⋯⋯⋯⋯⋯ 23	탁구 ⋯⋯⋯⋯⋯⋯⋯⋯⋯⋯ 147
콤팩트 파운데이션 ⋯⋯⋯⋯ 53	클라리넷 ⋯⋯⋯⋯⋯⋯⋯⋯ 136	탁구공 ⋯⋯⋯⋯⋯⋯⋯⋯⋯ 134

탁구대	134	털모자	138	통역사	86
탁구 라켓	134	털신	135	통원하다	273
탁구장	147	털실	58	통장	175
탁아소	327	테니스공	134	통풍	288
탁주	115	테니스엘보	288	통학버스	219
탄생석	129	테니스화	135	통행료	182, 214
탄원서	101	테마공원	328	통화	164, 258
탄저병	282	테마파크	328	통화량	261
탈모	289	테이크아웃 음식점	109	통화료	261
탈선	223	테이프	131	퇴로	181
탈수기	56	테킬라	115	퇴원하다	273
탈의실	127	텍스트파일	247	투서	263
탈자	87	텔레뱅킹	174	투석	300
탈지면	304	토란	122	투숙객	145
탈취제	305	토론방	257	투약	307
탐관오리	310	토산품	155	투여	307
탐독하다	85	토스트	110	투자은행	169
탐식	48	토크	211	투피스	137
탑승	212	토큰	215	툴바	250
탑승객	216	토파즈	129	튀기다	62
탑승구	236	톤	90, 177	튀김요리	110
탑승권	215	톨게이트	182	튜닝	211
탑차	199	톱	65	튜바	136
탕	51, 140	톱날	65	튜브	160
탕수육	112	톱니	65	튤립	130
탕약	301	통	160	트라이앵글	136
태국어	78	통과여객	216	트래픽	257
태몽	67	통굽 구두	135	트래픽콘	185
태블릿 PC	241	통근버스	219	트랙백	257
택시	220	통근열차	222	트램펄린	139
택시기사	220	통기타	136	트랩	227, 236
택시승강장	220	통나무다리	187	트럭	199
탠덤	217	통나무배	225	트럭 운전사	199
탬버린	136	통로	181	트럼펫	136
탱크로리	199	통로쪽 좌석	214	트렁크	204
터널	185	통밀빵	119	트렁크 수영복	134
터미널	220	통신망	266	트렁크팬티	133
터보엔진	210	통신문	95	트렌치코트	137
터키석	129	통신 프로그램	246	트롤리버스	219
턱시도	138	통신회사	314	트롬본	136
털다	57	통역	86	트윈룸	145

트윈침대	70	파운드케이크	119	패킷	254
특가	157	파운드화	165	패혈증	284
특급열차	221	파워서플라이	242	팩	54, 160
특급우편	262	파워 윈도우	204	팬레터	263
특급호텔	144	파워 핸들	207	팬시상품	154
특별기	232	파이	110	팬시점	126
특산물	155	파이프오르간	136	팬지	130
특석	214	파인트	177	팬케이크	110
특수은행	169	파일	247	팬티	133
특실	145	파일럿	231	팬티스타킹	133
특약	100	파일명	247	팽이버섯	123
특효약	301	파출소	312	퍼즐	139
틀니	292	파출소장	312	펀치	131
티눈	289	파카	137	펌웨어	246
티베트어	78	파킨슨병	288	펌프	218
티본스테이크	110	파트너	30	펌프스	135
티셔츠	137	파티쉐	116	펑크	195
티슈	73	파파야	117	페니	165
티아라	55	파프리카	122	페니실린	303
티켓	326	파혼하다	36	페달	218
팀파니	136	판독하다	85	페르시아어	78
팁	148	판매	150	페리	225
		판매가	157	페스트	282
		판매원	106	페이퍼백	132
		판매자	149	페티시즘	291
ㅍ		판사	313	페티코트	133
		판촉상품	153	펙	177
파	122	판타롱스타킹	133	펜	131
파경	42	판타지영화	318	펜더	204
파란 불	184	팔보채	112	펜션	144
파상풍	282	팜톱	241	펜스	165
파생어	90	팝업북	132	펜치	65
파션	230	팝콘	118	펜팔	31
파스	304	팥	122	편도선염	285
파스타	110	패니어백	218	편도선절제술	279
파슬리	122	패랭이꽃	130	편도승차권	215
파시	104	패륜아	21	편모	19
파우더	53	패션모델	321	편부	18
파우더 파운데이션	53	패션쇼	321	편부모가정	16
파운데이션	53	패스트푸드점	109	편식하다	48
파운드	165, 177	패치	249	편의점	128

편지 263	포식하다 48	품질보증서 101
편지봉투 265	포장 160	풋고추 122
편지지 265	포장도로 182	풋보드 70
편집증 290	포장마차 114	풍금 136
편친 18	포장재 160	풍선껌 118
평 176	포장지 160	풍진 282
평가판 245	포진 289	풍차 141
평면 모니터 242	포켓볼 146	풍치 292
평방미터 176	포크 46	프라모델 139
평방피트 176	포크커틀릿 110	프랑스어 78
평서문 92	포털 사이트 251	프러포즈 38
평행주차 192	포토 프린터 244	프런트 145
평형 176	폭 176	프레임 70
폐결핵 282	폭로하다 81	프레첼 118
폐경기증후군 283	폭식 48	프렌치 키스 34
폐관 326	폭식증 291	프렌치호른 136
폐기종 285	폰뱅킹 174	프로그래머 249
폐렴 285	폴더 247	프로그래밍 249
폐백 40	폴란드어 78	프로그램 245
폐병 282	폴로 셔츠 137	프로토콜 254
폐소공포증 290	폼클렌저 51	프로펠러 227, 233
폐암 284	퐁듀 110	프로펠러기 231
폐업하다 148	표 326	프리스비 139
폐점 시간 148	표고버섯 123	프리웨어 245
폐점하다 148	표구사 128	프리지어 130
폐차장 201	표구점 128	프린터 244
폐품 125	표백제 57	플라크 292
포경선 225	표백하다 57	플래시메모리 244
포경수술 286	표음문자 87	플래티넘카드 163
포구 229	표의문자 87	플랫폼 223
포대 159	표준금리 171	플러그앤플레이 249
포도 117	표준어 76	플로리스트 125
포도주 115	표현하다 84	플로피디스크 244
포르노 318	푸드코트 109	플루트 136
포르노 사이트 251	푸딩 118	피검사 296
포르노중독 291	푼돈 161	피단 112
포르투갈어 78	풀 131	피로연 40
포맷 257	풀무 125	피로회복제 303
포목상 128	풀장 147	피리 136
포석 182	품절 150	피망 122
포스트잇 131	품질 156	피부과 287

피부과 의사	287	하모니카	136	할아버지	25
피부병	289	하선	213	할인	152
피부암	284	하우스맥주	115	할인가	157
피부염	289	하위 디렉터리	247	할인권	162
피부이식수술	287	하이라이터	54	할인점	107
피스타치오	123	하이브리드 자동차	202	할인카드	163
피스톤	210	하이브리드 자전거	217	할인쿠폰	162
피시앤드칩스	110	하이폰	93	할인판매	150
피싱	257	하이힐	135	할증료	214
피아노	136	하제	303	함	38
피아노학원	146	하지정맥류	284	함진아비	38
피임약	303	하차	213	합동결혼식	39
피자	110	하품	68	합성세제	57
피자 가게	109	하프	136	합성어	89
피콜로	136	하프시코드	136	합의각서	100
피타빵	119	학교도서관	322	합의서	100
피트	176	학대성욕도착증	291	핫라인	260
피하주사	277	학습서	132	핫바지	137
피학대성욕도착증	291	학습장애	291	핫케이크	110
피해망상	290	학우	30	핫팬츠	137
픽업트럭	199	학원	146	항공권	215
핀	131	학자금 대출	170	항공기	231
핀셋	277	학질	282	항공로	181
필기시험	193	한과	118	항공료	214
필기체	88	한국어	78	항공우편	262
필담	99	한국영화	318	항공 점퍼	137
필독서	132	한국은행	169	항공편지지	265
필로폰	306	한글	87	항구	229
필명	14	한문	94	항렬자	14
필수품	155	한방병원	272	항로	235
필적	88	한센병	282	항문외과	278
필체	88	한식집	109	항문외과 의사	278
필터	210	한약	301	항법사	231
필통	131	한약방	127	항생제	303
핏줄	17	한의사	270	항속거리	235
		한의원	272	항암물질	305
		한자	88	항암제	305
ㅎ		한증막	140	항암치료	300
하드디스크	244	한화	165	항응고제	305
하드웨어	242	할머니	25	항의	84
		할미꽃	130	항의서	101

항적	229	핸들	207, 218	혁지	50
항해	230	핸즈프리	261	현금	161
항해사	224	햄버거스테이크	110	현금 서비스	170
항해술	230	햅쌀	121	현금인출기	169
항해일지	230	행상	105	현금지급기	169
항히스타민제	305	행선지	213	현금카드	163
해결사	142	행운의 편지	263	현금할인	152
해당화	130	행인	180	현기증	288
해독제	305	행정구역	315	현대어	76
해독하다	85	향기요법	300	현모양처	24
해동시키다	61	향수	54	현미	121
해로	181	향수병	290	현미차	113
해리	176	향정신성의약품	306	현상실	142
해머	64	허리띠	138	현수교	187
해먹	69	허브차	113	현악기	136
해몽	67	허튼소리	99	현존 언어	76
해바라기씨	123	헌책	132	현찰	161
해상공원	329	헌책방	126	현창	227
해시시	306	헌팅캡	138	혈관종	284
해안도로	183	헐값	157	혈관질환	284
해양박물관	320	험담	97	혈서	101
해열제	303	헛소리	99	혈압검사	296
해저케이블	253	헝가리어	78	혈압계	277
해저터널	185	헤나	54	혈액검사	296
해저호텔	144	헤드라이트	205	혈액암	284
해적	226	헤드보드	70	혈액원	273
해적기	226	헤로인	306	혈액종양내과	281
해적선	226	헤어네트	55	혈액질환	284
해적판	245	헤어드라이어	55	혈액투석	300
해치	227	헤어밴드	55	혈우병	284
해치문	203	헤어스프레이	55	혈전증	284
해치백	197	헤어젤	55	혈족	25
해커	251	헤이즐넛	123	혈통	17
해피아워	114	헥타르	176	협궤열차	222
핵가족	16	헬기	231	협박전화	258
핵의학과	294	헬기 착륙장	236	협박편지	263
핸드볼공	134	헬리콥터	231	협의이혼	42
핸드브레이크	207	헬리포트	236	형	23
핸드크림	53	헬멧	218	형광펜	131
핸드폰	260	헬스클럽	147	형무소	311
핸드폰줄	261	헹구다	57	형무소장	311

형부 · · · 29	혼성주 · · · 115	화자 · · · 80
형수 · · · 23	혼수 · · · 38	화장 · · · 52
형언하다 · · · 84	혼인 서약 · · · 40	화장대 · · · 54
형용사구 · · · 91	혼인신고 · · · 38	화장수 · · · 54
형용사절 · · · 91	혼인증명서 · · · 315	화장실 · · · 72
형제 · · · 23	혼잣말 · · · 97	화장지 · · · 73
호가 · · · 157	혼전 성 관계 · · · 34	화장품 · · · 52, 128
호객꾼 · · · 106	홀아버지 · · · 18	화장품가게 · · · 128
호두 · · · 123	홀아비 · · · 43	화장품 가방 · · · 54
호두과자 · · · 118	홀어머니 · · · 19	화촉 · · · 40
호르몬요법 · · · 300	홀어버이 · · · 18	화폐 · · · 164
호르몬제 · · · 305	홈뱅킹 · · · 174	화학요법 · · · 300
호른 · · · 136	홈쇼핑 · · · 149	화해 · · · 33
호리병박 · · · 122	홈페이지 · · · 251	확언 · · · 80
호밀 · · · 121	홉 · · · 177	확장자 · · · 247
호밀빵 · · · 119	홍고추 · · · 122	확정이자 · · · 171
호박 · · · 122, 129	홍당무 · · · 122	환각 · · · 285
호박씨 · · · 123	홍두깨살 · · · 124	환각제 · · · 306
호박엿 · · · 118	홍어 · · · 120	환불 · · · 152
호버크래프트 · · · 225	홍역 · · · 282	환상교차로 · · · 184
호소 · · · 80	홍차 · · · 113	환상도로 · · · 182
호소문 · · · 95	홑이불 · · · 71	환승 대기실 · · · 236
호스트바 · · · 114	화동 · · · 39	환승주차장 · · · 193
호스트 컴퓨터 · · · 241	화랑 · · · 320	환승편 · · · 235
호스티스 · · · 114	화면보호기 · · · 250	환승하다 · · · 212
호신술 · · · 146	화물기 · · · 232	환약 · · · 301
호언장담 · · · 99	화물선 · · · 226	환율 · · · 165
호주 · · · 16	화물열차 · · · 222	환자 · · · 271
호출기 · · · 266	화물차 · · · 119, 222	환자용 변기 · · · 73
호치키스 · · · 131	화물칸 · · · 222	환전 · · · 165
호치키스알 · · · 131	화물항 · · · 229	환전상 · · · 165
호텔 · · · 144	화병 · · · 290	환전소 · · · 165
호텔리어 · · · 145	화보 · · · 132	활극 · · · 318
호프집 · · · 114	화살표 · · · 93	활주로 · · · 236
호흡곤란 · · · 285	화상병동 · · · 275	황달 · · · 284
호흡기내과 · · · 281	화상전화 · · · 260	황색등 · · · 184
호흡기 질환 · · · 285	화상채팅 · · · 252	황수정 · · · 129
혼담 · · · 99	화상카메라 · · · 244	황열 · · · 282
혼례 · · · 39	화원 · · · 125	황옥 · · · 129
혼선되다 · · · 261	화이트 와인 · · · 115	황태 · · · 120
혼성어 · · · 90	화이트초콜릿 · · · 118	회 · · · 111

회고담	99	휴관	326
회고전	321	휴대전화	260
회복실	275	휴면계좌	173
회선	261	휴지	73
회신	263	휴지통	59
회원카드	163	흉부외과	278
회전	192	흉부외과 의사	278
회전목마	328	흑맥주	115
회전속도계	207	흑미	121
회전초밥집	108	흑백영화	319
회진하다	295	흑사병	282
회충약	302	흑색종	284
회항하다	230, 235	흘려 듣다	85
회화	81	흙받이	204, 218
획수	88	흙침대	70
횟집	108	흙탕길	181
횡단보도	184	흡연석	109
횡설수설하다	84	흥분제	302
효녀	21	흥신소	142
효자	21	흥정	152
후두암	284	흥행작	319
후두염	285	흰빵	119
후드 점퍼	137	히라가나	88
후룸라이드	328	히로뽕	306
후륜구동	202	히브리어	78
후륜구동차	202	히스테리	290
후불카드	163	히아신스	130
후일담	99	히트상품	155
후진등	205	히히덕거리다	82
후진하다	191	힌디어	78
후천성면역결핍증	282	힐	135
후편	319		
훈제하다	62		
훌라후프	134		
훔치다	59		
휘갈기다	86		
휘발유차	202		
휘젓다	61		
휠체어	277		
휠캡	205		
휴게소	185